Elena Meilicke
Paranoia und technisches Bild

Communicatio
Kultur – Text – Medium

Herausgegeben von
Jürgen Fohrmann und Brigitte Weingart

Band 50

Elena Meilicke

Paranoia und technisches Bild

Fallstudien zu einer Medienpathologie

DE GRUYTER

Dissertation, Humboldt-Universität zu Berlin, 2018

ISBN 978-3-11-128016-5
e-ISBN (PDF) 978-3-11-065037-2
e-ISBN (EPUB) 978-3-11-065146-1
ISSN 0941-1704

Library of Congress Control Number: 2020952188

Bibliografische Information der Deutschen Nationalbibliothek
Die Deutsche Nationalbibliothek verzeichnet diese Publikation in der Deutschen Nationalbibliografie; detaillierte bibliografische Daten sind im Internet über http://dnb.dnb.de abrufbar.

© 2023 Walter de Gruyter GmbH, Berlin/Boston
Dieser Band ist text- und seitenidentisch mit der 2021 erschienenen gebundenen Ausgabe.
Einbandabbildung: Timm Rautert, New York, 1969
Druck und Bindung: CPI books GmbH, Leck

www.degruyter.com

Inhalt

Einleitung —— 1
Paranoia und technisches Bild —— 1
Theoriegeschichte: Paranoia und Medienwissenschaft, ca. 1980 —— 7
        Paranoiker als Begriffsperson, Parallelschaltung als Verfahren —— 12
        Das erste Buch im Verlag Brinkmann & Bose —— 15
Aufbau der Studie —— 19
Para: Denken mit Präpositionen —— 22

Teil I: **Paranoia und technisches Bild um 1900: *Imperjalja* von Oskar Panizza**

1   **Schreiben, Schneiden, Zeitunglesen** —— 27
        Das Schreiben der Paranoiker —— 29
        Zeitungsausschnitte —— 33
        Pressebeobachtung —— 39
        Faits divers —— 42
        Kausalität und Kontingenz —— 46

2   **Bildpolitik** —— 50
        Vaterbild vs. aufgeblähter Ödipus —— 50
        Paranoia, Psychoanalyse, Fotografie —— 55
        Des Kaisers neue Kleider, oder:
        Destruktion des Porträteffekts —— 59
        Wilhelm-Ubu —— 64
        Politik der Anekdote —— 68

3   **Paragrammatik** —— 71
        Deutungswahn —— 71
        Saussures *Anagramm-Studien* —— 74
        Namen —— 76
        Latenz, Kryptologie, Endlosigkeit —— 79
        Paragrammatische Schreibweise, oder: *écriture-lecture* —— 84

4   **Blickhafte Verfolgung** —— 88
        Lichter in Paris —— 88
        Spaltung von Auge und Blick —— 92

Begehren —— 95
Paranoia und die Funktion des Blicks —— 99
Fotoalbum —— 103

5 **Bildbefragung** —— 105
Autorennenbilder —— 105
Wiederholung —— 111
Stereotypie —— 114
Autotypie —— 116
Übertragung —— 120

Teil II: Paranoia und technisches Bild um 1990: Zu den Polaroids von Horst Ademeit

1 **Polaroid Paranoid** —— 127
Messen und zählen —— 129
Spuren sichern —— 132
Rahmen, Paratext und Parergon —— 140
In Parenthese: Polaroid und Fotografietheorie —— 145
Kommunikationsmaschine —— 149
Das Paranoide und das Polaroide, oder: Polaronoia —— 153

2 **Genealogie der Polaroid Sofortbildfotografie** —— 155
Anfänge —— 155
Polarisation —— 158
Autoscheinwerferprobleme —— 162
Blendung und Blickzähmung —— 165
Wahrnehmungswaffen —— 171
Nach dem Krieg: Sofortbildfotografie —— 174
Ademeits Reconnaissance des Alltags —— 180

3 **Das Sofortbild als Schirm** —— 186
Blackbox(-ing) als Spektakel —— 187
Elimination des Diaphanen —— 194
Opakes Sandwich —— 196
Kein Fenster —— 200
Kein Index —— 203
Wiederkehr des Blickhaften bei Ademeit —— 205

4	**Paranoia und Kontrollgesellschaft** —— 210
	BRD Noir —— 210
	Krankheit der Macht —— 213
	Akademie in der Krise —— 215
	E-dukation statt Edukation —— 219
	Post-Paranoia und Phantomologie des Arbeitsamtes —— 222
	Formular und Parapraxis —— 228
	Amt-Werden —— 231

Schluss —— 235

Fazit —— 235

Ausblick aufs Kino: Paranoia-Thriller —— 238

Literaturverzeichnis —— 245

Abbildungsnachweise —— 263

Sachregister —— 265

Dank —— 269

Einleitung

Paranoia und technisches Bild

Im Sommer 1903 sitzt der deutsche Arzt und Schriftsteller Oskar Panizza in Paris und ist einer ungeheuerlichen Verschwörung auf der Spur: Reichskanzler Bismarck, an dessen Tod im Jahr 1898 Panizza nicht glaubt, arbeitet im Geheimen an der Demontage von Kaiser Wilhelm II. Er orchestriert ein großes Komplott, von dem Panizza durch verschlüsselte Botschaften in Kenntnis gesetzt wird. Dieses Wissen hat seinen Preis: Panizza fühlt sich andauernd überwacht und verfolgt, er hat keine ruhige Minute mehr. Er sammelt Beweise und schreibt alles auf, in einem Manuskript, dem er den Titel *Imperjalja* gibt.

Im Herbst 1990 wiederum sitzt der Langzeitarbeitslose Horst Ademeit in seiner Wohnung in Düsseldorf-Flingern und leidet unter Kältestrahlen. Die schaden nicht nur seiner Gesundheit, sondern zerstören auch alle elektronischen Geräte in seinem Besitz, lassen Einrichtungsgegenstände verrotten und Lebensmittel verderben. Wiederholt wendet er sich an städtische Behörden und bittet um Strahlenuntersuchungen, aber nichts geschieht. Mit den Nachbarn und mit dem Arbeitsamt hat Ademeit andauernd Streit, er fühlt sich bedrängt und schikaniert. Er sammelt Beweise und schreibt alles auf.

Panizza und Ademeit trennen gut fünfhundert Kilometer und knapp einhundert Jahre. Die Interessen, Ängste und Obsessionen, von denen ihre Aufzeichnungen und Notizen Zeugnis ablegen, nehmen unterschiedliche Formen an und sind unterschiedlichen Inhalts: hier der Kaiser, dort Kältestrahlen. Was beide Fälle eint, ist, dass man es mit einem paranoischen Verdachts- und Verschwörungsdenken zu tun hat, das unermüdlich Fakten zusammenträgt, Spuren sichert und Beweise sucht. Paranoia erweist sich hier als eine Form der Wissensproduktion, die als Untersuchung oder Ermittlung beschrieben werden kann und insofern weniger ein Anderes als vielmehr ein Double moderner Vernunft darstellt: Paranoia ist nicht Unvernunft, sondern Hypervernunft, sie „operiert in Exzessen der Vernünftigkeit", wie der Literaturwissenschaftler Manfred Schneider in seiner „Kritik der paranoischen Vernunft" formuliert hat.[1] Wenn die hypervernünftige paranoische Ermittlung – und die Aufzeichnungen von Panizza und Ademeit bilden hiervon keine Ausnahme – dennoch dazu tendiert, ins Straucheln zu

---

[1] Manfred Schneider: Das Attentat. Kritik der paranoischen Vernunft. Berlin 2010, S. 14. Zur Ermittlung als Form der Wissensproduktion vgl. Michel Foucault: Die Wahrheit und die juristischen Formen. Frankfurt a. M. 2003.

geraten, aus dem Ruder zu laufen und keinen Schlusspunkt zu finden, sondern stattdessen in die „endlose Untersuchung der Paranoiker"[2] mündet, dann hat das mit den für sie typischen Denkbewegungen und Operationsmodi zu tun. Paranoia ist Verschwörungs- und Verfolgungswahn mit Systemcharakter, der sich durch hypertrophes Deuten und exzessive Semiose auszeichnet, oder, um erneut Schneider zu bemühen: Hauptmerkmale paranoischer Vernunft sind artifizielle, über jeden Zweifel erhabene Deutungen und dauernde Dingsemiosen, Kausalitätssucht und Kontingenzleugnung.[3]

Darüber hinaus eint Panizzas und Ademeits paranoische Aufzeichnungen, dass sie sich nicht nur schreibend artikulieren, sondern auch mit Bildern operieren – genauer: mit technischen Bildern, mit Fotografien. Panizza hat die 180 Seiten seines zwischen 1903 und 1904 entstandenen Manuskripts mit etlichen fotografischen Abbildungen bestückt, die aus Zeitungen und Zeitschriften ausgeschnitten sind und alle nur das eine zeigen, Kaiser Wilhelm II. Die *Imperjalja* sind insofern auch ein Bilderbuch, ein Fotoalbum. Ademeit wiederum hat zwischen 1990 und 2010 an die Zehntausend Polaroid Sofortbilder aufgenommen, die die Auswirkungen von Kältestrahlen dokumentieren sollen, allesamt fotografiert im näheren Umfeld seiner Wohnung und aufbewahrt in Kisten und Plastiktüten, die Bildränder eng beschrieben mit Anmerkungen zu Orten und Daten – ein paranoisches Polaroid-Privatarchiv.

Man hat es also mit zwei paranoischen Ermittlungen zu tun, die zugleich Arbeit mit und an Bildern sind – kein Ikonoklasmus, sondern eine paranoische Ikonophilie oder besser noch: ein paranoischer Ikono-Exzess.[4] Panizza und vor allem Ademeit konfrontieren mit einer Fülle von Bildern, akkumulieren Bildergruppen, -reihen und -haufen, noch ein Bild und noch eins und noch eins, Bilderserien ohne Ende und auch ohne Ordnung: Ausdruck, vielleicht, des imaginären Gewimmels, der imaginären Wucherung, die psychoanalytisch betrachtet die paranoische Psychose beherrscht.[5] Die vorliegende Studie möchte die wimmelnden, wuchernden Bilder der paranoischen Ermittlung als offene Objekte in den Blick nehmen, als technische Artefakte, die zugleich ästhetische, epistemische und politische Dinge sind.

---

2 Luc Boltanski: Rätsel und Komplotte. Kriminalliteratur, Paranoia, moderne Gesellschaft. Frankfurt a. M. 2013, S. 14.
3 Vgl. Schneider: Das Attentat, S. 11–15.
4 Schneider betont dagegen den Ikonoklasmus paranoischer Vernunft.
5 Vgl. Jacques Lacan: Die Psychosen. Das Seminar. Buch III (1955–1956). Weinheim 1997.

Dabei geht es zunächst um eine Bestimmung dessen, was man den „paranoischen Gebrauch" technischer Bilder nennen könnte.[6] Indiziert ist damit weniger die Frage danach, was die Fotografien von Panizza und Ademeit im Einzelnen darstellen, zeigen oder bedeuten wollen, als vielmehr der Versuch zu klären, wie und nach welchen Regeln diese technischen Bilder innerhalb der paranoischen Aufzeichnung funktionieren. Es geht darum zu beschreiben, wie die Fotografien in die paranoische Ermittlung eingebunden sind, welche konkreten Praktiken und Techniken (der Bildauswahl, -sammlung, -herstellung, -ausdeutung und -befragung) mit dieser Einbindung einhergehen und welche (investigativen, argumentativen, epistemischen) Aufgaben sie dort erfüllen.

Es wird davon ausgegangen, dass der paranoische Gebrauch von Fotografien, den Panizza wie Ademeit vorführen, im Kern auch ein politischer ist. Bei Panizzas Sammlung kaiserlicher Porträts liegt diese Überlegung nahe, aber auch für Ademeits gänzlich menschenleere Stadtansichten soll dies behauptet werden. Panizzas wie Ademeits Aufzeichnungen sind auf die Welt und Wirklichkeit bezogen und fordern zu Lesarten auf, die ihren politischen Einsatz stark machen. Die Studie schlägt vor, die Paranoia als „Krankheit der Macht",[7] als Krankheit an der Macht zu verstehen, und begreift die paranoische Ermittlung als eine, die in ihren Texten und Bildern Aufschluss gibt über Fragen von Souveränität und Herrschaft, von Macht und Regierung und deren Brüche und Verschiebungen in besonderer Weise registriert. Sie liest die Aufzeichnungen von Panizza und Ademeit demnach als Spielarten einer „Analytik der Macht",[8] die den Blick auf historisch spezifische (technologische und mediale, institutionelle oder vestimentäre) Infrastrukturen des Politischen lenkt; sie liest Panizzas und Ademeits Aufzeichnungen als paranoische Beiträge zu einer „Mikrophysik der Macht",[9] welche auch und vor allem im paranoischen Gebrauch technischer Bilder ihren Ort hat.

Jenseits der Frage nach einem paranoischen Gebrauch technischer Bilder und seinen politischen Implikationen fokussiert die Studie den Zusammenhang von Paranoia und technischem Bild als Frage danach, inwiefern Bildmedien und -technologien in sich paranoisch strukturiert sein und paranoische Effekte zeitigen können, inwiefern sich also von paranoischen und paranoisierenden Bildmedien und -technologien sprechen lässt. Welcher Zusammenhang besteht

---

6 Für die Wendung vom „paranoischen Gebrauch" (allerdings nicht mit Bezug auf Bilder) vgl. Gilles Deleuze und Félix Guattari: Kafka. Für eine kleine Literatur. Frankfurt a. M. 1976, S. 16.
7 Elias Canetti: Masse und Macht. Frankfurt a. M. 1980, S. 532.
8 Vgl. Michel Foucault: Überwachen und Strafen. Die Geburt des Gefängnisses, Frankfurt a. M. 1977 sowie ders.: Der Wille zum Wissen. Sexualität und Wahrheit 1. Frankfurt a. M. 1983.
9 Vgl. Michel Foucault: Mikrophysik der Macht. Über Strafjustiz, Medizin und Psychiatrie. Berlin 1977.

zwischen den fotografischen Bildmedien und -technologien, die im Rahmen von Panizzas und Ademeits Aufzeichnungen zum Einsatz kommen, und den paranoischen Semantiken ihrer Ermittlungen? Gibt es eine Paranoia des technischen Bildes, eine Paranoia, die von technischen Bildern und Bildtechnologien mit hervorgebracht wird?

Panizzas und Ademeits Aufzeichnungen legen nahe, Paranoia als Irritation zu begreifen, die sich auch und vor allem auf dem Feld des Sehens abspielt, als Irritation, der das Feld des Sehens zum Raum der Gefahr wird, die die einfache Gegebenheit von Sichtbarkeiten hinterfragt und beständig Latenzen postuliert. Paranoia erweist sich in beiden Fällen als Paranoisierung des Sehens, als Eintritt und Übergang in Sichtbarkeitsverhältnisse, die man paranoisch strukturiert nennen kann. Die Studie bemüht sich um die Beschreibung und Analyse solcher Sichtbarkeitsverhältnisse und greift dafür auf Begriffe und Konzepte aus Jacques Lacans struktularer Psychoanalyse zurück, genauer auf die Überlegungen zu einer Theorie des Blicks und des Bildes, die Lacan im Seminar *Die vier Grundbegriffe der Psychoanalyse* von 1964 entwickelt.[10] Ergänzt wird die struktural-psychoanalytische Perspektive um eine mediengeschichtliche, die danach fragt, auf welche Weise paranoisch strukturierte Sichtbarkeitsverhältnisse mit konkreten technisch-medialen Dispositiven zusammenhängen und inwiefern sie sich als Effekt von Bildmedien und -technologien beschreiben lassen.

Die Fotografien, die Panizzas und Ademeits paranoische Ermittlungen akkumulieren, werden in diesem Sinne als technische Bilder in ihrer konkreten Materialität und Medialität untersucht und dabei zum Anlass für die Entfaltung zweier Mediengeschichten, die eher obskure und marginale, auf jeden Fall wenig erforschte Bildmedien und -technologien in den Vordergrund rücken: die Zinkautotypie als Verfahren fotografischer Reproduktion um 1900 im Fall von Panizza, die Polaroid Sofortbildfotografie im Fall von Ademeit. Die paranoischen Ermittlungen selbst leisten im Hinblick auf Mediengeschichten, die nach dem Zusammenhang von Medientechnologie und Paranoia fragen, beträchtliche Vorarbeit. So strengen etwa Panizzas Aufzeichnungen ausfernde Bildbefragungen an, die den Wahrheitswert fotografischer Abbildungen bezweifeln und ihre kritische Aufmerksamkeit auf konkrete mediale und technologische Bedingungen der Bildproduktion und -reproduktion richten und die Frage aufwerfen, inwiefern in Panizzas und Ademeits paranoischen Ermittlungen ein (implizites oder explizites) Wissen über konkrete und spezifische Bildmedien und -technologien aufscheint.

---

10 Vgl. Jacques Lacan: Die vier Grundbegriffe der Psychoanalyse. Das Seminar. Buch XI (1964). Weinheim 1996.

Die Studie interessiert sich demnach, so lassen sich die hier skizzierten Fragestellungen zum Verhältnis von Paranoia und technischem Bild kurz und bündig auf einen Begriff bringen, für Paranoia als Medienpathologie. Dreierlei ist mit dem Begriff der Medienpathologie indiziert: ein Verständnis von Paranoia erstens als Medienpraxis, zweitens als Medieneffekt sowie drittens als eine Form von Medien-Denken oder Medien-Wissen. Die Paranoia als Medienpraxis und Medieneffekt, das wird selbst bei nur kursorischer Beschäftigung mit paranoischen Ermittlungen und Narrativen plausibel – regelmäßig stehen technische Medien, Mittlerfiguren und mediale Funktionen wie Vermittlung und Übertragung im Mittelpunkt, Verschwörerinstanzen erscheinen als Medienverbundsysteme, gegen die die paranoische Ermittlung ihrerseits medial aufrüstet. Gerade die obsessive paranoische Fixierung auf Medien und Mittler aber, auch das meint die Rede von der Paranoia als Medienpathologie, ist als Diskursivierung jeweils historisch spezifischer medialer Verhältnisse zu verstehen und artikuliert bzw. akkumuliert ein Nachdenken, ein Wissen über Medien.

Der Begriff Paranoia wird somit im Folgenden nicht im Sinne einer psychiatrischen Diagnose verwendet, auch wenn (oder gerade weil) sowohl Panizza als auch Ademeit Psychiatrie-Erfahrungen gemacht haben. Deleuze und Guattari ermutigen, „nicht von einer psychiatrischen Bedeutung der Wörter" Schizophrenie und Paranoia auszugehen, „sondern im Gegenteil von ihren sozialen und politischen Bestimmungen, aus denen sich erst ihre psychiatrische Anwendung unter bestimmten Bedingungen ergibt".[11] Ohnehin wären auch psychiatrische Definitionen nicht in der Lage, einem Nachdenken über Paranoia als fester Anker zu dienen. Denn die Diagnose und Krankheitseinheit Paranoia ist innerhalb der Psychiatrie des neunzehnten und zwanzigsten Jahrhunderts so umstritten und ihre Geschichte so wechselvoll, dass sie sich allenfalls selbst als Gegenstand historischer Analyse und Rekonstruktion ins Spiel bringt und als diskursives Ereignis historisiert werden muss. Eine solche wissensgeschichtliche Aufarbeitung des psychiatrischen Paranoia-Diskurses ist nicht das vorrangige Ziel dieser Studie und wird allenfalls am Rande gestreift.[12]

---

11 Gilles Deleuze und Félix Guattari: Gespräch über den Anti-Ödipus. In: Gilles Deleuze: Unterhandlungen 1972–1990. Frankfurt a. M. 1993, S. 25–40, hier S. 39.
12 Zumal eine solche wissensgeschichtliche und wissenspoetologische Aufarbeitung psychiatrischen Paranoia-Wissens bereits in überzeugender Weise geleistet worden ist. Vgl. Wolfgang Schäffner: Die Ordnung des Wahns. München 1995 sowie ders.: Interpretationsdelirien und Aufschreibesysteme. In: Frank Degler und Christian Kohlroß (Hg.): Epochen/Krankheiten. Konstellationen von Literatur und Pathologie. St. Ingbert 2006, S. 131–144. Vgl. darüber hinaus Thorsten Hahn, Jutta Person und Nicolas Pethes (Hg.): Grenzgänge zwischen Wahn und Wissen. Zur Koevolution von Experiment und Paranoia 1850–1910. Frankfurt a. M. 2002.

Konzediert werden muss allerdings auch, dass das Verhältnis der Studie zu Psychiatrie und Psychiatriegeschichte ambivalenter und komplexer ist, als die soeben erfolgte Abgrenzung vermuten lässt; methodisch lässt sich diese kaum konsequent durchhalten. So stellt die Studie an verschiedenen Stellen durchaus Bezüge zum Paranoia-Wissen der Psychiatrie her und verdankt dieser in gewisser Weise ihre Gegenstände: Schließlich ist es auch der Begegnung mit der Psychiatrie zu verdanken, dass die Bilder und Aufzeichnungen von Panizza und Ademeit Eingang ins kulturelle Archiv gefunden haben und in der Konsequenz zum Gegenstand medienkulturwissenschaftlicher Auseinandersetzung werden können. Dennoch bleibt es dabei, dass die Rede von der Paranoia als Medienpathologie eine Relativierung und Distanzierung von psychiatrischen und psychopathologischen Paranoia-Diskursen impliziert. Sie steht für ein dezidiert medien- und kulturwissenschaftliches Interesse an den Texten und Bildern aus paranoischer Produktion und spricht der Psychiatrie die Alleinzuständigkeit für paranoische Delirien ab. Als (historischer) Name einer psychiatrischen Diagnose führt der Begriff Paranoia eine Geschichte der Pathologisierung und Exklusion mit sich, die der kritischen Analyse bedarf und es notwendig macht, psychiatrisches Paranoia-Wissen immer wieder zu historisieren und zu problematisieren – was wiederum nicht bedeutet, es in Gänze zu verwerfen. Dies bleibt eine Gratwanderung und führt eine Spannung mit sich, die sich nicht ganz auflösen lässt.

Eindeutiger kann das Verhältnis der Studie zu einer weit verbreiteten, überaus vagen und unscharfen Verwendung des Begriffs Paranoia als Element einer verallgemeinerten Kultur- und Mentalitätsdiagnostik beschrieben werden, von der sich die Studie klar abgrenzt.[13] Wenn im Folgenden nach dem Zusammenhang von Paranoia und technischem Bild gefragt wird, dann zielt dies darauf ab, was Paranoia im Feld des Sehens und der Sichtbarkeiten bedeutet und welchen Einfluss Bildmedien und -technologien auf die Entstehung paranoischer Sichtbarkeitsordnungen und die Semantik paranoischer Ermittlungen haben. Untersucht werden diese Fragen anhand und mit Hilfe der Text-Bild-Sammlungen von Panizza und Ademeit.

---

[13] Man kann von einer regelrechten Konjunktur der „Paranoia Studies" innerhalb der US-amerikanischen Kulturwissenschaften der Nuller Jahre sprechen. Vgl. etwa Timothy Melley: Empire of Conspiracy. The Culture of Paranoia in Postwar America. Ithaca 2000; Harry West und Todd Sanders (Hg.): Transparency and Conspiracy. Ethnographies of Suspicion in the New World Order. Durham 2003; Samuel Chase Coale: Paradigms of Paranoia. The Culture of Conspiracy in Contemporary American Fiction. Tuscaloosa 2005; John Farrell: Paranoia and Modernity. Cervantes to Rousseau. Ithaca 2006; John L. Jackson: Racial Paranoia. The Unintended Consequences of Political Correctness. New York 2008.

Theoriegeschichte: Paranoia und Medienwissenschaft, ca. 1980

Der Ansatz, die Paranoia als Medienpathologie zu betrachten, und das Vorhaben, mit und ausgehend von paranoischen Ermittlungen auf technische Medien zu schauen, mit Paranoikern Mediengeschichte zu schreiben, sind darüber hinaus ein Programm, das zurückverweist auf die Anfänge einer kulturwissenschaftlich ausgerichteten Medienwissenschaft, die auf um 1980 zu datieren sind: Eine Archäologie der Medienarchäologie stößt unweigerlich auf Paranoia und Paranoiker.

Verhandelt wird diese Tatsache oft nur im Modus der Polemik. Als Friedrich A. Kittler im Jahr 2011 stirbt, setzt eine Historisierungs- und Kanonisierungsbewegung ein, die teils hagiografische Züge annimmt – „It is no exaggeration that Friedrich Kittler singlehandedly revolutionized the humanities", lässt eine besonders schwärmerische Charakterisierung aus New York über den „famous and iconic German thinker"[14] verlauten –, teils aber auch kritisch urteilt. Zentralen Angriffspunkt bilden Kittlers in „konspirative[m] Stil"[15] abgefasste Texte, denen nicht nur „verschwörungstheorieaffine Totalisierungen und Monokausalisierungen"[16] unterstellt werden, sondern auch „paranoische Lektüre[n]", „die hinter allem die medientechnische Formatierung" auffinden: „Kittler deduziert aus minimalen Referenzen [...] maximale Deutungskonsequenzen – insofern ist [sic!] sein Gestus, sein Verfahren wie auch seine Voraussetzungen [...] paranoisch."[17]

Dass Paranoia und theoretisches Denken tatsächlich in verwirrende Nähe zueinander geraten können, ist eine Erfahrung, die bereits Sigmund Freud gemacht und beschrieben hat. 1911 veröffentlicht er einen Aufsatz, der den *Denkwürdigkeiten eines Nervenkranken* gewidmet ist, jenem Paradebeispiel paranoischer Verschwörungsprosa der Jahrhundertwende, in dem der ehemalige

---

14 Deutsches Haus at NYU: Ankündigungstext zur Veranstaltung „The Sirens Go Silent: A Commemorative Colloquium for Friedrich Kittler" im März 2013. Online unter: http://as.nyu.edu/deutscheshaus/cultural-program/events/spring-2013/the-sirens-go-silent-a-commemorative-colloquium-for-friedrich-ki.html, letzter Zugriff 5. August 2020. Für einen Versuch nicht-hagiografischer Historisierung von Kittlers Werk vgl. Claus Pias: Friedrich Kittler und der „Mißbrauch von Heeresgerät". Zur Situation eines Denkbildes 1964 – 1984 – 2014. In: Merkur. Deutsche Zeitschrift für europäisches Denken 69 (2015), H. 791, S. 31–44. Zur Selbstthematisierung und -historisierung der Medienwissenschaften vgl. Claus Pias: Was waren Medien-Wissenschaften? Stichworte zu einer Standortbestimmung. In: ders. (Hg.): Was waren Medien? Berlin/Zürich 2011, S. 7–30.
15 Andreas Bernhard: Asoziale Netzwerke. In: Süddeutsche Zeitung, 16. Oktober 2013, S. 14.
16 Marcus Krause, Arno Meteling und Markus Stauff (Hg.): The Parallax View. Zur Mediologie der Verschwörung. München 2011, S. 14.
17 Claudia Liebrand: ‚Strong readings'. Paranoia und Kittlers Habilitationsverfahren. Prolegomena einer Fallstudie. Online unter: www.literaturkritik.de/id/17782, letzter Zugriff 5. August 2020.

Dresdner Gerichtspräsident Daniel Paul Schreber sein Wahnsystem darlegt. Am Ende seiner Auseinandersetzung muss Freud eine ausgesprochene „Ähnlichkeit" zwischen den von Schreber beschriebenen göttlichen „Nervenstrahlen" und seinem eigenen Konzept von Libidobesetzungen eingestehen. Diese Ähnlichkeit, die, wie Freud schreibt, Schrebers „Wahn eine auffällige Übereinstimmung mit unserer Theorie" verleiht, ist so groß, dass Freud sich herausgefordert fühlt, das Primat seiner theoretischen Überlegungen zu unterstreichen – niemand soll denken, der Begründer der Psychoanalyse habe bei einem Paranoiker abgeschrieben: „Ich kann aber das Zeugnis eines Freundes und Fachmannes dafür vorbringen, daß ich die Theorie der Paranoia entwickelt habe, ehe mir der Inhalt des Schreberschen Buches bekannt war. Es bleibt der Zukunft überlassen zu entscheiden, ob in der Theorie mehr Wahn enthalten ist, als ich möchte, oder in dem Wahn mehr Wahrheit, als andere heute glaublich finden."[18]

Ohne den diskreditierenden Unterton zu bejahen, der im Vorwurf von Kittlers paranoischen Lektüren mitschwingt, lässt sich doch festhalten, dass die spezifische Spielart eines Nachdenkens über technische Medien, wie es sich um 1980 zwischen Freiburg und Bochum formiert hat, tatsächlich eine Wahrheit des Wahns behauptet – zumindest, was die Wahrheit oder, weniger emphatisch, die Wirklichkeit technischer Medien angeht. Denn wie Freud hat auch Kittler Schrebers *Denkwürdigkeiten* gelesen – und zwar als Beschreibung von Medieneffekten, als Diskursivierung dessen, was technische Medien um 1900 mit Sprache, Sinn und Geist anstellen. Schreber beschreibt in den *Denkwürdigkeiten* unter anderem ein seine Person betreffendes „Aufschreibesystem", das von „Wesen besorgt wird", die „des Geistes völlig entbehren" und „ganz mechanisch" arbeiten: „Man unterhält *Bücher oder sonstige Aufzeichnungen*, in denen nun schon seit Jahren alle meine Gedanken, alle meine Redewendungen, alle meine Gebrauchsgegenstände, alle sonst in meinem Besitze oder in meiner Nähe befindlichen Sachen, alle Personen, mit denen ich verkehre usw. *aufgeschrieben* werden."[19] Es ist gerade dieses geistlose und mechanische, gewissermaßen schwachsinnige Inventarisieren, welches Schrebers Aufschreibesystem Kittler zufolge als Maschinenspeicher ausweist: „Die paranoische Maschine arbeitet wie eine Verbundschaltung aller Datenspeicher, die um 1900 das Aufschreiben revolutionieren."[20]

---

18 Sigmund Freud: Psychoanalytische Bemerkungen über einen autobiographisch beschriebenen Fall von Paranoia (Dementia paranoides) (1911). In: ders.: Studienausgabe. Bd. VII: Zwang, Paranoia und Perversion, hg. von Alexander Mitscherlich, James Strachey und Angela Richards. Frankfurt a. M. 1997, S. 133–203, hier S. 199f.
19 Daniel Paul Schreber: Denkwürdigkeiten eines Nervenkranken. Berlin 2003 [1903], S. 92, kursiv im Original.
20 Friedrich A. Kittler: Aufschreibesysteme 1800/1900. München 2003 [1985], S. 361.

Die *Denkwürdigkeiten* erweisen sich als das, was Kittler an anderer Stelle „Diskurse über Diskurskanalbedingungen"[21] genannt hat. Der Paranoiker tritt damit in Kittlers Lektüre, so schreibt die Medienwissenschaftlerin Anna Tuschling, „als ‚Bauchredner' der Technikgeschichte" auf, dessen Aufzeichnungen offenlegen, was „Gesellschaft und Wissenschaft um 1900 an technischem Unbewusstem zu negieren hatten".[22] Kittler liest Schrebers Aufzeichnungen also als Diskurs über Medien, als (proto-)medientheoretischen Text.[23] Etabliert ist damit eine „Komplizenschaft medientheoretischer Schriften mit dem Wahn",[24] eine Komplizenschaft zwischen Paranoia und Medientheorie, die selbst wohlmeinenden Beobachter*innen, wie Tuschling, nicht ganz geheuer ist.

Eine Quelle für Kittlers kritisch-paranoische Medientheorie ist sicherlich das Werk des US-amerikanischen Schriftstellers Thomas Pynchon, der in den 1960ern und 1970ern eine Reihe von Romanen vorgelegt hat, die eine „romaneske Medienarchäologie"[25] entwickeln und Paranoia als kritische Form der Erkenntnis begreifen. In Romanen wie *V.* (1963), *The Crying of Lot 49* (1965) oder *Gravity's Rainbow* (1975) wird eine, wie Kittler schreibt, „kritisch-paranoische Methode" sichtbar, „wie der Romancier sie bei Dalí gelernt haben könnte".[26] Der Wissenschafts- und Technikhistoriker Henning Schmidgen verweist darüber hinaus – und zu Recht – auf die Arbeiten von Lacan als Bedingung der Möglichkeit für Kittlers affirmativen Bezug auf Paranoia als Erkenntnismodus.[27] In seinem

---

21 Friedrich A. Kittler: Der Gott der Ohren. In: ders.: Draculas Vermächtnis. Technische Schriften. Leipzig 1993, S. 130–148, hier S. 147.
22 Anna Tuschling: Deutungswahn und Wahnanalyse. Die Paranoia ein Medienapriori? In: Marcus Krause, Arno Meteling und Markus Stauff (Hg.): The Parallax View. Zur Mediologie der Verschwörung. München 2011, S. 89–104, hier S. 90 und 104.
23 Frühe Kittler-Schüler wie Martin Stingelin haben weitere, auch anonyme Fälle aus psychiatrischen Archiven ausgegraben, die „Klartext über Medien" reden. Siehe Martin Stingelin: Gehirntelegraphie. Die Rede der Paranoia von der Macht der Medien 1900. Falldarstellungen. In: Friedrich A. Kittler und Georg C. Tholen (Hg.): Arsenale der Seele: Literatur- und Medienanalyse seit 1870. München 1989, S. 51–69, hier S. 51. Vgl. auch Stefan Nellen, Martin Schaffner, Martin Stingelin (Hg.): Paranoia City. Der Fall Ernst B. Selbstzeugnis und Akten aus der Psychiatrie um 1900. Basel 2007.
24 Tuschling: Deutungswahn und Wahnanalyse, S. 102.
25 Markus Krajewski und Bernhard Siegert (Hg.): Pynchon. Archiv – Verschwörung – Geschichte. Weimar 2003, S. 10.
26 Friedrich A. Kittler: Medien und Drogen in Pynchons Zweitem Weltkrieg. In: ders.: Die Wahrheit der technischen Welt. Essays zur Genealogie der Gegenwart, hg. von Hans Ulrich Gumbrecht. Frankfurt a. M. 2013, S. 113–131, hier S. 119.
27 Vgl. Henning Schmidgen: Eine originale Syntax. Psychoanalyse, Diskursanalyse und Wissenschaftsgeschichte. In: Archiv für Mediengeschichte 13 (2013): Mediengeschichte „nach" Friedrich Kittler, S. 27–43.

Psychosen-Seminar von 1955/56 hat Lacan selbst eine ausführliche (Re-)Lektüre von Schrebers *Denkwürdigkeiten* vorgelegt und gut zwanzig Jahre vorher, 1932, seine Dissertation über die paranoische Psychose geschrieben, in der Paranoia und Erkenntnis parallelisiert werden – eine Engführung, die Lacan im Begriff der „paranoischen Erkenntnis"[28] kulminieren lässt. Mit Lacan weist Schmidgen also einem ausgewiesenen Theoretiker der paranoischen Psychose zentrale Bedeutung für Kittlers Denken zu; zu Schreber fällt hingegen nur die vage und etwas flapsige Bemerkung, dass Kittler „die Schreber-Rolle für sich in Anspruch nimmt"[29] – was immer das heißen will.

Michael Hagner, ebenfalls Wissenschaftshistoriker, zeichnet darüber hinaus nach, wie sich im Nachklang der politischen und ästhetischen Kämpfe von 1968 in den 1970er Jahren eine „waghalsige Konjunktur des Wahnsinns" formiert, die ihren Ausdruck in einer theoretischen „Arbeit an und mit Außenseitern" findet, wie er leicht süffisant – man könnte auch sagen: ein bisschen naserümpfend – bemerkt:

> In einer Hinsicht war der Begriff Wahnsinn zwar keine psychiatrische Diagnose mehr, wurde aber doch als restriktives Instrument der Psychiatrie zur Ausgrenzung unliebsamer Verhaltensweisen und Positionen angesehen. Nicht nur in der damals aufkommenden Anti-Psychiatrie ging es darum, der offiziellen Psychiatrie das Deutungsmonopol über die Geisteskrankheiten zu entreißen und damit die Autorität dieser verhassten ‚totalen Institution' (E. Goffman) zu brechen. Darüber hinaus jedoch schien der Wahnsinn auch ein Versprechen zu enthalten, nämlich die Freilegung und Artikulation eines rebellischen Potentials, das eine Loslösung von allen möglichen Fesseln in Aussicht stellte: vom bürgerlichen Subjekt, vom Vater, vom abendländischen Logos, von den Fesseln der Vernunft, von der reaktionären politischen Ordnung.[30]

---

28 Vgl. Jacques Lacan: Das Spiegelstadium als Bildner der Ich-Funktion, wie sie uns in der psychoanalytischen Erfahrung erscheint. In: ders.: Schriften I. Weinheim 1986, S. 61–70 sowie ders.: Vortrag über die psychische Kausalität. In: ders.: Schriften III. Olten 1980, S. 123–171. Nach Lacan haben Paranoia und Erkenntnisprozesse gemein, dass sie beide auf Wahrnehmungen beruhen, die einer Deutung unterzogen werden, dass es sich darüber hinaus um interaktive und soziale Prozesse handelt, die auf Umwelt bezogen sind; auch der Paranoia kommt demnach Realitätswert zu. Vgl. Jacques Lacan: Über die paranoische Psychose in ihren Beziehungen zur Persönlichkeit [1932]. In: ders.: Über die paranoische Psychose in ihren Beziehungen zur Persönlichkeit und frühe Schriften über die Paranoia. Wien 2002, S. 13–358.
29 Schmidgen: Eine originale Syntax, S. 30.
30 Michael Hagner: Wahnsinn und Bibliophilie. Das erste Buch von Brinkmann & Bose. In: Nach Feierabend. Zürcher Jahrbuch für Wissensgeschichte (2016), H. 12: Wissen, ca. 1980, hg. von Nils Güttler, Margarete Pratschke und Max Stadler, S. 133–144, hier S. 139.

Hagner zufolge knüpft die Medientheorie um 1980 an dieses antiautoritäre und antipsychiatrische Post-68er-Interesse am Wahn an und pfropft sich ihm auf: Der Wahnsinn wird „aus dem Vorraum gesellschaftlicher Befreiungsutopien heraus- und in einen medientheoretischen Schaltraum hineingeholt".[31] Ungeklärt bleibt in Hagners Darstellung allerdings, warum ausgerechnet der Paranoiker für die Medientheorie um 1980 zum Bezugspunkt wird. Schließlich stehen spätestens seit Gilles Deleuzes und Félix Guattaris *Anti-Ödipus* von 1977 zwei gänzlich gegensätzliche Spielarten von Wahnsinn im Raum. Dort stellen sie dem Paranoiker, sehr zu seinen Ungunsten, den „Schizo" entgegen und identifizieren „zwei Pole des Deliriums": „ein faschisierender paranoischer Typ oder Pol, der die Formation der zentralen Herrschaft besetzt", und auf der anderen Seite „ein schizo-revolutionärer Typ, der den Fluchtlinien des Wunsches folgt, durch die Mauer bricht und Ströme fließen lässt".[32]

Paranoiker sind, das hat schon die Psychiatrie um 1900 gemutmaßt, die Volksschullehrer unter den Irren.[33] Den als reaktionär abgestempelten Paranoiker dem revolutionären Schizo vorzuziehen, weist Kittler klar als Lacanianer aus, ist vielleicht auch lesbar als eine Geste, die ins weite Feld des Punk gehört (auch wenn Kittler selbst wohl lieber Pink Floyd gehört hat)[34] – es sind schließlich die frühen 80er. Ist der affirmative medientheoretische Bezug auf den Paranoiker also nicht mehr als das subversive *self-fashioning* einer jungen Disziplin, die keine „ordentliche ‚Normalwissenschaft'" sein will und „einen bestimmten Theoriegestus zusammen mit einem bestimmten Corpus an dissidenten Lektüren" pflegt?[35]

---

31 Hagner: Wahnsinn und Bibliophilie, S. 141.
32 Gilles Deleuze und Félix Guattari: Anti-Ödipus. Kapitalismus und Schizophrenie I. Frankfurt a. M. 1977, S. 357 und 358. Deleuze hat sich später zur Paranoia „bekehrt": „Die Schizos, die wahren wie die falschen, finde ich inzwischen dermaßen zum Kotzen, dass ich mich fröhlich zur Paranoia bekehre. Es lebe die Paranoia." Siehe Gilles Deleuze: Brief an einen strengen Kritiker [1973]. In: ders.: Unterhandlungen 1972–1990, Frankfurt a. M. 1993, S. 11–24, hier S. 11.
33 Vgl. Emil Kraepelin: Psychiatrie. Ein Lehrbuch für Studierende und Ärzte. 8. Auflage. Leipzig 1915, S. 1759. Vgl. auch Robert Gaupp: Zur Psychologie des Massenmords. Hauptlehrer Wagner von Degerloch. Berlin 1914 sowie Heinrich Schulte: Versuch einer Theorie der paranoischen Eigenbeziehung und Wahnbildung. In: Psychologische Forschung. Zeitschrift für Psychologie und ihre Grenzwissenschaften 5 (1924), H. 1, S. 1–23.
34 Vgl. Kittler: Der Gott der Ohren. Der Aufsatz aus dem Jahr 1982 unternimmt eine medienarchäologische Analyse von Pinks Floyds Song „Brain Damage" vom Album *The Dark Side of the Moon*.
35 Pias: Was waren Medien-Wissenschaften?, S. 22 und 28.

Paranoiker als Begriffsperson, Parallelschaltung als Verfahren

Hier wird vorgeschlagen, sich der beschriebenen Komplizenschaft zwischen Paranoia und Medientheorie noch einmal anders zu nähern, weniger im Sinne ideengeschichtlicher Rekonstruktion, die nach (theoretischen) Lektüren und Einflüssen fragt, sondern vielmehr aus einer Perspektive, die wissenspoetologisch genannt werden könnte und einen genauen Blick auf die sprachlichen, poetischen, quasi literarischen Dimensionen des sich um 1980 formierenden medientheoretischen Wissens wirft: Wie ist dieses Wissen gebaut, welchen Ton schlägt es an, welche Figuren lässt es auftreten, welche Begriffe und Neologismen erfindet es?[36]

Kittlers Schreber-Lektüre hat ihren Ort in *Aufschreibesysteme 1800/1900*, seiner Habilitationsschrift, die 1985 als Buch erscheint. Die paranoische Herkunft des Titels ist mittlerweile Gemeinplatz: „Jeder Student der Medienwissenschaft weiß es. Die Handbücher der Medientheorie sagen es, der Autor selbst hat wiederholt darauf hingewiesen: Der Titel *Aufschreibesysteme* verdankt sich einer Übernahme des Ausdrucks aus Daniel Paul Schrebers *Denkwürdigkeiten eines Nervenkranken*."[37] Anders als Freud hat Kittler also ganz offen und unverblümt von Schreber abgeschrieben. Er übernimmt Schrebers Wortschöpfung, definiert sie um als „das Netzwerk von Techniken und Institutionen [...], die einer gegebenen Kultur die Adressierung, Speicherung und Verarbeitung relevanter Daten erlauben",[38] und erhebt sie damit zum zentralen Begriff eines Forschungsprogramms, welches Kultur als Speicherung, Übertragung und Verarbeitung von Daten begreift, Kultur also als umfassende Datenverarbeitungsmaschinerie beschreibt.[39]

Philosophie, schreiben Deleuze und Guattari, ist die Kunst der Erfindung und Herstellung von Begriffen. Der Philosoph, und an dieser Stelle ließe sich für unsere Zwecke einfügen: der*die Medientheoretiker*in, „versteht sich auf Begriffe und den Mangel an Begriffen, er weiß, welche davon unerträglich, willkürlich oder haltlos sind, nicht einen Augenblick standhalten, welche im Gegenteil triftig sind und von einer Schöpfung zeugen, die sogar beunruhigend oder gefährlich

---

36 Zum Ansatz einer Poetologie des Wissens vgl. Joseph Vogl (Hg.): Poetologien des Wissens um 1800. München 1999.
37 Schmidgen: Eine originale Syntax, S. 30. Vgl. zudem Martin Stingelin: Aufschreibesysteme. Zur Denkwürdigkeit eines Titels. In: Peter Berz, Annette Bitsch und Bernhard Siegert (Hg.): FAKtisch. München 2003, S. 301–309.
38 Kittler: Aufschreibesysteme 1800/1900, S. 501.
39 Vgl. Geoffrey Winthrop-Young: Kittler zur Einführung. Hamburg 2005, S. 47.

sein mag".⁴⁰ Kittlers Indienstnahme des „Aufschreibesystems", so lässt sich im Anschluss an Deleuze und Guattari formulieren, erkennen die Schreber'sche Wortfügung als triftige Schöpfung, sie beweisen „Geschmacksvermögen" und eine „Liebe zum gutgemachten Begriff", welche Deleuze und Guattari zufolge eben auch bei der Arbeit an und Produktion von Theorie eine Rolle spielt.⁴¹ Die medientheoretische Übernahme des Schreber'schen Begriffs macht Schreber zur medientheoretischen „Begriffsperson": „Die Begriffe benötigen [...] Begriffspersonen, die zu ihrer Definition beitragen" und eine „innere Gegenwart im Denken, Möglichkeitsbedingung des Denkens selbst" darstellen.⁴²

Was leistet der Paranoiker Schreber als Begriffsperson für eine an Medien- und Informationstheorie angelehnte Kulturanalyse? Was ist so triftig an der Wortschöpfung „Aufschreibesystem"? Ein langes Wort, zusammengeschmiedet, wie es die deutsche Sprache erlaubt, aus zwei Worten – einem Verb, das eine konkrete Handlung bezeichnet, und einem, im Gegensatz dazu, hochabstrakten Substantiv. Eine schmucklose Fügung, die ein bisschen holpert, das Gegenteil von Poesie, aber irgendwie auf den Punkt: Etwas Einfaches trifft auf ein Verkopftes im präzisen Positivismus von Schrebers Juristensprache. Das schlichte „aufschreiben" markiert zudem einen Gegensatz zu Tätigkeiten wie „dichten", „erfinden" oder „denken" – basale Kulturtechniken gelten in Schrebers Begriffsfügung mehr als Apotheosen von Geist und Verstand. Den Begriff „Aufschreibesystem" zu adoptieren, erlaubt Kittler darum vor allem auch, nicht mehr emphatisch von Literatur sprechen zu müssen, und bietet sich insofern als Waffe in der Auseinandersetzung mit dem überkommenen Literaturbegriff universitärer Germanistik an. Für Kittler ist Literatur nichts anderes als „Nachrichtenfluß",⁴³ was für heftige Abwehrreaktionen innerhalb der Institution sorgt: Das Habilitationsverfahren eskaliert, neun Gutachter streiten darum, ob Kittlers Habilitationsschrift die Verleihung der *venia legendi* im Fach Germanistik verdient oder nicht.⁴⁴ In Schrebers

---

40 Gilles Deleuze und Félix Guattari: Was ist Philosophie?. Frankfurt a. M. 2000, S. 7.
41 Deleuze und Guattari: Was ist Philosophie?, S. 89 und 90.
42 Deleuze und Guattari: Was ist Philosophie?, S. 6 und 7.
43 Friedrich A. Kittler: Vorwort zu Aufschreibesysteme 1800/1900. In: Zeitschrift für Medienwissenschaft (2012), H. 6, S. 117–126, hier S. 117. Es handelt sich bei diesem Text um ein Vorwort, das 1983 entstanden, in der im Wilhelm Fink Verlag publizierten Buchversion von Aufschreibesysteme aber nicht enthalten ist. Zu Kittlers „Nachrichtenübertragungsmodell der Literatur" siehe Eva Horn: Maschine und Labyrinth. Friedrich Kittlers Aufschreibesysteme 1800/1900. In: Tumult. Schriften zur Verkehrswissenschaft (2012), H. 40: Friedrich Kittler. Technik oder Kunst?, S. 13–23, hier S. 17.
44 Der Germanist Oliver Jahraus spricht mit Bezug auf Kittlers Habilitationsverfahren gar von „paranoiden Reaktionen der Literaturwissenschaft". Siehe Oliver Jahraus: Friedrich Kittler.

Begriffsprägung des „Aufschreibesystems" scheint die Nivellierung von Literatur, die Kittlers Habilitationsschrift im Sinne einer diskursanalytisch und mediengeschichtlich ausgerichteten Rekonstellierung des literaturwissenschaftlichen Untersuchungsfeldes vornimmt, bereits präfiguriert; so erweist sich der Paranoiker Schreber gewissermaßen als Schutzpatron am Übergang von Literatur- zu Medienwissenschaft, als Schutzpatron von Literatur- als Medienwissenschaft.

Dass der Paranoiker tatsächlich zur Begriffsperson der Medienwissenschaft um 1980 avanciert – und nicht nur eine beliebige Quelle, ein beliebiges Beispiel unter anderen bleibt –, lässt sich darüber hinaus daran ablesen, dass Schreber und seine *Denkwürdigkeiten* zum Anlass für die Entwicklung ganz neuer Lektüre- und Analyseverfahren werden. Wenn Literatur Nachrichtenfluss ist, dann muss, folgert Kittler, ihre Beschreibung den „Entwurf eines Organisationsplans" zum Ziel haben, der die einzelnen Instanzen angibt, „die nach Shannons Schema Quelle/Sender/Kanal/Empfänger zusammengeschaltet" sind; die Rekonstruktion von solchen „nachweisbare[n] Nachrichtennetz[en]" ist das Anliegen von *Aufschreibesysteme 1800/1900*.⁴⁵ Das Verfahren operiert mit „parallel geschalteten Texten", bei denen erst einmal gleichgültig ist, „ob diese Schriften wissenschaftlich oder poetisch, automatisch oder psychotisch heißen"; die Idee ist, dass solche parallel geschalteten Texte einander derart auslegen, dass Interpretation im herkömmlichen Sinne sich erübrigt.⁴⁶ Es geht um „Übereinstimmungen aus unterschiedlichen, wo nicht feindlichen Diskursen", um „das Kombinieren von Extremen" als Methode: „Kein Zufall mag es sein, daß dieses generelle Verfahren im Extremfall Flechsig/Schreber, d.h. zwischen einem Psychiater und seinem Patienten, besonders klare Resultate liefert",⁴⁷ schreibt Kittler und unterstreicht damit, dass seiner Lektüre von Schrebers *Denkwürdigkeiten* innerhalb von *Aufschreibesysteme 1800/1900* der Status des methodisch Exemplarischen zukommt.

Hierauf deutet auch die Auskopplung aus der Habilitationsschrift und Vorabveröffentlichung hin. Schon 1984, also ein Jahr vor Erscheinen von *Aufschreibesysteme 1800/1900*, erscheint der Aufsatz „Flechsig/Schreber/Freud. Ein

---

Paranoia und Theorie. In: Zeitschrift für Medienwissenschaft (2014), H. 10, S. 167–171, hier S. 168. Ausführliche Materialien zum Gutachterstreit um Kittlers Habilitationsverfahren liefern Ute Holl und Claus Pias: Aufschreibesysteme 1980/2010. In: Zeitschrift für Medienwissenschaft (2011), H. 6, S. 114–192.
45 Für dieses und die folgenden Zitate siehe Kittler: Vorwort, S. 117–124.
46 Kittler beschreibt das Verfahren an anderer Stelle so: „[W]enn mir das glückt, dass ein Text, der anscheinend eine Interpretation braucht, kombiniert werden kann mit einem Text, der die Regeln des Textes A angibt, dann implodiert das so schön und bildet sich aufeinander ab." Siehe Friedrich A. Kittler und Stefan Banz: Platz der Luftbrücke. Ein Gespräch. Köln 1996, S. 12.
47 Kittler: Vorwort, S. 124.

Nachrichtennetzwerk der Jahrhundertwende", in dem Kittler die These vertritt, dass Schrebers Nervenstrahlen den hirnphysiologischen Forschungen seines Psychiaters Paul Emil Flechsig nachempfunden sind: „Schrebers sogenannte Wahnvorstellungen [...] wiederholen einfach den psychiatrischen Diskurs."⁴⁸ Wenn Freud ein paar Jahre nach Erscheinen der *Denkwürdigkeiten* die ausgesprochene Ähnlichkeit zwischen Schrebers Nervenstrahlen und den psychoanalytischen Auffassungen von Libidobesetzungen feststellt, dann manifestiert sich darin Kittler zufolge das verdrängte Begehren der Psychoanalyse nach naturwissenschaftlicher Grundlegung: „Daß alles geistige Eigentum an einer Nerventheorie, die ihrerseits die Libidotheorie vorwegnimmt, Prof. Dr. Flechsig zusteht, bleibt erfolgreich verdrängt."⁴⁹ Trotzdem: Nachrichten sind geflossen, etwas hat sich übermittelt, vom Psychiater Flechsig über den Paranoiker Schreber hin zum Psychoanalytiker Freud. „Flechsig/Schreber/Freud" schreibt dieses Verhältnis in Form einer Schaltung an: vom Sender Flechsig, über den Kanal Schreber, zum Empfänger Freud.

Das erste Buch im Verlag Brinkmann & Bose

Weniger bekannt als Kittlers Schreber-Connection, aber ein weiterer Befund, der die hier entwickelte These von einer Geburt der Medienwissenschaft Kittler'scher Prägung aus dem Geiste der Paranoia stützt, ist die Tatsache, dass im Jahr 1980 auch das erste Buch eines kleinen Berliner Verlags erscheint, der in den folgenden Jahren zu einem der wichtigsten deutschsprachigen Publikationsorte für Medientheorie und -geschichte wird: Der Verlag heißt Brinkmann & Bose, und bei seinem Debüt handelt es sich um die Aufzeichnungen eines Paranoikers aus den Jahren 1913/14.⁵⁰

Grosz/Jung/Grosz heißt dieses erste Buch – schon wieder Schrägstrichpoetik im Titel: „Mit dem Schrägstrich kennzeichnet man, dass Wörter (Namen,

---

48 Friedrich A. Kittler: Flechsig/Schreber/Freud. Ein Nachrichtennetzwerk der Jahrhundertwende. In: Der Wunderblock. Zeitschrift für Psychoanalyse (1984), H. 11/12, S. 56–69, hier S. 63.
49 Kittler: Flechsig/Schreber/Freud, S. 65. Vgl. auch Martin Stingelin: Paul Emil Flechsig. Die Berechnung der menschlichen Seele. In: Wunderblock. Eine Geschichte der modernen Seele, hg. von Jean Clair. Wien 1989, S. 297–308.
50 Zum Profil des Verlags vgl. Klaus Theweleit: Tätowierte Bücher. In: Erich Brinkmann (Hg.): Double Intensity. 30 Jahre Brinkmann & Bose. Berlin 2011, S. 15–21. Zu Kittlers bei Brinkmann & Bose erschienenen Werken vgl. Nina Wiedemeyer: Friedrich Kittlers Bücher. Die Montage stammt nicht vom Autor. In: Archiv für Mediengeschichte 13 (2013): Mediengeschichte „nach" Friedrich Kittler, S. 105–115.

Abkürzungen), Zahlen oder dergleichen zusammengehören",[51] erläutert § 106 der amtlichen Regelung der deutschen Rechtschreibung. Tatsächlich verweist *Grosz/Jung/Grosz* auf ein Zusammengehören bzw. -treffen, auf eine Konstellation. Denn dass die Aufzeichnungen von Anton Wenzel Grosz (1872–?) den Weg aus der Anstalt und ins gedruckte Buch haben finden können, ist nicht nur den Verlegern Erich Brinkmann und Günter Bose zu verdanken, sondern auch dem deutschen Schriftsteller Franz Jung (1888–1963). Der hat die österreichisch-schlesische Landesirrenanstalt Troppau im Sommer 1914 besucht, weil sein Freund, der Psychiater und Psychoanalytiker Otto Gross (bzw. Groß oder Grosz, es existieren unterschiedliche Schreibweisen) (1877–1920), ebenfalls dort interniert ist.[52] Bei dieser Gelegenheit lernt Franz Jung auch Anton Grosz kennen; *Grosz/Jung/Grosz*, das sind also Anton, Franz, Otto. Jung erinnert sich: „Bei meinem letzten Besuch drückte er mir ein Bündel Papiere in die Hand, kreuz und quer beschriebene Manuskripte, in einer Schrift wie mit dem Gravierstift punktiert, mit Zeichnungen dazwischen, Diagramme [sic!] und einer immer wiederkehrenden Portraitskizze" – und obwohl Jung angibt, er „habe dieses seltsame Manuskript später verloren oder es ist mir weggenommen worden", findet es sich nach seinem Tod im Besitz seiner Witwe in Ost-Berlin wieder.[53] Dorthin reisen Brinkmann und Bose im Winter 1979, um Grosz' Aufzeichnungen zur Veröffentlichung zu erbitten: „die Herren kamen aus Westberlin und gaben an, Verleger werden zu wollen", vermerkt der Bericht eines Stasi-IM.[54] Die Aufzeichnungen von Grosz liegen heute im Franz-Jung-Archiv der Berliner Akademie der Künste, und jede Seite trägt den Stempel der Stasi-Unterlagen-Behörde.

Diese verschlungene Überlieferungs- und Publikationsgeschichte, in der multiple Grenzgänge und verdeckt operierende Geheimdienste figurieren, passt zu den Aufzeichnungen, die Grosz hinterlassen hat. Grosz' wiederholte Emigration und Remigration zwischen Galizien und den Vereinigten Staaten spielt in ihnen eine wichtige Rolle – ein Migrationsdelirium. Mit topografischem Furor entwirft Grosz eine penible Chronik des Reisens, in der Europa und Amerika, die galizische Heimat und die amerikanische Ostküste, nahtlos ineinander überge-

---

51 Duden. Die deutsche Rechtschreibung. 24. Auflage. Mannheim 2006, S. 54.
52 Für Materialien und Dokumente zu Otto Gross, der auf Betreiben seines Vaters, des renommierten Strafrechtlers Hans Gross, in die Psychiatrie eingewiesen wurde, vgl. Christina Jung und Thomas Anz (Hg.): Der Fall Otto Gross. Eine Pressekampagne deutscher Intellektueller im Winter 1913/14. Marburg 2002.
53 Franz Jung: Jung, Franz: Akzente II. In: Günter Bose und Erich Brinkmann (Hg.): Grosz/Jung/Grosz. Berlin 1980, S. 241–245, hier S. 242 und 243.
54 Zit. nach Günter Bose: „...with an application to the Entscheidungsproblem". In: Erich Brinkmann (Hg.): Double Intensity. 30 Jahre Brinkmann & Bose. Berlin 2011, S. 167–169, hier S. 167.

hen, immer auf der Flucht vor einer global operierenden „Mörderbande", die aus allerlei Subalternen besteht:

> Es geht diesen Mördern darum viel Unter-Beamte, Bedienstete in ihren Dienst zu bekommen + haben sie es mit der Zeit so weit gebracht dass sie falsche Briefträger, Gerichtsdiener, Polizisten, Gensdarmen, Hotel Portiere, etc haben ebenso haben sie Schlosser, Tischler, Schuster, Schneider, Lythographen, Buchdrucker, Schriftsetzer, Typenschneider, Stempelschneider, Chimiker, Apotheker, Techniker in ihrem Dienst, die unter einem Namen zu einer Verbindung gehören, den ich nicht kenne.[55]

In einem den Aufzeichnungen beigefügten Kommentarteil erprobt *Grosz/Jung/ Grosz* nicht-hermeneutische Lektüreverfahren, die dem Wuchern paranoischer Interpretation nachspüren, indem sie es weiterspinnen. Dies geschieht zum Beispiel in einem Beitrag des Literaturwissenschaftlers Samuel M. Weber, der Bedeutungen weniger sicher denn entsichert, Verdacht und Zweifel sät und insofern die Mechanismen, nach denen Paranoia operiert, weniger analysiert denn perfomiert:

> Doch wie wissen wir eigentlich, daß die hier abgedruckten Aufzeichnungen wirklich die seinigen sind? Teilt er sich darin authentisch mit oder muß nicht vielmehr mit der Möglichkeit gerechnet werden, daß die in diesem Band vereinigten Texte von der Bande selbst stammen. Denn, ganz offen geredet, was wissen Sie, was weiß sogar ich über diesen Band, über den Verlag, der ihn herausgibt, über die Buchdrucker, Schriftsetzer, Typenschneider, Stempelschneider und andere, die dahinter stecken.[56]

Spielerisch wirft Weber die Regeln des wissenschaftlichen Kommentars über den Haufen, lässt die Unterscheidung zwischen Objekt- und Metasprache schleifen, vermengt eigenes und fremdes Sprechen ohne Schutzvorrichtung des Zitats und schlägt paranoische Funken aus der minimalen Differenz zwischen Band und Bande.

---

55 Anton Wenzel Grosz: Aufzeichnungen 1913/14. In: Günter Bose und Erich Brinkmann (Hg.): Grosz/Jung/Grosz. Berlin 1980, S. 11–71, hier S. 34. Letztlich erweist die Bande sich als nur leicht verfremdete Darstellung des zeitgenössischen Auswanderungsagententums, sodass die Aufzeichnungen des Paranoikers als luzide Abhandlung über die vermittlungstechnischen Bedingungen transatlantischer Migrationsbewegungen um 1900 gelesen werden können. Für den Abgleich mit einer zeitgenössischen Quelle – im Sinne parallel zu schaltender Texte – vgl. Leopold Caro: Auswanderung und Auswanderungspolitik in Österreich. Leipzig 1909. Für einen historischen Abriss vgl. Agnes Bretting und Hartmut Bickelmann: Auswanderungsagenturen und Auswanderungsvereine im 19. und 20. Jahrhundert. Stuttgart 1991.
56 Samuel M. Weber: Fellowship. In: Günter Bose und Erich Brinkmann (Hg.): Grosz/Jung/ Grosz. Berlin 1980, S. 159–172, hier S. 171, kursiv im Original.

Ähnlich konspirativ tritt ein weiterer Kommentar auf, der mit „Azzo Kittler" gezeichnet ist. Dahinter verbirgt sich Friedrich Kittler, den die jungen Verleger Brinkmann und Bose von ihrem Germanistikstudium in Freiburg her kennen, Azzo ist sein Spitzname.[57] Kittlers Text mit dem Titel „Um A.W.G." spielt mit den Initialen des technischen Zeichners und stellt zugleich die Frage nach den (fehlgehenden) Adressierungen – um Antwort wird gebeten – zwischen Grosz und Jung und Grosz. Während der Psychoanalytiker Gross seinen Mitpatienten Grosz noch in der Anstalt psychoanalytisch untersucht, gut freudianisch eine homosexuelle Ätiologie der Paranoia feststellt und später eine Falldarstellung über den „Ingenieur A. G., leidend an Paranoia" publiziert, hat der Schriftsteller Jung die ihm von Grosz' anvertrauten Aufzeichnungen zu einer Novelle verarbeitet, die „ohne jeden Abstand das paranoische Schreiben" fortsetzt: „Der Wahnsinnige, sein Ignorant und sein Simulant – eine Bürokratie. Nicht die Spur einer Antwort von dem einen zum anderen, zum dritten, von allen zu allen. U.A.w.g."[58]

Damit wird also an dieser Stelle, vier Jahre vor der Veröffentlichung von „Flechsig/Schreber/Freud. Ein Nachrichtennetzwerk der Jahrhundertwende", bereits ein (wenn auch dysfunktionales) Nachrichtennetzwerk um 1900 exploriert. Das ist den Kittler-Exegeten bislang entgangen. Die Autorenzeichnung qua Spitzname („Azzo") hat pseudonyme Effekte gezeigt und eine Rezeption des Textes „Um A.W.G." bis heute weitgehend verhindert.[59] Auffällig ist überdies, dass die Verschleierung des Autornamens die im Titel vorgenommene Verschleierung des Paranoikernamens wiederholt und beide, Autor- und Paranoikernamen, einander annähert: Azzo und A. Grosz – ein weiterer Baustein, der die hier entfaltete These vom Paranoiker als Kittler'scher Begriffsperson stützt: „Die Begriffsperso-

---

[57] Zum Spitznamen vgl. Andreas Rosenfelder: Wir haben nur uns selber, um daraus zu schöpfen. Interview mit Friedrich Kittler. In: Die Welt, 30. Januar 2011.
[58] Azzo Kittler: Um A.W.G. In: Günter Bose und Erich Brinkmann (Hg.): Grosz/Jung/Grosz. Berlin 1980, S. 207–215, hier S. 214 und 215. Vgl. Franz Jung: Die Telepathen. In: Die Aktion. Wochenschrift für Politik, Literatur, Kunst 4 (1914), S. 745–750 sowie Otto Gross: Drei Aufsätze über den inneren Konflikt. Bonn 1919/20.
[59] In einer 2013 im Suhrkamp Verlag publizierten Aufsatzsammlung, die Kittlers wichtigste Essays zu bündeln verspricht, ist Um A.W.G. nicht enthalten; vgl. Friedrich A. Kittler: Die Wahrheit der technischen Welt. Essays zur Genealogie der Gegenwart, hg. von Hans Ulrich Gumbrecht. Frankfurt a. M. 2013. Auch die meisten im Netz zirkulierenden Bibliografien zu Kittlers Werk unterschlagen den Text, genannt wird er lediglich auf einer Website der Humboldt-Universität. Vgl. Seminar für Ästhetik an der Humboldt-Universität zu Berlin: Mitarbeiterseite Friedrich A. Kittler. Online unter: https://www.aesthetik.hu-berlin.de/archive/mitarbeiter/kittler/biblio.html, letzter Zugriff 5. August 2020.

nen sind die ‚Heteronyme' des Philosophen und der Name des Philosophen das bloße Pseudonym seiner Personen", schreiben Deleuze und Guattari.⁶⁰

Dass „Um A.W.G.", zweifach verschlüsselt, so wenig Beachtung gefunden hat, ist auf jeden Fall ein Versäumnis, das umso schwerer wiegt, als Kittlers Text von 1980 sich tatsächlich, wie der Zürcher Wissenschaftshistoriker Hagner schreibt, „wie eine erste Soundprobe zu den späteren Großkonzerten *Aufschreibesysteme 1800/1900* und *Grammophon Film Typewriter* anhört".⁶¹ Kittler liest Grosz als Parallelfigur zu Schreber, welche wie dieser von der Macht der Medien um 1900 kündet:

> Der technische Zeichner A.W.G. ist also genauso im Bild wie der hohe Justizbeamte, daß das Regime des Menschen und d.h. Beamten zu Ende geht. Ihre Verfolger, unter den Wärtern von Flechsigs Irrenanstalt wie im schlesisch-amerikanischen Doppelreich, sind flüchtig hingemachte Menschen und d.h. nach der Einsicht A.W.G.s Angestellte. Das Soziogramm der Verschwörung: falsche Briefträger, Gerichtsdiener, Polizisten, Gensdarmen, Hotelportiers, Lithographen, Schriftsetzer, Typenschneider, Stempelschneider. Die technischen Medien fälschen, weil in ihnen alle Macht haust – so die Devise.⁶²

Wenn, im Hinblick auf eine Konjunktur des Wahnsinns nach 1968, um 1980 tatsächlich „etwas Neues" geschieht, „indem nämlich der Wahnsinn aus dem Vorraum gesellschaftlicher Befreiungsutopien heraus- und in einen medientheoretischen Schaltraum hineingeholt wird",⁶³ dann hat diese Verschiebung nicht erst in *Aufschreibesysteme 1800/1900*, sondern im ersten Buch von Brinkmann & Bose ihren Ort.

Aufbau der Studie

Paranoiker wie Schreber, wie Grosz, das macht der Blick zurück deutlich, haben der Medienarchäologie als Begriffspersonen gedient, ihr mit ihren Texten und Wortschöpfungen gut gemachte Begriffe geliefert und das Material zur Verfügung gestellt, an dem neue Analyseverfahren entwickelt und erprobt werden konnten. Die Frage, wie die Medienpathologie Paranoia zum Bild, zu technischen Bildern steht, wird allerdings um 1980 nicht Thema, bleibt blinder Fleck und Leerstelle.

---

60 Deleuze und Guattari: Was ist Philosophie?, S. 73.
61 Hagner: Wahnsinn und Bibliophilie, S. 141. Vgl. Friedrich A. Kittler: Grammophon Film Typewriter. Berlin 1986.
62 Kittler: Um A.W.G., S. 209.
63 Hagner: Wahnsinn und Bibliophilie, S. 141.

Dabei sind den Aufzeichnungen von sowohl Schreber als auch Grosz Abbildungen beigefügt, zwei Grundrisse von Heilanstalten im Fall von Schreber, eine ganze Reihe von handgezeichneten Täterskizzen sowie Karten und Krokis zu Tatorten bei Grosz – der übrigens von Beruf technischer Zeichner war. Im Skizzieren, Kartografieren und Krokieren von Schreber und Grosz offenbart sich eine paranoische Affinität zum operativen Bild, die nie untersucht worden ist.

Die vorliegende Studie trägt die Frage nach der Paranoia und ihren Bildern an die Aufzeichnungen von Panizza und Ademeit heran, die in Form zweier Fallstudien diskutiert werden. Das Format erlaubt, das Material, zu dem in beiden Fällen wenig bis gar keine Forschungsliteratur existiert, in angemessener Ausführlichkeit zu untersuchen und in seiner historischen Singularität zu entfalten; theoretische Überlegungen werden in enger Verzahnung mit dem Material diskutiert und nur insoweit, als dieses es erforderlich macht. Die Studie stellt beide Fallstudien in schroffer Fügung nebeneinander, ohne den Bruch zwischen ihnen zu glätten: Zwischen Panizzas und Ademeits Ermittlungen und Bildpraktiken wird kein direkter Bogen gespannt, kein linearer Fortschritt behauptet, und sie werden auch nicht im Sinne einer Kittler'schen Parallelschaltung zueinander in Bezug gesetzt. Das Neben- und Nacheinander der beiden Fallstudien soll Vergleich und Kontrastierung ermöglichen und auf diese Weise unterschiedliche Verhältnisse zwischen Paranoia und technischem Bild anschaulich werden lassen, in ihrer historischen, politischen, ästhetischen und medientechnologischen Spezifität. Dennoch ist die Zusammenstellung keineswegs kontingent: Die paranoischen Ermittlungen von sowohl Panizza als auch Ademeit werfen Schlaglichter auf erodierte Souveränitätsfiguren, sie werden lesbar als luzide Verhandlungen von Machtfragen und Symptome politischer Schwellenzeiten.

Im Einzelnen gestaltet sich der Aufbau wie folgt: Das Buch setzt ein mit der Fallstudie „Paranoia und technisches Bild um 1900: *Imperjalja* von Oskar Panizza". Das erste Kapitel „Schreiben, Schneiden, Zeitunglesen" nähert sich Panizzas *Imperjalja*-Manuskript in seiner Materialität als Archivalie und identifiziert Zeitungen und Zeitungsausschnitte als Bedingungen der Möglichkeit von Panizzas paranoischer Ermittlung. Dies hat Auswirkungen auch auf die Poetik des Textes, der sich als Montage und Exegese von *faits divers* erweist, deren strukturelle Affinität zur Kausalitätssucht und Kontingenzleugnung paranoischer Vernunft herausgearbeitet wird. Im Mittelpunkt des zweiten Kapitels „Bildpolitik" stehen die ebenfalls aus Zeitungen stammenden fotografischen Abbildungen der *Imperjalja*, von denen ein Großteil den Kaiser in Verkleidung zeigt. In Abgrenzung vom psychoanalytisch inspirierten Begriff des Vaterbildes werden die Fotografien als Elemente einer Bildpolitik gelesen, die ausgehend von den spezifischen medialen und technologischen Bedingungen reproduzierbarer Herrscherbilder um 1900 eine Auseinandersetzung mit Herrschaft und Regierung vornimmt, in deren Zentrum infame Souveränität und groteske Macht stehen. Das Kapitel „Paragrammatik" will klären, welche Verfahren der Lektüre und Deutung im Rahmen paranoischer Aufzeichnung zur Anwendung kommen, und schlägt eine Brücke zu Ferdinand de Saussures *Anagramm-Studien*, die etwa zeitgleich mit den *Imperjalja* entstanden sind. Saussure wie Panizza entwickeln kryptologische Lektüreverfahren, die Texten einen grundsätzlich latenten Sinn unterstellen, und entwickeln elaborierte Interpretationstechniken, die hermeneutisches Verstehen an die Materialität von Sprache und Schrift binden. Hieran anschließend identifiziert das vierte Kapitel „Blickhafte Verfolgung" ein visuelles Phänomen, nämlich Lichterscheinungen, als weiteren wichtigen Gegenstand von Panizzas paranoischen Deutungen. Im Rückgriff auf Lacan wird die Paranoisierung des Sehens nachgezeichnet, von der die *Imperjalja* Zeugnis ablegen, und herausgearbeitet, welche Rolle dabei das spielt, was Lacan die Funktion des Blicks nennt; dieses Kapitel dient demnach als Einführung in die Begrifflichkeiten aus Lacans Blicktheorie, die grundlegend für den Rest der Arbeit sind. Das Kapitel „Bildbefragung" diskutiert abschließend eine Gruppe fotografischer Abbildungen, die am Ende der *Imperjalja* stehen und von Panizza als Fälschungen und kalkulierte Täuschungen bezeichnet werden. Er strengt umfangreiche Bildbefragungen an, die, ausgehend vom Begriff des fotografischen Klischees und vom Verfahren der Zinkautotypie, die materiellen und technologischen Bedingungen fotografischer Reproduktion um 1900 in den Vordergrund rücken.

Von hier aus springt die Arbeit zur zweiten Fallstudie, die unter der Überschrift „Paranoia und technisches Bild um 1990: Zu den Polaroids von Horst Ademeit" steht. Das erste Kapitel „Polaroid Paranoid" versteht sich als Einführung zu Ademeits paranoischer Ermittlung im Medium der Polaroid Sofortbildfotografie. Es beschreibt Ademeits Sofortbilder unter ästhetischen und gestalterischen Gesichtspunkten und untersucht ihre Einbindung in Praktiken der Observation und Spurensicherung. Der Versuch, Ademeits paranoischem Gebrauch der Sofortbildkamera mit Hilfe von Fotografiegeschichte und -theorie auf die Spur zu kommen, scheitert an der Einseitigkeit, mit der diese Polaroid als soziales Medium und Kommunikationsmaschine festschreiben. In Abgrenzung davon entwirft das folgende Kapitel eine „Genealogie der Polaroid Sofortbildfotografie", die die Entwicklung der Sofortbildfotografie in Bezug setzt zu Polaroids Betätigungen in den Bereichen ziviler wie militärischer Abschirmung. In Auseinandersetzung mit Texten des Polaroid-Gründers Edwin H. Land wird deutlich, dass im Zentrum von Polaroids Aktivitäten das Problem der Blendung steht und Polaroids Produkte als Technologien der, um es mit Lacan zu sagen, Blickzähmung beschrieben werden können. Während des Zweiten Weltkriegs profiliert sich die Firma als Rüstungslieferant und entwickelt optische Kriegstechnologien, deren Derivat das Sofortbildverfahren ist. Ademeits paranoischer Gebrauch der Sofortbildkamera entwickelt fotografische Strategien der Blickzähmung und erweist sich damit als Entfaltung einer Gebrauchsweise, die im Medium angelegt ist. Im Versuch, Polaroids paranoische Struktur präziser einzukreisen, fokussiert das anschließende Kapitel „Das Sofortbild als Schirm" dessen konkrete technische Beschaffenheit und Funktionsweise und arbeitet heraus, inwiefern das Sofortbildverfahren althergebrachte Bild- sowie Mimesis- und Indexikalitätskonzepte auf den Kopf stellt. Deutlich wird, dass Polaroids optisch-technische Funktionsweise Ademeits fotografische Strategien der Blickzähmung letztlich konterkariert und mit der Wiederkehr eines Blickhaften einhergeht, das die Unabschließbarkeit der fotografischen Aufzeichnung bedeutet. Das letzte Kapitel „Paranoia und Kontrollgesellschaft" verortet Ademeits Sofortbilder und Aufzeichnungen, die im Zeitraum zwischen 1990 und 2010 entstehen, historisch-politisch und liest sie als machtanalytische Auseinandersetzung mit der Transformation staatlicher Institutionen vor dem Hintergrund kontrollgesellschaftlicher Flexibilisierungsprozesse.

Para: Denken mit Präpositionen

Bevor es nun gleich losgeht, unternimmt diese Einleitung einen letzten kurzen Abstecher nach 1980, allerdings nicht zu Friedrich Kittler, sondern zu Michel Serres. Dessen Buch *Le parasite*, 1980 in Paris erschienen, entwirft eine Medientheorie im Zeichen des Parasiten. Serres stellt dem Parasiten dabei unter anderem die Parabel, die Paralyse, den Parakletos, die Parallele, die Parastase, die Parenthese, die Pararrhese – und nicht zuletzt den Paranoiker an die Seite: „Müssen wir die wahrhafte Geschichte des Parasiten und des Paranoiden noch weiterschreiben? Man kann es so sagen oder so, ganz wie man will, wichtig ist, die Vorsilbe beizubehalten."[64]

Serres' Beharren auf der Vorsilbe ist mehr als Spielerei, nämlich Programm: Sein gesamtes theoretisches Projekt bezeichnet Serres als „eine allgemeine Theorie der Relationen. Oder: Philosophie der Präpositionen".[65] Mit der Präposition *para* sind bestimmte Relationen und Verhältnisse angezeigt: „Die Vorsilbe *para*, die ‚benachbart', ‚neben', bedeutet, bezeichnet eine Distanz, einen geringfügigen Abstand."[66] *Para* ist also der Name einer Differenz, eines Intervalls, einer Ungenauigkeit oder Unschärfe. Es mag insofern in der Natur des *para* liegen, wenn auch die folgenden Überlegungen zum Verhältnis von Paranoia und tech-

---

64 Michel Serres: Der Parasit. Frankfurt a. M. 1987 [1980], S. 166.
65 Michel Serres: Aufklärungen. Fünf Gespräche mit Bruno Latour. Berlin 2008, S. 187.
66 Serres: Der Parasit, S. 217.

nischem Bild immer wieder mit dem Unscharfen und Ungenauen haben zurechtkommen müssen – vielleicht ist dies aber auch einfach typisch für die manchmal qualvolle Konfrontation mit den Grenzen des eigenen Wissens, welche das Abfassen einer akademischen Qualifikationsschrift mit sich bringt: fast, beinahe, ein schwankender Boden und Gefühl von Verfehlung.

Dagegen setzt dieses Buch Annäherungsversuche, Verfahren des Um- und Einkreisens, die in immer wieder neuen Ansätzen und Anläufen herauszufinden versuchen, was bei der Frage nach dem Zusammenhang von Paranoia und technischem Bild auf dem Spiel steht. Die Präposition und Vorsilbe *para* wird dabei von Zeit zu Zeit wiederaufblitzen. Denn wo immer die vorliegende Studie dem *para* begegnet ist, hat sie es aufgelesen und ihm besondere Aufmerksamkeit geschenkt. So werden auf den folgenden Seiten Paratexte und Parenthesen, Parerga und Parasiten, Parapraxis, Paradox und Paragrammatik ihren Auftritt haben, wenn es darum geht, den Zusammenhang zwischen Paranoia und technischem Bild zu untersuchen.

Teil I: **Paranoia und technisches Bild um 1900:**
***Imperjalja* von Oskar Panizza**

1 Schreiben, Schneiden, Zeitunglesen

Im Juni 1903 sitzt der deutsche Schriftsteller Oskar Panizza in Paris und wird das Gefühl nicht los, dass „irgendwas in Deutschland nicht mit rechten Dingen zugehe", dass „irgendwo etwas faul im Staate sein müße".[1] Zwei Jahre zuvor ist Panizza, selbst promovierter Psychiater und zwischen 1882 und 1884 neben Emil Kraepelin als Assistenzarzt an der Oberbayrischen Kreisirrenanstalt München angestellt, für kurze Zeit Insasse eben dieser Irrenanstalt gewesen und anschließend „unter der Devise ‚Verfolgungswahn' entlaßen" worden. Das war 1901. Nun, im Sommer 1903, reift in Panizza die Überzeugung, dass der deutsche Kaiser Wilhelm II. ein Verbrecher sein muss:

> Teils in deutschen, besonders aber in französischen Blättern, auserdem in englischen und italjenischen Zeitungen, erscheinen seit vielen Jahren Referate über Verbrechen und Vergehen, besonders Lustmorde, Raubmorde, Diebstähle, Betrügereien aller Art, Wechselfälschungen, Münzverbrechen, Verfälschungen von Kunstgegenständen, Brandstiftungen, Anstiftungen zum Mord, Mishandlungen der eigenen Kinder, verdächtige Geldoperazjonen und Hochstapeleien im grösten Stil, Verkauf militärischer Geheimniße, Verrat und Verkauf väterländischer Intereßen, Vergiftungen, Blutschande, Anleitung zur Prostituzjon u.s.w.u.s.w, die, wie seit ca. 1 Jahr zur Evidenz sich ergibt, sämtlich Handlungen des als Kaisers über dem Gesetz stehenden Wilhelm II darstellen […].[2]

Diese lange Auflistung von Mord- und Missetaten bildet den Einstieg in eine weit ausgreifende paranoische Ermittlung, in deren Mittelpunkt der deutsche Kaiser steht und die Panizza folgerichtig schlicht *Imperjalja* betitelt hat (vgl. Abb. 1).[3] Das Manuskript, ein dickes Notizbuch mit blauem Leineneinband, das heute in der Handschriftenabteilung der Berliner Staatsbibliothek liegt, besteht aus 183 linierten, eng mit schwarzer Tinte beschriebenen Seiten, auf denen Panizza den

---

[1] Oskar Panizza: Imperjalja. In Textübertragung herausgegeben und mit Anmerkungen versehen von Jürgen Müller. Hürtgenwald 1993, S. 74 und 62. Alle folgenden Zitate aus den *Imperjalja* beziehen sich auf diese Ausgabe. Panizza hat eine eigene, phonetische Schreibweise entwickelt, die in allen Zitaten unverändert übernommen wird.
[2] Panizza: Imperjalja, S. 76 und 35.
[3] Zu Panizza existiert nur wenig literaturwissenschaftliche Forschung und zu den *Imperjalja* so gut wie gar keine. Allein Manfred Schneider widmet ihnen ein paar Seiten, vgl. Schneider: Das Attentat, S. 209–217. Jürgen L. Müller, der die Textübertragung des Manuskripts erstellt hat, ist Psychiater und Medizinhistoriker und hat als solcher einige pathografische und psychiatriegeschichtliche Beiträge zu Panizza verfasst. Vgl. Jürgen L. Müller: Oskar Panizza. Versuch einer immanenten Interpretation. Diss. med. Würzburg 1991 sowie ders.: Die „Imperjalja" von Dr. Oskar Panizza. Zur Genese eines politischen Doppelgänger-(Capgras)-Syndroms. In: Nervenheilkunde (1998), H. 17, S. 308–317.

Abb. 1: Doppelseite aus Panizzas *Imperjalja*-Manuskript mit eingeklebtem Porträt von Wilhelm II.

Kaiser als „notorischen Verbrecher und disequilibrierten Menschen"[4] brandmarkt und keine Mühen und Anstrengungen scheut, um diesen Tatbestand durch Belege verschiedenster Art zu untermauern. Er handelt dabei von Jack the Ripper über die Dreyfus-Affäre und das Sisi-Attentat bis hin zu Karl May nahezu alles ab, was Europa in der zweiten Hälfte des neunzehnten Jahrhunderts in Atem gehalten hat. Stück für Stück ergeben sich für Panizza die Umrisse eines Komplotts und die Konturen einer „Berliner Nebenregierung", an deren Spitze er den einstigen Reichskanzler Otto von Bismarck vermutet: Bismarck, an dessen Tod im Jahr 1898 Panizza nicht glaubt, mache sich Wilhelms Mordbrennereien zu Nutze, um „aus geheimnisvoller Ferne leitend" die „Ausmerzung der Hohenzollern-Dinastie" zu betreiben. Weil die kaiserliche Familie „bis in's Mark verderbt" ist, habe Bismarck einen „Plan betreffs Eliminierung der Hohenzollerndinastie" gefasst, einen „ungeheuren, beispiellos kühnen und genialischen Plan", dessen Ziel darin besteht, die „Dinastie [...] langsam in's Grab zu legen", Preußens Vorherrschaft zu beenden und das Deutsche Reich mit Österreich-Ungarn fusionieren zu lassen – so in etwa lauten die von Panizza in den *Imperjalja* dargelegten Gedankengänge.[5]

---

4 Panizza: Imperjalja, S. 53.
5 Panizza: Imperjalja, S. 54, 42, 83, 85 und 139.

Auch sich selbst wähnt Panizza vom gemeingefährlichen Regenten verfolgt – und seine Erfahrungen der vorangegangenen Jahre bieten keinen Anlass, diese Befürchtungen zu entkräften, sondern stützen sie vielmehr. Mehrfach ist Panizza Opfer staatlicher Zensur und Repression geworden.[6] 1895, nach der Veröffentlichung des Dramas *Das Liebeskonzil*, wird gegen ihn wegen der Verletzung religiösen Empfindens Anklage erhoben. Er wird zu einem Jahr Haftstrafe verurteilt, die er im Gefängnis in Amberg verbüßt. Nach seiner Freilassung lässt er sich in Zürich nieder, bis er 1898, nach angeblichem Verkehr mit einer minderjährigen Prostituierten, auch aus der Schweiz ausgewiesen wird und nach Paris weiterzieht. Dort veröffentlicht er 1899 *Parisjana. Deutsche Verse aus Paris*: eine Gedichtsammlung, die gegen Kaiser Wilhelm II. wettert, in Deutschland sofort beschlagnahmt wird und Panizza eine weitere Anklage wegen Majestätsbeleidigung einbringt. In finanzieller Zwangslage stellt Panizza sich den Münchener Behörden, wird in Untersuchungshaft genommen und schließlich ab Juni 1901 für zwei Monate in der Münchener Kreisirrenanstalt interniert, in der er früher selbst als Psychiater tätig gewesen ist. Ende August wird er entlassen und reist sofort zurück nach Paris, wo er nach einiger Zeit mit der Arbeit an den *Imperjalja* beginnt.

Das Schreiben der Paranoiker

Dass Paranoiker schreiben, gilt der Psychiatrie um 1900 als selbstverständlich – so selbstverständlich, dass der „Schreibdrang" in Kraepelins berühmtem *Lehrbuch der Psychiatrie* ausdrücklich Erwähnung findet und in dem Abschnitt „Die Verrücktheit (Paranoia)" den Status eines Symptoms zuerkannt bekommt: „Manche Kranke [...] vergraben sich in Büchern, verfassen umfangreiche Schriften."[7] In einem weiteren von Kraepelin verfassten Lehrbuch dient ausgerechnet der einstige Kollege Panizza als Fallbeispiel zur Illustration von „Paranoia und paranoide[n] Geistesstörungen"; auch an dieser Stelle weist Kraepelin dem Schreiben eine hervorgehobene Rolle zu. Der Patient aus Fallbeispiel Nr. 59, es handelt sich um Panizza, schreibe „geordnete Briefe wahnhaften Inhalts an

---

6 Die folgende Darstellung beruht auf Rolf Düsterberg: „Die gedrukte Freiheit". Oskar Panizza und die Zürcher Diskußjonen. Frankfurt a. M. 1988. Vgl. darüber hinaus Michael Bauer: Oskar Panizza. Ein literarisches Porträt. München 1984 sowie Knut Boeser: Der Fall Oskar Panizza. Ein deutscher Dichter im Gefängnis. Eine Dokumentation. Berlin 1989.
7 Emil Kraepelin: Psychiatrie. Ein Lehrbuch für Studierende und Ärzte. 8. Auflage. Leipzig 1915, S. 1774 und 1725.

politische Persönlichkeiten", heißt es, und „beschäftigte sich eifrig mit Lesen und schriftstellerischen Arbeiten".[8]

Wenn das paranoische Schreiben von der Psychiatrie immer wieder konstatiert und ausgestellt wird, so deshalb, weil mit ihm eine besondere Irritation indiziert ist. Im Schreibdrang als Symptom kristallisiert sich das besondere Problem, das die Krankheitseinheit Paranoia für die zeitgenössische Psychiatrie darstellt, das Problem eines „vernunftähnlichen Wahn[s]" nämlich.[9] Denn Paranoia, so lautet die Definition bei Kraepelin, ist „die aus inneren Ursachen erfolgende, schleichende Entwicklung eines dauernden, unerschütterlichen Wahnsystems [...], das mit vollkommener Erhaltung der Klarheit und Ordnung im Denken, Wollen und Handeln einhergeht. [...] Der Wahn der Paranoiker ist regelmäßig ‚systematisiert', geistig verarbeitet und einheitlich zusammenhängend."[10] Klar, geordnet, systematisiert und einheitlich – der Vernunft zum Verwechseln ähnlich tritt die Paranoia bei Kraepelin auf. Darüber hinaus fallen Kraepelin so wenig konkrete und im engeren Sinne krankhafte Eigenschaften ein, dass er die Paranoia in erster Linie ex negativo bestimmen muss, also über all das, was sie nicht ist: „Das Krankheitsbild der Paranoia ist verhältnismäßig arm an Einzelzügen, da sich die auffallenderen Störungen nur über enge Gebiete des Seelenlebens erstrecken, andere aber ganz oder nahezu unberührt lassen."[11] So bleiben Wahrnehmung und Auffassung Kraepelin zufolge „unbehindert", Gedächtnis und Merkfähigkeit zeigen „keine Störung", Handeln und Benehmen sind „ohne deutlichere Störung", und auch auf „körperlichem Gebiete bestehen keine greifbaren Abweichungen".[12] Kraepelins Fazit lautet daher: „Das äußere Verhalten der Kranken pflegt im allgemeinen völlig geordnet zu sein. Sie üben gewöhnlich einen Beruf aus und erscheinen ihrer Umgebung vielfach als geistig besonders hochstehend."[13]

Eine Psychiatrie, die, Foucault zufolge, seit Mitte des neunzehnten Jahrhunderts als „Wissenschaft und Technik der Anormalen, der anormalen Individuen und der anormalen Verhaltensweisen" auftritt, als Wissenschaft und Technik also, der es um die Feststellung und Disziplinierung anormaler Verhaltenswei-

---

8 Emil Kraepelin: Einführung in die Psychiatrische Klinik. 3. Auflage. Leipzig 1916, S. 222ff. Vgl. hierzu auch Jürgen L. Müller: Dr. med. Oskar Panizza (1853–1921). Die Bedeutung des geisteskranken Arztes, Schriftstellers und Antipsychiaters Oskar Panizza für das „Paraphreniekonzept" Emil Kraepelins. In: Nervenheilkunde (2001), H. 1, S. 48–54.
9 Schäffner: Interpretationsdelirien und Aufschreibesysteme, S. 135.
10 Kraepelin: Psychiatrie, S. 1713 und 1722.
11 Kraepelin: Psychiatrie, S. 1715.
12 Kraepelin: Psychiatrie, S. 1715, 1716, 1724 und 1726.
13 Kraepelin: Psychiatrie, S. 1748.

sen geht, muss einen Wahn, der sich derart normal und vernünftig geriert, als Problem und Irritation wahrnehmen; denn er droht die Differenzierung zwischen Normal und Anormal zu verunmöglichen.¹⁴ Die „Schriften von Irren", das paranoische Schreiben, stellen dieses Problem in besonderer Weise, wie Walter Benjamin in einer Notiz über *Bücher von Geisteskranken* bemerkt:

> Das Dasein von dergleichen Werken hat etwas Bestürzendes. Solange wir gewohnt sind, den Bereich der Schrift, trotz allem, als einen höheren, geborgeneren zu betrachten, ist das Auftreten des Wahnsinns, der hier mit leiseren Sohlen sich einschleicht als irgend sonst, um so erschreckender. Wie ist er dahin gelangt? Wie hat er die Paßkontrolle dieses hunderttorigen Theben, der Stadt der Bücher, umgangen?¹⁵

Die Bestürzung, der Benjamin mit leiser Ironie Ausdruck verleiht, benennt ein Unbehagen, das die Psychiatrie um 1900 tatsächlich umtreibt: Wie lässt sich ein Wahn, der schreiben kann, vom Normalen abtrennen und unterscheiden? Wie soll ein Irrsinn, der geordnet und systematisiert ist, identifiziert und dingfest gemacht werden? Vor diese Herausforderung gestellt verwandeln Psychiater sich gegen Ende des neunzehnten Jahrhunderts in Amateurphilologen und beginnen, irre Texte zu lesen.¹⁶ Sie begründen damit eine Tradition, an die die Psychoanalyse einige Jahre später anknüpfen wird: Auch sie hat ihre Psychosentheorie im Wesentlichen anhand von paranoischen Texten entwickelt, wie Freuds Schreber-Lektüre zeigt, aber auch Lacans „Detailanalysen [...], die den Schriften von Verrückten galten".¹⁷

Einer der frühen Psychiater-Philologen ist Albert Behr, ein junger Nervenarzt aus Riga, der seine Erkenntnisse 1895 auf dem VI. Lievländischen Ärztetag zu Wolmar präsentiert: „Über die schriftstellerische Thätigkeit im Verlaufe der Paranoia" heißt sein Vortrag. Wie Psychiatriepapst Kraepelin verknüpft auch der

---

14 Michel Foucault: Die Anormalen. Frankfurt a. M. 2007, S. 214.
15 Walter Benjamin: Bücher von Geisteskranken. Aus meiner Sammlung. In: ders.: Gesammelte Schriften. Bd. IV/2: Kleine Prosa, hg. von Rolf Tiedemann und Hermann Schweppenhäuser. Frankfurt a. M. 1972, S. 615–619, hier S. 618.
16 Für weitere Informationen zum Austausch zwischen Psychiatrie und Philologie und zu „einer psychiatrischen Diagnostik, die sich zunehmend auf formale Aspekte der Sprache richtet", siehe Yvonne Wübben: Verrückte Sprache. Psychiater und Dichter in der Anstalt des 19. Jahrhunderts. Konstanz 2012, S. 7.
17 Jacques Lacan: Das Problem des Stils und die psychiatrische Auffassung von den paranoischen Formen der Erfahrung [1933]. In: ders.: Über die paranoische Psychose in ihren Beziehungen zur Persönlichkeit und frühe Schriften über die Paranoia. Wien 2002, S. 379–383, hier S. 379. Für weitere Beispiele psychoanalytischer Lektüren paranoischer Texte vgl. Freud: Psychoanalytische Bemerkungen, Lacan: Die Psychosen sowie ders.: Über die paranoische Psychose in ihren Beziehungen zur Persönlichkeit.

Provinzpsychiater – der übrigens bei Kraepelin promoviert hat – die Paranoia mit dem Zwang zu schreiben, mehr noch, mit dem Zwang, das Geschriebene auch zu veröffentlichen:

> Alle neuen Dinge, die in der Welt auftauchen, Hypnotismus oder das lenkbare Luftschiff, Berichte über wunderbare Naturereignisse beeinflussen in bestimmter Weise das Hirn dieser Kranken. Ihre Aufmerksamkeit wird durch diese Dinge derart in Anspruch genommen, dass sie sich gezwungen fühlen, öffentlich über ihre Reflexionen zu berichten und ihre Ansichten schriftlich zu äußern.[18]

Dabei weise das Schreiben die Paranoia als Wahnsinn mit „Methode" aus, und das rege Publizieren deute auf die anhaltende Fähigkeit der Paranoiker hin, „gewisse geistige Arbeiten zu erfüllen. Sie fassen doch aus eigenster Initiative den Plan, Bücher herauszugeben, sie setzen sich mit Druckern und Lithographen in Verbindung, sie lesen Korrekturen und überwachen den Druck" – Tätigkeiten, die Behr als durchaus „komplicirte[ ] Verrichtungen" würdigt.[19]

Umso mehr bemüht sich der Psychiater, doch Kriterien ausfindig zu machen, anhand derer die „krankhafte[n] schriftstellerische[n] Leistungen" der Paranoiker, die schon „Jahre hindurch den Büchermarkt überschwemmen" und in denen „nichts auch nur annähernd gefunden werden kann, was den Anspruch erheben dürfte, geistreich oder genial zu sein", sich als verrückt aussortieren lassen.[20] Dabei sieht sich Behr in seinem Bemühen, dem paranoischen Text den Irrsinn nachzuweisen, gezwungen, die Ebene von Inhalt und Semantik zu verlassen und stattdessen formale, ja grafische Elemente in den Blick zu nehmen:

> Die Buchstaben sind willkürlich aneinander gehäuft und wechseln im bunten Durcheinander, bald römische, bald gothische Lettern, bald Schreibschrift, bald Druckschrift. Dann folgen griechische Buchstaben aufrecht oder liegend, hin und wieder zerstreut hebräische Zeichen und ein ganzes System eigener geheimnisvoller Hieroglyphen. Die einzelnen Buchstaben und Zeichen tragen Häkchen und Ecken [...]. Anführungszeichen weisen auf die Wichtigkeit einzelner Sätze und Namen, Klammern stehen da, wo sie unverständlich sind [...].[21]

---

18 Albert Behr: Über die schriftstellerische Thätigkeit im Verlaufe der Paranoia. In: Sammlung Klinischer Vorträge (1895), H. 134, S. 370–393, hier S. 370. Zu Behr und seiner Promotion bei Kraepelin siehe Wübben: Verrückte Sprache, S. 76. Behrs Vortrag zur schriftstellerischen Tätigkeit taucht bei Wübben hingegen nicht auf.
19 Behr: Über die schriftstellerische Thätigkeit, S. 389.
20 Behr: Über die schriftstellerische Thätigkeit, S. 370, 388 und 392.
21 Behr: Über die schriftstellerische Thätigkeit, S. 384.

Behrs Beschreibungen und Analysen paranoischer Texte tauchen also tief ein in die Materialität von Buchstaben und Satzzeichen, um letztlich zu dem Schluss zu kommen, dass sich die „Maßlosigkeit ihres Denkens [...] schon in der äußeren Form ihrer Elaborate" offenbare:

> Die Klammern, die Anmerkungen, die Deuteleien, wie sie diese Kranken lieben [...] sind so auffallend und ungewöhnlich, dass man schon daraus allein im Stande ist, aus einem Schriftwerke den paranoischen Schwachsinn zu erschließen. In diesen Dingen offenbart sich gerade ihre eigenthümliche Denkungsart und das Abweichen vom gewöhnlichen Wege.[22]

„Schrift als solche, irreduzibel und parasitär, ist als typografische Gegenwart eine Zumutung für Hermeneutik",[23] hat der Medienwissenschaftler Bernhard Siegert geschrieben, und zu ergänzen wäre: Sie ist auch Zumutung für eine Psychiatrie, die um 1900 just „in diesen Dingen", in der Materialität der Texte und der Schrift, den Irrsinn zu verorten sucht.

Panizza – den Benjamin an anderer Stelle übrigens als „häretische[n] Heiligenbildmaler"[24] gerühmt und mit E.T.A. Hoffmann verglichen hat – ist es nicht gelungen, mit den *Imperjalja* die Grenzkontrolle in die Stadt der Bücher zu passieren. Seine Bemühungen, das Manuskript drucken und veröffentlichen zu lassen, sind ohne Erfolg geblieben:

> Seit November 1902 drukt Drugulin keine Diskußjonen mehr für mich. Er antwortet auch nicht mehr [...]. Sicher ist, daß ich keinen Druker in der ganzen Welt finde, der mir jetzt etwas drukte. Max Dauthendey, hier, hat eine Äuserung fallen laßen, die direkt darauf hinaus geht, daß alle Drukereien Frankreich, Deutschlands, der Schweiz und Östreichs, vielleicht noch andere, avertirt sind, Nichts für mich zu druken.[25]

Zeitungsausschnitte

Ob neben der politischen Verschwörung auch eine Verschwörung der Drucker bestanden hat, sei dahingestellt. Tatsächlich aber sind die *Imperjalja* zu Panizzas Lebzeiten nicht gedruckt erschienen, sondern Manuskript geblieben. Es liegt

---

22 Behr: Über die schriftstellerische Thätigkeit, S. 386 und 384.
23 Bernhard Siegert: [...] Auslassungspunkte. Vortrag an der Hochschule für Grafik und Buchkunst Leipzig. Leipzig 2003, S. 37.
24 Walter Benjamin: E.T.A. Hoffmann und Oskar Panizza. In: ders.: Gesammelte Schriften. Bd. II/2: Aufsätze, Essays, Vorträge, hg. von Rolf Tiedemann und Hermann Schweppenhäuser. Frankfurt a. M. 1977, S. 641–648, hier S. 648.
25 Panizza: Imperjalja, S. 75.

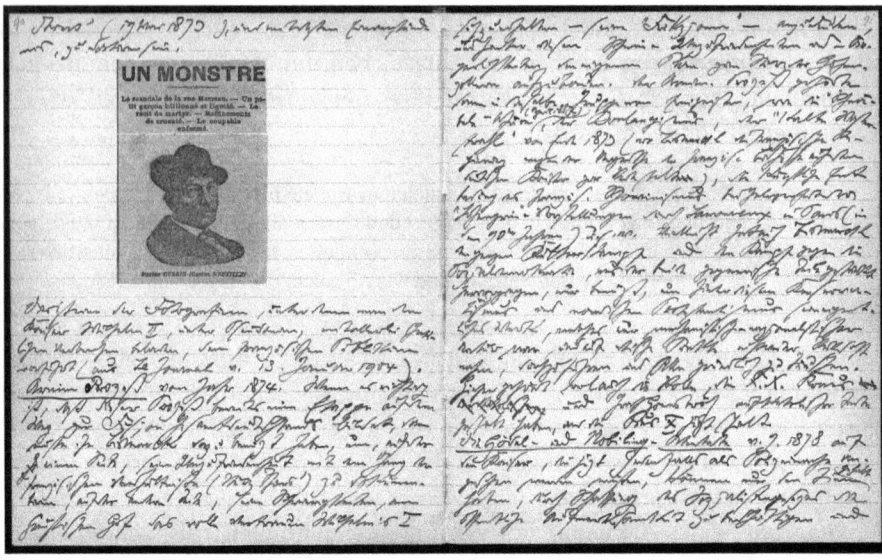

Abb. 2: Doppelseite aus Panizzas *Imperjalja*-Manuskript mit eingeklebtem Zeitungsausschnitt.

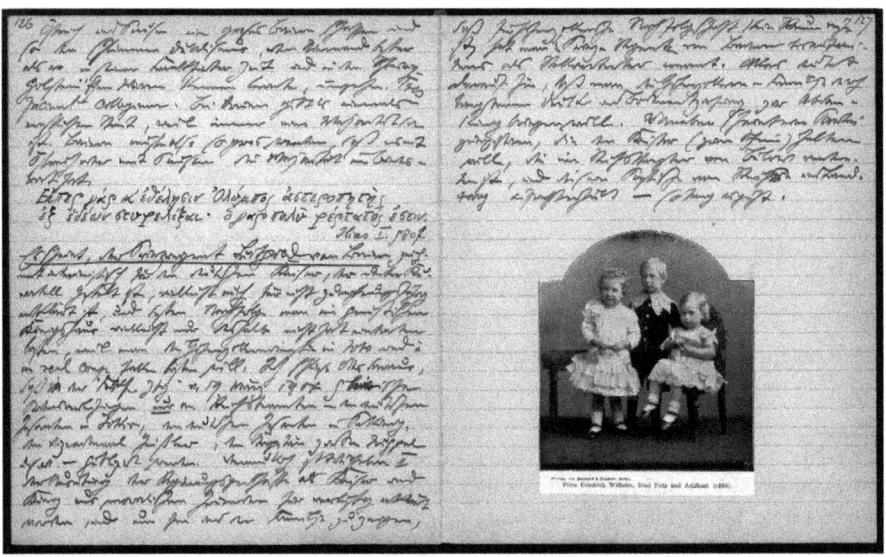

Abb. 3: Doppelseite aus Panizzas *Imperjalja*-Manuskript mit eingeklebter Abbildung von drei Söhnen von Wilhelm II.

heute in der Berliner Staatsbibliothek und kann im Handschriftenlesesaal eingesehen werden.[26] Schon ein flüchtiges Durchblättern liefert erste Hinweise auf das Vorgehen der paranoischen Ermittlung und darauf, wie Panizzas Konstruktion eines politischen Komplotts zustande gekommen ist: Der handschriftliche Text ist nämlich mit einer Reihe von Zeitungsausschnitten durchsetzt. In der Mehrzahl handelt es sich dabei um fotografische Abbildungen. Über zwanzig solcher Abbildungen hat Panizza dem Text beigefügt, säuberlich aus Zeitungen und Illustrierten ausgeschnitten und anschließend in das Notizbuch mit dem blauen Leineneinband eingeklebt.

Die meisten der Abbildungen zeigen den deutschen Kaiser – oder das, was Panizza dafür hält. So hat er etwa aus der Zeitschrift „Le Journal v. 13. Januar 1904" das mit der Überschrift „Un Monstre" betitelte Antlitz eines Verbrechers ausgeschnitten (vgl. Abb. 2) und schreibt dazu erläuternd: „Dies ist eine der Fotografien, unter denen man Wilhelm II, unter Pseudonym, mit allerlei schreklichen Verbrechen beladen, dem französischen Publikum vorführt."[27] Andere Abbildungen sind Reproduktionen von Porträts, die von den offiziellen Berliner Hoffotografen Reichard & Lindner aufgenommen worden sind. Ein Bild ist darunter, das die drei ältesten Söhne des Kaisers fein herausgeputzt zeigt (vgl. Abb. 3); ein weiteres zeigt Wilhelm II. mit der Kaiserin und dem ältesten Sohn, gravitätisch, in repräsentativer Pose, mit unbewegter Miene und starrem Blick (vgl. Abb. 4).

Neben den fotografischen Abbildungen hat Panizza auch Textfragmente aus der Zeitung ausgeschnitten und seinem Manuskript eingefügt (vgl. Abb. 5): „1896. Défaite des Italiens à Adoua (Abyssinie). Dix mille hommes tués, blessés ou disparus", ist auf einem kleinen Stück aus einer französischen Zeitung zu lesen, und für Panizza fügt sich die Kriegsmeldung nahtlos in sein Verschwörungsnarrativ ein: „Die Niederlage der Italjener gegen die Abisinjer bei Adoua, die, wie obiger Ausschnitt zeigt, bereits unter dem 4 März (1896) in die Kalender übergegangen ist, war natürlich ein blinder coup, in der Absicht, Wilhelm II die Aljanz mit Italjen in zweifelhaftem Lichte erscheinen zu laßen. [...] Alles Schrekmittel für den Kaiser, um sein Rükenmark einzudörren."[28]

Panizzas paranoische Ermittlung entfaltet sich in den Jahren 1903 und 1904 inmitten dessen, was Historiker*innen heute als große Epoche der Zeitung gilt.[29]

---

26 Vgl. Oskar Panizza: Imperjalja, Manuskript Ms. germ. qu. 1838 der Handschriftenabteilung der Staatsbibliothek zu Berlin / Stiftung Preußischer Kulturbesitz.
27 Panizza: Imperjalja, S. 89.
28 Panizza: Imperjalja, S. 105.
29 Vgl. Anke te Heesen: Der Zeitungsausschnitt. Ein Papierobjekt der Moderne. Frankfurt a. M. 2006, S. 68.

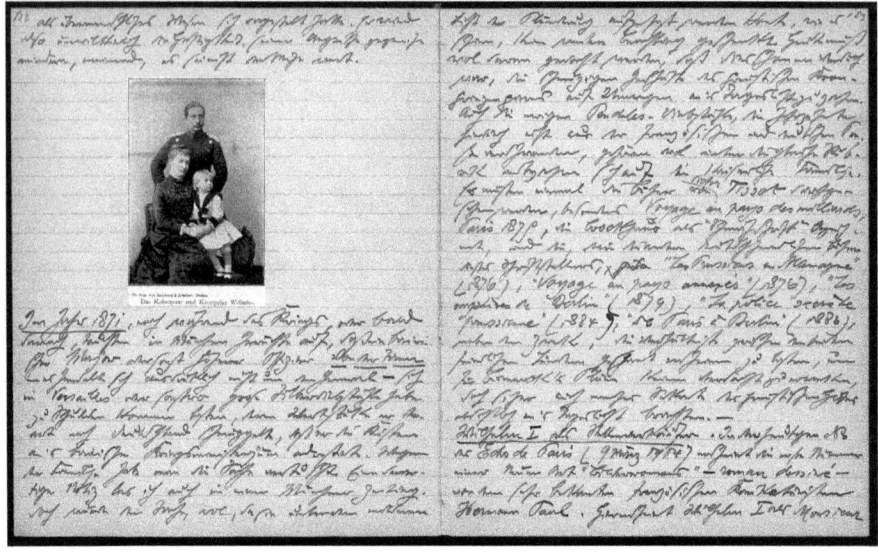

Abb. 4: Doppelseite aus Panizzas *Imperjalja*-Manuskript mit eingeklebter Abbildung des Kaiserpaars mit Sohn.

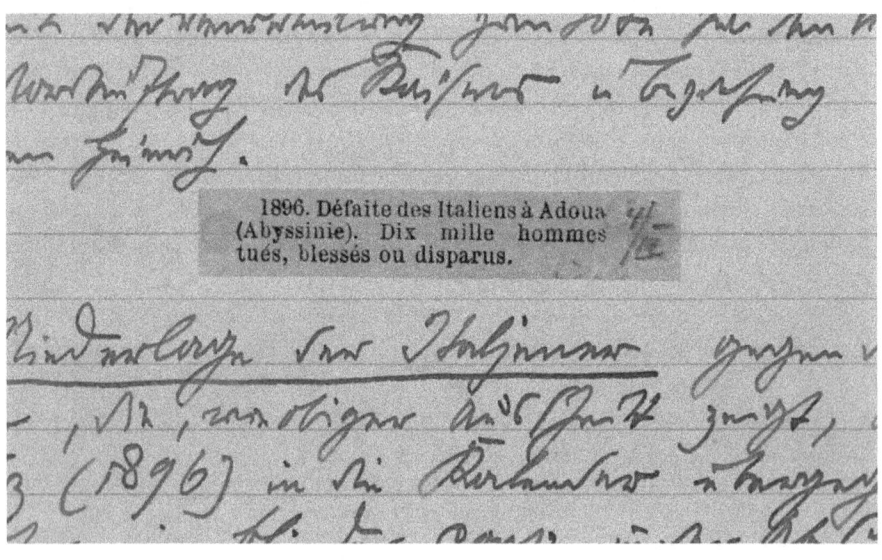

Abb. 5: Seite (Ausschnitt) aus Panizzas *Imperjalja*-Manuskript mit eingeklebtem Zeitungsausschnitt.

Die Entwicklungen von Rotationsdruckmaschinen, Linotype und billigem Holzschliffpapier, das Bevölkerungwachstum in Europa und die Verbreitung von Telegrafie und Eisenbahn führen dazu, dass in den Jahrzehnten um 1900 immer mehr Zeitungen in immer höheren Auflagen erscheinen. Gibt es 1871 nur 30 Tageszeitungen in Berlin, so erscheinen im Jahr 1906 schon mehr als viermal so viele, nämlich 127. Panizza erweist sich als eifriger Zeitungsleser. So schreibt er in einem Brief vom Mai 1903 an einen Bekannten, dem er von seinem Pariser Leben berichtet, dass das Zeitunglesen viel Zeit in Anspruch nimmt – „die Schurnale und Revuen wollen doch auch gelesen werden"[30] – und neben Essen, Schreiben und Spazierengehen eine seiner wichtigsten Alltagsbeschäftigungen darstellt.

Zu den von Panizza regelmäßig gelesenen Journalen und Revuen zählen französische Tages- und Wochenzeitungen wie *Le Journal, Le Figaro, Le Mémorial diplomatique, L'Écho de Paris*, aber auch eine Sportzeitschrift, *La Vie au grand air*, die erste Sportillustrierte der Welt. Panizza nennt und zitiert diese Zeitungen und Zeitschriften in den *Imperjalja* immer wieder, wenn er etwa einen „Artikel im Pariser ‚Journal' aus dem Frühjahr 1901 (Leitartikel)" erwähnt, der Wilhelms „Raub- und Mord-Züge" veranschauliche, oder notiert, dass „das Pariser Mémorial diplomatique eine Nachricht lanzirt hatte, des Inhalts, das Ohrenleiden des Kaisers sei eitriger Natur, fresse im Innern weiter und werde demnächst in das Gehirn durchbrechen".[31] Hauptquelle für Hinweise auf Wilhelms Verbrechen und Bismarcks Komplott ist für Panizza jedoch die *Frankfurter Zeitung* – „ich war auf die Zeitung abonirt"[32] –, die in den Jahren 1903 und 1904 mit bis zu fünf Ausgaben täglich erscheint und so genug Stoff für unermüdliche Recherchen bietet.

Man kann festhalten, dass Panizzas paranoische Ermittlung alles, was sie weiß, aus der Presse weiß. Hierauf deuten nicht nur die Zeitungsausschnitte hin, die den Text durchsetzen, sondern etwa auch das Eingangszitat: „Teils in deutschen, besonders aber in französischen Blättern, auserdem in englischen und italjenischen Zeitungen, erscheinen seit vielen Jahren Referate über Verbrechen und Vergehen", hebt Panizzas Aufzählung von Wilhelms Verbrechen an, um einige Seiten später mit den Worten zu schließen: „Dies ist ein ganz geringer Auszug aus der Liste nur der Morde, Mordanstiftungen, Vergiftungsversuche, Raubmorde etc., wie sie in den verschiedenen engl. deutschen, italj. französ. Blättern zu leßen waren."[33] Damit sind bereits auf den ersten Seiten der *Imperjalja*

---

30 Oskar Panizza: Brief an Gustav Macasy vom 20. Mai 1903, zit. nach Düsterberg: „Die gedrukte Freiheit", S. 119.
31 Panizza: Imperjalja, S. 58 und 62.
32 Panizza: Imperjalja, S. 69.
33 Panizza: Imperjalja, S. 35 und 40.

deren Quellen offengelegt, ist transparent gemacht, worin die Bedingungen der Möglichkeit der paranoischen Ermittlung bestehen: Die *Imperjalja* sind ein veritables Zeitungsdelir.

Panizza selbst ist sich dessen bewusst gewesen. Im November 1903, also während der Niederschrift der *Imperjalja*, notiert er in seinem Tagebuch:

> Abends, bei eintretender Ermüdung, geneigt [sic] das Umwenden des Zeitungsblattes, das dadurch hervorgerufene minimale Geräusch, um eine innere, eine sog. Psychische Halluzinazjon in Form einer kleinen, kaum faßbaren Redewendung (Stimme) zu erzeugen. Gleichzeitig mit dem Rauschen des Blattes, an dieses akustische Fänomen, schliest sich eine nur psychisch lautwerdende kleine Frase an (innere Stimme).[34]

In scharfsinniger Selbstbeobachtung identifiziert die Passage das „minimale Geräusch" des Umblätterns als Keimzelle der paranoischen Halluzination, bezeugt besondere Aufmerksamkeit für die spezifische Materialität der Zeitung – „Das dünne Zeitungspapier war durchscheinend und billig, sein Knistern und Rascheln unterschied sich fundamental von den gemächlichen Geräuschen beim Umblättern der Buchseite",[35] – und beschreibt auf diese Weise die Geburt des Wahns aus dem Rascheln und Rauschen billigen Zeitungspapiers.

Panizzas Arbeit mit Zeitungsausschnitten zeigt, dass die Hypervernunft der paranoischen Ermittlung nicht erfindet, sondern sich vielmehr an Fakten entlanghangelt, die selektiert, interpretiert, rekombiniert und in einen neuen Zusammenhang gestellt werden. Als „Wirklichkeits-Partikel" und „materialer Rest" führt der Zeitungsausschnitt die Macht und Autorität des Gedruckten mit sich und verspricht eine Evidenz, von der das handgeschriebene Verschwörungsmanuskript profitieren möchte.[36] Der Rückgriff auf Zeitungen und Zeitungsausschnitte steht für den Versuch, das paranoische Verschwörungsnarrativ im Wirklichen zu gründen. Die *Imperjalja* wollen faktuales Schreiben und Tatsachenprosa sein.

---

34 Oskar Panizza: Tagebucheintrag vom November 1903, zit. nach Düsterberg: „Die gedrukte Freiheit", S. 132.
35 te Heesen: Der Zeitungsausschnitt, S. 11.
36 te Heesen: Der Zeitungsausschnitt, S. 11 und 13. Vgl. Anke te Heesen (Hg.): Cut & Paste um 1900. Der Zeitungsausschnitt in den Wissenschaften. Berlin 2002.

Pressebeobachtung

Gleichzeitig aber ist die von den Zeitungen repräsentierte Wirklichkeit der paranoischen Ermittlung längst fragwürdig geworden: Panizza misstraut dem „ganze[n] Geschwätz der Zeitungen" und der „Reporter-Arbeit" mit ihrem „hin-und-her-Konjektivieren" und verzeichnet voller Argwohn „ausführliche, lärmende Besprechung[en]" und den „grosartige[n] Aufwand an Reportasche".[37] Dass die *Imperjalja* ausgerechnet Bismarck als zentrale Figur der Verschwörung identifizieren, wird vor diesem Hintergrund plausibel. Bismarck zählt zu den ersten, die die politische Bedeutung der Massenpresse erkennen und für eine Professionalisierung von Pressepolitik und -beobachtung eintreten: Weniger direkte Zensur, dafür mehr indirekte Beeinflussung der Presse ist das Ziel. Zu diesem Zweck schafft Bismarck schon 1871 das *Preßbüro im Ministerium des Aeußern* und richtet weitere amtliche Pressestellen ein, die Verbindungen zur Presse herstellen und diese zugleich unter Beobachtung und Kontrolle halten sollen. Die *Imperjalja* wissen um dieses optimierte und ausdifferenzierte System staatlicher Pressebeobachtung und misstrauen auch deshalb der „Reporter-Arbeit" mit ihrem „hin- und-her-Konjektivieren". Wenn Panizzas Argwohn letztlich in der Frage kulminiert, ob „man den Zeitungsberichten trauen" dürfe, dann deshalb, weil Panizza hinter unscheinbaren Zeitungsmeldungen immer wieder die „geschikten Federn des politischen Preßebüros" vermutet, deren „Knebelung der Preße" er beklagt.[38]

Die *Imperjalja* reagieren auf die staatlichen Pressebüros weniger im Modus der Kritik oder des Widerstands als vielmehr in dem der Überbietung. In Mimikry der staatlichen Pressebeobachtung setzt die paranoische Ermittlung ihre eigene unablässige und hyperbolische Pressebeobachtung ins Werk, die mit Hilfe der systematischen Sammlung von Zeitungsausschnitten operiert: „Die Details finden sich in der Kollekzjon meiner Zeitungsausschnitte", erklärt Panizza und bemerkt im Anschluss an die bereits zitierte Aufzählung von „Verbrechen und Vergehen", in welche er den Kaiser verstrickt sieht: „Dies ist ein ganz geringer Auszug aus der Liste nur der Morde, Mordanstiftungen, Vergiftungsversuche, Raubmorde etc., wie sie in den verschiedenen engl. deutschen, italj. französ. Blättern zu leßen waren. Dabei wurde nur seit dem Jahre 1898 gesammelt."[39] Der an anderer Stelle gesetzte Hinweis „(s. Zeitungsausschnitte VI folio 17)"[40] lässt

---

37 Panizza: Imperjalja, S. 80, 129 und 52.
38 Panizza: Imperjalja, S. 122, 75 und 57.
39 Panizza: Imperjalja, S. 36 und 40.
40 Panizza: Imperjalja, S. 82.

darauf schließen, dass Panizzas „Kollekzjon" ordentlich organisiert gewesen sein dürfte und den Charakter eines veritablen Archivs hatte.

Damit bewegt sich Panizzas paranoische Ermittlung im Rahmen der florierenden „Ausschnittkultur der Bismarck-Ära",[41] die das Zeitungsausschnittswesen professionalisiert und eine regelrechte „Zeitungsausschnitteindustrie"[42] hervorgebracht hat. Zeitungsausschnittsbüros wie das 1879 in Paris gegründete Unternehmen *Argus de la Presse* bieten die systematische Auswertung von Zeitungen als Dienstleistung für jedermann an und ermöglichen damit neue Zugriffsweisen auf das Medium der Zeitung, deren alltägliche Papier- und Nachrichtenflut nicht mehr nur vom synchron-zusammenhangslosen Nebeneinander der Meldungen bestimmt wird, sondern diachron durchdrungen werden kann. So profiliert sich der Zeitungsausschnitt in den letzten Jahrzehnten des neunzehnten Jahrhunderts als Wissenswerkzeug, historiografische Quelle und politisches Instrument; Kunst und Literatur folgen wenig später nach, als Kubisten, Dadaisten, russische Avantgardisten und auch Literaten wie Alfred Döblin und John Dos Passos Zeitungsausschnitte in ihre Texte und Bilder zu kleben beginnen.

Innerhalb der paranoischen Ermittlung entfaltet das unscheinbare Stück Papier sein ganzes Potenzial. Der Akt des Ausschneidens aus der Zeitung ist unwiderruflich und erlaubt die Isolierung von Meldungen aus dem Tag für Tag sich ergießenden Nachrichtenstrom. Diese Ausschnitte sind sodann gleichermaßen stabil und formfest wie variabel und mobil, man kann sie herumschieben, neuordnen und rekombinieren, was sie für einen Einsatz im Rahmen paranoischer Ermittlung attraktiv macht. „Das Ausgeschnittene, ein Fragment, befähigt den Zeitungsausschneider zum Allegoriker. Denn der Ausschnitt drängt auf Ergänzung, Zusammensetzung", schreibt die Medienwissenschaftlerin Cornelia Vismann.[43] Ebenso gut lässt sich sagen, dass das Ausgeschnittene den Zeitungsausschneider zum Paranoiker befähigt. Denn durch die „Papieroperation"[44] des Einschneidens in die Zeitung lassen sich Meldungen über spektakuläre Verbrecher ebenso wie über militärische Niederlagen auswählen und in einen neuen, paranoisch durchwirkten Zusammenhang stellen. Im *Anti-Ödipus* berichten Deleuze und Guattari von einem autistischen Kind, das sie als paradigmatischen Wunschmaschinen-

---

41 te Heesen: Der Zeitungsausschnitt, S. 104.
42 Österreichisch-ungar. Buchhändler-Correspondenz von 1906, zit. nach te Heesen: Cut & Paste um 1900. In: dies. (Hg.): Cut & Paste um 1900. Der Zeitungsausschnitt in den Wissenschaften. Berlin 2002, S. 20–37, hier S. 24.
43 Cornelia Vismann: Zur Zeitung in zehn Schnitten. In: Anke te Heesen (Hg.): Papieroperationen. Der Schnitt in die Zeitung. Stuttgart 2004, S. 104–111, hier S. 107.
44 Anke te Heesen: Vorwort. In: dies. (Hg.): Papieroperationen. Der Schnitt in die Zeitung. Stuttgart 2004, S. 9.

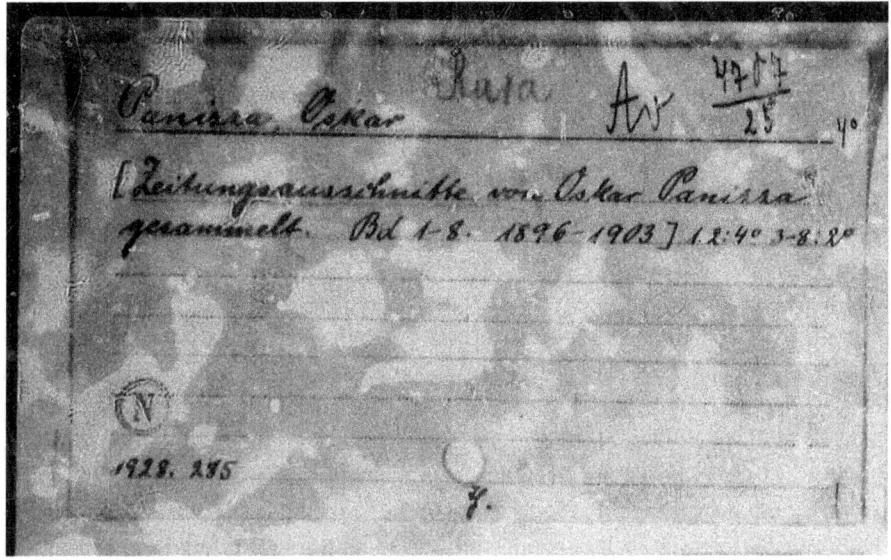

Abb. 6: Titelkarte (Microfiche) zu Oskar Panizzas Zeitungsausschnittesammlung, Staatsbibliothek zu Berlin.

Schizo präsentieren: „Connecticut, Connect-I-cut, ruft der kleine Joey aus."[45] Für den Zeitungsausschneider und Paranoiker Panizza, der nicht in Connecticut, sondern Paris lebt, würde die Umkehrung gelten: *I cut and connect*.

Dass Panizzas Zeitungsausschnittssammlung tatsächlich existiert haben muss, beweist ein Eintrag im Online-Katalog der Berliner Staatsbibliothek, der „[Zeitungsausschnitte von Oskar Panizza gesammelt] / Oskar Panizza. – [1896–1903]" verzeichnet.[46] Die Jahresangaben 1896 bis 1903 verorten die Sammlung in genau jenem Zeitraum, der der Niederschrift der *Imperjalja* unmittelbar vorangegangen ist. Leider steht gleich unter dem Eintrag „Kriegsverlust" und „Ausleihstatus: Keine Benutzung möglich". Aufzutreiben ist allein noch die ursprüngliche Katalogkarte aus dem Alphabetischen Katalog (Erwerbungen der Zeit 1909 bis 1974) der Staatsbibliothek, als Mikrofiche (vgl. Abb. 6). Als Teil eines Systems bibliothekarischer Registratur verzeichnet die Karteikarte neben dem Jahr der Erfassung 1928 noch die Signatur AV 47/7/25 und die Zuordnung zum Rara-Bestand.

---

45 Deleuze und Guattari: Anti-Ödipus, S. 48.
46 Vgl. Online-Katalog der Staatsbibliothek zu Berlin: [Zeitungsausschnitte von Oskar Panizza gesammelt]. Online unter: http://stabikat.de/DB=1/XMLPRS=N/PPN?PPN=443109001, letzter Zugriff 5. August 2020.

Ein Kürzel verweist auf den erfassenden Bibliothekar. Die Zahlenfolge „1.2: 4° 3–8: 2°" zeigt die Größe der acht verzeichneten Bände an: Bände 1 und 2 sind Quartformate, Bände 3 bis 8 gar Foliobände. Mehr als dieser Katalogeintrag, der beweist, dass es sie einmal gegeben haben muss, ist von Panizzas Zeitungsausschnittesammlung nicht geblieben.

Wie genau Zeitungsausschnitte und der Text der paranoischen Ermittlung zusammenhängen, lässt sich also nicht mehr rekonstruieren. Der Verlust der Sammlung verweist zurück an die *Imperjalja*. Die Tatsache, dass diese nicht nur mit der Feder, sondern gewissermaßen auch mit der Schere geschrieben sind, bildet sich tatsächlich im Text ab – und zwar in der fortwährenden Rede von „zerstükelten Glieder[n]" und Körpern.[47] „Jack der Aufschlizer" spielt, wie schon erwähnt, eine prominente Rolle, aber auch die „Ermordung der Prostituierten Marie Thiele in Berlin, Linienstrase. Durchschneiden der Kehle". Die „20-jähr. Luise Günther" wird in der Berliner Hasenheide zum Opfer: „Aufschlizung des Leibs". Dem bulgarischen „Premjeminister [...] wurden beide Hände abgeschnitten". Ein „Knecht H. in Imsingen ermordet meuchlings seinen Sohn und hackt ihm die Hände ab". Der Arbeiter Mécallier wird „ermordet im Hofe seines Hauses aufgefunden. Der Körper war zerstükelt". Ein „72-jähr. Greis John wird in seinem Haus ermordet (Halsschnitt)", auch seine Glieder sind „zerstükelt". Seine Funde von Verbrechensmeldungen resümierend macht Panizza den „Halsschnitt" und die „Eingeweide-Verletzung" als die „immer wiederkehrenden Details" und „typischen Formen" aus, welche die Gewalttaten als von Wilhelm verübte kenntlich machen. Möglich wird die narrative Konstruktion und Darstellung solcher wiederkehrenden Muster und Zusammenhänge durch den Schnitt in die Zeitung, durch Zeitungsausschnitte.

Faits divers

Panizzas zwischen 1896 und 1903 über sieben Jahre hinweg gepflegte Zeitungsausschnittesammlung ist also verloren und kann nicht mehr studiert werden. Aber die *Imperjalja* existieren und erlauben einen mehr als *educated guess* darüber, welche Zeitungsmeldungen Panizza besonders interessiert haben, welche journalistischen Textsorten und Schreibweisen also vorrangig im Fokus paranoischer Aufmerksamkeit gestanden haben und für die verschwörungstheoretische (Re-)Konstruktion des Komplotts von besonderer Relevanz gewesen sind. Panizzas Argwohn erregen vor allem jene „maßenhaften Berichte" zu Kri-

---

47 Für dieses und die folgenden Zitate siehe Panizza: Imperjalja, S. 37–41.

minalfällen, „die wir seit Jahr und Tag in den Zeitungen lesen".[48] So notiert er beispielsweise, immer im Hinblick auf eine mögliche kaiserliche Beteiligung bzw. Bismarck'sche Manipulation, die Nachricht von der „Ertränkung einer 20 jähr. Fährmannstochter in Isebeck durch 5 Individuen. Okt 1898", und auch die Meldung, dass „im Zuchthaus Kaisheim (Baiern) [...] ein geschlechtlich perwerser Inhaftierter seinen schlafenden Mitgefangenen wegen Schnarchens [erschlägt], den er vorher mit der Bettdecke erdroßelt 1898" hat, wird in die Liste möglicher kaiserlicher Gewalttaten aufgenommen.[49] Darüber hinaus entwickelt Panizza ein besonderes Interesse für „seltsame", „lakonische" und scheinbar „nebensächliche Notizen", wie etwa folgende kurios anmutende Meldung, die er ohne weitere Erläuterung notiert: „Der Kistenreisende. Vor ca. 3–10 Jahren begegnete man in der Preße wiederholt Schilderungen von Episoden aus Pakräumen und Güterhallen, wo plötzlich ein Mann einer Kiste entstieg [...]. Offenbar haben wir es hier mit einer Marotte des Kaisers zu tun."[50]

Panizza entwickelt das Verschwörungsnarrativ von einer „Berliner Nebenregierung", die angeblich ein Komplott gegen den Kaiser plant und dessen Verkommenheit deswegen unentwegt, aber verschlüsselt über die Zeitungen der Öffentlichkeit kommuniziert, also nicht anhand der politischen Berichterstattung und eigentlichen Nachrichten. Stattdessen, das zeigen die hier zitierten Meldungen, wildert Panizza auf der Suche nach Hinweisen zu dem Komplott auf einem anderen Gebiet – nämlich dem der *faits divers*. So heißt jene Zeitungsrubrik, in der all das Platz hat, was woanders keinen findet: die ertränkte Fährmannstochter, der wegen Schnarchens erdrosselte und erschlagene Gefangene, der Kistenreisende. ‚Vermischte Meldungen' ist der deutsche Begriff für diese journalistische Gattung, die sich gerade durch ihre Nicht-Konsistenz und Nicht-Identität auszeichnet; das Vermischte lässt sich schließlich schlecht auf einen Nenner bringen.

Die *Imperjalja* lassen sich als wild wuchernde Exegese von *faits divers* begreifen, als massenhafte und heterogene Anhäufung von Einzelfällen, die eine eskalative Dynamik generiert. In den Mittelpunkt rückt hier ein marginales Zeitungsgenre, dessen formale Kargheit und elliptische Verkürzung das paranoische Fabulieren zu befeuern scheinen, dessen schiere Mannigfaltigkeit und Singularität den Text aber auch immer wieder an die Grenzen der Kohärenz, Erzähl- und Lesbarkeit stoßen. Damit kommt Panizzas wilder *faits-divers*-Montage vielleicht sogar eine literaturhistorische Vorreiterrolle zu, denn Sara Danius und Hanns

---

48 Panizza: Imperjalja, S. 93 und 47.
49 Panizza: Imperjalja, S. 38.
50 Panizza: Imperjalja, S. 63, 51, 62 und 92.

Zischler zufolge begründet das *fait divers*, dieses „Genre aus dem Orkus der Tagespresse",[51] den Roman der Moderne, wie sie mit Hinblick auf James Joyce ausführen. In knappster Form widmen sich die *faits divers* dem Skandalösen und Grotesken, dem Trivialen und Bizarren, dem Grausamen und Tragischen; es handelt sich um „Ereigniskapseln", die anonym und absurd, quecksilbrig und von erhöhter Affektivität sind.[52] Als Textsorte, die sich dem Singulären und Partikularen verschrieben hat, erscheint das *fait divers* als Gattung erster Wahl für einen Autor, der in seiner Laufbahn als Schriftsteller vor allem Novellen geschrieben und noch davor, als Psychiater, in einem Bereich der Medizin gearbeitet hat, der sein Wissen vorzugsweise über Fallgeschichten organisiert.[53] *Fait divers*, Novelle, Fallgeschichte – diese drei Textsorten verbindet, dass sie stets vom Einzelfall handeln.

Sichtbar werden die Konturen der neuen Erzählform des *fait divers*, deren Entstehung unauflöslich mit dem Medium der Tageszeitung verknüpft ist, ab etwa 1850. Zunächst dienen *faits divers* als reines Füllmaterial, das Leerzeilen im Umbruch schließen soll. Es geht darum, den leeren Zwischenraum, das weiße Nichts auf der Zeitungsseite zu eliminieren.[54] *Faits divers* sind demnach Texte, bei denen es weniger darum geht, *was* sie sagen, denn *dass* sie sagen; sie stehen in konstitutivem Bezug zum Zwischenraum und unbedrucktem Papier, zum materiellen Träger der Zeitungstexte. Darüber hinaus lassen sich *faits divers* auch inhaltlich und thematisch näher bestimmen. Ihr Gegenstand – darauf deuten bereits Jack the Ripper, die ertränkte Fährmannstochter sowie der erdrosselte und erschlagene Gefangene hin – sind Akte der Transgression: Morde, Betrügereien, Unfälle, Suizide. So versammelt *L'Écho de Paris*, eine Zeitung, deren Leser Panizza gewesen ist und die er in den *Imperjalja* mehrmals zitiert, am 9. März 1903 unter der Rubrik den Mord eines Arbeiters an seiner Geliebten („Un drame à Bagnolet"), den Ertrinkungstod einer Mutter und ihrer Tochter beim Wäschewaschen („Double noyade à Saint-Ouen"), die Belästigung eines jungen Mannes durch zwei Prostituierte („Dans les Champs-Elysées"), die Betrügereien eines hochstaplerischen Spendensammlers („Pour les blessés russes, s.v.p.") und die Festnahme

---

51 Sara Danius und Hanns Zischler: Nase für Neuigkeiten. Vermischte Nachrichten von James Joyce. Wien 2008, S. 9. Zum *fait divers* und seinen Beziehungen zur Literatur der Moderne vgl. David H. Walker: Outrage and Insight. Modern French Writers and the ‚Fait divers'. Oxford 1995 sowie Sylvie Jopeck: Le fait divers dans la littérature. Paris 2009.
52 Danius und Zischler: Nase für Neuigkeiten, S. 14.
53 Vgl. Elena Meilicke: Zur Auseinandersetzung mit der medizinischen Fallgeschichte in Oskar Panizzas Novelle „Ein scandalöser Fall". Unveröffentlichte Magisterarbeit, Institut für deutsche Literatur, Humboldt-Universität zu Berlin, Berlin 2009.
54 Danius und Zischler: Nase für Neuigkeiten, S. 14.

einer bewaffneten Räuberbande („Arrestation de la bande de chaufourniers").[55] In Frankreich ist die Erfolgsgeschichte der *faits divers* als Zeitungsgenre zudem eng mit einem Mordfall verknüpft, der auch bei Panizza eine Rolle spielt (vgl. Kapitel „Paragrammatik"): Die Berichterstattung über den sechsfachen Mord an einer Elsässer Kaufmannsfamilie durch Jean-Baptiste Troppmann im Jahr 1896 erhöhte die Auflage des Pariser *Petit Journal* innerhalb weniger Tage auf 300.000 Stück.[56]

Doch es geht durchaus nicht nur um Verbrechen im Vermischten. Auch den Wetterbericht („Nuageux, quelques ondées, température plus fraîche") hat die Redaktion des *L'Écho de Paris* in der Rubrik platziert, in der darüber hinaus auch die Waren eines „High life Tailor" angepriesen werden: „costumes tailleur pour dames, à 95 fr.; complets pour messieurs, à 69,50". Unter die Verbrechensmeldungen geschmuggelt, trägt diese als *fait divers* getarnte Werbeanzeige die Überschrift „Le vrai peut quelquefois n'être pas vraisemblable", die sich als poetologischer Kommentar zur Gattung lesen lässt. Denn genauso wie es sein kann, dass das Wahre manchmal nicht wahrscheinlich ist – le vrai peut quelquefois n'être pas vraisemblable –, trägt das *fait divers* die Signatur des Wirklichen und Faktischen, tritt aber auf im Gewand des Unwahrscheinlichen und Wunderbaren.

Besonders deutlich wird das in zwei Meldungen, die Panizzas Lieblingsorgan, die *Frankfurter Zeitung*, am 18. Januar 1904 unter der Rubrik Vermischtes bringt. Die erste berichtet von einem leichenschändenden Dachdecker, den „noch vor seiner Aburteilung eine schwere Strafe ereilt" hat: „Er hat in die Göttinger Universitätsklinik gebracht werden müssen, weil er sich bei Ausübung seiner bestialischen Tat eine Blutvergiftung durch Leichengift zugezogen hat, an der er hoffnungslos darniederliegt." Darunter verkündet die nächste Meldung: „Mannheim. Als gestern Abend eine Abteilung Soldaten durch die Unterstadt marschierte, fiel ein Schuß und ein Soldat wurde am rechten Schienbein verwundet, wo die Kugel stecken blieb. Wie der Polizeibericht meldet, handelt es sich um einen Unfug."[57] In seinem Schlusssatz eröffnet dieses *fait divers* einen Einblick in die Geschichte und Genese der Gattung, denn mit dem Polizeibericht taucht hier jene prosaische Textsorte auf, aus der heraus sich das Genre entwickelt hat und aus der es im Einzelfall noch immer hervorgeht – ähnlich wie die auf Polizeiberichten beruhenden Anekdoten, die Heinrich von Kleist 1810/11 in seinen *Berliner Abendblättern* veröffentlichte, eine frühe Vorform der *faits divers*.

---

55 o. V.: Faits Divers. In: L'Écho de Paris, 9. März 1903.
56 Anne-Claude Ambroise-Rendu: Les faits divers. In: Dominique Kalifa, Philippe Régnier, Marie-Eve Thérenty und Alain Vaillant (Hg.): La civilisation du journal. Histoire culturelle et littéraire de la presse française au XIXe siècle. Paris 2011, S. 979–997, hier S. 984.
57 o. V.: Vermischtes. In: Frankfurter Zeitung, 18. Januar 1904, S. 3.

Gleichzeitig wird in der Nachricht vom Soldaten, dem ein Schuss im Schienbein stecken bleibt – die Alliteration offenbart die zumindest ansatzweise poetische Überformung des Vorfalls –, deutlich, was das *fait divers* vom Polizeibericht unterscheidet. Als kleine Form, ja als Kleinstform bietet das *fait divers* eine radikal verknappte und gedrängte Erzählung. Sie ist, wie Roland Barthes schreibt, eine Miniaturgeschichte „sans durée et sans contexte" über ein plötzlich hereinbrechendes Ereignis, deren oberstes Prinzip in einer Ökonomie der Auslassung und Verkürzung besteht.[58] Als extrem verdichtete und komprimierte, blitzhafte und schlagartige, in sich abgeschlossene Erzählung funktioniert das *fait divers* wie ein verbaler Paukenschlag, es kalkuliert größtmöglichen Effekt bei geringstmöglichem Wortaufkommen und zielt dabei auf Schock und Überraschung. Der Eindruck des – trotz aller Alltäglichkeit – Wunderbaren und Unglaublichen, der dem *fait divers* innewohnt, ist dabei, wie Barthes herausgearbeitet hat, Folge einer antithetischen Struktur, der zugleich eine Art Symmetrie innewohnt: der friedlich marschierende Soldat, den ein Schuss aus dem Nichts niederstreckt, der Leichenschänder, der dem Leichengift zum Opfer fällt.[59]

Kausalität und Kontingenz

Für vermischte Nachrichten wie jene vom Leichenschänder oder die vom Soldaten gilt: „Sie sind ihrem Wesen nach absurd. Sie stellen verwirrte Fragen und geben darauf keine Antwort. Selbst die banalsten unter ihnen lassen hundert Erklärungen zu, doch keine ist stichhaltig."[60] Damit ist ein Kernproblem der *faits divers* angesprochen. Stets handeln sie von Ereignissen, deren Einbettung in Sinnzusammenhänge dürftig und problematisch bleibt. Das *fait divers* stellt die Frage nach dem Grund und der Ursache eines Ereignisses in den Raum, und nie kann sie restlos geklärt werden. Ist es Zufall, dass der Dachdecker sich beim Leichenschänden eine Blutvergiftung zuzieht, oder gerechte Strafe und Schicksal? Noch rätselhafter bleibt der angeschossene Soldat: Die Frage nach dem Warum lässt eine Lücke aufklaffen, die der vom offiziellen Polizeibericht verfügte „Unfug" notdürftig zu verfugen sucht.

Es hapert also mit dem Verhältnis von Ursache und Wirkung im *fait divers*. Das Kausalitätsprinzip wird immer wieder auf die Probe gestellt, aber auch immer

---

58 Roland Barthes: Structure du fait divers. In: ders.: Essais critiques. Paris 1991, S. 187–196, hier S. 189.
59 Barthes: Structure du fait divers, S. 195.
60 Jean Paulhan zit. nach Danius und Zischler: Nase für Neuigkeiten, S. 40.

wieder aufgerufen. Es ist eine „causalité légèrement aberrante", die im *fait divers* ihr Unwesen treibt, ohne jedoch den Anspruch auf Geltung des Kausalitätsprinzips außer Kraft zu setzen. Die Kausalität erscheint im *fait divers* „troublée sans cependant disparaître", mal in ihrer Geltung und Wirkungsmacht bestätigt, mal grundlegend erschüttert: „fatalement pénétrée d'une force étrange: le hasard".[61] Es ist dieser enge und komplexe Bezug zum problematischen Verhältnis von Kausalität und Kontingenz, welcher die Gattung des *fait divers* für Panizzas paranoische Ermittlung so interessant macht. Denn das Problem Kausalität vs. Kontingenz gehört zu genau jenen Fragen, an denen sich die Paranoia unablässig abarbeitet. „Es geschieht nichts ohne Grund [...]. Das Begründen wird zur Passion", schreibt Canetti über die Paranoia und prägt den Begriff von der „Kausalitätssucht" des Paranoikers.[62] Der Germanist Manfred Schneider charakterisiert Paranoia daran anschließend als die „Unfähigkeit, Kontingenz zu denken",[63] ja als „Kontingenzleugnung".[64]

Indem die *Imperjalja* die unterschiedlichsten Ereignisse und Figuren, von der ertränkten Fährmannstochter bis zum Kistenreisenden, dem allumfassenden Narrativ einer politischen Verschwörung einfügen, haben sie Teil an einer solchen paranoischen Auslöschung von Kontingenz: Nichts geschieht zufällig, alles hat seinen Grund. An einer Stelle in den *Imperjalja* wird die Löschung von Kontingenz als Abschaffung des Zufalls konkret anschaulich und sinnfällig, nämlich als Auslassung. Panizza zitiert einen Artikel aus der *Frankfurter Zeitung*, der vom schlechten Gesundheitszustand der Mutter des Kaisers berichtet: „Wol durch einen unglüklichen [sic!] brach nun ein *Ereignis* herein, deßen Folgen so verhängnisvolle und schmerzliche werden sollten [...]."[65] Dass der Zufall, der unglückliche, in Panizzas Abschrift des Zitats unter den Tisch fällt, ist vielleicht kein Zufall – sondern symptomatisch dafür, wie der Zufall der Paranoia zum Problem wird, wie er verdrängt und ersetzt wird durch die Konstruktion von (Mono-)Kausalitäten: Es sei, schreibt Panizza, „höchst wahrscheinlich, daß diese Stelle eine Andeutung von der Ermordung oder dem Mordversuch gegen die eigene Mutter gibt".[66] Gleichzeitig ist die Macht der Gewohnheit und syntaktischen Assoziation so stark, dass sich das Wort beim Lesen des unvollständigen Satzes unwillkürlich aufdrängt. So wird der Zufall aus dem Text getilgt

---

61 Barthes: Structure du fait divers, S. 191 und 194.
62 Canetti: Masse und Macht, S. 537.
63 Manfred Schneider: Gefahrenübersinn: Das paranoische Ding. In: Archiv für Mediengeschichte 9 (2009): Gefahrensinn, S. 161–176, hier S. 163.
64 Schneider: Das Attentat, S. 11.
65 Panizza: Imperjalja, S. 46, kursiv im Original.
66 Panizza: Imperjalja, S. 46.

und bleibt zugleich anwesend; er wird zu einer anwesenden Abwesenheit oder abwesenden Anwesenheit.

Im *fait divers* ist die Gewichtung und Verteilung von Kausalität und Kontingenz ähnlich diffus, offen und ungeklärt, und immer stellt sie das vorrangige Problem dar. Dass sich Panizzas paranoische Kontingenzverwerfung und Kausalitätssucht am *fait divers* entzündet und abarbeitet, ist deshalb konsequent. Noch einmal Barthes:

> [O]n pourrait dire que la causalité du fait divers est sans cesse soumise à la tentation de la coïncidence, et qu'inversement, la coïncidence y est sans cesse fascinée par l'ordre de la causalité. Causalité aléatoire, coïncidence ordonnée, c'est à la jonction de ces deux mouvements que se constitue le fait divers: tous deux finissent en effet par recouvrir une zone ambiguë où l'événement est pleinement vécu comme un signe *dont le contenu est cependant incertain.*[67]

Im *fait divers* stehen Kausalität und Zufall also immer schon in einem prekären Nähe- und Austauschverhältnis, das auch Kennzeichen jeder paranoischen Poetik und Epistemologie ist. Entscheidend ist darüber hinaus, dass Barthes das *fait divers* hier als Genre beschreibt, welches Ereignissen Zeichencharakter zukommen lässt – *„l'événement est pleinement vécu comme un signe"* – und seine Leser*innen damit unablässig zu Akten der Semiose ermuntert, ja zwingt. Permanente Semiose ist wiederum ein Charakteristikum paranoischer Vernunft. Der Paranoiker, schreibt Lacan, ist einer, für den die ganze „Welt eine Bedeutung anzunehmen begonnen hat", also zeichenhaft geworden ist.[68] Die Meldung aus der *Frankfurter Zeitung*, die vom schlechten Gesundheitszustand der Mutter des Kaisers berichtet, wird in den *Imperjalja* zur „Andeutung" erklärt, die paranoische Verwerfung des Zufalls und Konstruktion von Kausalität erweisen sich als Akt der Semiose. Als Genre, das implizit vom „pouvoir infini des signes" handelt und bei dessen Lektüre sich unwillkürlich das „sentiment panique" einstellt, „que les signes sont partout, que tout peut être signe", erweist sich das *fait divers* als Gattung erster Wahl für die auf Dauer gestellte Semiose der paranoischen Ermittlung.[69]

Dass das *fait divers* darüber hinaus Zeichen produziert, deren Bedeutung stets ungeklärt bleibt – „dont le contenu est cependant incertain" –, macht sie für eine paranoische Aneignung nur noch attraktiver. Mit der „zone ambiguë", in der jedes Ereignis zum Zeichen wird, dessen Bedeutung ungeklärt bleibt, eröff-

---

67 Barthes: Structure du fait divers, S. 190 und 195, kursiv im Original.
68 Lacan: Die Psychosen, S. 29.
69 Barthes: Structure du fait divers, S. 193.

nen die *faits divers* den Raum, in den die paranoische Semiose der *Imperjalja* einhaken kann, um zu wuchern und in einem Fort mögliche Bedeutungen und Deutungen zu produzieren: Da erweist sich dann der „Kistenreisende", von dem die Zeitungen Meldung geben, ganz „[o]ffenbar" als „Marotte des Kaisers".[70]

---

[70] Panizza: Imperjalja, S. 92.

2 Bildpolitik

Vaterbild vs. aufgeblähter Ödipus

Manfred Schneider, von dem die bislang einzige literaturwissenschaftliche Diskussion der *Imperjalja* stammt, begreift deren Fixierung auf den Kaiser als eine Auseinandersetzung mit dem Bild des Vaters. „Durch die Paranoia geistert übrigens stets das Gespenst des Vaters", heißt es lapidar zu Beginn von Schneiders Lektüre, welche sodann den „vaterlos aufgewachsene[n] Dichter Panizza" zu einem jener „verlorenen" und „vaterverlassenen Söhne" stilisiert, die sich behelfsmäßig mit diversen Ersatzvaterbildern umgeben müssen. „Der mächtige Vater, Kaiser oder König überdeckt das ohnmächtige Bild des eigenen Vaters", schreibt Schneider und identifiziert auf diese Weise den Vater als Zentrum des Wahns.[1]

Eine solche Lesart steht in der Tradition psychoanalytischer Theoriebildungen zur paranoischen Psychose, die dazu tendieren, die Rolle des Vaters – als Person, Funktion, Signifikant oder Institution – stark zu machen.[2] Am Anfang steht Freuds schon mehrfach erwähnte Auseinandersetzung mit Schrebers *Denkwürdigkeiten eines Nervenkranken* aus dem Jahr 1911, in der Freud, wie er selbst schreibt, die „Einführung des Vaters in den Schreberschen Wahn" unternimmt und das komplex wuchernde Wahnsystem auf den „wohlvertrauten Boden des Vaterkomplexes" stellt: Schrebers Verfolgungswahn, in dessen Mittelpunkt sein Psychiater Paul Emil Flechsig steht, wird von Freud als verschobenes homosexuelles Begehren nach dem Vater gedeutet.[3] Lacan, der in seinem Psychosen-Seminar von 1955/56 Freuds Schreber-Lektüre wiederum einer Relektüre unterzieht, sieht Schrebers Wahn ebenfalls um einen nie ausgesprochenen, aber grundlegenden und beherrschenden Signifikanten kreisen: Als Grundmechanismus der Paranoia identifiziert Lacan die Verwerfung des Namens-des-Vaters.[4] Lacan zufolge stellt die Funktion des Vaters den Zugang zum Symbolischen her; ist sie

---

1 Schneider: Das Attentat, S. 209, 215, 240, 641 und 215.
2 Vgl. Jacques Hassoun: Vom Vater der psychoanalytischen Theorie (Von Freud zu Lacan). In: RISS. Zeitschrift für Psychoanalyse (2000/1), H. 47, S. 11–23.
3 Freud: Psychoanalytische Bemerkungen, S. 175 und 180. Dass es sich bei Schrebers Vater Daniel Gottlieb Moritz Schreber um den Verfechter der nach ihm benannten Schrebergärten und Verfasser einer Ärztlichen Zimmergymnastik handelt, die allerlei folterähnliche Vorrichtungen ersinnt, welche einer korrekten Körperhaltung zuträglich sein sollen, hat zu interessanten Perspektiven auf die *Denkwürdigkeiten* geführt. Vgl. Morton Schatzman: Die Angst vor dem Vater. Langzeitwirkung einer Erziehungsmethode. Eine Analyse am Fall Schreber. Hamburg 1974.
4 Vgl. Lacan: Die Psychosen.

gestört, resultiert imaginäre Fesselung. Die paranoische Psychose erweist sich als Defekt des Symbolischen, als Loch und Mangel auf der Ebene des Signifikanten.

Hieran schließt der Lacan-Schüler und Rechtshistoriker Pierre Legendre an, der wiederum den expliziten Bezugspunkt für Schneiders Panizza-Lektüre bildet. In der Studie *Das Verbrechen des Gefreiten Lortie. Abhandlung über den Vater* setzt sich Legendre mit dem Fall des frankokanadischen Amokläufers Denis Lortie auseinander, der im Mai 1984 die Nationalversammlung von Québec gestürmt und mehrere Menschen erschossen hat, und rückt dabei die Funktion des Vaters in den Vordergrund. Legendre deutet Lorties Tat als stellvertretenden Patrizid, als Vatermord *in effigie*, und unterstreicht damit die Bedeutung eines Satzes, den Lortie direkt nach seiner Tat ausgesprochen haben soll: „Die Regierung von Québec hatte das Gesicht meines Vaters."[5] Weil Legendre den Vater als Institution versteht, welche das Individuum als Subjekt vernünftiger Rede situiert und ins Symbolische einführt, weil ihm der Vater insofern das „Prinzip der Gesetzlichkeit selbst" zu verkörpern scheint, begreift er Lorties stellvertretenden Vatermord als „Mord am Gründungsbild der politischen Ordnung einer Gesellschaft".[6] Die Institution des Vaters, genauer: das „institutionelle Bild des mythischen Vaters", erweist sich als Knoten, an dem nicht nur die Vernunft, sondern auch das Leben hängt: „um leben zu können", schreibt Legendre, „muss man sich ein Bild des Vaters errichten" – hat dieses Bild einen Riss, folgen Wahn, Gewalt und Verbrechen.[7]

Legendres Bemerkungen zum Fall Lortie, die mit den Universalien von Gesetz und Vernunft operieren und auf eine ahistorische und normative Anthropologie hinauslaufen, können wenig zu einem Verständnis der *Imperjalja* beitragen.[8] Schneiders in enger Anlehnung an Legendre entwickelte Lektüre verwandelt die *Imperjalja* in einen „Fall Panizza"; sie führt zur tendenziell schematischen Nachzeichnung einer Krankengeschichte, die sich im Biografischen zu erschöpfen droht, anstatt poetische und ästhetische Verfahrensweisen in den Blick zu nehmen. Das bringt Verzerrungen mit sich. Vor dem Hintergrund von Legendres Auseinandersetzung mit dem Fall Lortie stellt Schneider den friedlichen Kleber und Sammler Panizza – in dessen Texten sich zugegebenermaßen verstreute

---

5 Pierre Legendre: Das Verbrechen des Gefreiten Lortie. Abhandlung über den Vater. Freiburg 1998, S. 60.
6 Legendre: Das Verbrechen des Gefreiten Lortie, S. 18 und 29.
7 Pierre Legendre: Der mordende Mensch. In: ders.: Die Fabrikation des abendländischen Menschen. Zwei Essays. Wien 1999, S. 42–59, hier S. 52.
8 Für eine kritische Auseinandersetzung mit Legendres Lortie-Lektüre vgl. Wolfram Bergande: Denis Lortie. Die V(at)erdrehung des Politischen. In: Timm Ebner, Rupert Gaderer, Lars Koch und Elena Meilicke (Hg.): Paranoia. Lektüren und Ausschreitungen des Verdachts. Wien 2016, S. 171–196.

Abb. 7: Doppelseite aus Panizzas *Imperjalja*-Manuskript mit eingeklebter Abbildung von Wilhelm II. im Kostüm (Ganzkörperansicht).

Sätze über historische Attentäter*innen wie Karl August Sand, Brutus und Charlotte Corday finden lassen – als Attentäter im Geiste dar, der sich der „großen Familie der Attentäter [...] verbunden" gefühlt habe: „Panizza hätte dieser Familie und ihrem Sinn zu gerne angehört. Kaiser Wilhelm II. wäre sein auserwähltes Opfer gewesen", schreibt Schneider.[9]

Wie schief diese Darstellung ist, macht eine Serie von fünf fotografischen Abbildungen deutlich, die Panizza wohl aus Zeitungen oder Zeitschriften ausgeschnitten – ihre genaue Herkunft konnte nicht geklärt werden – und seinem Manuskript beigefügt hat. Die Abbildungen – es handelt sich um eine größere Ganzkörperaufnahme (vgl. Abb. 7) und vier kleinere Teilansichten (vgl. Abb. 8 bis 11) – sind nahezu identisch und weisen fünfmal dasselbe rechteckige Hochkantformat auf, denselben schmucklosen Hintergrund, dasselbe schwache, kaum sichtbare Schatten werfende Studiolicht. Auch das Sujet ist gleich. Zu sehen ist der Kaiser in Verkleidung, mit kniehohen Stulpenstiefeln, lockiger Langhaarperücke und blendend weißem Spitzenkragen. Er posiert, so lautet der knappe Kommentar, mit dem Panizzas Text auf die Bilderserie Bezug nimmt, „im Kostüm Karl's X" – also als jener schwedische König Karl X., der zwischen 1654 und 1660

---

9 Schneider: Das Attentat, S. 215 und 216.

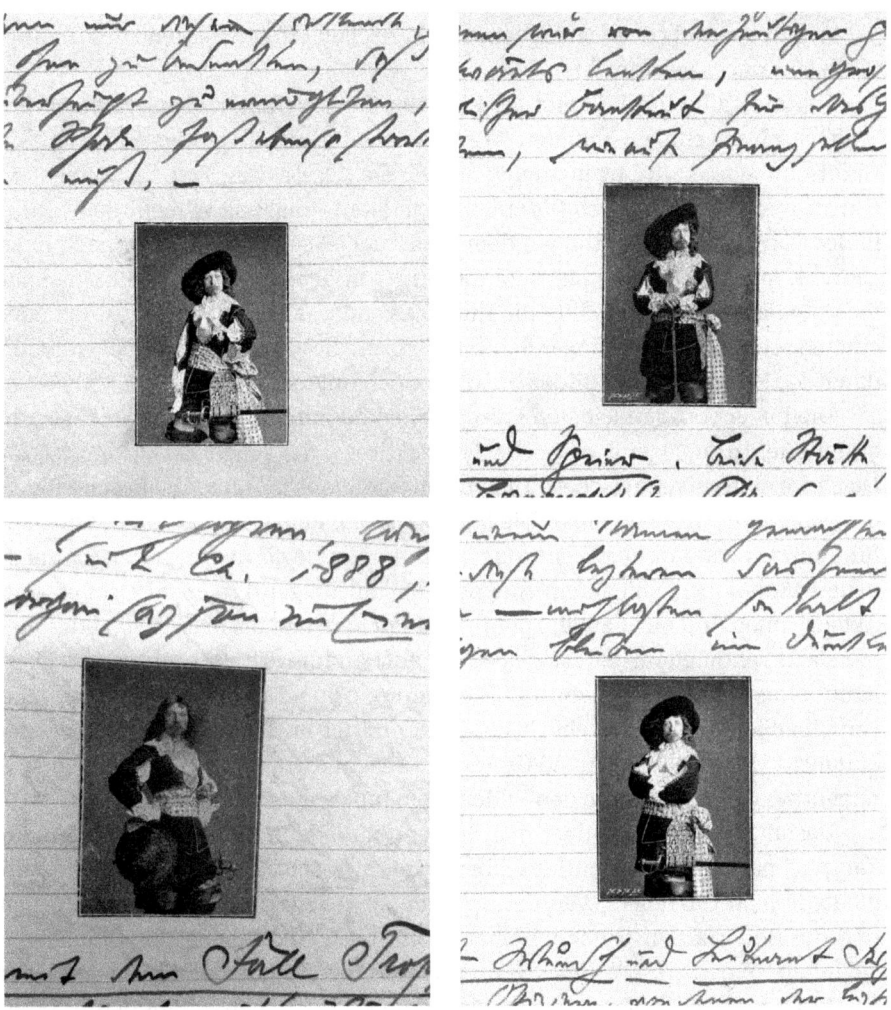

Abb. 8 bis 11: Seiten (Ausschnitte) aus Panizzas *Imperjalja*-Manuskript mit eingeklebten Abbildungen von Wilhelm II. im Kostüm.

geherrscht hat und vor allem für seine militärischen Erfolge während des Dreißigjährigen Krieges bekannt ist.

Um die Taille hat Wilhelm als Karl eine Schärpe aus hellem, gemustertem Stoff geschlungen; ein dunkler, breitkrämpiger Hut mit großer Feder, weiße Handschuhe und ein Degen dienen als weitere Accessoires. Erst nach längerem Hinschauen offenbaren sich Differenzen im Detail – mal hält Wilhelm seinen Hut in der Hand, mal trägt er ihn auf dem Kopf; mal ist sein Körper leicht nach links gedreht, mal nach rechts; mal sind die Arme vor der Brust verschränkt, mal vor dem Gemächt gekreuzt, mal in die Hüfte gestemmt, auf den Degen gestützt oder einfach schlaff herunterhängend –, Differenzen, die allerdings minimal sind und damit die Redundanz der Bilderserie eher noch unterstreichen.

Die Bilder vom verkleideten Kaiser deuten darauf hin, dass eine an Legendre orientierte, grundlegend tragische Perspektive – die Frage des Vaters ist für Legendre eine von „tragische[r] Dimension und Weite"[10] – für eine Beschreibung der *Imperjalja* fehlgehen muss: Die *Imperjalja* sind kein tragischer Text. Will man für Panizzas paranoische Ermittlung mit ihren Verschwörungszenarien in immer neuen Variationen, mit ihrem Aufgebot an unzähligen Protagonist*innen und Akteur*innen und nicht zuletzt mit ihren Bildchen, die, bei Maßen von etwa vier mal sechs Zentimetern, den „Höchste[n]"[11] auf Däumlingsgröße schrumpfen, überhaupt eine dramatische Gattungsbezeichnung geltend machen, so müsste man von „Komödje" sprechen, ein Gattungsbegriff, der im Text selbst immer wieder auftaucht.[12] Die *Imperjalja* sind Groteske, Farce und Travestie, und das zeigt sich nirgendwo deutlicher als in den Bildern vom putzig aufgemotzten Kaiser.

Deshalb legen diese Bilder nahe – wenn man denn die Frage des Vaters für Panizzas paranoische Ermittlung überhaupt in Anschlag bringen möchte –, für die *Imperjalja* von einem „Vergrößern" und „Erweitern des Ödipus" zu sprechen und die Bilder als Instrumente einer „komischen Aufblähung des Ödipus" zu begreifen, in der Art, wie Deleuze und Guattari sie für Kafkas *Brief an den Vater* beschrieben haben.[13] Sie sehen dort nicht einen „klassischen Ödipus neurotischer Art", sondern einen „sehr viel perverseren Ödipus" ins Werk gesetzt, der „durch eine Serie von paranoischen Interpretationen unbestimmbar und unbegrenzt wird" – es geht um einen „perversen oder paranoischen Gebrauch" des Ödipus: „Ödipus ins Absurde, ja ins Komische zu vergrößern", schreiben Deleuze und Guattari, bedeutet, der gesamten Welt eine „maßlos aufgeblähte Ödipusmaske"

---

10 Legendre: Das Verbrechen des Gefreiten Lortie, S. 27.
11 Panizza: Imperjalja, S. 48.
12 Panizza: Imperjalja, S. 41, 42, 75, 88, 92, 94, 97, 101 und 103.
13 Deleuze und Guattari: Kafka. Für eine kleine Literatur, S. 16 und 21.

überzustülpen.¹⁴ Das Ergebnis ist eine Ödipalisierung des Universums, die deterritorialisierende Effekte hat – Ausbruch aus der familiären Druckkammer, hinein in die Welt, ins Historische und Politische, ganz so, wie die *Imperjalja* es in ihrer massenhaften Ansammlung von historischen Eigennamen und Einzelfällen, Affären und Skandalen vorführen: „Der Wahn kreist nicht um den Vater und nicht einmal um den Namen des Vaters, sondern um die Namen der Geschichte", erklären Deleuze und Guattari, er „ist weltlich-historisch, und nicht familial. Man deliriert über Chinesen, Deutsche, Jeanne d'Arc und Dschingis Khan, Arier und Juden, über Geld, Macht und Produktion, und nicht über Papa-Mama".¹⁵

Bezeichnenderweise aber kommen die Fotografien vom Kaiser, die nahelegen, für die *Imperjalja* von einem paranoischen Gebrauch des Ödipus zu sprechen, bei Schneider nicht vor. Denn obwohl Schneiders Darstellung wiederholt mit dem Begriff des Vaterbildes operiert, verliert sie kaum ein Wort darüber, dass die *Imperjalja* tatsächliche Bilder enthalten. Dass man es hier mit einer paranoischen Ermittlung zu tun hat, die sich nicht nur auf dem Schauplatz der Schrift, sondern auch auf dem der Bilder, genauer: der technischen, der fotografischen Bilder ereignet, wird nicht Gegenstand weitergehender Auseinandersetzung. Es scheint, als ob die psychoanalytisch inspirierte Rede vom Vaterbild für konkrete Bilder, ihre Materialität und Medialität gar kein Interesse aufbringen kann und mit ihnen nichts anzufangen weiß.¹⁶

Paranoia, Psychoanalyse, Fotografie

Ein kursorischer Durchgang durch psychoanalytische Beiträge zur Paranoia bestätigt die Einschätzung, dass die Rolle von Bildern, konkret Fotografien, kaum Berücksichtigung findet. So ist von Schreber anekdotisch überliefert, dass er sich

---

14 Deleuze und Guattari: Kafka. Für eine kleine Literatur, S. 15–17.
15 Deleuze und Guattari: Gespräch über den Anti-Ödipus, S. 35.
16 An dieser Stelle ist einschränkend anzumerken, dass Legendres Lortie-Diskussion, im Gegensatz zu Schneiders Panizza-Lektüre, Bildern, konkret Videoaufzeichnungen von Überwachungskameras, durchaus eine wichtige Rolle zumisst – es geht ihm dabei allerdings nicht um die spezifische Medialität des Videobildes als vielmehr um dessen Funktion als Instanz symbolischer Vermittlung. Vgl. Legendre: Das Verbrechen des Gefreiten Lortie, S. 84–102. Für weitergehende Ausführungen vgl. Cornelia Vismann: Verbrechen darstellen. In: Tumult. Zeitschrift für Verkehrsforschung (2001), H. 26: Pierre Legendre. Historiker, Psychoanalytiker, Jurist, S. 91–101. Vgl. zudem Sabine Nessel: Zum Status der Videoaufzeichnungen in Pierre Legendres „Das Verbrechen des Gefreiten Lortie". In: Nach dem Film (2010), H. 3. Online unter: www.nachdemfilm.de/content/zum-status-der-videoaufzeichnung-pierre-legendres, letzter Zugriff 5. August 2020.

gerne und häufig hat fotografieren lassen. Seine Krankenakte aus der Psychiatrischen Klinik Leipzig vermerkt für den 6. April 1885 in leicht konsterniertem Ton: „Durch das geringste Geräusch gestört. Zuweilen Stimmung heiter. Pat. läßt sich 6mal photographieren, wozu?" Für den 26. Mai heißt es ebendort: „Will sich durchaus photographieren lassen, es sei das letzte Mal."[17] In der gesamten, mittlerweile unzählige Titel umfassenden Literatur zum Fall Schreber gibt es aber keinen Text, der auf dieses fotografische Begehren eingehen würde.

Ähnliche Missachtung erfährt die Fotografie in einer einschlägigen Freud'schen Fallgeschichte und das, obwohl der fotografische Apparat als phobisch besetztes Objekt und Verfolgungsinstanz hier eine herausgehobene Rolle zu spielen scheint. In der 1915 publizierten „Mitteilung eines der psychoanalytischen Theorie widersprechenden Falles von Paranoia" trifft eine „enthüllte Schönheit" auf einen „verhüllten Gegenstand" und reimt sich was zusammen.[18] Freud erzählt die Geschichte eines „dreißigjährige[n] Mädchen[s]", das nach einvernehmlichen *tête-à-tête* mit einem Bürokollegen diesem gegenüber tiefes Misstrauen entwickelt:

> Sie behauptete, daß dieser Mann ihre Gefügigkeit mißbraucht hatte, um von ungesehenen Zuschauern photographische Aufnahmen ihres zärtlichen Beisammenseins herstellen zu lassen; nun läge es in seiner Hand, sie durch das Zeigen dieser Bilder zu beschämen und zum Aufgeben ihrer Stellung zu zwingen.[19]

Während des gemeinsamen Rendezvous hatte die junge Frau nämlich ein „einmaliges Geräusch wie ein Pochen oder Ticken" vernommen:

> Als sie das Haus verließ, traf sie noch auf der Treppe mit zwei Männern zusammen, die bei ihrem Anblick einander etwas zuflüsterten. Einer der beiden Unbekannten trug einen verhüllten Gegenstand wie ein Kästchen. Die Begegnung beschäftigte ihre Gedanken; noch auf dem Heimweg bildete sie die Kombination, dies Kästchen könnte leicht ein photographischer Apparat gewesen sein, der Mann, der es trug, ein Photograph, der während ihrer

---

[17] Auszug aus der Krankengeschichte der Leipziger Psychiatrischen und Nerven-Klinik, 1. Aufnahme (8. Dez. 1884 bis 1. Juni 1885), zit. nach Schreber: Denkwürdigkeiten eines Nervenkranken, S. 342. Eine wichtige Rolle spielt die Fotografie auch für den Schweizer Künstler Adolf Wölfli, der von 1895 an für mehr als 35 Jahre in der Berner Irrenheil- und Pflegeanstalt Waldau interniert ist und dort ein umfangreiches Werk an Bildern und Zeichnungen erarbeitete, die er als Fotografien ausgab. Vgl. Martin Stingelin: „Heeh Mäneka: Ab = phottographieren." Adolf Wölfli inszeniert die Fotografie. In: Fotogeschichte 8 (1989), H. 31, S. 61–68.

[18] Sigmund Freud: Mitteilung eines der psychoanalytischen Theorie widersprechenden Falles von Paranoia (1915). In: ders.: Studienausgabe. Bd. VII: Zwang, Paranoia und Perversion, hg. von Alexander Mitscherlich, James Strachey und Angela Richards. Frankfurt a. M. 1997, S. 205–216, hier S. 208.

[19] Freud: Mitteilung, S. 207.

Anwesenheit im Zimmer hinter dem Vorhang versteckt geblieben war, und das Ticken, das sie gehört, das Geräusch des Abdrückens, nachdem der Mann die besonders verfängliche Situation herausgefunden, die er im Bilde festhalten wollte.[20]

Freud notiert hier zwar die „Kombination" seiner Patientin, die die Begegnung auf der Treppe, den Kasten und das Geräusch zur Vorstellung des Fotografiert-Worden-Seins zusammenfügt, fragt aber nicht danach, auf welche Weise paranoisches Phantasma und Fotografie zusammenhängen könnten. Stattdessen wendet er im Folgenden viel argumentatorische Finesse auf, um den, wie es im Titel der Falldarstellung heißt, „der psychoanalytischen Theorie widersprechenden" Fall doch noch theoriekompatibel zu machen.

Das Problem besteht darin, dass die Frau, die sich von ihrem Liebhaber verfolgt wähnt, Freuds These von einer „homosexuelle[n] Wunschfantasie als Konstante der Paranoia" und einer „allgemein gültige[n] Abhängigkeit des Verfolgungswahnes von der Homosexualität" zuwiderläuft.[21] Ausgehend vom Fall Schreber hat Freud eine konstitutive „Beziehung der Paranoia zur Homosexualität" postuliert: Der Paranoiker kämpft „gegen eine Verstärkung seiner homosexuellen Strebungen", sein Verfolger ist „im Grunde der Geliebte oder der ehemalige Geliebte" und daher stets „von demselben Geschlecht [...] wie der Verfolgte".[22] Dass die junge Angestellte sich nicht gleich-, sondern gegengeschlechtlich verfolgt fühlt, passt nicht in dieses Schema. Indem Freud schließlich die Chefin der jungen Frau, eine weißhaarige Mutterfigur, als ursprüngliche und eigentliche Verfolgungsinstanz ausmacht, gelingt es ihm, eine Deutung des Falls zu formulieren, durch welche „der anscheinende Widerspruch" gegen die psychoanalytische Lehre sich derart „verflüchtigt", dass die These von der homosexuellen Ätiologie der Paranoia unangetastet bleiben kann.[23]

Trotz dieser für Freud und die psychoanalytische Theorie glücklichen Lösung kann man festhalten, dass die Fotografie in der psychoanalytischen Literatur zur Paranoia an problematischer Stelle auftaucht, dort, wo der psychoanalytische Deutungs- und Erklärungsanspruch prekär zu werden droht und die Theorie an ihre Grenzen zu stoßen scheint. Freud selbst bezeichnet sein Vorgehen in diesem Fall als „Zersetzung" bzw. „Aufhebung der Zufälligkeiten" – und rückt damit das psychoanalytische Verfahren in ein spiegelbildliches Verhältnis zu den Kombinationen der von ihr untersuchten Paranoia.[24] Festhalten kann man darüber

---

20 Freud: Mitteilung, S. 208.
21 Freud: Psychoanalytische Bemerkungen, S. 183 und 238.
22 Freud: Mitteilung, S. 209.
23 Freud: Mitteilung, S. 211.
24 Freud: Mitteilung, S. 214. Vgl. Tuschling: Deutungswahn und Wahnanalyse, S. 96f.

hinaus, dass die Fotografie in Freuds Falldarstellung nicht nur nicht berücksichtigt, sondern regelrecht umgangen wird. Man kann von einer systematischen Verschiebung und Ersetzung des Visuellen zugunsten des Akustischen sprechen. Freud nämlich hält sich nicht bei der Furcht der Frau auf, fotografiert und damit Bild geworden zu sein, sondern rückt vielmehr „das Geräusch, an welches sie ihren Verdacht geknüpft hatte", in den Vordergrund; ihn interessiert das „Ticken, Klopfen, Pochen", das die Patientin gehört haben will und das er als Kern einer akustischen „Belauschungsphantasie" beschreibt – wenngleich er auch dieser im Verlauf seiner Deutung jegliches Realitätssubstrat entzieht: „Ich glaube überhaupt nicht, daß die Standuhr getickt hat, oder daß ein Geräusch zu hören war. Die Situation, in der sie sich befand, rechtfertigte eine Empfindung von Pochen oder Klopfen an der Klitoris. [...] Es hatte an der Klitoris geklopft."[25]

Mit diesem Klopfen, das Freud überdies als Reaktion auf „den Anruf einer eindringlichen Werbung"[26] von Seiten des Mannes interpretiert, ist die Verschiebung in das Register des Akustischen komplett – von *photo* zu *phono*. Freud verwandelt das fotografische Phantasma der Paranoia in eine Hör-Halluzination und rückt das Akustische an die Stelle des Visuellen. Diese Ersetzung ist symptomatisch, denn Kittler zufolge geht die Treue der Psychoanalyse zum Wort mit einer Verdrängung des Bildlichen einher. Unter Ausblendung aller Optik habe Freud das Telefon zur Metapher für den Psychoanalytiker auserkoren[27] und die psychoanalytische Sitzung überdies als „reine Hörwelt" gestaltet, in der „es beim simulierten Ferngespräch zweier psychischer Apparate" bleibe: „Ihre [die der Psychoanalyse, E. M.] Phonographie unbewußter Schallwellen fischt nicht im breiten Strom des Wahrgenommenen überhaupt, sondern einzig akustischer Daten."[28]

Vor diesem Hintergrund wird plausibel, warum die Fotografie in Freuds Fallgeschichte schwerlich Thema werden kann, eine Auslassung, die die Kulturwissenschaftlerin Iris Därmann nachzuholen versucht hat. Für sie ist die Fotokamera

---

25 Freud: Mitteilung, S. 213.
26 Freud: Mitteilung, S. 212.
27 Vgl. Sigmund Freud: Ratschläge für den Arzt bei der psychoanalytischen Behandlung (1912). In: ders.: Studienausgabe. Ergänzungsband: Schriften zur Behandlungstechnik, hg. von Alexander Mitscherlich, James Strachey und Angela Richards. Frankfurt a. M. 1997, S. 170–180.
28 Kittler: Aufschreibesysteme 1800/1900, S. 343. Zu Freuds Verdrängung dessen, was Kittler als die filmische Urszene der Psychoanalyse bezeichnet – die chronofotografischen Aufnahmen von Hysterikerinnen durch Jean-Martin Charcot und Albert Londe in der Pariser Salpêtrière –, vgl. Friedrich A. Kittler: Romantik – Psychoanalyse – Film: Eine Doppelgängergeschichte. In: ders.: Die Wahrheit der technischen Welt. Essays zur Genealogie der Gegenwart, hg. von Hans Ulrich Gumbrecht. Frankfurt a. M. 2013, S. 93–112. Vgl. auch Georges Didi-Huberman: Erfindung der Hysterie. Die photographische Klinik von Jean-Martin Charcot. München 1997.

als Auslöser des Verfolgungswahns „keineswegs so kontingent, wie es die analytische Ignoranz wahrhaben möchte".[29] Vielmehr bezeugt der von Freud

> als Requisit verharmloste [...] Photoapparat als Gegenstand des weiblichen Verfolgungswahns [...] eine historisch-technisch motivierte „Kästchenwahl" [...]. Denn die Paranoia verzeichnet streng genommen nur die auditiven und optischen Effekte eines Mediums, das seit Eastmans Erfindung der Kodakkamera die „nicht-diskursive Praxis" der alltäglichen Kontrolle komplementiert: darin ist die Frau das prädestinierte Objekt libidinöser Überwachung bzw. Selbstüberwachung.[30]

Die paranoisch besetzte Fotografie und der fotografische Apparat müssen jedoch verdrängt werden, gerade weil sie – allen Selbstbeschreibungen des Analytikers als Telefon zum Trotz – im Grunde die psychoanalytische Erzählhaltung und Perspektive beschreiben. Freud verwirft den fotografischen Apparat, weil er, so Därmann, „selbst der Mann hinter der Kamera ist, denn er beschreibt die Szene, als sei er – versteckt hinter dem Vorhang – dabeigewesen. [...] Freud, in seiner Eigenschaft als Photograph, kann nicht sehen, daß und wie er selbst sieht" – weshalb die von der Paranoikerin phobisch besetzte Fotografie, als blinder Fleck der psychoanalytischen Betrachtung, außen vor bleiben muss.[31]

Des Kaisers neue Kleider, oder: Destruktion des Porträteffekts

Hier sollen die Fotografien der paranoischen Ermittlung im Vordergrund stehen. Die Bilder vom kostümierten Kaiser, der in gerüschter Bluse und fluffigem Spitzenkragen posiert, greifen einen um 1900 weit verbreiteten Topos anti-monarchischer Kritik auf, der sich an Wilhelms notorischer Prunksucht und Theatralität entzündet. Diese Kritik findet auch an anderen Stellen der *Imperjalja* ihren Widerhall, etwa wenn Panizza einen Vorfall kolportiert, der sich auf einer Schiffsreise nach Schottland ereignet haben soll:

---

29 Iris Därmann: Das Klicken des Apparates. In: Spuren (1991), H. 37, S. 25–29, hier S. 27.
30 Därmann: Das Klicken des Apparates, S. 25. Freuds Text „Das Motiv der Kästchenwahl" ist 1913, also nur zwei Jahre vor der „Mitteilung eines der psychoanalytischen Theorie widersprechenden Falles von Paranoia" veröffentlicht worden. Vgl. Sigmund Freud: Das Motiv der Kästchenwahl (1913). In: ders.: Studienausgabe, hg. von Alexander Mitscherlich, James Strachey und Angela Richards. Bd. X: Bildende Kunst und Literatur. Frankfurt a. M. 2001, S. 181–193.
31 Därmann: Das Klicken des Apparates, S. 28.

> Während dieser Nachtfahrt wechselte der Kaiser, obwol kein Mensch anwesend war, vor dem ein solcher Garderobewechsel angebracht gewesen wäre, ca 5–6 mal die Uniform, und zwar legte er die sämtlichen fremdherlichen Admiralsscharschen, deren Inhaber er war – italjenischer Admiral, rußischer Admiral, englischer Admiral etc – nacheinander an, und komandirte dann, während der Nacht, entsprechende Ewolozjonen der auf dem Kane postirten Mannschaften.[32]

Für die Dauer einer Nacht nimmt die vom Kaiser heiß ersehnte eigene Flotte hier Gestalt an, weil Uniformen erlauben, den Flottenkommandeur zu mimen. Die kolportierte Begebenheit stellt die *Imperjalja* in die lange Tradition jener Erzählungen, die sich um das Motiv „Des Kaisers neue Kleider" mit Fragen von Macht und Herrschaft auseinandersetzen – und genau das tun auch die Fotografien vom verkleideten Kaiser.

Hans Christian Andersens gleichnamiges Märchen von 1837 ist nur das bekannteste Beispiel einer reichen Stofftradition, die bis in die mittelalterliche Schwankliteratur zurückreicht. Diese Erzählungen verknüpfen die Frage nach der Souveränität und Macht des Herrschers mit der nach seinem Gewand und lenken so den Blick auf die materiellen und vestimentären Facetten von Herrschaft, die auch im Begriff Investitur anklingen. In der Investitur, die das Ritual der Amtseinsetzung bezeichnet, stecken das Kleid (lat. *vestis*) und der Akt der Einkleidung. Bei Andersen fehlt das Kleid, der Kaiser ist nackt, und sein Ansehen verdankt sich allein dem kollektiven und entschlossenen Als-ob seiner Untertanen. Damit richtet *Des Kaisers neue Kleider* „den Blick auf den leeren Grund politischer Herrschaft" und legt „das Imaginäre politischer Herrschaft" offen.[33]

Mit Derrida lässt sich Andersens Märchen vorwerfen, dass es dem Idol der „nackten Wahrheit", der „Wahrheit als Nacktheit" anhängt: „Exhibition, Bloßlegung, Entkleidung, Entschleierung, man kennt die Gymnastik: Das ist *die* Metapher der Wahrheit."[34] Panizzas Bildpolitik geht anders vor. Zwar rücken die *Imperjalja*, wie Andersens Märchen, des Kaisers Kleider in den Blick und weisen diese dezidiert als *Ver*-Kleidungen aus; aber sie werfen dabei, anders als das Märchen, nicht das Gewicht der Nacktheit in die Waagschale und vollführen keinen „political striptease".[35] Stattdessen zelebriert Panizzas Bildauswahl ein rüschenhaftes Zuviel an Kleidung, einen vestimentären Exzess, der sich in den Vordergrund

---

32 Panizza: Imperjalja, S. 43.
33 Thomas Frank, Albrecht Koschorke und Susanne Lüdemann (Hg.): Des Kaisers neue Kleider. Über das Imaginäre politischer Herrschaft. Texte. Bilder. Lektüren. Frankfurt a. M. 2002, S. 9.
34 Jacques Derrida: Verstohlene Prätexte. In: ders.: Die Postkarte. Von Sokrates bis an Freud und jenseits. 2. Lieferung. Berlin 1980, S. 185–192, hier S. 187.
35 Louis Marin: The Portrait of the King's Glorious Body. In: ders.: Food for Thought. Baltimore 1997, S. 189–217, hier S. 216.

spielt und zur Hauptsache macht. Ein Gewölk aus weißer Spitze umschmeichelt das Gesicht des Kaisers, aus den weiten, geschlitzten Ärmeln blitzt keck noch mehr weiße Spitze hervor, um die kaiserlichen Lenden ist dramatisch eine üppige Stoffbahn geschlungen – Panizzas Bildauswahl feiert fetischistisch-fröhliche Zurschaustellung, ein Hauch von Queering liegt in der Luft: „Der Fetischismus hat den Hang zum augenzwinkernden Tun-als-ob, zu Verkleidungen, Maskeraden, Scharaden."[36] Statt auf aggressive Bloßstellung und Zergliederung setzen die Bilder vom verkleideten Kaiser auf „das Element des Komödiantischen im Fetischismus"[37] und mobilisieren dabei die urfetischistische Erkenntnis, dass unter Umständen nichts so sehr enthüllt wie eine schöne Verhüllung.[38]

Panizzas Bilder setzen Rüschiges und Plüschiges in Szene, Sprengkraft haben sie trotzdem. Die Bilder, die Panizza ausgewählt hat, lassen, indem sie Wilhelm II. in Kostüm und Pose eines Schwedenkönigs aus dem siebzehnten Jahrhundert zeigen, den deutschen Kaiser als absolutistischen Herrscher auftreten. Damit überblenden sie nicht nur unterschiedliche Epochen zu einer anachronistischen Zeitschichtung.[39] Sie setzen sich darüber hinaus zur Bildgattung des absolutistischen Herrscherporträts in Beziehung. Für den Kunsthistoriker Louis Marin, der zur politischen Repräsentation im französischen Absolutismus geforscht hat, ist das absolutistische Herrscherporträt eine gewichtige Angelegenheit: „Was also ist ein König? Er ist ein Königsporträt, allein das macht ihn zum König. [...] Das Porträt des Königs produziert den König als absoluten Monarchen."[40] Das Porträt des absolutistischen Königs ist demnach – an diesem Punkt stellt Marin das klassische Bildverständnis der Mimesis auf den Kopf – kein Abbild, das irgendeiner

---

36 Hartmut Böhme: Fetischismus und Kultur. Eine andere Theorie der Moderne. Hamburg 2006, S. 408.
37 Böhme: Fetischismus und Kultur, S. 408.
38 Dieser Zusammenhang spielt in mehreren Texten Panizzas eine Rolle. Vgl. Oskar Panizza: Die Kleidung der Frau, ein erotisches Problem. In: ders.: Mama Venus. Texte zu Religion, Sexus und Wahn, hg. von Michael Bauer. Hamburg 1992, S. 157–172. Für weitere literarische Auseinandersetzungen mit kleidungsfixierten Fetischismen vgl. Oskar Panizza: Der Corsetten-Fritz sowie ders.: Ein scandalöser Fall. In: ders.: Der Korsettenfritz. Gesammelte Erzählungen, München 1981, S. 203–222 sowie 230–264. Vgl. Renate Werner: Geschnürte Welt. Zu einer Fallgeschichte von Oskar Panizza. In: Bettina Gruber und Gerhard Plumpe (Hg.): Romantik und Ästhetizismus: Festschrift für Paul Gerhard Klussmann. Würzburg 1999, S. 213–233.
39 Hinzu kommt ein weiterer Anachronismus: Wie eine Signatur in der unteren rechten Bildecke verrät, sind diese Bilder 1886 aufgenommen worden, zwei Jahre vor Wilhelms Thronbesteigung im Jahr 1888; sie zeigen den Kaiser also als Kronprinzen und Noch-nicht-Kaiser.
40 Louis Marin: Das Porträt des Königs. Berlin/Zürich 2005, S. 352 und 344. Für eine gute Einführung zu Marin vgl. Vera Beyer, Anselm Haverkamp und Jutta Voorhoeve (Hg.): Das Bild ist der König. Repräsentation nach Louis Marin. München 2006.

vorausliegenden Realität oder einem außerbildlichen Referenten nachgeordnet wäre. Vielmehr werden dieser Referent, der absolutistische Monarch, und diese Realität, die absolute Macht, erst im und durch das Bild geschaffen. Politische Macht ist Marin zufolge ein Repräsentationseffekt und der König in letzter Instanz ein „Porträteffekt".[41] Die Funktionsweise dieses Porträteffekts beschreibt Marin, der seine Überlegungen anhand des bekannten Porträts *Louis XIV* von Hyacinthe Rigaud (1701/02) entwickelt, analog zur eucharistischen Szene: „Wahrhaft König, will sagen Monarch, ist der König nur in Bildern. Sie sind seine *reale Präsenz*: ein Glaube an die Wirksamkeit und Operativität *seiner* ikonischen Zeichen ist obligatorisch, oder der Monarch entleert sich mangels Transsubstantiation all seiner Substanz".[42] Das eucharistische Modell erscheint demnach als ein auch juridisch und politisch wirksames, während umgekehrt die politische Repräsentation einer Art Bildtheologie unterworfen gedacht wird.

Vor dem Hintergrund von Marins Überlegungen zu einer monarchischen Macht, die in letzter Konsequenz nichts anderes als ein Bildeffekt ist, kann Panizzas karnevaleske Bildauswahl als Intervention begriffen werden, der es um die Destruktion des Porträteffekts zu tun ist. Als verkleideter wird der kaiserliche Körper zum Schauplatz einer Travestie, die am bildtheologischen Kern des Herrscherporträts kratzt. Weil in Panizzas Bildern die königlichen Insignien – Degen und Hut, Kragen und Handschuhe – weniger von Macht als vielmehr von Maskierung zeugen, durchkreuzen und entkräften sie den Glauben an die Wirksamkeit der ikonischen Zeichen des Souveräns. Es geht darum, mit der Wirkmächtigkeit des kaiserlichen Bildes auch dessen politische Macht in Frage zu stellen.

Marins Überlegungen zum absolutistischen Herrscherbild mögen sich nicht umstandslos auf die herrschaftsikonografischen Verhältnisse im Deutschen Kaiserreich und auf Darstellungen des letzten deutschen Kaisers übertragen lassen: Fotografien sind keine Ölgemälde, eine konstitutionelle Monarchie ist kein absolutistischer Staat, und es bleibt eine offene Frage, inwieweit das eucharistische Modell auch im protestantischen Preußen bildtheologisch wirksam gewesen sein mag. Dass das Herrscherbild auch im Deutschen Kaiserreich von eminenter politischer Bedeutung gewesen ist, lässt sich jedoch an einer Stellungnahme des Ministeriums des Innern vom 17. September 1908 ablesen:

> Der Erwerb von Bildnissen Eurer Majestät [...] bildet eines der hauptsächlichen Mittel, durch welche auch der kleine Mann vaterländische und königliche Gesinnung zum Ausdruck bringen kann und zu bringen pflegt. Es ist deshalb politisch von nicht zu unterschätzender

---

41 Marin: Das Porträt des Königs, S. 24.
42 Marin: Das Porträt des Königs, S. 15, kursiv im Original.

Bedeutung, dass gute Bildnisse [...] in möglichst großer Zahl hergestellt und möglichst billig vertrieben und verbreitet werden.⁴³

Die Stellungnahme rückt mit der von oben angeordneten, massenhaften Zirkulation kaiserlicher Bilder nicht nur die Bedingungen der Möglichkeit von Panizzas Schneide- und Klebearbeiten in den Fokus, sondern deutet darüber hinaus an, warum Monarchiegegner wie Panizza so zielsicher den Porträteffekt ins Visier nehmen, warum die Destruktion dieses Porträteffekts so leicht und elegant von der Hand gehen kann; sie liegt schlicht in der Luft, oder genauer: sie liegt in den gewandelten technologischen und medialen Bedingungen des Herrscherbilds um 1900 mitbegründet.

Während Marin für den Absolutismus noch das theologisch aufgeladene „Mysterium" eines „Porträt-Sakrament[s]"⁴⁴ in Anschlag bringen kann, dominiert 200 Jahre später in Preußen das „industrialisierte[ ] Herrscherbild",⁴⁵ hergestellt in möglichst großer Zahl und möglichst billig – viele kleine Abbilder an Stelle des einen, überlebensgroßen und kostbaren Herrscherbildes. „[U]nverkennbar unterscheidet sich das Abbild, wie illustrierte Zeitung und Wochenschau es in Bereitschaft halten, vom Bilde. Einmaligkeit und Dauer sind in diesem so eng verschränkt wie Flüchtigkeit und Wiederholbarkeit in jenem",⁴⁶ schreibt Benjamin und bestimmt die Reproduktion von Bildern darüber hinaus als „Verkleinerungstechnik".⁴⁷ Dass der von Marin beschriebene Porträteffekt unter den Bedingungen von Flüchtigkeit, Wiederholbarkeit und Verkleinerung ins Schleudern gerät, verwundert nicht.

Indem die *Imperjalja* den Porträteffekt als nicht mehr funktionstüchtigen ausstellen, indem sie seine Erosion weitertreiben und sichtbar machen, beweisen sie ein Gespür für die politico-theologischen Konsequenzen der massenhaften

---

43 Zit. nach Franziska Windt: Majestätische Bilderflut. Die Kaiser in der Photographie. In: Generaldirektion der Stiftung Preußische Schlösser und Gärten Berlin-Brandenburg (Hg.): Die Kaiser und die Macht der Medien. Berlin 2005, S. 67–97. Vgl. auch Matthias Bruhn: Bildwirtschaft. Verwaltung und Verwertung der Sichtbarkeit. Weimar 2003, insbesondere das Kapitel: Im Kostüm der Sichtbarkeit. Der Kaiser geht ins Fotostudio, S. 113–118.
44 Marin: Das Porträt des Königs, S. 338.
45 Klaus-D. Pohl: Der Kaiser im Zeitalter seiner technischen Reproduzierbarkeit. Wilhelm II. in Fotografie und Film. In: Hans Wilderotter und Klaus-D. Pohl (Hg.): Der letzte Kaiser. Wilhelm II. im Exil. München 1991, S. 9–18, hier S. 14.
46 Walter Benjamin: Das Kunstwerk im Zeitalter seiner technischen Reproduzierbarkeit. In: ders.: Medienästhetische Schriften, hg. von Detlev Schöttker. Frankfurt a. M. 2002, S. 351–383, hier S. 357.
47 Walter Benjamin: Kleine Geschichte der Photographie. In: ders.: Medienästhetische Schriften, hg. von Detlev Schöttker. Frankfurt a. M. 2002, S. 300–324, hier S. 312.

Reproduktion und Zirkulation von technischen Herrscherbildern. Wilhelm, so bemerken die *Imperjalja*, ist der „Monarch, der nicht mehr das ist, was er früher war" – und sie führen dies zurück auf die Frage nach dem Bild des Herrschers, das um 1900 ein technisch hergestelltes und reproduziertes ist.[48]

Wilhelm-Ubu

Panizzas Fotografien vom kostümierten Kaiser erinnern an eine Bemerkung Benjamins über alte Familienfotoalben, „auf denen närrisch drapierte oder verschnürte Figuren [...] verteilt waren", aufgenommen in Studioinszenierungen, „die so zweideutig zwischen Exekution und Repräsentation, Folterkammer und Thronsaal schwankten".[49] Die Verkleidungsbildchen fügen sich nicht zu einem Bild strahlender, erotischer, viriler und potenter Herrschaft und Herrlichkeit – mit diesen schönen Attributen hatte Marin den absolutistischen Herrscher geschmückt. Panizzas Wilhelm ist von geringerem Zuschnitt. An einer Stelle nimmt der Text auf die Fotografien vom kostümierten Kaiser Bezug, um die Aufmerksamkeit auf ein kleines Detail, ein „fisjonomische[s] Kennzeichen", zu lenken: Wilhelms Unterlippe. Panizza deutet sie als Ausdruck von geistigem Hochmut und identifiziert, mit Verweis auf Darwins *Ausdruck der Gemütsbewegungen* (1872), das „Anspuken" als „räsonablen Urakt", in dessen Folge sich die hochmütige und menschenverachtende Unterlippe herausgebildet habe:

> Durch die fortwährende Innervazjon vom Zentrum des Gemütslebens aus, im Sinne von „Spuk den an!" oder „Du bist nicht mehr wert, als daß ich dich anspuke!", fixirte sich dann dieße Unterlippe-Stellung. Wir finden sie beim Kaiser auf fast allen seinen Fotografien. Hier z.B. auch tipisch auf der kleinen Fotografie auf S. 99, wo er im Kostüm Karl's X abgebildet ist.[50]

Es geht bei den Fotografien vom kostümierten Kaiser mit der brutalen Unterlippe nicht nur um eine verschmitzte Abdrift ins Karnevaleske, sondern darüber hinaus um die Erfassung und Darstellung eines bestimmten Machttypus, den man mit Foucault als ubuesk bezeichnen kann.

Foucault entwickelt den Begriff am Anfang seiner Vorlesung *Die Anormalen*: „Das Groteske oder [...] das ‚Ubueske' ist nicht einfach eine Kategorie der Verunglimpfung", sondern „eine präzise Kategorie [...] historisch-politischer Analyse",

---

48 Panizza: Imperjalja, S. 77.
49 Benjamin: Kleine Geschichte der Photographie, S. 306.
50 Panizza: Imperjalja, S. 97.

die sich dem Problem der unwürdigen Macht, der lächerlichen Autorität und grotesken Souveränität widmet.[51] Gemeint sind Formen von Macht und Souveränität, die zwar „durch Hassenswertes, Gemeines und Lächerliches disqualifiziert" erscheinen, aber dennoch oder vielmehr gerade deshalb unbedingte Wirksamkeit entfalten. Denn für Foucault stellen ubuesker Terror und groteske Souveränität weniger einen Unfall oder eine Ausnahme dar, sondern sie sind als innerer Bestandteil von Machtmechanismen zu begreifen:

> Wenn man die Macht ausdrücklich als abstoßend, gemein, ubuesk oder einfach lächerlich vorführt, geht es, wie ich denke, nicht darum, deren Wirkungen zu begrenzen [...]. Mir scheint es im Gegenteil darum zu gehen, eindeutig die Unumgänglichkeit und Unvermeidbarkeit der Macht vorzuführen, die auch dann noch in aller Strenge und in einer äußerst zugespitzten gewaltsamen Rationalität funktioniert, selbst wenn sie in den Händen von jemandem liegt, der tatsächlich disqualifiziert wird.[52]

Es liegt also eine gewisse Logik in der Figur des lächerlichen Herrschers. Sie übt eine Funktion aus, die auf die Maximierung von Machteffekten zielt: „Die Macht verlieh sich selbst dieses Bild, von jemandem auszugehen, der theatralisch gekleidet war und wie ein Clown, wie ein Hanswurst aussah", schreibt Foucault über das Groteske bei Mussolini, das „absolut Teil der Mechanik der Macht" gewesen sei.[53] Die theatralisch gekleidete Macht, der Souverän, der wie ein Clown oder Hanswurst aussieht – genau darum geht es in Panizzas Bildern vom verkleideten Wilhelm. In ihnen verkörpert und manifestiert sich die Souveränität im Modus des Theatralen, Hanswurstigen und Clownesken, und man kann die *Imperjalja* insofern als Analytik der Macht begreifen, die sich am Problem des Ubuesken entzündet.

In diese Richtung deutet auch das Verfahren der *Imperjalja*, den Kaiser ausgerechnet in *faits divers* zu suchen und zu finden. Wie verhält sich die kleine Form zum großen Gegenstand, den Panizza ihr unterschiebt? Als Bastardgenre, das alles umfasst, was anders nicht klassifizierbar ist – „le rebut inorganisé des nouvelles informes",[54] hat Barthes die Vermischten Meldungen genannt –, wohnt den *faits divers* subversive Sprengkraft inne. In und hinter jedem *fait divers* den Kaiser zu finden, wie Panizza das tut, läuft auf eine Art Kurzschlusspoetik hinaus, die den Höchsten mit dem Niedersten verknüpft und auf diese Weise den Monarchen gründlich profaniert. So erscheint die kaiserliche Macht in den *Imperjalja*

---

51 Foucault: Die Anormalen, S. 28.
52 Foucault: Die Anormalen, S. 30.
53 Foucault: Die Anormalen, S. 29.
54 Barthes: Structure du fait divers, S. 187.

auf der einen Seite zwar allgegenwärtig und aufgebläht: allerorten Morde und Verbrechen, die dem Kaiser zugeschrieben werden. Auf der anderen Seite aber erscheint die kaiserliche Macht wie pulverisiert im Gestöber der kleinen und gemeinen *faits divers*. So entwerfen die *Imperjalja* nicht nur über ihre Abbildungen, sondern auch mit Hilfe der *faits divers* das Bild einer grotesken und unwürdigen Macht und untersuchen die „Infamie der Souveränität".[55]

Fragen lächerlicher Souveränität und ubuesker Macht haben Panizza schon vor den *Imperjalja* beschäftigt. Bereits 1898 legt er mit dem Drama *Nero* einen Text vor, der sich just jenem römischen Kaiser widmet, der als „erste große Figur infamer Souveränität" gelten kann; das Stück entfaltet damit Urszenen eines Ubuesken, das Foucaults Einschätzung nach seine Ursprünge in der römischen Kaiserzeit hat: „Von Nero bis Heliogabal wurde [...] dieses Räderwerk grotesker Macht und infamer Souveränität im Römischen Reich dauerhaft ins Werk gesetzt"; es gehört gewissermaßen „zum Funktionieren der kaiserlichen Macht in Rom [...], in den Händen eines verrückten Histrionen zu liegen".[56] Panizzas Regieanweisungen charakterisieren den römischen Kaiser als „jung, fett, als abgelebte[n] Dandy", dessen Schlossgarten zwar von menschlichen Fackeln erleuchtet wird, der aber gleichzeitig wie ein verzogenes Kind auftritt, anspruchsvoll, ängstlich und näppisch: „Wischi-waschi! – Kling-Klang!", fährt er seinem Philosophen Seneca über den Mund.[57] Panizzas *Nero* kann als eine Parodie auf Wilhelm II. gelesen werden, die sich am Vorbild von Ludwig Quiddes *Caligula. Eine Studie über den römischen Cäsarenwahnsinn* von 1894 orientiert, einer ebenfalls kaum verhüllten Satire über Wilhelm II., in der es unter anderem heißt: „Das Grausige und das Lächerliche grenzen hier hart aneinander" und schlagen „gar leicht ins Kindlich-Komische um"[58] – eine treffende Umschreibung infamer Souveränität und grotesker, ubuesker Macht.

Es ist also ein ganzes Diskursnetz, das sich in den letzten Jahrzehnten des neunzehnten Jahrhunderts um die Figur des ubuesken Souveräns spannt und in dem die Monarchiekritik der *Imperjalja* verortet werden muss. Denn die *Imperjalja* gravitieren immer wieder hin zum Problem des disqualifizierten Souveräns. Nicht einfach tyrannisch oder diktatorisch erscheint das Gebaren des

---

55 Foucault: Die Anormalen, S. 30.
56 Foucault: Die Anormalen, S. 28 und 29.
57 Oskar Panizza: Nero. Tragödie in fünf Aufzügen. Zürich 1898, S. 6 und 59.
58 Ludwig Quidde: Caligula. Eine Studie über den römischen Cäsarenwahnsinn. In: ders.: Caligula. Schriften über Militarismus und Pazifismus, hg. von Hans-Ulrich Wehler. Frankfurt a. M. 1977, S. 61–80, hier S. 70. Panizza erwähnt Quidde explizit, siehe Panizza: Imperjalja, S. 56.

"Maulaufreißer[s]" Wilhelm, sondern eben im spezifischen Sinne ubuesk, ebenso brutal wie lächerlich:

> Allgemeines Kopfschütteln hat das Bemühen des Kaisers vom ersten Moment seines Regierungsantritts an [...] in allen Kreisen hervorgerufen. Der erste Schlager, bei deßen Kunde Jeder erstaunt innehielt, war das Wort auf einer der Versammlungen der Brandenburger Notabeln [...]: „Wer sich mir widersezt, den zerschmettere ich!", was wol sehr unklug war, und, besonders bei einem [sic] für eine so hohe Stelle erzogene Person, die merkwürdigsten Schlußfolgerungen ziehen lies.[59]

In solchen von Panizza kolportierten Szenen erinnert Wilhelm tatsächlich an die Hauptfigur jenes Theaterstücks, dem Foucault den Begriff des Ubuesken entlehnt hat, Alfred Jarrys *Ubu Roi*, das 1896 in Paris uraufgeführt wurde. „Ich wollte bewußt ein ‚Kasperlespiel' schreiben", schreibt Jarry über sein Stück, das Shakespeares Königsdramen mit den Mitteln des Guignols, also des französischen Kasperletheaters, durch den Fleischwolf dreht.[60] „Jetzt hör aber mal, Vater Ubu, was bist du denn für ein König? Du massakrierst hier ja noch alle", sagt Mutter Ubu zu Ubu, der den König gestürzt hat, um sich selbst an dessen Stelle zu setzen. „Ja, Enthirnen, Töteln, Ohnen ab, Finanzen her und Saufen bis zum Tod", antwortet der „dicke[ ] Hanswurst" im deformierten Ubu-Jargon.[61]

Ob Panizza Jarrys *Ubu Roi* gekannt hat, weiß man nicht. Es sind aber Notizen überliefert, nach denen Panizza im Sommer 1899 – er lebte damals noch nicht in Paris, sondern war gerade von München nach Zürich umgezogen – einen Aufsatz mit dem Arbeitstitel „Guignol, das französische Kasperltheater" geplant hat.[62] Es liegt zumindest im Bereich des Möglichen, dass er im Zuge dieser Recherchen über Jarrys eigenwillige und neuartige Adaption des traditionellen Puppenspiels und die Figur des Ubu gestolpert ist. Jedenfalls lassen die *Imperjalja* auf den ersten Wilhelm-„Schlager" eine ganze Reihe von weiteren Anekdoten folgen, Schlag auf Schlag, Anekdoten, in denen es wieder und wieder darum geht, „das ganze gigantisch überdrehte Funktionieren des infamen Souveräns"[63] einzukreisen. Kolportiert wird unter anderem, wie der Kaiser in eine „Bibel, die er einer Kirche

---

59 Panizza: Imperjalja, S. 44.
60 Alfred Jarry: Brief an Aurelien Lugné-Poe vom Januar 1896. In: ders.: König Ubu, hg. von Ulrich Bossier. Stuttgart 2008, S. 63–64, hier S. 63. Zu Jarrys Bezügen auf das Guignol vgl. Hélène Beauchamp: Ubu Roi, ou Macbeth-Guignol: un retournement fondateur de la parodie dramatique moderne. In: Catherine Dousteyssier-Khoze und Floriane Place-Verghnes (Hg.): Poétique de la parodie et du pastiche de 1850 à nos jours. Bern 2006, S. 203–213.
61 Jarry: König Ubu, S. 28, 50 und 51.
62 Vgl. Düsterberg: „Die gedrukte Freiheit".
63 Foucault: Die Anormalen, S. 30.

schenkte", die Widmung notiert: „,Ich bin der Weinstok, Ihr seid die Reben', und: ‚Ohne mich könnt ihr nichts tun.'" Der Stadt München wiederum habe er den Spruch *Suprema lex regis voluntas* – Der Wille des Königs ist oberstes Gesetz – ins Goldene Buch geschrieben, was ihm „nicht nur von höchster bairischer Seite schwer verdacht" worden sei. Das aber sei Wilhelm herzlich egal gewesen: „die Nörgler (meiner Regierungsmasregeln) sollen den Staub von ihren Pantoffeln [...] schütteln und auswandern", habe der Kaiser gesagt, schreibt Panizza.[64]

Politik der Anekdote

Aufgeführt sind damit drei Beispiele, die das Funktionieren der Anekdote als Gattung des Ubuesken veranschaulichen. Kurz und knapp, in zusammenhangsloser Vielzahl auftretend, aber immer (über-)konkret und (über-)präzise Orte, Zeiten und genaue Wortlaute, die jeweiligen Umstände also durchaus umständlich referierend, erweist sich die Anekdote hier als Gattung, in und mit der ubueske Macht verhandelt wird. Sie erweist sich als Gattung einer Analytik der Macht und anti-souveränen Gegengeschichte, die sich der Kolportage und dem Klatsch anschmiegt, dem geringgeschätzten Hörensagen, das stets anonym und ohne Quellenangabe auftritt.[65] Wie die *faits divers* – mit denen die Anekdote eine enge Verwandtschaft verbindet – verhandelt die Anekdote bei Panizza Souveränität nicht im Modus des politisch Ereignishaften, sondern attackiert sie von den Rändern her, von dem aus, was Nicht-Ereignis, was unwesentlich und nebensächlich zu sein scheint, bloßes Ornament, bestenfalls Symbolpolitik: ein Ausspruch vor Brandenburger Notabeln, ein Eintrag im Goldenen Buch der Stadt München, eine Widmung in einer Bibel. Auch in der folgenden Anekdote geht es um eine Widmung:

> Ungeheuren Unwillen erzeugte es im gesamten Deutschland, als er die vom Architekten Wallot für das vollendete Reichstagsgebäude gewählte einfache und [...] klare Aufschrift „Dem deutschen Volke" verbot, mit der Motivirung, im Reichstag versamle sich auch der Bundesrat. Als ob diese leztgenante Behörde jemals den tollen Anspruch erhoben hätte, daß sie nicht zum deutschen Volk gehöre.[66]

---

64 Panizza: Imperjalja, S. 44.
65 Zur Anekdote vgl. Mark Potocnik: Zwischen Literatur und Geschichte: Die Anekdote. In: Kirsten Maar, Frank Ruda und Jan Völker (Hg.): Generische Formen. Dynamische Konstellationen zwischen den Künsten. München 2017, S. 85–101.
66 Panizza: Imperjalja, S. 44.

Es scheint, als erfüllten diese Anekdoten in den *Imperjalja* eine Funktion, die über das bloße Konstatieren ubuesker Gewalt und Lächerlichkeit hinausgeht: Die Anekdoten eröffnen einen Raum des Politischen.

Aufgerufen ist damit der Begriff eines Politischen (frz. *le politique*), den die jüngere französische Philosophie jenseits und im Gegensatz zu der Politik (frz. *la politique*) situiert. Das Politische enthüllt sich gerade „nicht in dem, was gemeinhin politisches Handeln genannt wird",[67] sondern in der Unterbrechung politischer Raum- und Redeordnungen, im „Ereignis der Suspension und Verstörung des sozialen Geordnetseins".[68] Als inkonsistentes Widerlager und unverrechenbares Außen der Politik entzieht sich das Politische jeder Formierung und Repräsentation, es offenbart sich lediglich in der Zäsur und im Bruch, in Momenten der Verrückung und Prozessen der Entortung: „Politisch wäre jene seltene Gelegenheit, jenes Ereignis, in dem sich die Unhörbarkeit einer Stimme, der Mangel eines Gemeinsamen bemerkbar macht und damit den Lauf politischer Operationen unterbricht."[69]

Um genau solche Momente und Prozesse geht es in den von Panizza gesammelten und wiedergegebenen Anekdoten. Es geht um Momente des erstaunten Innehaltens, in denen die kaiserliche Provokation und sein ubueskes Machtgebaren auf Spannung und Widerstand treffen, in denen im allgemeinen Kopfschütteln und Unwillen der Konsens brüchig, der Dissens spürbar wird, bis hin zu dem Punkt, an dem die grundlegende Frage nach der Einrichtung des politischen Gemeinwesens, seinen Teilen und Institutionen gestellt wird: Wer gehört eigentlich zum deutschen Volk? Der Bundesrat auch? So behaupten Panizzas Anekdoten ein Politisches jenseits der Politik und suchen dieses Politische immer wieder auf, als Unruheherd und Hoffnung.

In einer Anekdote glückt schließlich sogar, was in der Realität erst zum Ende des Ersten Weltkriegs 1918 eintreten sollte. Es kommt zum Sturz des Kaisers. Die oben bereits zitierte Geschichte vom häufigen Garderobewechsel des Kaisers auf nächtlicher Fahrt geht nämlich weiter:

---

67 Claude Lefort: Die Frage der Demokratie. In: Ulrich Rödel (Hg.): Autonome Gesellschaft und libertäre Demokratie. Frankfurt a. M. 1990, S. 281–298, hier S. 284.
68 Uwe Hebekus und Ethel Matala de Mazza: Einleitung: Zwischen Verkörperung und Ereignis. Zum Andauern der Romantik im Denken des Politischen. In: Uwe Hebekus, Albrecht Koschorke und Ethel Matala de Mazza (Hg.): Das Politische. Figurenlehre des sozialen Körpers nach der Romantik. München 2003, S. 7–22, hier S. 11.
69 Joseph Vogl: Asyl des Politischen. In: Uwe Hebekus, Albrecht Koschorke und Ethel Matala de Mazza (Hg.): Das Politische. Figurenlehre des sozialen Körpers nach der Romantik. München 2003, S. 23–38, hier S. 30.

> Als endlich nach Mitternacht die Matrosen, bis zum Tode müde, einrüken durften, traf's sich, daß, in vorgerükter Nachtstunde, der wachthabende Schiffsposten mit dem betrunken aus der Kajütte heraufsteigenden Kaiser, Aug' gegen Auge, zusammentraf. Der Matrose habe nun wutentbrannt über die der Mannschaft widerfahrene Behandlung und dazu in Kontrast stehenden Zustand des deutschen Kaisers, diesem einen Stoß gegeben, daß er die Kajüttentreppe hinunterflog, und habe sich dann selbst aus Verzweiflung über Bord gestürzt.[70]

Zwei komplex und hypotaktisch verschachtelte Sätze voller Verdopplungen und Echos – einrücken, vorrücken, sich treffen, zusammentreffen, Auge gegen Auge, ein Stoß und ein Sturz – lassen den Lesefluss immer wieder stocken und erzählen auf diese sperrige Weise von der Meuterei eines einzelnen müden Matrosen, eine Revolution *en miniature*, die ein schnelles und trauriges Ende findet. Und vielleicht war alles auch ganz anders, denn Panizza fügt dieser ersten Version der Begebenheit eine zweite hinzu: „Ich glaube, um dieselbe Zeit tauchte in den Zeitungen die unwidersprochene Meldung auf, der Kaiser sei an Bord eines Kriegsschiffes auf dem glatten Parket ausgeglitten und habe sich einen Bruch der Kniescheibe zugezogen." Diese zweite Version der Anekdote endet restaurativ: „Ein entsprechender Verband sei angelegt."[71]

---

[70] Panizza: Imperjalja, S. 43.
[71] Panizza: Imperjalja, S. 43.

3 Paragrammatik

Deutungswahn

Die *Imperjalja* stellen den ausufernden Versuch dar, Belege für die angeblichen Mord- und Missetaten von Wilhelm II. sowie die Existenz eines Bismarck'schen Komplotts gegen den Kaiser zusammenzustellen. Diese Ermittlung vollzieht sich über die Sammlung und Untersuchung einer Reihe von Affären, Skandalen und Kriminalfällen, von denen Panizza in den Zeitungen liest und glaubt, dass sie eigentlich „auf Conto Hohenzollern" gehen oder sich zumindest „auf Taten Wilhelm's II beziehen".[1] Die Liste der Fälle, die von Panizza in diesem Kontext aufgeführt werden, ist lang. Besprochen werden unter anderem der Fall Fenyaron, der Fall Bonmartini, der Fall Wisnovska, der Fall Simon, der Fall Groß, der Fall Vacher, der Fall Ziethen, der Fall Kolb, der Fall Durand, der Fall Vidal, der Fall Hilsner, der Fall Thiele, der Fall Bompard, der Fall Bassing, der Fall Cynski, der Fall Berthold, der Fall Pfannenstiel, der Fall Peters, der Fall Schweniger, der Fall Dühring, der Fall Sepp, der Fall Tropmann usw. usf. Es befinden sich Raub- und Lustmorde darunter, aber auch politische Attentate und Serienverbrechen, tote Prinzen und Minister ebenso wie ermordete Prostituierte.

Für Panizza tragen alle diese Fälle, von denen die Zeitungen so ausführlich berichten, „,hergerichtete Züge'". Er mutmaßt, dass sie sich nicht in der von den Zeitungen dargestellten Weise zugetragen haben, sondern fabriziert sind, und spricht daher von „Pseudo-Fälle[n]".[2] Weil er weiterhin mutmaßt, dass diese Pseudofälle unter der Ägide Bismarcks fingiert wurden, mit dem Ziel, die Welt über die verbrecherischen „Streifereien des Kaisers" in Kenntnis zu setzen, bezeichnet er sie auch als „Demonstrazjons-Fälle".[3] So müsse vieles, wenn nicht alles, wovon die Zeitungen in Sachen Mord und Totschlag berichten, „unter dem Gesichtsglas eines antihohenzollerschen Demonstrazjonsfaktums betrachtet werden", orchestriert und „aranschirt[ ]" von Bismarck, der durch die fortgesetzte Aneinanderreihung von Pseudo- und Demonstrationsfällen der Welt – oder vielmehr jenen, die, wie Panizza, zu verstehen in der Lage sind – die Wahrheit über den schlimmen Kaiser mitteilt, in verschlüsselter Form.[4] Das selbstgesetzte Ziel der *Imperjalja* besteht in der Sammlung all dieser Pseudo- und Demonstrationsfälle, in der

---

1 Panizza: Imperjalja, S. 115 und 37.
2 Panizza: Imperjalja, S. 47 und 66.
3 Panizza: Imperjalja, S. 59 und 77.
4 Panizza: Imperjalja, S. 84.

möglichst totalen Erfassung dieser „Konstrukzjonen, von denen es bis jetzt wol an die 1000 gibt", wie Panizza schätzt.[5]

Was genau Panizza unter einem Pseudofall versteht und auf welche Weise er diesem eine demonstrative Funktion zuweist, lässt sich an einem konkreten Beispiel zeigen. So kommt Panizza auf einen Fall Vaucrose zu sprechen:

> Zu den Pseudo-Verbrechen, die seit mehr denn 20 Jahren die europäische Preße heimsuchen, um den nicht faßbaren höchstgestellten Verbrecher, Wilhelm II, mit Erinjen zu jagen, gehört auch der Fall des M. Vaucrose. Er spielt in Saint-Pons-la-Salm im Dezember 1900. Hier hat der Sohn die eigene Mutter ermordet, um in den Besitz der Nachlaßenschaft zu gelangen. Da die ganze Art der juristischen Behandlung des Falls das unverkenbare Gepräge des cachet an sich trägt, [...] so ist der Schluß unvermeidlich, daß Wilhelm II, auf seine Mutter einen Mordanfall gemacht hat, oder hat machen laßen.[6]

Als Pseudofall und fingiertes „Pseudo-Verbrechen" – wie man sieht wuchert das „Pseudo-" in Panizzas Text – ist die Tat des Monsieur Vaucrose, die im Jahr 1900 in Frankreich „spielt", mehr und anderes, als sie zu sein scheint. Der Pseudofall steht nicht für sich, sondern wird, in Panizzas Lesart, zum „Auskunftsmittel"[7] über ein analog gebautes Verbrechen des Kaisers: So wie Monsieur Vaucrose seine Mutter umgebracht hat, habe der Kaiser die seine auf dem Gewissen. Und so wie der Fall Vaucrose hier für einen Fall Wilhelm einstehen muss, vermuten die *Imperjalja* hinter jedem von den Zeitungen berichteten Fall einen anderen. Sie unterstellen damit die Existenz dessen, was Panizza ein „fortwährendes Paralell-Pseudo-Verbrechertum" nennt, vollziehen eine grundlegende Verdoppelung von Ereignissen und spinnen auf diese Weise ein intrikates und weitreichendes Netz von Wiederholungen und Bezugnahmen, von Korrespondenzen und „Paralell-Akzjon[en]": „Wie Jack the riper eine Paralell-Akzjon zu des Prinzen Lustmorde", so sei die Ermordung des Frankfurter Polizeirats Ludwig Rumpf im Jahr 1885 „eine Paralell-Akzjon zu des Prinzen Mord an einem Schutzmann".[8]

Auch die Auseinandersetzung mit dem „furchtbare[n] Prozeß Mari-Bonmartini, der, diesmal, ein vollständiges Ebenbild der Ermordung des Erbprinzeßen Bernhard v. Sachsen-Meiningen durch seine Frau [...] und seinen Schwager, den deutschen Kaiser bringen wird", führt in Panizzas Darstellung zu einem surreal anmutenden Ineinander zweier Ereignisreihen:

---

5 Panizza: Imperjalja, S. 36.
6 Panizza: Imperjalja, S. 45.
7 Panizza: Imperjalja, S. 77.
8 Panizza: Imperjalja, S. 100.

> Der Kaiser (Advokat Tullio Marri, Sohn des berühmten Profeßor Marri in Bologna) lies sich mit seiner Schwester, der Erbprinzeßin Scharlotte von Meiningen (Tesdolinda conteßa Bonmartini, geb. Marri) in Abwesenheit des Erbprinzen Bernhard von Meinigen in deßen Wohnung in Breslau (oder Meiningen) (Bologna) versteken und einschließen [...]. Als der Erbprinz später eintrift, wird er von dem Geschwisterpaar überfallen und ermordet [...]. Dies geschah wahrscheinlich im August 1898.[9]

Panizzas Überblendung zweier Fälle, die mit Hilfe von Parenthesen aufeinander abgebildet und ineinander verschachtelt werden, produziert ein schwindelerregendes Doppel- und Dreifachbild: Bologna meint Breslau meint Meiningen. Das Verhältnis zwischen Signifikant und Signifikat ist brüchig geworden, jede letztgültige Referenz hinfällig. Die *Imperjalja* bewegen sich damit im Rahmen dessen, was Deleuze und Guattari als „paranoisch-interpretatives Ideenregime der Signifikanz" bezeichnet haben: „die Zeichen im paranoischen Delirium", schreiben sie, bilden „ein endloses Netz [...], das sich in alle Richtungen ausbreitet und selber umbildet", es gilt: „jedes Zeichen verweist auf ein anderes" – die Folge ist die ständige, unablässige „Interpretation oder der Deutungswahn".[10]

Der Begriff des Deutungswahns, auf den Deleuze und Guattari an dieser Stelle zurückgreifen, ist etwa zeitgleich mit den *Imperjalja* entstanden. Im Jahr 1909 veröffentlichen die französischen Psychiater Paul Sérieux und Jean Capgras eine Studie mit dem Titel *Les folies raisonnantes*, in der sie das hypertrophe, überschießende Deuten und Interpretieren zum zentralen Symptom des paranoischen Wahns erheben, für den sie in der Folge die Bezeichnung *délire d'interprétation* prägen – zu Deutsch Interpretationsdelirium oder eben Deutungswahn.[11] Weil das Deuten und Interpretieren für die Paranoia so zentral ist, bezeichnet der Kulturwissenschaftler Wolfgang Schäffner, der die Wandlungen des psychiatrischen Paranoia-Begriffs um 1900 wissensgeschichtlich und wissenspoetologisch rekonstruiert hat, Paranoia deshalb als „Verstehensmechanismus" und „hermeneutischen Wahn": „Paranoia ist nosologisches Korrelat der hermeneutischen Vernunft."[12] Für Schäffner liegt hierin ein potenziell subversives Moment begründet: Als delirant-hermeneutische Praxis hält die Paranoia der hermeneutischen Vernunft den Spiegel vor; das paranoische Interpretationsdelirium implantiert im Zentrum des Verstehens das Delirium und schließt die Ver-

---

9 Panizza: Imperjalja, S. 51.
10 Gilles Deleuze und Félix Guattari: Tausend Plateaus. Berlin 1992, S. 166, 178, 156 und 159.
11 Paul Sérieux und Jean Capgras: Les folies raisonnantes. Le délire d'interprétation. Paris 1909. Noch Lacan bezieht sich in seinem Psychosen-Seminar von 1955/56 häufig auf Sérieux und Capgras. Vgl. Lacan: Die Psychosen.
12 Schäffner: Die Ordnung des Wahns, S. 55, 95 und 19.

nunft mit der Unvernunft kurz. In diesem subversiven Moment der Paranoia liegt Schäffner zufolge auch der Grund dafür, dass die Krankheitseinheit Paranoia so umstritten ist und innerhalb der Psychiatrie um 1900 zum Gegenstand leidenschaftlich ausgefochtener Kämpfe und Debatten wird; im Streit um die sogenannte Paranoiafrage wird darum gerungen, wie vernünftig der Wahn ist bzw. sein darf. In den Jahren nach 1900 setzen, so Schäffner, verschiedene Bemächtigungs- und Befriedungsstrategien ein, die der Paranoia, dem vernunftähnlichen Wahn, letztlich die Existenz absprechen und im diskursiven Verschwinden der Krankheitseinheit Paranoia aus den psychiatrischen Klassifikationen resultieren. Abgelöst wird sie unter anderem von der Dementia praecox, der die Psychiater keine wie auch immer geartete Vernünftigkeit mehr zubilligen, sondern nur mehr Verblödung.[13]

Im Folgenden geht es um die Verfahren der Lektüre, Deutung und Interpretation, die in den *Imperjalja* zur Anwendung kommen und entfaltet werden. Mit welchen Deutungstechniken und -methoden arbeitet Panizzas paranoische Ermittlung, mit welchen Interpretationstechnologien operiert die paranoische Hermeneutik? Die hier entfaltete Argumentation nähert sich diesen Fragen über einen Umweg und stellt zunächst ein anderes, etwa zeitgleich und mit ähnlicher Intensität (um nicht zu sagen: Besessenheit) verfolgtes hermeneutisches Projekt vor. Vorgeschlagen wird, Panizzas *Imperjalja* im Lichte von Saussures *Anagramm-Studien* zu betrachten und der paranoischen Interpretation mit Hilfe von Paragramm und Paragrammatik auf die Spur zu kommen.

Saussures *Anagramm-Studien*

Im Jahr 1906 beginnt Ferdinand de Saussure, Professor für Sprachwissenschaft an der Universität Genf, mit einem Forschungsprojekt zur lateinischen Dichtung, das unter dem Titel *Anagramm-Studien* berühmt-berüchtigt geworden ist. Drei Jahre lang widmet er sich diesen ausufernden Forschungen, die den Anspruch erheben, die gesamte indoeuropäische Dichtung unter ein einziges Formprinzip zu stellen. 1909 bricht Saussure seine Studien ergebnislos ab. Ganze 99 Notizbücher, Hefte und Kladden füllen die *Anagramm-Studien* und sind doch unabgeschlossenes Fragment geblieben, das zu Saussures Lebzeiten nicht veröffentlicht wird, nicht einmal in Auszügen – eine Unternehmung also, die man mit gutem Recht als gescheitert bezeichnen kann. Dennoch soll es im Folgenden ausführ-

---

13 Vgl. Schäffner: Interpretationsdelirien und Aufschreibesysteme.

licher um Saussures „geniale Fehlleistung"[14] gehen und um die Frage, inwiefern die Irrungen und Wirrungen des Linguisten sich für eine Beschreibung und Analyse der Lektüre- und Interpretationstechniken fruchtbar machen lassen, die im Rahmen von Panizzas paranoischer Ermittlung zum Einsatz kommen.

Ein Anagramm ist ein „Wort oder mehrere Wörter, die man durch Versetzung der Buchstaben eines oder mehrerer gegebener Wörter erhält",[15] definiert das *Reallexikon der deutschen Literaturwissenschaft*. Ein Beispiel hierfür wäre: „Geistermann" statt „Germanisten".[16] Saussures Studien sind der ambitionierte Versuch einer allgemeinen Dichtungstheorie, die das Anagramm als generatives Prinzip poetischer Texte auszuweisen versucht: Das Anagramm, schreibt Saussure, ist „unserer Ansicht nach das indoeuropäische Prinzip der Dichtung".[17] Ausgehend von der vorklassischen lateinischen Dichtung über altindische Hymnen und germanische Heldensagen ist Saussure einem allgemeinen, aber „geheimen Gesetz" auf der Spur; demnach steht am Anfang jeder Dichtung stets „ein nachzuahmendes Wort", ein „Thema-Wort" bzw. „mot-thème" – meist der Name eines Gottes oder Helden –, das vom Dichter so anagrammatisiert wird, dass „die Silben des göttlichen Namens unter den Text gemischt" werden – der Name Aphrodites versteckt in Lukrez' *De rerum natura*, der Name Apollos in einem Text von Livius.[18]

Es handelt sich bei dem dichterischen Phänomen, dem Saussure auf der Spur zu sein glaubt, nicht um eine Anagrammatisierung in dem engen Sinne jener Definition, die das *Reallexikon der deutschen Literaturwissenschaft* bietet. So werden erstens in Saussures Entwurf nicht Buchstaben, sondern Laute Gegenstand der Anagrammatisierung.[19] Zweitens muss nicht unbedingt das gesamte Lautmaterial

---

[14] Peter Wunderli: Ferdinand de Saussure und die Anagramme. Linguistik und Literatur. Tübingen 1972, S. VII.
[15] Klaus Ruch: Anagramm. In: Reallexikon der deutschen Literaturwissenschaft. Bd. 1: A – H, hg. von Klaus Weimar. Berlin 1997, S. 71–73, hier S. 71.
[16] Das Beispiel stammt aus einem Anagramm-Gedicht von Kurt Mautz, zit. nach: Luzia Braun und Klaus Ruch: Das Würfeln mit den Wörtern. Geschichte und Bedeutung des Anagramms. In: Merkur. Deutsche Zeitschrift für europäisches Denken 42 (1988), H. 469, S. 225–236, hier S. 236.
[17] Ferdinand de Saussure: Aus den „Anagramm-Studien". In: ders.: Linguistik und Semiologie. Notizen aus dem Nachlass. Texte, Briefe und Dokumente. Frankfurt a. M. 2003, S. 436–477, hier S. 449.
[18] de Saussure: Aus den „Anagramm-Studien", S. 442.
[19] Sylvère Lotringer weist auf das Paradox hin, dass Saussure in den *Anagramm-Studien* auf dem Primat der Lautung beharrt, ebenso beharrlich aber Begriffe wählt, die auf den Bereich der Schrift verweisen: „Nevertheless – and this is a source of numerous ambiguities – he will continue to refer to ‚gram' (*gramma, grammatos*, written sign) to designate *phone*." Siehe Sylvère Lotringer: The Game of the Name. In: Diacritics 3 (1973), H. 2, S. 2–9, hier S. 3.

des Thema-Wortes anagrammatisch wiedergegeben werden, sondern lediglich seine Vokalfolge. Und drittens geschieht Saussures Entwurf zufolge die anagrammatische Wiedergabe nicht konzentriert in einem einzigen Wort, sondern verteilt und verstreut über einen oder mehrere Verse oder Textpassagen.[20] Um seiner Abwandlung und beträchtlichen Ausweitung des herkömmlichen Anagramm-Begriffs Rechnung zu tragen, hat Saussure selbst deshalb ab einem bestimmten Zeitpunkt einen anderen Begriff vorgezogen: „Der Terminus Anagramm wird von diesem Heft an durch den richtigeren Paragramm ersetzt", verfügt er mitten im Konvolut, benutzt dann in der Folge aber meist „Hypogramm".[21] Die Terminologie bleibt letztlich lose und unsystematisch.

Namen

Das Paragramm ist für Saussure in erster Linie eine Angelegenheit des Namens. Es ist „eine Lautung, die von einem Namen gelenkt wird", es ist Ausdruck der „Bemühung, diesen Namen zu reproduzieren" und „von Augenblick zu Augenblick die Silben eines festgelegten Namens zu wiederholen".[22] Auch in den *Imperjalja* kommt Eigennamen eine besondere Bedeutung zu. Hundertfach durchsetzen sie diesen Text, dessen Hauptquelle, wie bereits dargestellt, die *faits divers* der Tageszeitungen sind. Jeder einzelne Mord- und Kriminalfall, den Panizza anführt und diskutiert, ist mit der Signatur eines Eigennamens versehen, konsequent singulär und rettungslos historisch. Auch für die *Imperjalja* gilt, dass die Paranoia „unmittelbar in das gesellschaftliche Feld sich erstreck[t] [...]: die Namen der Geschichte und nicht der Name des Vaters".[23] Über das paranoisch-interpretative Zeichenregime der Signifikanz schreiben Deleuze und Guattari, dass es in ihm „ein ganzes Regime von flottierenden, umherschweifenden Aussagen [gibt], von in der Luft liegenden Namen, von Zeichen, die auf der Lauer liegen".[24] Die *Imperjalja* zeigen eine geschärfte Aufmerksamkeit für solche in der Luft liegenden Namen, denen durchweg großes Gewicht und besondere Bedeutsamkeit (die freilich eher unklar bleibt) zugemessen werden – „(schon dießer

---

20 Die genauen Gesetzmäßigkeiten, nach denen Saussure die Anagrammatisierung ablaufen sieht, können hier nicht ausführlich dargestellt werden. Vgl. hierzu Wunderli: Ferdinand de Saussure.
21 de Saussure: Aus den „Anagramm-Studien", hier S. 456.
22 de Saussure: Aus den „Anagramm-Studien", S. 445.
23 Deleuze und Guattari: Anti-Ödipus, S. 359, vgl. auch S. 111f.
24 Deleuze und Guattari: Tausend Plateaus, S. 158.

Name!)", mokiert sich Panizza etwa über „Léonie Léon", die Geliebte des ehemaligen französischen Premierministers Gambetta.[25]

Die Problematik einer tonangebenden, die manifeste Textgestalt prägenden und bestimmenden Reproduktion eines Namens – Kernstück des von Saussure postulierten paragrammatischen Gesetzes – rückt an gleich mehreren Stellen der *Imperjalja* in den Vordergrund. Es ist natürlich der Name des deutschen Kaisers, den Panizza immer wieder und an den unterschiedlichsten Orten und Textstellen auffindet, und zwar reproduziert und verschlüsselt in wiederum weiteren Eigennamen.[26] Da wäre etwa jener im Juni 1904 verurteilte Mörder „César Ladermann", dessen sprechender Name – Caesar, Kaiser! – Panizza zu der mit Ausrufezeichen versehenen und in Parenthese gesetzten Anmerkung „(Là der Mann!)" verleitet.[27] Diese Anmerkung ist ein Schreibakt, der paragrammatische Verhältnisse schafft, indem er „Ladermann" als Paragramm von „Là der Mann" liest – zu Deutsch etwa „Da, der Mann dort!" oder „Das ist der Mann!". Die Entzifferung der im Paragramm „Ladermann" paragrammatisierten Wendung „Là der Mann" führt Panizza dann zu der Schlussfolgerung, es wieder einmal mit einem „Täter, der mit Wilhelm II korrespondirt", zu tun zu haben.

Dass „die Paranoia zerlegt, so wie die Hysterie verdichtet",[28] hat Freud mit Bezug auf Schrebers *Denkwürdigkeiten eines Nervenkranken* bemerkt – in den *Imperjalja* zerlegt sie einen Namen in die Bestandteile seiner Silben, führt trennende Spatien in sein Druckbild ein, fällt vom Französischen ins Deutsche und kreiert auf diese Weise eine kleine syntaktische Folge, bestehend aus französischem Deiktikon vor deutschem Artikel und Substantiv. Das ist der Weg von „Ladermann" zu „Là der Mann". „Die Psychose", so schreibt Deleuze anlässlich der Bücher von Louis Wolfson, der sich selbst als „jeune ôme sqizofrène" bezeichnet hat, „ist nicht von einem variablen linguistischen Verfahren zu trennen. Das Verfahren ist der psychotische Prozess selbst."[29] Und an anderer Stelle schreibt Deleuze: „Es ist eine Eigenschaft der Psychose, ein Verfahren ins Spiel

---

25 Panizza: Imperjalja, S. 84.
26 Panizzas Namensausdeutungen und -entschlüsselungen knüpfen an eine lange Tradition an; historisch dienten Anagramme tatsächlich oft zur Herstellung von Pseudonymen, etwa bei Rabelais, Grimmelshausen oder Voltaire. Vgl. Braun und Ruch: Das Würfeln mit den Wörtern, S. 227.
27 Panizza: Imperjalja, S. 133.
28 Freud: Psychoanalytische Bemerkungen, S. 175.
29 Gilles Deleuze: Louis Wolfson oder das Verfahren. In: ders.: Kritik und Klinik. Frankfurt a. M. 2000, S. 18–34, hier S. 20. Wolfsons Verfahren operiert ebenfalls mit mehreren Sprachen und komplizierten Übersetzungsvorgängen. Verfahren zwischen Poesie und Psychose spielen auch in Foucaults Analyse der Werke Roussels eine wichtige Rolle. Vgl. Michel Foucault: Raymond Roussel. Frankfurt a. M. 1989.

zu bringen."³⁰ Das Verfahren, mit dem Panizzas Paranoia operiert, ist eines der Paragrammatik: ein Umgehen mit Namen, ein Tasten danach, welchen anderen, alternativen und latenten Sinn sie bergen mögen und wie man zu diesem gelangt.

Die alte Shakespeare'sche Frage „What's in a name?" beantworten die *Imperjalja* entsprechend mit: ganz schön viel – vor allem, wenn man die Sprachen so munter mischt, wie Panizza es tut: „Wie steht es mit dem Fall Troppmann? [...] Der Name des 7-fachen Mörders von 1870 ist deutsch. Daran wäre weiter nichts. Der Name sagt aber Tropmann, Zu-viel-Mann, Zu-schneidig, Zu-mutig. Das gäbe schon zu denken", schreibt er und diskutiert im Anschluss die Frage, inwiefern man auch „diesen Mordfall als ein Demonstrazjons-Exempel für hohenzollernsche Taten" ansehen oder gar Wilhelm selbst der „Tropmann'schen Tat [...] bezichtigen" muss.³¹

Panizzas Paragrammatik von Eigennamen berührt, das zeigt seine Auseinandersetzung mit dem Namen Troppmann, die in der Onomastik umstrittene Frage, ob Namen Bedeutung haben oder ob sie sich nicht vielmehr gerade dadurch auszeichnen, dass ihnen keine Bedeutung zukommt – dass es also an ihnen nichts zu verstehen gibt.³² Indem Panizzas paranoische Ermittlung im Umgang mit Namen stets einen latenten Sinn zu bergen trachtet, semantisiert sie Eigennamen und negiert die Möglichkeit der Kontingenz und Bedeutungslosigkeit von Namen. Aber sie folgt dabei den grammatischen Gesetzen der Sprache und lässt sich von ihnen leiten. Denn der Weg zum „Zu-viel-Mann" führt über die Identifizierung des Namensbestandteils „Tropp-" mit dem französischen Adverb *trop*, dessen grammatikalische Funktion in der Bildung von Superlativen besteht. Und um Superlativisches geht es den *Imperjalja* schließlich in ihrem fortwährenden Kreisen „um den nicht faßbaren höchstgestellten Verbrecher": „Im Wort ,Hauptmann'", steht an anderer Stelle, „stekt [...] auser dem militärischen Scharschenbegriff noch der Gattungsname für – der Höchste. Es kann also der Kaiser gemeint sein."³³

Panizzas Umgang mit Eigennamen macht deutlich, dass „absolutes paranoisch-hermeneutisches Verstehen"³⁴ sich in den *Imperjalja* nicht regellos über Einfühlung oder wilde Assoziation vollzieht, sondern im Gegenteil Resultat einer stetigen und kleinteiligen Arbeit am Text-, ja Buchstabenmaterial ist. Panizzas hermeneutisch-paranoische Ermittlung ist Buchstabenkunst, genau wie die

---

30 Gilles Deleuze: Bartleby oder die Formel. In: ders.: Kritik und Klinik. Frankfurt a. M. 2000, S. 94–123, hier S. 99.
31 Panizza: Imperjalja, S. 125.
32 Vgl. Gerhard Koß: Namensforschung. Eine Einführung in die Onomastik. Tübingen 2012, S. 62.
33 Panizza: Imperjalja, S. 45 und 48.
34 Schäffner: Ordnung des Wahns, S. 118.

paragrammatischen Untersuchungen, die Saussure in seinen *Anagramm-Studien* betreibt. Denn der „Geist", dem Panizzas wie Saussures Geistes- oder Geisterwissenschaften auf der Spur sind, ist einer, der sich „durch sein Haften am Buchstaben" auszeichnet, wie Saussure formuliert.[35] Im Fokus von Saussures Interesse stehen stets das konkrete Funktionieren des paragrammatischen Verfahrens und die technische Seite der Paragrammatisierung: „Was sich durchsetzt, ist das Gewicht der Silben, die Arbeit der Verteilung, das analytische Gehör, die Offenbarung der Tatsachen."[36] Auch das paragrammatisierte Wort, ist es denn einmal entziffert, erscheint bei Saussure nicht als Kondensat eines vorgängigen Sinns oder eines dichterischen Sagen-Wollens; es ist vielmehr „nichts anderes als eine materielle Gegebenheit, [...] ein regulierendes Verfahren".[37]

Panizzas paranoische Paragrammatik sieht die Sache nicht ganz so nüchtern und gelassen – der paragrammatisierte kaiserliche Name, den es wieder und wieder zu entschlüsseln gilt, der Tag für Tag aus dem Rauschen der Zeitungsmeldungen und *faits divers* herausgefiltert werden muss, repräsentiert für Panizza schließlich den Kern eines Verschwörungszusammenhangs und ist mit Absicht in den Zeitungen platziert worden. Doch auch für Panizzas Deutungen gilt: Sie hangeln sich am Signifikantenmaterial entlang, das die Zeitungsmeldungen zur Verfügung stellen, und operieren mit ausgefuchsten Techniken der Verschiebung und Ersetzung einzelner Buchstaben. Ein wenig vom „präzisen technischen Charakter[ ]"[38] des Paragramms, von seiner maschinellen Logik und Äußerlichkeit, strahlt auf diese Weise auch ab auf die paranoische Deutungsmaschinerie, die von Panizza ins Werk gesetzt wird. Interpretation und Sinnstiftung erweisen sich damit in den *Imperjalja* als eine Sache von Operationen und Techniken, von hin- und herschiebenden Handhabungen signifikanten Materials: Panizzas paranoische Hermeneutik ist Paragrammatik.

Latenz, Kryptologie, Endlosigkeit

Nicht nur der prominente Platz, der Namen eingeräumt wird, und das Umgehen mit kleinen und kleinsten Einheiten signifikanten Materials eint Panizzas und Saussures Interpretationsprojekte. Gemeinsam ist beiden auch, dass sie Texten

---

35 de Saussure: Aus den „Anagramm-Studien", S. 451.
36 Jean Starobinski: Wörter unter Wörtern. Die Anagramme von Ferdinand de Saussure. Frankfurt a. M. 1980, S. 63.
37 Starobinski: Wörter unter Wörtern, S. 49.
38 Ruch: Anagramm, S. 71.

stets eine Struktur der Latenz unterlegen, die alles Lesen und Deuten in einen kryptologischen Akt verwandelt. „[D]ie poetische ‚Rede' wird also nichts anderes sein als die zweite Seinsweise eines Namens: eine entfaltete Variation, die einen scharfsinnigen Leser die evidente (wenngleich zerstreute) Anwesenheit der leitenden Phoneme wahrnehmen lässt. [...] In seiner ganzen Weite entfaltet, wird das Anagramm *zur Rede unter der Rede*",[39] schreibt ein Kommentator über Saussures Entwurf einer universellen Paragrammatik. Auf den 3.700 Blättern, über die sich die Entzifferungsübungen und „Dechiffrierungen"[40] der *Anagramm-Studien* erstrecken, praktiziert Saussure ein solches scharfsinniges Lesen – ein Lesen, das in dem fortgesetzten Versuch besteht, „eine *verbale Latenz* unter den Wörtern offenbar zu machen",[41] und das insofern grundlegend kryptologisch zu nennen ist.

Im Mittelpunkt der *Imperjalja* steht ebenfalls die Hebung latenter Sinnzusammenhänge. Panizza liest *faits divers* so, wie Saussure Paragramme liest – als verschlüsselte Texte, unter deren manifester Oberfläche ein latenter Inhalt zu bergen ist, als Texte also, die zu kryptologischer Lektüre herausfordern. Als Beispiel mag seine Diskussion des Falls Fenyaron dienen:

> Gabrielle Fenyaron (ich las den Fall damals in München im Café Arent im Figaro in allen Einzelheiten, kurz nach meiner Rükkehr von Paris) ermordete mit Hülfe ihres Mannes ihren eigenen Geliebten Anbert nach sorgfältigen Vorbereitungen in einer abgelegenen Villa in Chalon, wohin der Geliebte, ein Apoteker, der das Geschäft von dem Mann der Fenyaron übernommen hatte, gelokt ward.[42]

Für Panizza ist dieser Fall ein „Pseudoereignis", dessen eigentliche, verborgene Botschaft darin besteht, dass „Wilhelm [...] seine Mätreße" ermordet hat: „Für den preußischen Hof lautet also der Fall etwa so: Prinz Wilhelm ermordet im Laufe des Jahres 1881 seine Geliebte mit Hülfe seiner Schwester." Zu diesem Ergebnis ist Panizza mit Hilfe einer Reihe von Ersetzungen und „Analogie-Schlüßen" gelangt: „Wie man aus einem Vergleich der Personen sieht, musten gewisse Veränderungen vorgenommen werden, um die Fälle, das Original und den Pseudofall, zu identifiziren. [...] Hier, im Fall Fenyaron, muß das Geschlecht gewechselt werden. Dagegen stimmen die Details wol bis auf Einzelheiten." Hinter der manifesten Oberfläche des unechten Pseudofalls (welchen die Zeitungen zu lesen geben: Mme. Fenyaron hat ihren Geliebten umgebracht) entbirgt Panizzas Deutung also

---

39 Starobinski: Wörter unter Wörtern, S. 25 und 62, kursiv im Original.
40 de Saussure zit. nach Starobinski: Wörter unter Wörtern, S. 59.
41 Starobinski: Wörter unter Wörtern, S. 126, kursiv im Original.
42 Für dieses und die folgenden Zitate siehe Panizza: Imperjalja, S. 36.

die latente Gestalt eines anderen, echten und originalen Geschehens (Wilhelm hat seine Geliebte getötet).

Wenn Saussures *Anagramm-Studien* an einer Stelle das Wort *postscaenia* aus einer Passage von Lukrez herauslesen,[43] dann kann das als poetologische Wendung begriffen werden, in der das eigene, von der Prämisse universeller Latenz ausgehende Lektüre- und Deutungsverfahren selbst zum Thema wird. Saussures *postscaenia*, also das, was hinter der Szene ist, entspricht dabei jenem Raum „hinter den Kulißen", den Panizza im Zuge seiner verschwörungstheoretischen Überlegungen immer wieder aufruft.[44] Die Struktur der Latenz scheint insofern jener Punkt zu sein, von dem aus das Affinitäts- und Näheverhältnis zwischen paragrammatischer und paranoischer Interpretation, zwischen Paragrammatik und Paranoia sich am klarsten aufzeigen lässt.

Und tatsächlich lässt sich nicht nur argumentieren, dass Panizzas paranoische Ermittlung Paragrammatik betreibt, sondern umgekehrt auch die These vertreten, dass Saussures unaufhörliche Suche nach latenten Vokabeln eine Lektüre ins Werk setzt, die strukturell paranoisch ist – *La folie de Saussure*, Saussures Wahn, hat man die *Anagramm-Studien* auch genannt.[45] Wenn im Zentrum der „anagrammatische[n] Befragung", wie die Literaturwissenschaftlerin Helga Lutz mit Bezug auf die Anagramme von Unica Zürn schreibt, „der Satz an sich [steht], der in seine grammatikalischen Bestandteile zerlegt und daraufhin befragt wird, was er neben dem sichtbaren und intelligiblen Inhalt möglicherweise sonst noch an weiteren Botschaften enthält", dann kann man so weit gehen, jede ana- bzw. paragrammatische Schreib- und Lektürepraxis strukturell paranoisch zu nennen.[46] Saussure ersetzt – auf der Suche nach dem geheimen Gesetz, dem die gesamte abendländische Dichtung gehorcht – in einem Akt paranoischer Kontingenzverwerfung jeglichen Zufall durch Absicht und lässt sich dabei, ganz wie Panizza, von einem diffusen Gefühl der Bedeutungsanmutung leiten, einem „Gefühl von ‚irgend etwas'", wie er schreibt, das der Suche „nach dem [...], was mir an diesen Silben signifikativ vorkam", die Richtung weist.[47] So ähnlich hat Lacan das paranoische Phänomen beschrieben, als „Zutagetreten [...] einer enormen Bedeutung, die nach nichts aussieht".[48]

---

43 Vgl. Starobinski: Wörter unter Wörtern, S. 81.
44 Panizza: Imperjalja, S. 87.
45 Vgl. Michel Déguy: La folie de Saussure. In: Critique (1969), H. 260, S. 20–27.
46 Helga Lutz: Schriftbilder und Bilderschriften. Zum Verhältnis von Text, Zeichnung und Schrift bei Unica Zürn. Stuttgart 2003, S. 54f.
47 de Saussure zit. nach Starobinski: Wörter unter Wörtern, S. 42.
48 Lacan: Die Psychosen, S. 103.

Mit der Zeit findet Saussure überall Paragramme, nicht mehr nur in der lateinischen Lyrik, sondern auch in Prosatexten, gar in gänzlich profanen Briefen: „Zu Hunderten, ebenso im Überfluss wie bei den literarischsten der Schriftsteller, fließen und rieseln die Hypogramme durch den Text von Caesar", schreibt er und fährt fort:

> Es bedurfte nur weniger Stunden, um festzustellen, dass nicht nur Plinius, sondern dann auch auf eine noch überwältigendere und unbestreitbarere Weise alle Werke von Cicero, an welcher Stelle man auch die Bände seiner Korrespondenz [...] öffnet, in unwiderstehlichsten Hypogrammen buchstäblich schwimmen [...].[49]

Fließen, rieseln, schwimmen – die Metaphern machen deutlich, dass auch die *Anagramm-Studien*, wie für die *Imperjalja* bereits dargelegt, mit deterritorialisierten Zeichen zu tun haben, mit Zeichenströmen in Bewegung, deren Lektüre einer süßen Ohnmacht und Unfreiwilligkeit, einem sanften Zwang gleichkommt; die „Anagramme, die in diesem Text zu lesen ich nicht umhin kann",[50] so umschreibt Saussure an einer Stelle das Überwältigungspotenzial der Paragramme. Er artikuliert damit etwas, was Deleuze und Guattari als die typische Ohnmacht des Paranoikers identifiziert haben: die „Ohnmacht des deterritorialisierten Zeichens, das ihn in der gleitenden Atmosphäre von allen Seiten her überfällt".[51]

Sobald aber das Paragramm den Status eines, um mit Saussure zu sprechen, „absolut totalen Phänomens" erlangt hat, gilt: „Alles berührt sich gegenseitig, und man weiß nicht, wo haltmachen."[52] Auch damit ist treffend das paranoische Zeichenregime der Signifikanz charakterisiert, von dem Deleuze und Guattari schreiben, dass es ins „Unendliche geht" und dass man in „einem solchen Regime [...] mit nichts fertig" wird.[53] Oder, um es mit Panizza zu sagen, dessen *Imperjalja* dem Zeichenregime der Signifikanz genauso unterliegen wie Saussures *Anagramm-Studien*: „Wenn man einmal anfängt, rükwärts zu suchen, gibt es kein Ende, bis Alles gesiebt und gesichtet ist. [...] Dieser Prozeß kann in indefinito weitergeführt werden!"[54]

Mit Foucault lassen sich die beiden aus dem Ruder laufenden und zur Endlosigkeit verdammten paranoisch-paragrammatischen Großprojekte von Panizza und Saussure in eine Geschichte der Interpretationstechnologien um 1900 einord-

---

49 de Saussure: Aus den „Anagramm-Studien", S. 462.
50 de Saussure zit. nach Starobinski: Wörter unter Wörtern, S. 53.
51 Deleuze und Guattari: Tausend Plateaus, S. 157.
52 de Saussure: Aus den „Anagramm-Studien", S. 439 und 473.
53 Deleuze und Guattari: Tausend Plateaus, S. 157 und 159.
54 Panizza: Imperjalja, S. 125.

nen. In dem kurzen Text *Nietzsche, Marx, Freud* von 1964 stellt Foucault die These auf, dass „das 19. Jahrhundert insbesondere mit Marx, Nietzsche und Freud eine Neue [sic!] Möglichkeit für Interpretation und aufs Neue die Möglichkeit einer Hermeneutik geschaffen" hat; die drei genannten Autoren haben „das Wesen des Zeichens verändert und auch die Art und Weise, wie Zeichen generell gedeutet werden können".[55] Diese moderne Hermeneutik knüpft Foucault zufolge an einen alten, in indoeuropäischen Kulturen seit langem gehegten Verdacht an, den Verdacht, dass die Sprache nicht sagt, was sie sagt, sondern dass ihr manifester Sinn nur ein minderer ist, der einen anderen, wahrhaftigeren und darunterliegenden Sinn überdeckt. Es geht also um den Verdacht, dass hinter und unter den Worten ein wesenhafter und eigentlicher, ein wahrer Diskurs liegt.

Was die moderne, gleichwohl an einen alten Verdacht anknüpfende Hermeneutik im Anschluss an Nietzsche, Marx und Freud dabei auszeichnet, ist die Tatsache, dass ihr Sachverhalte zum Gegenstand der Interpretation werden, die in sich bereits Interpretationen sind. Freuds *Traumdeutung* ist ein anschauliches Beispiel hierfür: Gegenstand der psychoanalytischen Deutung werden Träume, die ihrerseits bereits als Interpretationen eines Unbewussten begriffen werden.[56] Den Hermeneutiken um 1900 ist also alles immer schon Interpretation und jedes Zeichen immer schon die Interpretation anderer Zeichen: Es gibt kein *interpretandum*, das nicht bereits *interpretans* wäre. Hierin liegt der strukturell offene und endlose Charakter moderner Hermeneutik im Anschluss an Nietzsche, Marx und Freud begründet, als deren hervorstechendes Merkmal Foucault die „wesenhafte Unabgeschlossenheit der Interpretation" ausmacht: Die Interpretation bleibt „stets zerrissen und gleichsam am Rande ihrer selbst in der Schwebe", sie ist „zu einer unendlichen Aufgabe geworden".[57] Zugleich erweist sich damit der Übergang zu dem, was die Psychiatrie um 1900 unter dem Schlagwort Deutungswahn pathologisiert, als fließend. Denn für den gilt schließlich das gleiche: „die Interpretation geht ins Unendliche und trifft niemals auf etwas zu Interpretierendes, das nicht schon selber eine Interpretation wäre."[58]

Beide Punkte, die Interpretation von Interpretationen sowie die Endlosigkeit der Interpretation, treffen auf Saussures paragrammatische Lektüren ebenso zu wie auf Panizzas Deutungen von *faits divers*. Denn was Panizza Pseudofall nennt

---

55 Michel Foucault: Nietzsche, Marx, Freud. In: ders.: Schriften in vier Bänden. Dits et Ecrits. Bd. I: 1954–1969, hg. von Daniel Defert und François Ewald. Frankfurt a. M. 2001, S. 727–743, hier S. 729–730.
56 Vgl. Sigmund Freud: Die Traumdeutung. In: ders.: Studienausgabe. Bd. II: Die Traumdeutung, hg. von Alexander Mitscherlich, James Strachey und Angela Richards. Frankfurt a. M. 2001.
57 Foucault: Nietzsche, Marx, Freud, S. 734.
58 Deleuze und Guattari: Tausend Plateaus, S. 159.

und zum Gegenstand der Auseinandersetzung und Interpretation macht, ist seinem Verständnis ja bereits Interpretation, die (von verschwörerischen Instanzen durchgeführte) Reinszenierung eines Originalfalls nämlich. Was die *Imperjalja* immer wieder von Neuem vorführen, ist also die Interpretation von Interpretationen. Dies führt zu den Spiralen der Deutung, zu ihrer Endlosigkeit und Unabgeschlossenheit, sowohl bei Saussure als auch bei Panizza. Gerade in ihrer Endlosigkeit und Unabgeschlossenheit, in der Versessenheit und Paranoia, mit der in einem fort Interpretationen von Interpretationen aneinandergereiht werden, verweisen Panizzas *Imperjalja* wie Saussures *Anagramm-Studien* zurück auf eine Geschichte moderner Hermeneutik und Interpretationsverfahren um 1900.

Paragrammatische Schreibweise, oder: *écriture-lecture*

„Alles berührt sich gegenseitig, und man weiß nicht, wo haltmachen",[59] schreibt Saussure gegen Ende seiner Forschungen zu den Paragrammen. Er hat es dann aber irgendwie – und im Gegensatz zu Panizza – doch geschafft, Halt zu machen, das Dechiffrieren sein zu lassen und die Suche nach dem geheimen Gesetz abzubrechen. Dort, wo paranoische Gewissheit herrschte – es ist „für mich das absolut Gewisseste, dass der gesamte Text der homerischen Dichtung [...] auf einem geheimen Gesetz beruht",[60] hat Saussure zu Beginn seiner *Anagramm-Studien* behauptet –, macht sich Zweifel breit:

> Wenn ein 1. Anagramm erscheint, scheint es, dies sei die Erleuchtung. Wenn man dann sieht, dass man ihm ein 2., ein 3., ein 4. hinzufügen kann, dann [...] beginnt [man], nicht mehr das gleiche Vertrauen zu haben wie bei dem ersten: weil man dazu kommt, sich zu fragen, ob man nicht letztlich alle möglichen Wörter in jedem Text finden kann [...].[61]

Am Ende steht anstelle des ersehnten Nachweises eines geheimen Gesetzes nur schnöde Stochastik: „Man steht zwei Schritte vor der Wahrscheinlichkeitsrechnung als letzter Zuflucht", schreibt Saussure resigniert.[62] Anstelle eines wasserdichten Beweises für allumfassende poetische Regelhaftigkeit kann Saussure am Ende nur eine Frage formulieren, die die Wiederkehr der zuvor ausgeschlossenen Kontingenz anzeigt: „ob man nicht letztlich alle möglichen Wörter in jedem Text

---

59 de Saussure: Aus den „Anagramm-Studien", S. 473.
60 de Saussure: Aus den „Anagramm-Studien", S. 442.
61 de Saussure: Aus den „Anagramm-Studien", S. 471.
62 de Saussure: Aus den „Anagramm-Studien", S. 471.

finden kann". Das Auftauchen von einem, von zwei, drei, vielen Paragrammen führt das Gespenst des Zufalls mit sich:

> Es gibt etwas Trügerisches in dem Problem, das sie [die Paragramme, E. M.] stellen, denn die Anzahl der Beispiele kann nicht zur Verifizierung der Absicht dienen [...]. Im Gegenteil, je beträchtlicher die Anzahl der Beispiele wird, desto mehr gibt es Grund für die Vorstellung, dass es ein natürliches Spiel der Chancen mit den 24 Buchstaben des Alphabets ist,

schreibt Saussure im April 1909 an den italienischen Dichter Giovanni Pascoli in einem Brief, der das Ende der *Anagramm-Studien* besiegelt.[63] In den folgenden Jahren bis zu seinem Tod 1911 widmet Saussure sich stattdessen ausschließlich jenem Projekt, das ihn zum Begründer der modernen Linguistik und vielzitierten Vorläufer von Strukturalismus und Semiologie machen wird: dem *Cours de linguistique générale*.[64]

Die Geschichte der Paragrammatik ist damit jedoch nicht beendet, der Faden ist später und an anderer Stelle wiederaufgenommen worden. Ab Mitte, Ende der 1960er Jahre wird rund um die Pariser Zeitschrift *Tel Quel* eine post-strukturalistische Theorie der Sprache und Literatur formuliert, die sich explizit auf Saussures verworfene *Anagramm-Studien* bezieht. Denn diese formulieren zumindest implizit eine Theorie literarischer Produktion, in deren Zentrum kein schöpferisches Subjekt, „sondern: das leitende, verleitende *Wort*" steht.[65] Für Saussure ist es schließlich das Paragramm, das den Dichter bei seiner „Kompositionsarbeit [...] leitet und anregt" und sich in seiner Funktion „als Rahmen und als Grundlage" des Schreibakts dem geschriebenen, gedichteten Text einprägt, gar die Form und

---

63 de Saussure: Aus den „Anagramm-Studien", S. 477.
64 Der *Cours de linguistique générale* beruht auf einer Serie von Vorlesungen, die Saussure zwischen 1906 und 1911 an der Universität Genf gehalten hat, und ist erst 1916 nach Mitschriften von Schülern posthum veröffentlicht worden. Vgl. Ferdinand de Saussure: Cours de linguistique générale, hg. von Charles Bally und Albert Sechehaye. Paris 1995. Zu Kontinuitäten zwischen *Anagramm-Studien* und *Cours de linguistique générale* vgl. Wunderli: Ferdinand de Saussure, S. 70–112. Lotringer betont hingegen die Inkommensurabilität beider „Werke": „The two ‚ways' of Saussure appear so opposed [...], that one hesitates to attribute paternity of these two enterprises to the same man: in one case, a discreet, quasi-secretive inquiry, pursued pragmatically, accumulating concrete evidence; in the other, a series of public lectures situated from the beginning on a theoretical level; the first is a tenacious but perplexed intuition, perpetually in pursuit of its own law, the second a ‚clear idea', impatient with the reigning confusion, which immediately finds its systematic formulation; on the one hand [...] a work in *writing* [...], and on the other the prestige of a *spoken word* [...]." Siehe Lotringer: The Game of the Name, S. 2, kursiv im Original.
65 Starobinski: Wörter unter Wörtern, S. 126, kursiv im Original.

Gestalt dieses Textes mitbestimmt.⁶⁶ Das paragrammatische Verfahren fungiert als ein Mechanismus, der das Dichten einer Logik des Maschinellen und Technischen unterwirft. Das Dichten ist bei Saussure kein genialischer Schöpfungsakt, sondern handfeste und handwerkliche Kompositionsarbeit, die den Geboten der Paragrammatik nach- und untergeordnet ist: „Verse mit Anagrammen zu machen, bedeutet zwangsläufig, Verse gemäß dem Anagramm, unter der Herrschaft des Anagramms zu machen."⁶⁷

So werden Saussures abgebrochene *Anagramm-Studien* zur Inspiration für all jene literaturtheoretischen Projekte, die den Autor als schöpferisches Subjekt demontieren und durch andere textkonstituierende Faktoren ersetzen wollen. Explizit wird der Bezug auf Saussure bei Julia Kristeva, deren Theorie der Intertextualität nicht nur auf Michail Bachtin und Roland Barthes, sondern auch auf das rekurriert, was sie Saussures „paragrammatische Konzeption der poetischen Sprache" nennt; in ihrem Aufsatz „Pour une sémiologie des paragrammes" von 1966 schreibt sie:

> Der literarische Text lässt sich in die Gesamtheit der Texte einfügen: er ist eine geschriebene Antwort (d.h. Funktion oder Negation) auf einen anderen (auf andere) Text(e). Indem er den vorausgegangenen bzw. synchronen literarischen Korpus liest, lebt der Schriftsteller mittels seiner Schreibweise in der Geschichte, und die Gesellschaft schreibt sich in seinen Text ein. [...] So betätigen sich alle Texte des vom Schriftsteller gelesenen Raumes im Paragramm seines Textes.⁶⁸

Das Paragramm wird bei Kristeva zur Chiffre für eine absolut gedachte Intertextualität, innerhalb derer prinzipiell jeder Text als Umschrift oder eben als Paragramm anderer, vorangegangener Texte aufzufassen ist. Die bei Saussure implizit angelegte Auffassung, „dass die Wörter des Werkes aus anderen, vorgängigen Wörtern hervorgegangen sind",⁶⁹ findet somit in Kristevas Intertextualitätstheorie eine Erweiterung und Radikalisierung, die dieser unter anderem die Umschreibung „éléphantiasis de l'anagramme"⁷⁰ eingebracht hat. Jeder literarische Text ist für Kristeva ein „Beziehungsbündel", eine Art Knotenpunkt zwischen Texten,

---

66 de Saussure: Aus den „Anagramm-Studien", S. 460–461.
67 de Saussure: Aus den „Anagramm-Studien", S. 454.
68 Julia Kristeva: Zu einer Semiologie der Paragramme. In: Helga Gallas (Hg.): Strukturalismus als interpretatives Verfahren. Darmstadt 1972, S. 163–200, hier S. 171. Auch beispielsweise Baudrillard setzt sich mit Saussures Paragrammatik auseinander; vgl. Jean Baudrillard: Der symbolische Tausch und der Tod. München 1991, S. 299–314.
69 Starobinski: Wörter unter Wörtern, S. 125.
70 Jan Baetens: Postérité littéraire des Anagrammes. In: Poétique (1986), H. 66, S. 217–233, hier S. 223.

der in einem grundlegend „paragrammatischen Raum" zu situieren ist, und jedes Schreiben in diesem „paragrammatischen Raum" begreift sie als „ein zur Produktion, zur Tätigkeit gewordenes ‚Lesen'", kurz: als „Schreiben-Lesen [écriture-lecture]".[71]

Panizzas *Imperjalja*, Produkt eines Schreibens, das ganz direkt und unmittelbar einem Lesen – dem der Zeitungen und Zeitschriften – aufruht und das seinen Autor konsequenterweise immer wieder als Lesenden profiliert, indem das Was, Wann, Wo und Wie von Lektüren thematisiert wird – „ich las den Fall damals in München im Café Arent im Figaro in allen Einzelheiten, kurz nach meiner Rükkehr von Paris",[72] – erscheinen in diesem Zusammenhang als ein Beispiel für „écriture-lecture" *avant la lettre*. Hierin sowie in der Entfaltung endloser kryptologischer Lektüren, Deutungen und Interpretationen erweisen die *Imperjalja* sich als Produkt und Schauplatz einer Schreibweise, die sich präzise als paragrammatische bezeichnen lässt.

---

[71] Kristeva: Zu einer Semiologie, S. 164, 185 und 171. Für weitergehende Hinweise zu Kristevas Auseinandersetzung mit den *Anagramm-Studien* vgl. Eva Angerer: Die Literaturtheorie Julia Kristevas. Von Tel Quel zur Psychoanalyse. Wien 2007, S. 31.
[72] Panizza: Imperjalja, S. 36.

4 Blickhafte Verfolgung

Lichter in Paris

Im Sommer 1903 sitzt Panizza also in Paris und hat angefangen zu deuten. Nicht nur die Zeitungen liest und entschlüsselt er, als handele es sich um Geheimdokumente oder paragrammatische Dichtungen. Auch die Welt ist zeichenhaft geworden, auch sie muss gelesen und gedeutet werden: Der Paranoiker ist einer, für den die ganze „Welt eine Bedeutung anzunehmen begonnen hat", schreibt Lacan.[1] So fahndet Panizzas paranoische Ermittlung überall in der Umgebung nach „Anzeichen" und „Merkzeichen", die auf den mordbrennerischen Monarchen und die gegen ihn gerichtete Verschwörung hindeuten könnten, und findet in der Folge auch massenhaft „Simptome" und „Andeutungen" – wie etwa eine Skulptur auf der *Place des Abbesses*, direkt vor Panizzas Haustür, die mit dem deutschen Kaiser zu tun zu haben scheint, auch wenn der genaue Zusammenhang nicht explizitiert wird:

> Im Frühjahr plaßierte man in die Mitte des Plazes auf einem Granitsokel einen Löwen in unerhörter Wildheit, mit furchtbar grimmigem Ausdruck, eine Kaze, die mit vollem Ausbruch eines feßellosen Ingrimms auf einen fingirten Gegner losfährt: ein prachtvolles Bildhauerstük in Bronse. Diese Beziehung war natürlich so deutlich, daß man keines Komentars bedurfte.[2]

Das prachtvolle Bildhauerstück aus Bronze, das zum beziehungs- und anspielungsreichen Zeichen, zum bedeutungsschwangeren Signifikanten mutiert, verweist auf die „dauernde Dingsemiose und permanente Umbildung des Realen ins Symbolische", die Kennzeichen paranoisch übererregter Semiose sind.[3] Unter dem Eindruck einer universellen Bedeutungsanmutung und diffus gefühlten Signifikanz setzen die *Imperjalja* eine Hypersemiose in Gang, in deren Verlauf ganz beliebige Dinge zum Zeichen werden. Das setzt sich fort bis hin zu dem Punkt, an dem die „Grenzenlosigkeit der Signifikanz [...] das Zeichen deterritorialisiert".[4] Entkoppelt von den Bindungen der Referenz sprießen und wuchern die Zeichen im paranoischen Delirium, sie treiben umher und bilden „ein endloses Netz [...], das sich in alle Richtungen ausbreitet und selber umbildet".[5]

---

[1] Lacan: Die Psychosen, S. 29.
[2] Panizza: Imperjalja, S. 93, 73, 47, 46 und 73.
[3] Schneider: Gefahrenübersinn, S. 163.
[4] Deleuze und Guattari: Tausend Plateaus, S. 163.
[5] Deleuze und Guattari: Tausend Plateaus, S. 178.

Daher macht Panizzas Deutungsarbeit beim bronzenen Löwen vor der Haustür nicht Halt. Stattdessen begibt sie sich mit geschärftem Beobachtungssinn in die Stadt und weiter hinaus ins Grüne, wo Panizza eines Tages beim Spazierengehen zwei Figuren ins Auge fallen: „Im vorigen Sommer", schreibt er, „traf ich auf einem meiner regelmäßigen Sontags-Nachmittags-Ausflüge in die Umgegend von Mont-marency in der kleinen commune Saint Brice vor der Kirche stehend einen halbnakten Mann, fröstelnd, mit Rus und Asche bedekt", und auf einem großen Pariser Boulevard „eine ganz in Lumpen gehüllte Figur, vollständig unkentlich, schwarz und mit Staub bedekt [...], ähnlich einem zerschoßenen Vogel, oder ähnlich einer Vogelscheuche": „Bei beiden Figuren solte es sich offenbar um neue Repräsentanten, sei es Preußens, sei es des Kaisers handeln, der für seine Mordtaten in einer Buße in Sack und Asche Erlösung sucht", mutmaßt Panizza.[6] „Der Deutungswahn", schreibt Lacan in seiner Dissertationsschrift *Über die paranoische Psychose in ihren Beziehungen zur Persönlichkeit*, „ist ein Wahn des Treppenabsatzes, der Straße, des öffentlichen Raumes"[7] – ganz in diesem Sinne erweist sich auch Panizzas paranoische Ermittlung als eine mobile, perambulierende und flanierende, die sich nicht im stillen Kämmerlein, sondern in der raumgreifenden und herumstreifenden Bewegung durch die Stadt entfaltet und dort ihr Material findet.

Einige der Zeichen, die Panizza im Stadtbild auftauchen sieht, fesseln seine Aufmerksamkeit in besonderer Weise. Sie beschäftigen ihn so sehr, dass der ausführlichen Beschreibung und versuchsweisen Enträtselung dieser Zeichen gleich mehrere Seiten der *Imperjalja* gewidmet werden. Es handelt sich dabei weder um bronzene Löwen noch Bettler oder Vogelscheuchen, sondern um eine Reihe von Lichterscheinungen:

> Etwa 6 Wochen vor dem 14 juillet begannen mir vis-à-vis aus den Fenstern Lichter aufzutauchen, deren eigentümlich weittragende Kraft und strahlenloser Effekt in gänzlich finsterem, meist menschenleerem Raum sie sofort als Signal-Lichter zu erkennen lies. Bald häuften sich diese Lichter über die ganze Faßadenfront bis zur Horizonthöhe nach Montmartre hinaus – 20 – 30 – 40 Lichter, zur Nacht, oft die halbe Nacht hindurch.[8]

In sommerlich kurzen Juninächten entzündet sich also die wahnhafte Deutung des Paranoikers, die Lacan auch als eine „spezifische *Erleuchtung*"[9] beschrieben hat, am Licht oder vielmehr: an vielen Lichtern. Ausgerechnet die *Ville des*

---

6 Panizza: Imperjalja, S. 121.
7 Lacan: Über die paranoische Psychose, S. 212.
8 Panizza: Imperjalja, S. 73.
9 Lacan: Über die paranoische Psychose, S. 211, kursiv im Original.

lumières wird zum Schauplatz eines paranoischen Lichtspiels, das nicht unbedingt den Geist der Aufklärung atmet, dafür aber vielleicht mit Paris' Status als Vorreiterin in Sachen Elektrifizierung zu tun hat.[10] Denn es bleibt zwar unklar, womit genau man es bei den von Panizza beschriebenen „nächtlichen Illuminazjonen" zu tun hat – um einfache Kerzen oder Gaslampen scheint es sich jedoch nicht zu handeln: „denn es war [...] eine weittragende, in die Ferne strahlende Flamme, in deren Nähe Alles stokfinster war".[11]

Es ist unter anderem dieser besondere „Karakter" der Lichter, „in ihrer Umgebung nicht zu strahlen, dagegen das Licht sehr weit zu werfen", welcher Panizzas Überzeugung stützt, dass es sich um Signallichter handeln müsse, um Lichter, die etwas bedeuten wollen, die eine Botschaft übermitteln sollen, um Lichter also, die Zeichen sind. Wieder ist es eher eine diffus gefühlte Signifikanz denn ein klar umrissenes Signifikat, welches das paranoische Zeichen und die Prozesse der paranoischen Semiose auszeichnet – eine Signifikanz, die unberührt von der Tatsache bleibt, dass die konkrete Bedeutung der Lichterzeichen sich nicht fassen lässt, sondern leer und unbestimmt bleibt: „Ich glaubte anfangs, alle diese Merkzeichen bezögen sich auf ein bevorstehendes Ereignis, [...] aber nichts kam", notiert Panizza.

Dafür kommt Bewegung in die Sache:

> Bald bemerkte ich, daß diese Lichter „winkten", d.h. für einen Moment erloschen und dann wieder aufflammten. Noch überraschender war, daß, wenn ich mich auf einer Bank in einer Anlage niederlies, vis-à-vis, wenn die Lokalität es gestattete, an irgendeinem Fenster ein genau ebensolches Licht aufzukte, das „marschirte", d.h. von einem Zimmer an der Strasenfront in ein anderes getragen wurde, eine arrangement, das, mit dießer Promptheit ausgeführt, geradezu auf eine unheimlich feine und raffinirte Organisazjon eines geheimen Überraschungsdienstes schliesen lies.[12]

Panizzas Protokoll des plötzlich und erratisch aufflammenden bzw. aufzuckenden Lichterreigens ist um den Begriff des „vis-à-vis" herum organisiert, der die räumliche Relation zwischen Betrachter auf der einen Seite und leuchtendem Objekt der Betrachtung auf der anderen als eine von Angesicht zu Angesicht beschreibt, als ginge es um ein persönliches Anvisiert- und Angesprochen-Werden. Dass es hier um einen Vorgang, um ein Verhältnis der Adressierung geht,

---

10 Zu Lichter- und Lampenschein um 1900 vgl. Wolfgang Schivelbusch: Lichtblicke. Zur Geschichte der künstlichen Helligkeit im 19. Jahrhundert. München 1983 und ders.: Licht Schein und Wahn. Auftritte der elektrischen Beleuchtung im 20. Jahrhundert. Berlin 1992.
11 Für dieses und die folgenden Zitate siehe Panizza: Imperjalja, S. 73.
12 Panizza: Imperjalja, S. 74.

darauf deutet auch die Rede vom „Winken" der Lichter hin: eine Metapher, die den Gruß, die Anrede oder Anrufung ins Spiel bringt. Dass die oder zumindest eine Botschaft angekommen ist, dass Panizza sie bereitwillig empfangen hat, lässt sich an seiner Frage „Wozu mich" ablesen: „wie komme ich plötzlich dazu [...], so in den Mittelpunkt einer kostspieligen Komödje gestelt zu werden?"[13] Der Paranoiker wähnt sich stets gemeint – er ist der ultimative Adressat.[14]

Neben die Signallichter treten auch „akustische Advertißements", wie Panizza bemerkt:

> Man pfiff oder beßer: zischte von einem der gegenüberliegenden Häuser der place des Abbesses aus [...], wenn immer ich mich auf dem balcon zeigte, der gleiche Pfiff oder Zischer, der wie ein starkes pfeifendes ,Pst! Pscht!' lautete [...]. Dann, nachdem ich durch Wochen hindurch auf diesen Zischer eingeübt war, verteilte man über ganz Paris, besonders an gamins und an Buskutscher, dieselben Pfeifchen.[15]

Wie im Fall der Lichter, wo Panizza sich genötigt sieht, die Existenz eines geheimen Überraschungsdienstes als Verursacher zu veranschlagen, werden auch die rätselhaften akustischen Phänomene mit einer personalisierten Ursache in Verbindung gebracht, womit sich das anonyme und gesichtslose „man pfiff" in ein Ensemble pfeifender Straßenjungen und Kutscher verwandelt, dem sich Anerkennung zollen lässt wie einer gelungenen Theateraufführung: „Die Sache ist ganz ingenjös inszenirt."[16]

Während jedoch das Pfeifen und Zischen mit der Zeit schwächer wird – „Doch scheint man diese akustischen Advertissements nicht mit dem gleichen Eifer zu betreiben, wie die optischen. Ich begegne ihnen jetz selten mehr" –, lassen die Häufigkeit und Intensität der Lichter nicht nach: „Im Winter 1902 auf 1903 steigerte sich die Zahl dießer Lichter über ganz Paris zu einer unzählbaren Menge [...]. Wo ich mich nur befand, und wo ich mich nur niederlies, überall sties ich auf diese entweder ruhig strahlenden oder winkenden oder marschirenden Sterne."[17] Die Allgegenwärtigkeit und das massenhafte Auftreten der Lichter haben zur Folge, dass Panizza hinter ihnen die „unheimlich feine und raffinirte Organisazjon eines geheimen Überraschungsdienstes" vermutet, dass also ein Gefühl der Überwachung und Verfolgung eintritt: „Ich hatte also die Empfindung, und solte sie haben, daß ich überall überwacht, beaufsichtigt und – bewacht sei", schreibt

---

13 Panizza: Imperjalja, S. 75.
14 Vgl. Schneider: Gefahrenübersinn.
15 Panizza: Imperjalja, S. 76.
16 Panizza: Imperjalja, S. 76.
17 Panizza: Imperjalja, S. 73 und 74.

Panizza in gleich dreifacher Nennung des Sachverhalts.[18] Damit erscheint das paranoische Symptom schlechthin – nämlich das Gefühl und die Überzeugung, verfolgt zu werden – in den *Imperjalja* als Folge einer visuellen Anordnung, als Effekt einer bestimmten Sichtbarkeit.

Spaltung von Auge und Blick

Versucht man, diese Sichtbarkeit und die visuelle Anordnung, die durch die Lichter hergestellt wird, näher zu bestimmen, versucht man zu beschreiben, wie diese wiederum zu Verfolgungsgefühl und paranoischer Ermittlung stehen, so lässt sich die These aufstellen, dass in den *Imperjalja* eingekreist wird, was Lacan die Funktion des Blicks genannt hat. Was dem Paranoiker Panizza zum strahlenden Zeichen wird, ist der Blick.

In Lacans Ausführungen zu einer Theorie des Blicks, die im Seminar XI *Die vier Grundbegriffe der Psychoanalyse* von 1964 entwickelt werden, hat der Blick nichts mit irgendeinem Auge zu tun.[19] Vielmehr postuliert Lacan eine Spaltung von Auge und Blick und stellt klar, dass die Beschreibung und Analyse der Funktion des Blicks deren Isolierung und Abgrenzung von der Instanz des Auges voraussetzen. In der Erläuterung dieser Spaltung von Auge und Blick verweist Lacan auf Roger Caillois, Soziologe und Literaturkritiker, der 1960 ein schmales Buch über Mimikry veröffentlicht hat – wobei Caillois erste Aufsätze hierzu schon 1934 und 1935 in der surrealistischen Zeitschrift *Minotaure* publiziert hatte, in der auch Lacans frühe Texte zur Paranoia erschienen sind.[20] Caillois' Buch *Méduse & Cie* ist, auch jenseits von Lacans Bezugnahme, interessant, weil seine Überlegungen zur Mimikry, die natur-, human- und geisteswissenschaftliche Fragestellungen

---

18 Panizza: Imperjalja, S. 74.
19 Vgl. Lacan: Die vier Grundbegriffe der Psychoanalyse. Martin Jay führt Lacans Interesse für Auge, Blick und Bilder auf dessen Lehrer Gaëtan Gatian de Clérambault zurück, der ein eifriger Bildersammler gewesen ist, und sich schließlich, erblindet, vor einem Spiegel erschossen hat – nicht ohne seine kranken Augen in einem Abschiedsbrief der Wissenschaft zur Verfügung gestellt zu haben. Siehe Martin Jay: Downcast Eye. The Denigration of Vision in Twentieth-Century French Thought. Berkeley 1993, S. 339. Für eine Einführung in die Kapitel zum Blick vgl. Hans-Dieter Gondek: Der Blick – zwischen Sartre und Lacan. In: RISS. Zeitschrift für Psychoanalyse (1997), H. 37/38, S. 175–196 sowie Claudia Blümle und Anne von der Heiden (Hg.): Blickzähmung und Augentäuschung. Zu Jacques Lacans Bildtheorie. Berlin/Zürich 2005.
20 Vgl. Bernhard Siegert: Der Blick als Bild-Störung. Zwischen Mimesis und Mimikry. In: Claudia Blümle und Anne von der Heiden (Hg.): Blickzähmung und Augentäuschung. Zu Jacques Lacans Bildtheorie. Berlin/Zürich 2005, S. 103–126.

miteinander verknüpfen und von Caillois selbst als „diagonale Wissenschaft" bezeichnet werden, eine quasi-paranoische Epistemologie ins Werk setzen: „Es geht jedesmal um denselben Gegensatz zwischen Insekt und Mensch, zwischen Mechanik und Freiheit, zwischen Fixiertheit und Geschichte. Ich gestehe, dass jede dieser Parallelen – für sich betrachtet – wie eines jener hartnäckigen Delirien wirkt, die ein Merkmal der *folies raisonnantes* sind." Caillois beendet seine wilde Tour durch die Welten der Insekten und der Menschen mit einem programmatischen Bekenntnis zu Kontingenzausschluss und paranoisch-kritischer Methode: „Ich glaube also nicht länger an Zufälle und Konvergenzen."[21]

Was aber haben Caillois' Überlegungen zur Mimikry mit Lacans Funktion des Blicks zu tun? Es geht in *Méduse & Cie* unter anderem um Ozellen, also Augenflecken oder Augenzeichnungen, auf den Flügeln von Schmetterlingsarten wie dem *Caligo prometheu*s, die, so vermutet die Biologie, der Abschreckung von Fressfeinden dienen. Am Beispiel der Ozellen, die augenähnlich, aber nicht Augen sind, wird die Funktion des Blicks anschaulich. Ozellen, schreibt Caillois, sind „ein glänzendes, ungewöhnliches, unbewegliches, kreisrundes Etwas an einem Lebewesen, ein Etwas, das in der Tat, ohne Auge zu sein, zu beobachten scheint", und betont: „wichtig ist hierbei die starre, strahlende Kreisform, das typische Instrument der Faszination."[22]

Mit Caillois' Formel – etwas, das beobachtet, ohne Auge zu sein – ist treffend die Funktion dessen umschrieben, was Lacan den Blick nennt. Panizza beschreibt die Signallichter, denen er in den Straßen von Paris begegnet, ebenfalls dezidiert als Instanz, die sieht, glotzt, blickt, obwohl es sich nicht um ein Auge handelt – „wohin ich schaute, glozten mir diese starren Lichtpunkte entgegen", überall „strahlten mir diese glozenden Flammen aus irgend einem Kellerfenster oder Heuschuppen entgegen" –, und damit als Blickhaftes.[23] Im Leuchten der Lichter manifestiert sich also die Funktion eines Blicks, der mit Panizza als sehendem (und schreibendem) Subjekt nicht identisch, sondern vielmehr von ihm abgeschnitten ist. Es geht um ein Blickhaftes, das das Subjekt dezentriert, weil es es nicht hat, sondern vielmehr von ihm ge- und betroffen wird; es geht um ein Blickhaftes, das „im Außen" und „auf seiten der Dinge" ist und Panizza vom aktiven Subjekt des Sehens in ein passives Objekt verwandelt, das seinerseits betrachtet und angeglotzt wird.[24] Unter dem Blick der glotzenden Flammen

---

21 Roger Caillois: Méduse & Cie. Berlin 2007 [1960], S. 59.
22 Caillois: Méduse & Cie, S. 108 und 107.
23 Panizza: Imperjalja, S. 73–74.
24 Lacan: Die vier Grundbegriffe, S. 113 und 115.

verwandelt sich Panizza vom Betrachter, dem sich die Szenerie darbietet, seinerseits zum Spektakel, das im „Mittelpunkt einer kostspieligen Komödje" steht.

Für Lacan ist es die, auch von Panizza beschriebene, objektivierende und passivierende Funktion des Blicks, die das Feld des Sehens „im Innersten regiert, gleichzeitig aber sich jener Art Sehen entzieht, das sich selbst genügt, indem es sich als Bewusstsein imaginiert".[25] Lacan zufolge basiert die neuzeitliche Erkenntnisphilosophie seit Descartes auf einer Koppelung von Sehen und Bewusstsein. Sie denkt das Cogito als eine Art „Geometralpunkt", dem ein souveräner Überblick gewährt wird; die Welt lässt sich von diesem als Perspektivpunkt gedachten ‚Ich' betrachten, erfassen und beherrschen, als handele es sich um zentralperspektivisches Tableau.[26] In dieser als Tableau gedachten Sehwelt haben die Dinge ihren festen Platz und machen sich dem Auge des Betrachters Untertan; alle Abstände und Distanzen sind fix, nichts kommt zu nahe. Die Konstruktion eines solchen, wie Lacan es nennt, geometralen Raums des Sehens gelingt jedoch nur über den Ausschluss der Funktion des Blicks. Ein Sehen, das sich als Bewusstsein imaginiert, muss den Blick, der im Außen ist, verkennen und verwerfen.

Wenn im Gegensatz dazu in den *Imperjalja* das Auftauchen des Blicks thematisch wird, dann deshalb, weil in der Paranoia etwas Gestalt annimmt, was normalerweise elidiert bleibt. Der Blick als „Kehrseite des Bewusstseins"[27] hat in der Paranoia seinen Auftritt. Dass bereits die Psychiatrie um 1900 ein ephemeres Wissen um den Blick als „paranoisches Paradeobjekt"[28] besitzt, zeigt Kraepelins Grundlagenwerk *Psychiatrie. Ein Lehrbuch für Studierende und Ärzte*, das zwischen 1883 und 1927 in neun Auflagen erschien: Als ein typisches Symptom der Paranoia wird hier etwa die Tendenz vermerkt, das „Blinken der Sterne"[29] als bedeutsame Zeichen wahrzunehmen. Und es sind ebenfalls Sterne, die in Thomas Pynchons *Gravity's Rainbow*, dem „größte[n] Roman der Paranoia"[30], einige Jahrzehnte später zum zentralen Plotelement werden. Hier erscheinen sie als glitzernde Aufkleber auf einem Londoner Stadtplan, die mit den sexuellen

---

25 Lacan: Die vier Grundbegriffe, S. 80.
26 Lacan: Die vier Grundbegriffe, S. 91–93.
27 Lacan: Die vier Grundbegriffe, S. 90.
28 Schneider: Gefahrenübersinn, S. 164. Weshalb Schneider den Paranoiker auch als „Blinzler" vorführt, als augenmäßig irritierten, geblendeten Menschen. Vgl. Schneider: Das Attentat, S. 561–589.
29 Kraepelin: Psychiatrie, S. 1720.
30 Schneider: Das Attentat, S. 616. Vgl. Thomas Pynchon: Gravity's Rainbow. London 2000 [1973].

Eskapaden des Protagonisten Sergeant Slothrop zugleich, in „paranoische[r] Doppelstruktur",[31] die Einschlagsorte deutscher V2-Raketen markieren.

Es ist, mit Lacan gelesen, kein Zufall, dass sowohl bei Kraepelin als auch bei Pynchon die Funktion des Blicks sich ausgerechnet an Sterne heftet und dass auch in den *Imperjalja* Lichtpunkte, Lampenschein und Leuchten, Flammen und Sterne, also allgemein Lichterscheinungen zu Verkörperungen und Instanzen des Blicks werden. Zwar betont Lacan mehrfach, dass die vom Sehorgan des Auges abgetrennte Funktion des Blicks auf ganz unterschiedliche Weise realisiert sein kann, etwa als „plötzliches Blätterrascheln" oder als das „Geräusch von Schritten auf einem Gang".[32] Dennoch knüpft er die Funktion des Blicks eng an Erscheinungen des Lichts und situiert den Blick „auf der Ebene des Lichtpunkts, wo alles ist, was mich angeht/me regarde":

> Das Wesentliche [...] ist im Lichtpunkt/dans le point lumineux – im Strahlpunkt, in dem Rieseln, dem Feuer, dem Springquell der Reflexe. [...] Was Licht ist, blickt mich an, und dank diesem Licht zeichnet sich etwas ab auf dem Grunde meines Auges – [...] die Impression, das Rieseln einer Fläche, die für mich nicht von vorneherein auf Distanz angelegt ist. Dabei kommt etwas ins Spiel, was beim geometralen Verhältnis elidiert wird – die Feldtiefe in ihrer ganzen Doppeldeutigkeit, Variabilität, auch Unbeherrschbarkeit.[33]

Licht ist das, was eine andere Ordnung des Sehens ins Spiel bringt als die geometrale mit ihren festgelegten Abständen, Distanzen und Hierarchien. Lacan fasst Licht als etwas grundlegend Bewegtes – als Rieseln, Strahlen, Flackern, Flimmern –, das Abstände, Distanzen und Hierarchien kassiert, das affiziert und tangiert und auf diese Weise den geometral geordneten Raum eines sich selbst bewussten Sehens kollabieren lässt. Gegenüber, vis-à-vis, dem, was Licht ist, muss das Subjekt die Illusion fahren lassen, Herrscher über das Sichtbare zu sein. Denn Licht lässt sich nicht einfach sehen, es lässt sehen und es sieht: Was Licht ist, blickt mich an.

Begehren

Was mit der Funktion des Blicks auf dem Spiel steht, wird daran deutlich, dass Lacan den Blick als eine der privilegierten Verkörperungen dessen ansieht, was er „Objekt a" nennt. Dieses symbolisiert nach Lacan „jenes zentrale Fehlen, das

---

31 Pynchon: Gravity's Rainbow, S. 618.
32 Lacan: Die vier Grundbegriffe, S. 90 und 91.
33 Lacan: Die vier Grundbegriffe, S. 100–102.

sich in der Erscheinung der Kastration ausdrückt", es ist „ein etwas, von dem als Organ das Subjekt sich getrennt hat zu seiner Konstituierung. Dieses Objekt gilt als Symbol des Mangels [...]. Es muß da also ein Objekt sein – erstens abtrennbar – und zweitens mit einer gewissen Beziehung zum Mangel."[34] Das Objekt a markiert den ursprünglichen Riss, die ursprüngliche Spaltung im Subjekt; es ist ein Objekt des Mangels, damit aber im gleichen Atemzug auch metonymisch besetztes Objekt der Begierde, das das Begehren nach Erfüllung des Mangels in Gang setzt. Dabei unterstreicht Lacan, dass das, was den Platz des Objekt a einnimmt, stets „nur Stellvertreter, Darsteller" und „Symbol für das verlorene Objekt"[35] ist, weshalb das Objekt a auch als „Lochstopf(er)-Objekt" bezeichnet worden ist: Es ist nicht nur das, was „jene Kluft stopft, die für die inaugurable Trennung des Subjekts konstitutiv ist", sondern zugleich das, „was diese Kluft in demselben Moment, indem es sie schließt, erscheinen lässt".[36]

Dass Panizza um die affizierenden, aber auch destabilisierenden Eigenschaften von Licht und dessen Einbindung in Begehrenslogiken weiß, dass er insofern gar selbst als eine Art Theoretiker der Funktion des Blicks gelten kann, zeigt sein kurzer Essay „Die Kleidung der Frau, ein erotisches Problem", der 1898 in den *Zürcher Diskußjonen*, einer von Panizza selbst herausgegebenen Zeitschrift, erschienen ist. Darin denkt Panizza über Schmuck, Accessoires und Kleider als Instrumente weiblicher Verführung nach und schreibt:

> Und weil der Reflex, der Licht-Reflex, in seiner Wirkung auf das Auge den Eindruck der höchsten Potenz von Weiß, von Licht macht, deswegen wirken und nähen die Mädchen kleine Goldflimmer und kleine Facetten in ihre Tülls und Schleier, und werfen diese über sich, und stäuben Brilliantin in das weiß-gepuderte Haar, so daß jedes dieser Geschöpfe mit tausend Zungen ruft: Ich bin weiß! Ich bin weiß! Ich bin weiß! – Und die Riesenspiegel an

---

34 Lacan: Die vier Grundbegriffe, S. 83 und 110. Siehe auch Lacan: Die vier Grundbegriffe, S. 89: „Hier behaupte ich, daß das Interesse des Subjekts an seiner eigenen Spaltung an das gebunden bleibt, was diese Spaltung determiniert – nämlich ein privilegiertes Objekt, das aus einer Urseparation entstanden ist, aus so etwas wie einer [...] Selbstverstümmelung, wofür wir in unserer Algebra die Bezeichnung Objekt *a* haben. Bezüglich des Sehens wäre dieses Objekt, von dem das Phantasma abhängig ist, dem das Subjekt anhängt in dem ihm wesentlichen Schwanken, Flimmern/vacillation, der Blick."
35 Lacan: Die vier Grundbegriffe, S. 207.
36 Mikkel Borch-Jacobsen: Lacan. Der absolute Herr und Meister. München 1999, S. 254. Siehe auch Andreas Cremonini: Die Nacht der Welt. Ein Versuch über den Blick bei Hegel, Sartre und Lacan. In: Hans-Dieter Gondek, Roger Hofmann und Hans-Martin Lohmann (Hg.): Jacques Lacan – Wege zu seinem Werk. Stuttgart 2001, S. 164–188, hier S. 174: „Um die ganz Ambiguität dieses seltsamen Objekts zu erfassen, muß man sich jedoch vergegenwärtigen, daß das klein a in demselben Sinne, wie er für das verlorene ‚etwas' steht, dieses gerade nicht ist. [...] Es verleiht dem Verlust Gestalt, gibt ihm die Konsistenz und Dichte eines phantasmatischen Körpers."

der Wand dieser Ballsäle reflektieren diesen Glanz und Schimmer und schreien: Wir sind weiß! Wir sind weiß! Wir sind weiß![37]

Panizzas kurze Passage über die Künste erotischer Faszination wird operationalisiert von dem, was Lacan die Spaltung von Auge und Blick genannt hat. Während das Auge als passives Objekt eingeführt wird, auf das Wirkung ausgeübt und Eindruck gemacht wird, verkörpern die Lichtreflexe die Funktion eines Blickhaften, welches das Betrachterauge trifft und beeindruckt. Und anstatt an dieser Stelle einen gelehrten Disput über die vermeintliche Symbolkraft der Farbe Weiß anzuschließen, versammelt Panizzas Text gut positivistisch eine ganze Palette von Materialien, Tricks und Techniken, mit denen „Glanz und Schimmer" sich herstellen und fabrizieren lassen: „kleine Goldflimmer und kleine Facetten", die an Kleider genäht werden, und „Brilliantin", das aufs Haar gestäubt wird, sorgen als Miniaturspiegel dafür, dass Licht sich bricht zu blitzenden und blendenden Lichtreflexen, die wiederum reflektiert werden von den „Riesenspiegel[n] an der Wand". Die vielfachen und potenzierten Spiegelungen fügen sich zu einer blendenden Lichtstruktur und evozieren einen aufgeregt flackernden, von stroboskopähnlichen Lichtereignissen zerschossenen Sehraum.

Zwei Aspekte von Panizzas Darstellung des Blickhaften im Ballsaal verdienen besonders hervorgehoben zu werden, weil sie auch für das Verhältnis von Paranoia und Blick und damit zugleich für ein Verständnis der Rolle des Blickhaften in den *Imperjalja* wichtig sind. Das betrifft zunächst die Erscheinungsweise des Blicks. Verkörpert in Phänomenen von „Glanz und Schimmer", das heißt in Spiegelungserscheinungen, deren physikalischer Ort, genaue Beschaffenheit und konkrete Substanz ungewiss sind, erscheint der Blick als etwas Ungreifbares und Flüchtiges, das nicht objektivierbar ist, sondern nur in seinen Wirkungen erfahren werden kann.[38] Der Blick als Glanz, als Lichterscheinung ist keine einfache Gegebenheit, keine simple Positivität, sondern existiert vielmehr in einem diskontinuierlichen Flackern, auf das die *Imperjalja* an vielen Stellen abheben: „Bald bemerkte ich, daß diese Lichter ‚winkten', d.h. für einen Moment erloschen und dann wieder aufflammten", heißt es dort.[39]

Es ist also keine simple und stetige Sichtbarkeit, die sich hier mit dem Blick verbindet, sondern eine alternierende, oszillierende, diskrete. An – aus, fort – da: Wesentlich ist nicht das konkrete Objekt, durch das der Blick seine

---

37 Panizza: Die Kleidung der Frau, ein erotisches Problem, S. 164.
38 Zum Glanz als Blickphänomen vgl. Andreas Cremonini: Über den Glanz. Der Blick als Triebobjekt nach Lacan. In: Claudia Blümle und Anne von der Heiden (Hg.): Blickzähmung und Augentäuschung. Zu Jacques Lacans Bildtheorie. Berlin/Zürich 2005, S. 217–248.
39 Panizza: Imperjalja, S. 74.

Verkörperung findet, sondern vielmehr seine Erscheinungsweise, die Art des Aufleuchtens und In-Erscheinung-Tretens.[40] Ähnliches hat Caillois über Ozellen als Prototyp des Blickhaften geschrieben; auch hier ist der „Mechanismus, mit dem die bannenden Ozellen zur Schau gestellt werden", von vorrangiger Bedeutung: „Es genügt ja nicht, daß sie da sind, sie müssen auch erscheinen. Zunächst sind sie unsichtbar, aber schlagartig blitzen sie auf [...] wie durch einen ‚elektrischen Schock'".[41] Das Sein des Blicks ist somit kein statisches, sondern ein operationales und prozessuales.

Ebenso bedeutsam ist zweitens, dass in Panizzas kurzer Passage zu weiblicher Kleidung als erotischem Problem die Funktion des Blicks in einem Spiel um erotische Attraktion und Faszination verortet und auf diese Weise mit der Frage des Begehrens verknüpft wird, dass also, um es mit Lacan zu sagen, „der Bereich des Sehens dem Feld des Begehrens integriert"[42] erscheint. Panizza situiert das Auftauchen des Blicks in Reaktion auf ein Sehen, das Sehen-Wollen und libidinöser Impuls ist. Der Blick ist hier Korrelat eines (männlich bestimmten) Sehens, das betört werden will – und genau deshalb verstört werden kann. Denn das blendende Lichtspiel, mit dem die Mädchen in den Ballsälen die Betrachter in ihren Bann ziehen, mobilisiert die „Anziehungsmacht des flimmernden Dings"[43] und erzwingt ein Sehen, „das nicht mehr Sehen im intentionalen Sinne [...] als vielmehr Hingebung an das Licht"[44] ist.

Dass eine solche Hingebung einem Sich-Ergeben nahekommen und der Blick, der auf „das in einer Begehrensfunktion sich behauptende Subjekt"[45] trifft, zur „Fessel im Feld des Visuellen"[46] werden kann, deutet sich in dem kurzen

---

40 Das Flimmern nähert die Funktion des Blicks – für Lacan „Kehrseite des Bewußtseins" – den Erscheinungsweisen des Unbewussten an: „Es ist also Diskontinuität die wesentliche Form, in der das Unbewußte sich uns zuerst zeigt – in der Diskontinuität manifestiert sich etwas als ein Flimmern, Schwanken. [...] Das Unbewußte manifestiert sich also immer als ein Flimmern, Schwanken." Siehe Lacan: Die vier Grundbegriffe, S. 31 und 34. Annette Bitsch bemerkt dazu, dass Lacan „das Unbewusste Freuds algorithmisiert hat: ein operationales Subjekt, [...] ein in diskreten Schnitten im Realen prozessierendes Unbewusstes [...]. Lacan formalisiert das Unbewusste [...] gemäß den Prinzipien digitaler Rechenmaschinen." Siehe Annette Bitsch: Das Unbewußte der Kybernetik und die Kybernetik des Unbewußten. In: Claus Pias (Hg.): Cybernetics – Kybernetik. The Macy Conferences 1946–1953. Essays und Dokumente. Berlin 2004, S. 153–168, hier S. 154f.
41 Caillois: Méduse & Cie, S. 118.
42 Lacan: Die vier Grundbegriffe, S. 91.
43 Schneider: Attentat, S. 625.
44 Cremonini: Über den Glanz, S. 217.
45 Lacan: Die vier Grundbegriffe, S. 91.
46 Ute Holl: „Wohin man blickt, entsteht ein dunkler Fleck". Raum, Licht und Blick in den Fil-

Textauszug zumindest an. Denn zu seinem Ende hin weicht die Betörung durch den Blick einem „Angegangenwerden durch den Glanz",[47] zu dem ein Angegangenwerden durch tausendzüngiges Rufen und Schreien hinzukommt: ein umfassender Angriff auf die Sinne, eine Attacke auf die akustisch-visuelle Wahrnehmung. Dass Panizza damit hier dem Blick die Stimme zur Seite stellt – eine Stimme überdies, die eher Schrei ist und nicht eindeutig einem einzelnen Individuum zugeordnet werden kann, die im Außen und auf Seiten der Dinge ist, also analog zum Blickhaften beschrieben wird –, ist nach Lacan'scher Lesart konsequent. Denn Stimme wie Blick sind jene Partialobjekte – „Körpergeschosse",[48] wie der slowenische Philosoph und Psychoanalytiker Mladen Dolar schreibt –, die bevorzugt in den Platz des Objekt a einrücken.

Paranoia und die Funktion des Blicks

In den *Imperjalja* erscheint das Auftauchen der Lichter mit Angst und Befremden verknüpft. Das bewegungslose und insistierende Glotzen der starren Lichtpunkte, aber auch das Winken flackernder Signallichter haben etwas Unheimliches und provozieren ein Gefühl der Verfolgung, hervorgerufen durch einen als allgegenwärtig imaginierten Blick: „Ich hatte also die Empfindung, und solte sie haben, daß ich überall überwacht, beaufsichtigt und – bewacht sei." Damit beschreiben die *Imperjalja* „ein Verfolgtwerden, das im Blickhaften steckt".[49] Das Auftauchen des Blicks markiert den Eintritt in ein Verhältnis grundlegend verunsicherter Visualität. Mit dem Auftauchen des Blicks kippt etwas: „In dem Moment, in dem der Blick eingekreist ist, erhält [...] das gesamte Sehfeld eine erschreckende Alterität. Es verliert seinen Anschein des ‚mir gehören' und nimmt plötzlich die Funktion eines Schirms an", schreibt Joan Copjec und greift damit einen Begriff auf, der in Lacans Ausführungen zur Funktion des Blicks eine zentrale Rolle spielt: den des Schirms.[50]

Während die neuzeitliche Ordnung des Sehens und der zentralperspektivischen Repräsentation das Bild als Fenster konzipiert – man denke an Leon Battista Albertis Traktat *De pictura* von 1435 oder Albrecht Dürers *Underweysung der*

---

men Josef von Sternbergs. In: Claudia Blümle und Anne von der Heiden (Hg.): Blickzähmung und Augentäuschung. Zu Jacques Lacans Bildtheorie. Berlin/Zürich 2005, S. 289–316, hier S. 304.
47 Cremonini: Über den Glanz, S. 217.
48 Mladen Dolar: His Master's Voice. Eine Theorie der Stimme. Frankfurt a. M. 2007, S. 99.
49 Joseph Vogl: Lovebirds. In: Claudia Blümle und Anne von der Heiden (Hg.): Blickzähmung und Augentäuschung. Zu Jacques Lacans Bildtheorie. Berlin/Zürich 2005, S. 51–63, hier S. 59.
50 Joan Copjec: Lies mein Begehren. Lacan gegen die Historisten. München 2004, S. 48.

Messung von 1538 –, welches dem Betrachter Transparenz, Durchblick und vollkommene Sichtbarkeit bietet, beschreibt Lacan die visuelle Repräsentation als Schirm, das heißt als Fläche, die ein Dahinter impliziert: „Auf ihm [dem Schirm, E. M.] entfaltet sich ein Spiel des Zu-Sehen-Gebens, das zugleich auch ein Spiel des Verbergens und der Bedrohung ist."[51] Mit dem Auftauchen des Blicks verwandelt sich die Szene der Repräsentation – also das, was sichtbar wird, was zu sehen ist – schlagartig vom Fenster in einen opaken, undurchdringlichen Schirm, auf dem jede Sichtbarkeit nur mehr ein „Zu-sehen-Gegebenes (un donné-à-voir)"[52] und somit Kalkül zu sein scheint. Der Schirm provoziert damit unweigerlich die Frage nach dem, was auf ihm nicht sichtbar wird: „Was verbirgt man vor mir?", lautet die Frage, die die Repräsentation als Schirm hervorruft, die sich an die als Schirm aufgefasste Repräsentation knüpft.[53]

Auch in den *Imperjalja* verliert das Sichtbare mit dem Erscheinen der Signallichter, die die Funktion des Blicks ausüben, seine Unschuld und nährt Panizzas Verdacht, der Kontrolle durch die „unheimlich feine und raffinirte Organisazjon eines geheimen Überraschungsdienstes" zu unterliegen, woran sich weitere und umfassendere Verdachtsmomente knüpfen: „Je mehr ich darüber nachdachte, um so mehr sezte sich in mir der Gedanke fest, daß irgend etwas in Deutschland nicht mit rechten Dingen zugehe."[54] Mit dem Auftauchen des Blicks wird das Sichtbare zum Schirm, hinter dem sich etwas oder jemand zu verschanzen scheint, so als hätten sich die prächtigen Fassaden der Pariser Häuser plötzlich in militärische Stellungen verwandelt. Denn wenn, wie es in den *Imperjalja* heißt, Lichter entlang von „Faßadenfront" und „Horizonthöhe" ihr Unwesen treiben, dann wird dabei in jeweils sorgfältig alliterierender Rede eine zivile Szenerie zum militärischen Terrain umgedeutet; die Stadt wird zum Quasi-Kriegsschauplatz, über den, wie Panizza schreibt, die Lichter „marschirte[n]"', als wären sie Kampfeinheiten. Mit dem Auftauchen des Blicks erscheint das Feld des Sichtbaren einer „Kriegslogik" oder – um ein letztes Mal die Brücke zu Caillois' Welt der Schmetterlinge und Gottesanbeterinnen zu schlagen – einer „Logik der Mimikry" unterstellt.[55]

Mit Lacans Überlegungen zu einer Theorie des Blicks lässt sich die Paranoia somit als eine Irritation begreifen, die sich auch und vor allem im Feld des Sehens und der Sichtbarkeiten abspielt. Sie lässt sich als Irritation des Sehens verstehen,

---

51 Siegert: Der Blick als Bild-Störung, S. 108.
52 Lacan: Die vier Grundbegriffe, S. 80.
53 Copjec: Lies mein Begehren, S. 47.
54 Für dieses und die folgenden Zitate siehe Panizza: Imperjalja, S. 73f.
55 Siegert: Der Blick als Bild-Störung, S. 107.

die an die Funktion des Blicks geknüpft ist. Paranoia setzt genau dann und dort ein, wo der Blick im Realen auftaucht: Das „Flimmern gehört zur Paranoia".[56] Schon eine von Lacans frühen Veröffentlichungen zur paranoischen Psychose, der Aufsatz „Motive des paranoischen Verbrechens: das Verbrechen der Schwestern Papin", der 1933 in der surrealistischen Zeitschrift *Minotaure* erscheint, behandelt einen Fall, in dem Paranoia, Augen und die Funktion des Blicks eine fatale Konstellation bilden.

Die beiden Schwestern Christine und Léa Papin, die als Dienstmädchen in einem Rechtsanwaltshaushalt in Le Mans arbeiten, attackieren eines Tages scheinbar ohne Vorankündigung und ohne Motiv die Dame des Hauses und deren Tochter: „Jede schnappt sich eine von der Gegenseite, reißt ihr bei lebendigem Leibe die Augen aus den Höhlen, eine in den Annalen des Verbrechens angeblich unerhörte Tat, und erschlägt sie."[57] Im Gefängnis wirken die nach der Tat voneinander getrennten Schwestern verwirrt und zeigen Wahnsymptome. Es sind vor allem die herausgerissenen Augen, die in der zeitgenössischen Presse für besonderes Entsetzen sorgen, und auch Lacan stellt das Attentat auf die Augen in den Mittelpunkt seiner Analyse: „Die abgenutztesten Hassmetaphern: ‚Ich werde ihm die Augen ausreißen' erfahren hier ihre buchstäbliche Ausführung", schreibt er und begreift den Angriff auf das Sehorgan als eine verschobene Kastration: „Wie die Bacchantinnen kastrierten, so reißen sie [die Schwestern Papin, E. M.] die Augen heraus."[58] So stellt Lacans Falldarstellung das Auge als Objekt und Opfer der paranoischen Aggression in den Vordergrund. Ebenso wichtig ist ihm die Zweiheit von sowohl Täterinnen- als auch ebenfalls weiblichem Opferpaar: So hat der Fall der Schwestern Papin Einfluss auf Lacans ab Mitte der 1930er Jahre entwickelte Überlegungen zum Spiegelstadium gehabt.[59]

Lacans Theoretisierung der Funktion des Blicks liegt dagegen zum Zeitpunkt seiner Auseinandersetzung mit dem Fall Papin in den frühen 1930ern noch in

---

56 Schneider: Das Attentat, S. 622. Zum Zusammenhang von Paranoia und Blick siehe auch Claudia Blümle und Anne von der Heiden: Einleitung. In: Claudia Blümle und Anne von der Heiden (Hg.): Blickzähmung und Augentäuschung. Zu Jacques Lacans Bildtheorie. Berlin/Zürich 2005, S. 7–42, hier S. 21. Vgl. darüber hinaus Norman Bryson: The Gaze in the Expanded Field. In: Hal Foster (Hg.): Vision and Visuality. Seattle 1988, S. 86–113.
57 Jacques Lacan: Motive des paranoischen Verbrechens: das Verbrechen der Schwestern Papin [1933]. In: ders.: Über die paranoische Psychose in ihren Beziehungen zur Persönlichkeit und Frühe Schriften über die Paranoia. Wien 2002, S. 385–394, hier S. 386.
58 Lacan: Motive des paranoischen Verbrechens, S. 389 und 394.
59 Vgl. Lacan: Das Spiegelstadium als Bildner der Ich-Funktion. Zum Einfluss des Falls Papin auf das Konzept des Spiegelstadiums vgl. Jay: Downcast Eye, S. 330–352 sowie Ulrike Kadi: Bilderwahn. Arbeit am Imaginären. Wien 1999.

weiter Ferne – und doch kann man sagen, dass jene Instanz, die Lacan 1964 in *Die vier Grundbegriffe der Psychoanalyse* als Funktion des Blicks theoretisieren sollte, bereits in seinen Überlegungen zum Fall Papin ihren Auftritt hat, dass Lacan also von Anfang an die Paranoia mit der Frage nach dem Blickhaften in Zusammenhang gebracht hat. Dieses Blickhafte erscheint in den *Motiven des paranoischen Verbrechens* in Form einer Marginalie, als kurioses Detail, das Lacan selbst „banal[ ]" nennt und aus dem er keinerlei Ertrag für seine Analyse schlägt – das er aber offensichtlich dennoch nicht unerwähnt lassen kann oder will. Denn in Lacans Darstellung gibt es ein „kleine[s] Desaster", das dem großen vorangeht, eine Art Sternbild wie bei Kraepelins Kranken, das als Unstern oder Unglücksstern (lat. *desastrum*) dem paranoischen Verbrechen seinen Weg weist. Auch im Fall Papin flackert und flimmert das Licht, hat der Blick seinen Auftritt: Ein „banale[r] Ausfall der elektrischen Beleuchtung" wird, so stellt es Lacan dar, der mörderischen Aggression zum nichtigen Anlass.[60] Der Angriff auf die Augen erweist sich als Abwehr gegen den Blick.

Man hat in dieser Verknüpfung paranoischer Gewalt mit der Frage des Sehens einen Beleg für Lacans grundlegende Okulo- und Ikonophobie gesehen, welche die bereits bei Freud angelegten antivisuellen Tendenzen der Psychoanalyse radikalisiert hätten.[61] Zur Begründung für diese angebliche grundlegende Antivisualität der Psychoanalyse wird oft das jüdische Bilderverbot angeführt, und veranschaulicht wird sie am Beispiel der psychoanalytischen Sitzordnung, bei der die Analytikerin im Rücken des Analysanden sitzt und so dessen Blick entzogen ist.[62] Die Behauptung allerdings, Lacan habe als Okulo- und Ikonophobiker dem kranken und wahnhaften Sehen das heilende Wort gegenübergestellt, ist vereinfacht. Sie ignoriert den Beitrag, den Lacan zu einer Analyse von Sichtbarkeitsordnungen und Bildern geleistet hat. Man könnte vielmehr sagen, dass Lacans spezifische Annäherung an die Paranoia über Fragen des Sehens diesem eine privilegierte Stellung einräumt: „In keinem Moment, in keinem Fall ist ein anderer Typ von Bezug zur Welt und zum andern in Sicht als der spekulare, spektakuläre, skopische [...]. Das lacan'sche Ich ist das sich theoretisch zusehende, niemals das ‚sich' fühlende, spürende oder ‚sich' erlebende Ich."[63]

---

60 Lacan: Motive des paranoischen Verbrechens, S. 385.
61 Vgl. etwa Kadi: Bilderwahn, S. 13 sowie Jay: Downcast Eye, S. 15.
62 Freud-Biograf Ernest Jones zitiert zu diesem Sitzarrangement Freud mit den Worten, er „habe es nicht so gern, viele Stunden aus nächster Nähe angestarrt zu werden". Siehe Ernest Jones: Sigmund Freud, Leben und Werk. Bd. 2: Jahre der Reife, 1901–1919. München 1984, S. 281f.
63 Borch-Jacobsen: Lacan, S. 70.

Fotoalbum

Mit Lacan lässt sich die Paranoia also als Irritation begreifen, die sich auf dem Feld des Sehens und der Sichtbarkeiten abspielt, als eine Irritation, die an die Funktion des Blicks geknüpft ist. Paranoia setzt dann und dort ein, wenn und wo der Blick im Realen auftaucht. Paranoia ist Paranoisierung des Sehens, es geht um eine Verfolgung, die im Blickhaften steckt. Panizzas Beschreibungen allgegenwärtiger, glotzender und winkender Lichter in den Straßen von Paris, an Fenstern und Fassaden, die ein Gefühl umfassender Überwachung und Verfolgung begründen, legen davon ausführlich Zeugnis ab.

Dass Ikonoklasmus und Gewalt nicht zwangsläufige Reaktion auf das Auftauchen des Blicks im Realen sind, machen die *Imperjalja* ebenso deutlich. Anders als der Germanist Schneider in seiner *Imperjalja*-Lektüre nahelegt, ist Panizza nicht zum Attentäter geworden. Der Herausforderung einer andauernden Verfolgung, die im Blickhaften steckt, begegnet Panizza mit dem fortgesetzten Herumschreiben und -basteln am *Imperjalja*-Manuskript – Heft, Kladde, Album –, in dem nicht nur *faits divers* notiert und Anekdoten aneinandergereiht, sondern in das eben auch Fotografien eingeklebt werden; fast möchte man von einem paranoischen Poesiealbum sprechen.[64] Die *Imperjalja* legen demnach nahe, eine paranoische Ikonophilie zu behaupten, die in Praktiken der Bildersammlung, der Bildauswahl und des Bildarrangements ihren Ausdruck findet.

Der paranoische Gebrauch von Bildern, das ist bereits ausgeführt worden, erschöpft sich nicht im Illustrativen: Die putzigen Abbildungen vom verkleideten Kaiser – die auf den ersten Blick in manifestem Kontrast zu den schweren Vorwürfen und blutrünstigen Geschichten zu stehen scheinen, von denen im Text der *Imperjalja* die Rede ist – erweisen sich als Teile einer Bildpolitik, die, ausgehend von den spezifischen medialen und technologischen Bedingungen reproduzierbarer Herrscherbilder um 1900, eine Analytik der Macht formuliert; in deren Zentrum steht das Problem infamer Souveränität und grotesker Macht.

Vielversprechend und geboten scheint darüber hinaus, sich Panizzas paranoischem Gebrauch fotografischer Abbildungen ausgehend von den in diesem Kapitel vorgestellten Konzepten und Begrifflichkeiten aus Lacans Blicktheorie zu nähern. Es gilt festzuhalten, dass Panizzas Bilderpraxis vor dem Hintergrund einer umfassenden Paranoisierung des Sehens stattfindet und eingebunden ist in paranoisch strukturierte Sichtbarkeitsverhältnisse, die bestimmt werden vom Auftauchen des Blicks im Realen. Eine mögliche Lesart wäre demnach, Panizzas

---

64 Für weitergehende Hinweise zu Alben vgl. Anke Kramer und Annegret Pelz (Hg.): Album. Organisationsform narrativer Kohärenz. Göttingen 2013.

Sammlung und Arrangement fotografischer Porträts von Wilhelm II. als eine Art Restaurationsversuch zu begreifen; als einen Restaurationsversuch, der darin besteht, das allgegenwärtige und deshalb allmächtige Blickhafte, das Panizza in den Straßen von Paris entgegenblitzt und ein unheimliches Gefühl der Verfolgung lostritt, zu neutralisieren und einzuhegen, indem dieses diffuse und über die ganze Stadt verteilte Blickhafte an ein Paar konkreter und kaiserlicher Augen zurückgebunden wird. Inwiefern es jedoch mit Restauration nicht weit her ist, inwiefern die paranoische Ermittlung vielmehr tiefgehende Zweifel am Wahrheitswert fotografischer Abbildungen hegt, die zum Anlass ausufernder Bildbefragung werden, um diese Fragen geht es im folgenden Kapitel.

5 Bildbefragung

Autorennenbilder

Die *Imperjalja* enden mit einer Reihe von zehn sogenannten Momentaufnahmen (vgl. Abb. 12 bis 14). Damit sind um 1900 Fotografien gemeint, die – dank verbesserter Kameratechnologien, verkürzter Verschlusszeiten und lichtempfindlicheren Aufnahmematerials – außerhalb kontrollierter Studiobedingungen und im Freien aufgenommen werden können: fast schon Schnappschüsse.[1] Mit diesen Momentaufnahmen, die Panizza aus der Tageszeitung *Le Journal* und aus dem Sportmagazin *La Vie au grand air* ausgeschnitten hat, hält das um 1900 noch junge Genre der Sportfotografie Einzug in die *Imperjalja*.[2] Zu sehen sind Impressionen vom Gordon-Bennett-Autorennen im Juni 1904: 508,96 Kilometer Rundfahrt um Bad Homburg im Taunus, Mercedes ist mit mehreren Wagen vertreten, der unglückliche Fritz Opel scheidet schon im ersten Streckenabschnitt aus. Sieger wird der Franzose Léon Théry. Bei dessen Zieleinlauf in Saalburg ist auch der deutsche Kaiser anwesend: Auf einer ganzseitigen, teilkolorierten fotografischen Abbildung, die Panizza den *Imperjalja* beigefügt hat (vgl. Abb. 14), sieht man „Guillaume II", wie es in der französischen Bildunterschrift heißt, über die Balustrade einer Tribüne gebeugt und dem siegreichen Rennfahrer Théry hinterherschauen. Weitere, kleinformatigere Abbildungen zeigen „Le Kaiser" bei seiner Ankunft und Abfahrt in Saalburg oder im plaudernden Gespräch (vgl. Abb. 13): „L'Empereur s'arrête çà et là sur sa route et parle aux personnalités connues de l'Automobile", verrät die Bildunterschrift.[3]

Man kann im Hinblick auf diese Bilder vom Autorennen, mit denen die *Imperjalja* enden, durchaus von einer Bildexplosion sprechen. Mit zehn, zum

---

[1] Zur Momentfotografie vgl. Bernd Weise: Pressefotografie II. Fortschritte der Fotografie- und Drucktechnik und Veränderungen des Pressemarktes im Deutschen Kaiserreich. In: Fotogeschichte 9 (1989), H. 33, S. 26–62, hier S. 27.
[2] Zur Sportfotografie vgl. Bernd Weise: Pressefotografie I. Die Anfänge in Deutschland, ausgehend von einer Kritik bisheriger Ansätze. In: Fotogeschichte 8 (1989), H. 31, S. 15–68, hier S. 26. Die Sportillustrierte *La Vie au grand air* erscheint erstmalig am 1. April 1898 in Paris und entwickelt rasch eine neue Ikonografie des gedruckten Bildes. Vgl. Thierry Gervais: Gervais, Thierry: Les premiers magazines illustrés, de la gravure à la photographie (1898–1914). In: Dominique Kalifa, Philippe Régnier, Marie-Eve Thérenty und Alain Vaillant (Hg.): La civilisation du journal. Histoire culturelle et littéraire de la presse française au XIXe siècle. Paris 2011, S. 453–463, hier S. 458. Vgl. darüber hinaus Charles Grivel, André Gunthert und Bernd Stiegler (Hg.): Die Eroberung der Bilder. Photographie in Bild und Presse 1816–1914. München 2003.
[3] Panizza: Imperjalja, S. 146–148.

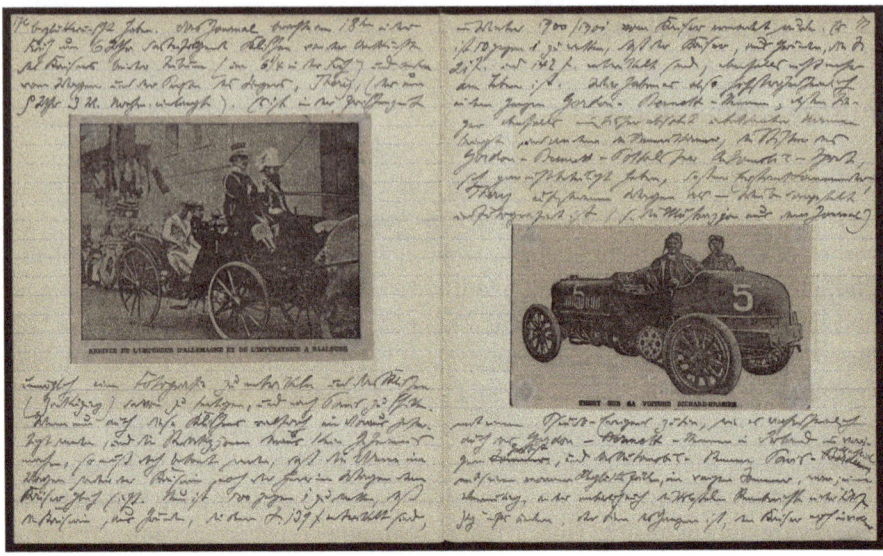

Abb. 12: Doppelseite aus Panizzas *Imperjalja*-Manuskript mit eingeklebten Abbildungen vom Gordon-Bennett-Rennen.

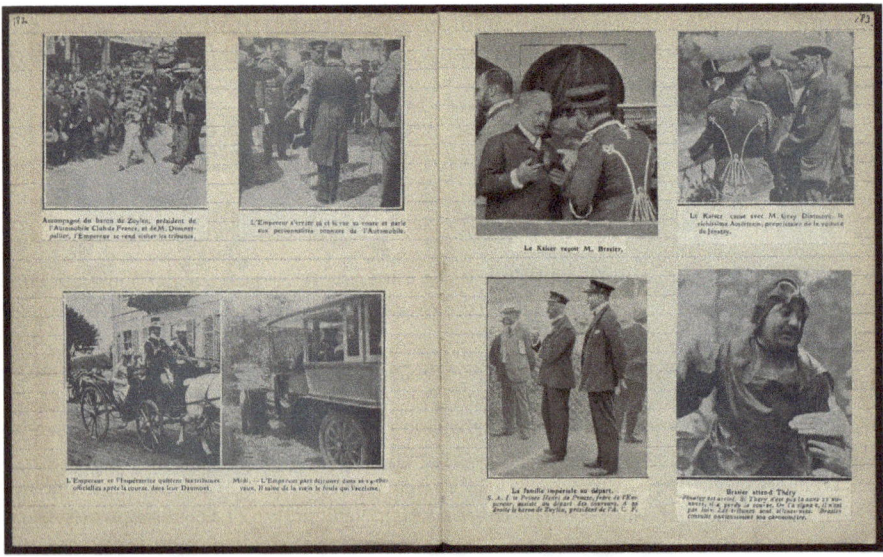

Abb. 13: Doppelseite aus Panizzas *Imperjalja*-Manuskript mit eingeklebten Abbildungen vom Gordon-Bennett-Rennen.

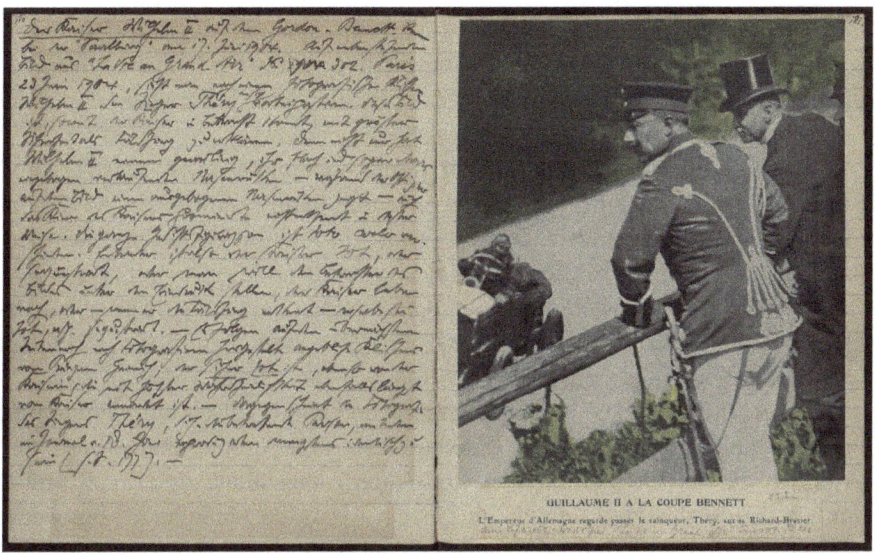

Abb. 14: Seite aus Panizzas *Imperjalja*-Manuskript mit eingeklebter Abbildung von Wilhelm II. beim Gordon-Bennett-Rennen.

Teil ganzseitigen Abbildungen enthalten die letzten Blätter etwa genauso viele Bilder wie das gesamte restliche Manuskript. Dieser Explosion entspricht, auf der Ebene von Komposition und Bildsprache, eine Eskalation. Die Autorennenbilder bieten erratische Bildausschnitte, verwirrende Blickachsen und unstimmige Figur-Grund-Verhältnisse. Während der Monarch in den repräsentativen Kaiserporträts, die den ersten Teil der *Imperjalja* dominieren, seinen Betrachtern stets direkt und frontal zugewandt ist, erscheint sein Antlitz in den Autorennenbildern oft verdeckt, und in einigen Bildern sieht man ihn nur von hinten. Über den kaiserlichen Rücken spannt sich die eng geschnittene Jacke einer „Bonner Husarenuniform"[4] und prägt ihm mit goldenen Zierschnüren ein tierhaft blickendes Gesicht auf (vgl. Abb. 14).

So vollziehen die Autorennenbilder am Ende der *Imperjalja*, obgleich der Kaiser weiterhin Hauptmotiv ist, im Verhältnis zu den vorangegangenen Abbildungen des Manuskripts gleich mehrfache Registerwechsel: von der politischen Repräsentation zur Sportberichterstattung, von der im Fotostudio eingenommenen Pose zum Schnappschuss vor Ort, vom Ewigkeitsbegehren des Herrscherpor-

---

[4] o. V.: Gordon-Bennett-Rennen. In: Frankfurter Zeitung, 17. Juni 1904, S. 4.

träts zur intensivierten Augenblickshaftigkeit der Momentfotografie. Die *Imperjalja* sind damit an der Bruchstelle grundsätzlich unterschiedlicher Logiken des Bildes zu verorten. Der Bruch der Psychose überlagert sich mit einem Bruch im Bildästhetischen und Bildtechnologischen.

Mit den Bildern vom Gordon-Bennett-Autorennen, die voller Fuhrwerke und Fahrgestelle sind, die Kutschen, Limousinen und Rennwagen zeigen, Räder und Speichen, mit diesen Bildern beginnt etwas am Rad zu drehen und aus dem Ruder zu laufen. Etwas hat sich aus seiner Fixierung und Feststellung gelöst und Fahrt angenommen. Es geht um einen umfassenden Verdacht: „[A]uf nebenstehendem Bild aus ‚La Vie en [sic!] Grand Air' N. 302. Paris 23 Juni 1904, sieht man nach einem fotografischen Klischee Wilhelm II den Sieger Théry an sich vorbeipaßiren, dieses Bild ist [...] mit gröster Sicherheit als Fälschung zu erklären", urteilt Panizza mit bibliografischer Akkuratesse und paranoischer Gewissheit.[5] Er findet, dass die vermeintlich auf den Bildern Abgebildeten sich selbst nicht ähnlich sind (vgl. Abb. 12, links) und betont, „daß die Dame im Wagen weder der Kaiserin, noch der Herr im Wagen dem Kaiser gleich sieht". Im Falle des siegreichen Rennfahrers Théry (vgl. Abb. 12, rechts) sieht Panizza die Unähnlichkeit gar Geschlechtergrenzen überschreiten; der sei „auf seinem Wagen als – Weib: dargestellt und fotografirt [...] (s. Illustrazjon aus dem Journal)".

Hinter den von ihm unterstellten Bildfälschungen vermutet Panizza die immer noch kaisertreue Regierung unter der Führung von Reichskanzler Bernhard von Bülow, die „alles aufwendet, unter Zuhilfenahme des ofizjellen und privaten Preßeaparates, um das Publikum glauben zu machen, daß der Kaiser in gloribus steht und ofizjellen Empfängen und Sportfestlichkeiten beiwohnt", während die gesamte kaiserliche Familie de facto doch „längst tot" bzw. „*sicher tot* ist": „Die Kaiserin halte ich für definitiv mit dem Leben fertig", schreibt Panizza und wettet „10 gegen 1 [...], daß der Kaiser [...] ebenfalls nicht mehr am Leben ist". Deutlich wird damit zugleich noch einmal, dass der von Marin beschriebene Porträteffekt hier tatsächlich nicht mehr funktioniert, sondern, irgendwann im Laufe des neunzehnten Jahrhunderts und irgendwo zwischen Paris und Preußen, seinen Geist aufgegeben hat.

Die Bilder vom Autorennen sind für Panizza also, um Lacans Begriff wieder aufzugreifen, zum Schirm geworden. Alles, was auf diesen als Schirm aufgefassten Fotografien sichtbar wird, alles, was sie zu sehen geben, erscheint Panizza als kalkuliert „Zu-sehen-Gegebenes (un donné-à-voir)",[6] inszeniert mit der Absicht, wie er schreibt, „das Publikum glauben zu machen, daß der Kaiser in gloribus

---

5 Für dieses und die folgenden Zitate siehe Panizza: Imperjalja, S. 142–145.
6 Lacan: Die vier Grundbegriffe, S. 80.

steht". Das auf dem Bild als Schirm Zu-sehen-Gegebene provoziert also den paranoischen Verdacht, dass getäuscht und verfälscht, verborgen und dissimuliert wird. Es provoziert die paranoische Frage danach, was nicht zu sehen gegeben, was nicht sichtbar wird. Wie kommt es, dass zum Ende der *Imperjalja* die fotografischen Abbildungen sich zum Schirm gewandelt haben? Woran entzündet sich der paranoische Verdacht, der den Zeitungsbildern Betrug und Fälschung unterstellt und sie für fingiert hält, mit dem Ziel, Tote lebendig erscheinen zu lassen?

Panizzas Begriff vom „fotografischen Klischee" weist in dieser Frage den Weg. Er unternimmt zugleich eine korrekte Bestimmung des medialen Status' der Bilder. Denn genau genommen handelt es sich bei den von Panizza aus Zeitungen und Zeitschriften ausgeschnittenen Bildern vom Gordon-Bennett-Rennen nicht um Fotografien, sondern um auf Zeitungspapier gedruckte Reproduktionen von Fotografien. Es handelt sich um „nach Fotografien hergestellte [...] Klischees", wie Panizza präzise differenzierend schreibt. Das Wort „Klischee", zu Deutsch „Abklatsch", bezeichnet in seiner ursprünglichen Bedeutung eine Druckform oder Druckvorlage für Hochdruckverfahren. Manchmal, und Panizza tut dies, wird auch der mittels dieser Druckvorlage erzeugte Druck selbst Klischee genannt:

> Der Kaiser soll mit der Kaiserin am 17. Juni 1904 in dem sog. Gordon-Bennett-Automobil-Rennen bei Saalburg anwesend und die siegreiche französische Firma beglükwünscht haben. Das Journal brachte am 18ten in der Früh um 6 Uhr das beifolgende Klischee von der Ankunft des Kaisers bei der Tribüne (um 6 1/4 in der Früh) und andere vom Wagen und der Person des Siegers Thery, (der um 9 Uhr 3 M. Nachm. einlangte). Es ist in der Zwischenzeit unmöglich eine Fotografie zu entwikeln und das Klischee (Zinkäzung) davon zu fertigen, und nach Paris zu schiken.[7]

Panizzas Unterscheidung zwischen Fotografie auf der einen Seite und gedrucktem Klischee auf der anderen eröffnet einen Spalt, eine Lücke, in welcher der paranoische Verdacht sich einnistet. Noch einmal anders gesagt: Die Unterscheidung zwischen Fotografie und Klischee bildet das Loch, durch welches der Glaube und das Vertrauen an den Wahrheitsanspruch und Wirklichkeitsgehalt der Bilder ausströmen, während im Gegenzug die unheimliche Anmutung umfassender „Pseudizität"[8] Einzug hält. Die Bilder der Zeitung erscheinen plötzlich fragwürdig, alle Wörter und Sätze ein Trug:

> Wir haben es also höchst wahrscheinlich in dem ganzen Gordon-Bennett-Rennen [...] mit einem Pseudo-Ereignis zu tun, wie es wahrscheinlich auch das Gordon-Bennett-Rennen

---

7 Panizza: Imperjalja, S. 141–142.
8 Panizza: Imperjalja, S. 73.

in Irland im vorigen Herbst und das Automobil-Rennen Paris-Madrid mit seinen enormen Unglüksfällen, im vorigen Sommer, war; eine Vermutung, an der natürlich auch die koloßalen Rennberichte aus der ‚Frkf. Ztg.' nichts ändern.⁹

Man kann Panizzas Rede vom „Pseudo-Ereignis" prophetisch nennen; denn der Begriff ist später, ein halbes Jahrhundert nach Panizzas Pressekritik in den *Imperjalja*, tatsächlich geprägt und von dem US-amerikanischen Historiker Daniel Boorstin wie folgt definiert worden:

> (1) It is not spontaneous, but comes about because someone has planned, planted, or incited it. [...] (2) It is planted primarily (not always exclusively) for the immediate purpose of being reported or reproduced. Therefore, its occurrence is arranged for the convenience of the reporting or reproducing media. Its success is measured by how widely it is reported. [...] (3) Its relation to the underlying reality of the situation is ambiguous. Its interest arises largely from this very ambiguity. Concerning a pseudo-event the question, „What does it mean?" has a new dimension.¹⁰

Mit dem Pseudo-Ereignis findet sich bestätigt, was der Paranoiker schon immer gewusst hat – dass die Dinge und Geschehnisse von irgendjemandem geplant, angeregt, arrangiert sind, dass sie einen bestimmten Zweck, eine Absicht verfolgen, dass ihr Wirklichkeitsgehalt ungewiss ist: „Was soll das bedeuten?", jene Frage, die Boorstin zufolge mit dem Pseudo-Ereignis eine „neue Dimension" erhält – das ist natürlich auch die typische Frage des Paranoikers. Für das beargwöhnte Gordon-Bennett-Autorennen ist Panizzas Beschreibung als Pseudo-Ereignis auch im Boorstin'schen Sinne treffend, denn das Gordon-Bennett-Autorennen war tatsächlich als Medienereignis konzipiert worden. Im Jahr 1900 von dem amerikanischen Verleger und Zeitungsmagnaten James Gordon Bennett Jr., dem Herausgeber des *New York Herald*, gestiftet, war das Rennen ein von der Presse für die Presse konzipiertes Ereignis, geschaffen, um Jahr für Jahr darüber berichten und die Zeitungsauflagen steigern zu können. Nach den Autorennen, die 1905 zum sechsten und letzten Mal stattfanden, stiftete Gordon Bennett Jr. noch weitere Sportereignisse, darunter einen prestigeträchtigen Ballonwettbewerb, den es bis heute gibt.¹¹

Für die hier entwickelte Argumentation ist wichtig, dass Panizza die Pseudizität des Pseudo-Ereignisses an die Frage des fotografischen Klischees bindet.

---

9 Panizza: Imperjalja, S. 143.
10 Daniel Boorstin: The Image: A Guide to Pseudo-Events in America. New York 1992 [1961], S. 11.
11 Vgl. Rudolf Stöber: Deutsche Pressegeschichte. Einführung, Systematik, Glossar. Konstanz 2000, S. 195 sowie Carlo Demand und Paul Simsa: Kühne Männer, tolle Wagen. Die Gordon Bennett-Rennen 1900–1905. Stuttgart 1987.

Das fotografische Klischee stellt somit einen jener Orte dar, an denen der paranoische Verdacht sich in besonderer Weise auskristallisiert und verhärtet. Die Reproduktion und Reproduzierbarkeit fotografischer Bilder repräsentieren einen jener Punkte, der die Wahrnehmung ins Paranoische kippen lässt, am dem sie ins Paranoische gekippt ist. Die fotografischen Bilder erscheinen in der Folge als Schirm, der Fragen nach dem aufkommen lässt, was latent bleibt und verworfen wird, was hinter den Bildern ist, was nicht in ihnen sichtbar wird.

Wiederholung

Die Auseinandersetzung mit Fragen technischer Reproduktion und Reproduzierbarkeit setzt die *Imperjalja* in ein nachbarschaftliches Verhältnis zu einem anderen paranoischen Wahnsystem, das etwa zeitgleich zu Papier gebracht wird, aber ungleich größere Bekanntheit erlangt: Schrebers *Denkwürdigkeiten eines Nervenkranken*, die 1903 in dem auf Spiritismus spezialisierten Verlag Oswald Mutze in Leipzig erscheinen. Das Buch des ehemaligen Dresdener Gerichtspräsidenten ist der ehrgeizige und großangelegte Versuch, ein Weltbild und Wahngebäude in allen Einzelheiten darzustellen, und präsentiert sich – auch im Sinne einer Rehabilitierung und Aufhebung der Entmündigung seines über Jahre in psychiatrischen Anstalten internierten Autors – als philosophisch-theologischer Entwurf.[12]

Wie in den *Imperjalja* stehen auch in Schrebers *Denkwürdigkeiten* immer wieder Verfahren der Speicherung und Vervielfältigung im Mittelpunkt, die weder Hand noch Hirn eines Menschen involvieren. Das „Aufschreibesystem", dem Schreber sich unterworfen wähnt – „Man unterhält *Bücher oder sonstige Aufzeichnungen*, in denen nun schon seit Jahren alle meine Gedanken, alle meine Redewendungen, alle meine Gebrauchsgegenstände, alle sonst in meinem Besitze oder in meiner Nähe befindlichen Sachen, alle Personen, mit denen ich verkehre usw. *aufgeschrieben* werden" –, ist Inbegriff geistloser Mechanik und wird von „auf entfernten Weltkörpern" sitzenden Wesen betrieben, die „des Geistes völlig entbehren" und „ganz mechanisch" das Aufschreiben besorgen.[13]

---

12 Zu den *Denkwürdigkeiten* als Mittel im Kampf um Rehabilitierung vgl. Martin Stingelin: Psychiatrisches Wissen, juristische Macht und literarisches Selbstverhältnis. Daniel Paul Schrebers „Denkwürdigkeiten eines Nervenkranken" im Licht von Michel Foucaults „Geschichte des Wahnsinns". In: Scientia Poetica. Jahrbuch für Geschichte der Literatur und der Wissenschaften 4 (2000), S. 131–164. Grundlegend darüber hinaus: Eric L. Santner: My Own Private Germany. Daniel Paul Schreber's Secret History of Modernity. Princeton 1996.
13 Schreber: Denkwürdigkeiten, S. 93, kursiv im Original.

Mechanisch und geistlos sind auch die Stimmen in Schrebers Kopf. Das endlose Gemurmel, dem er sich ausgeliefert sieht, transportiert keine Botschaften und kommuniziert nichts, sondern figuriert als bloßes „Sprechmaterial", das Gegenstand aller möglichen Manipulationen und Deformationen, wie etwa Zerdehnung und Verlangsamung, wird und derart in seiner lautlichen Materialität erfahrbar wird. So registriert Schreber beispielsweise, „daß das Sprechen der Stimmen in immer langsamerem Tempo geschieht", wodurch die Sätze in die Länge gezogen werden wie ein Gummiband: „Ein ‚aber freilich' gesprochen ‚a-a-a a-b-e-e-e-r fr-ei-ei-ei-li-i-i-i-ch', oder ein ‚Warum sch.....Sie denn nicht?' gesprochen ‚W-a-a-a-r-r-u-m sch-ei-ei-ei-ß-e-e-n Sie d-e-e-e-e-n-n n-i-i-i-i-icht' beansprucht jedesmal vielleicht 30 bis 60 Sekunden, ehe es vollständig herauskommt."[14] Die ständige und endlose Wiederholung der Stimmen treibt den gesprochenen Sätzen jeden Sinn und jede Bedeutung aus: „Das Gerede der Stimmen war [...] überwiegend ein ödes Phrasengeklingel von eintönigen, in ermüdender Wiederholung wiederkehrenden Redensarten [...], beständig wiederkehrende leere Phrasen, mit denen man mich seit Jahren in tausendfältiger Wiederholung in nahezu unerträglicher Weise gequält hat und noch quält."[15]

Für Lacan tritt an Stellen wie diesen hervor, dass Schrebers Wahn „in der Ordnung seiner Beziehungen zur Sprache situiert" ist und die Psychose sich als gestörtes Verhältnis erweist „mit etwas, das das gesamte Funktionieren der Sprache, der symbolischen Ordnung und des Diskurses betrifft".[16] Der Psychotiker wird „bewohnt, besessen von der Sprache" und spiegelt darin die „halb-äußerliche[ ] Lage", in der jedes menschliche Subjekt sich gegenüber der Sprache befindet.[17] In seiner Lektüre von Schrebers *Denkwürdigkeiten* hebt Lacan darüber hinaus die Rolle der floskelhaften Wiederholung hervor und belegt sie mit dem Begriff „Ritornell": „Das ist die Formel, die sich wiederholt, wieder von vorn anfängt, eingetrichtert wird mit stereotyper Hartnäckigkeit."[18] Das Ritornell steht für ein geistloses, kopfloses Sprechen, das konsequenterweise auch von kleinen Tierchen übernommen werden kann; bei Schreber sind das die „gewunderten Vögel", deren Hauptaufgabe im „Ableiern der ihnen eingebläuten (auswendig gelernten) Phrasen" und „einge-

---

14 Schreber: Denkwürdigkeiten S. 154 und 163.
15 Schreber: Denkwürdigkeiten, S. 119 und 123.
16 Lacan: Psychosen, S. 170 und 153.
17 Lacan: Psychosen, S. 296 und 247.
18 Lacan: Psychosen, S. 43. Auch Thomas Pynchons Paranoia-Roman *Gravity's Rainbow* greift auf das Verfahren des Ritornells zurück: „Immer wieder kommt der Roman zum Stillstand, weil fiktive Rumbas, Beguines, Foxtrotts, Blues-Improvisationen usw. [...] Handlungen und Komplotte umbiegen in Ritornelle, in eine ewige Wiederkehr von Strophe und Chorus." Siehe Kittler: Medien und Drogen in Pynchons Zweitem Weltkrieg, S. 131.

pfropften Redensarten" besteht, die ihnen „in konstanter Wiederholung zum Sprechen mitgegeben werden": „sie leiern dieselben ab, ohne die Bedeutung der Worte zu kennen", schreibt Schreber.[19] Durch ritornellförmige Wiederholungen wird die Sprache, mit der Schreber es zu tun hat, von Sinn und Bedeutung entleert; es geht um ein Sprechen, das abgetrennt ist vom Denken und Verstehen und stattdessen von Schreber in seiner geistlosen Materialität exploriert und beschrieben wird.

Kittler, das ist bereits in der Einleitung dieser Studie angesprochen worden, liest die Sprachdeformationen, die bei Schreber auftauchen, als Beschreibung von Medieneffekten und die *Denkwürdigkeiten* als Diskurs darüber, was technische Medien um 1900 mit Sprache, Sinn und Geist anstellen, indem sie neue Möglichkeiten von Speicherung und Reproduktion zur Verfügung stellen. So weise das „schwachsinnige[ ] Inventarisieren" das von Schreber beschriebene Aufschreibesystem als „Maschinenspeicher" aus: „Die paranoische Maschine arbeitet wie eine Verbundschaltung aller Datenspeicher, die um 1900 das Aufschreiben revolutionieren."[20] Die geistlosen und mechanischen Wiederholungen, von denen in den *Denkwürdigkeiten* so ausdauernd die Rede ist, verweisen demnach auf jene Wiederholungen, die Effekte technischer Medien sind und Teil der technischen Reproduzierbarkeit von Stimme und Sprache.

Allerdings ist die Wiederholung – als Effekt gewunderter Vögel oder technischer Medien – nichts, was Schreber einfach erleiden würde. Vielmehr wird sie zur Grundlage einer Gegenstrategie und Poetik: Schreber macht sich das Ritornell zu eigen. Weil die gewunderten Vögel den *„Sinn der von ihnen gesprochenen Worte"* nicht verstehen, dafür aber „eine natürliche Empfänglichkeit für den *Gleichklang der Laute"* besitzen, ergibt sich für Schreber die „Möglichkeit, die mit mir sprechenden Vögel durch willkürliches Zusammenwerfen ähnlich klingender Worte zu verwirren" – Hauptsache, es reimt sich: „‚Santiago' oder ‚Carthago' / ‚Chinesenthum' oder ‚Jesum Christum' / ‚Abendroth' oder ‚Athemnoth'".[21] So setzt Schreber der Tortur der sich endlos wiederholenden Phrasen und Stimmen eigene Verfahren der Wiederholung entgegen. Wenn weder „leise[s] Zählen" noch „laute[s] Schimpfen" etwas gegen den durch die Stimmen ausgeübten „Denkzwang" ausrichten können, dann hilft als letztes Mittel immer noch die Wiederholung von auswendig Gelerntem:

> Ich habe eine große Anzahl von Gedichten, namentlich Schiller'sche Balladen, größere Abschnitte aus Schiller'schen und Göthe'schen Dramen, aber auch Opern-Arien und Scherzgedichte, u.A. aus Max und Moritz, aus dem Struwwelpeter und Spekters Fabeln

---

19 Schreber: Denkwürdigkeiten, S. 156 und 154.
20 Kittler: Aufschreibesysteme 1800/1900, S. 361–363.
21 Schreber: Denkwürdigkeiten, S. 154, kursiv im Original.

> auswendig gelernt, die ich dann im Stillen *verbotenus* aufsage. Auf den poetischen Werth der Gedichte kommt es dabei natürlich an und für sich nicht an [...].[22]

Wenn das Ritornell, mit Lacan, das ist, was „auswendig gelehrt, eingetrichtert wird, und das ohne jeglichen Sinn wiederholt wird",[23] so erweist Schreber sich hier selbst als vollendeter Agent des Ritornells und Medium der geistlosen Reproduktion. Nur Wiederholung hilft, wo Wiederholung herrscht.

Stereotypie

Dass Wahn und Wiederholung miteinander zu tun haben, dass der Wahn sich wiederholt und dass Wiederholungen im Gegenzug wahnhaft sein können, ist für die Psychiatrie um 1900 eine ausgemachte Sache. So hat sie bestimmte Wiederholungen zum Krankheitssymptom erklärt und mit dem Namen „Stereotypie" belegt. Darunter versteht die Psychiatrie Wiederholungen, die, wie Schrebers Stimmen, „leer" sind, keinen Bezug zur Realität zu haben scheinen und gänzlich sinnlos anmuten. Stereotypien, definiert ein Schweizer Psychiater Anfang der 1920er Jahre und resümiert damit den Stand der Forschung, sind

> Äußerungen auf motorischem, sprachlichem und gedanklichem Gebiet, die von einer Person oft während sehr langer Zeit immer in der gleichen Form wiederholt werden, und die, vom Gesamtgeschehen vollständig losgelöst, d. h. autonom, weder eine Stimmung ausdrücken, noch sonst einem Zweck in der (objektiven) Wirklichkeit angepaßt sind.[24]

Es handelt sich, psychiatrisch gesehen, um eine komplexe Erscheinung, deren große „Wandelbarkeit der Form" ebenso „mannigfaltig[en]" Ursachen und Bedeutungen entspricht; weil die „zunehmende Neigung zu Stereotypierung [...] stets auf eine fortschreitende Verblödung [...] schließen lässt", wird die Stereotypie als „diagnostisch wie auch prognostisch sehr wertvolles Symptom" eingestuft.[25]

---

[22] Schreber: Denkwürdigkeiten, S. 163f., kursiv im Original.
[23] Lacan: Die Psychosen, S. 120.
[24] Jakob Kläsi: Ueber die Bedeutung und Entstehung der Stereotypien. Berlin 1922, S. 1. Kläsi versammelt verschiedene Ansätze und Lehrmeinungen (u.a. von Kraepelin, Bleuler, Wernicke, Kahlbaum) und bietet damit einen guten Überblick über die zeitgenössische psychiatrische Diskussion der Stereotypie. Für eine noch frühere Auseinandersetzung, die die Stereotypie in Bezug zur Perseveration zu setzen versucht, vgl. Karl Heilbronner: Über Haftenbleiben und Stereotypie. In: Monatsschrift für Psychiatrie und Neurologie 18 (1905), Ergänzungsheft, S. 293–371.
[25] Kläsi: Ueber die Bedeutung, S. 95, 103 und 20.

Noch die gegenwärtige Psychiatrie greift auf den Begriff zurück, um Gesten zu beschreiben, die sich „allmählich verkürzen, verstümmeln und sich dann zu bloßen Hüllen ohne Sinn reduzieren", ausgeführt „mit einer Art unbeteiligten Selbstverständlichkeit": „Die Gleichförmigkeit des Ablaufs, das Bestehen über längere Zeit, die Entleerung von Sinn und emotionalem Gehalt, die Automatisierung bis zu einem verkürzten ideomotorischen Akt und die Zusammenhangslosigkeit mit der jeweiligen realen Situation sind die Kennzeichen der Stereotypie", heißt es in einem Lexikon.[26]

Was in den psychiatrischen Definitionsbemühungen nicht aufscheint, ist die Herkunft des Begriffs. Denn genau wie das Klischee oder das Stereotyp, die längst in den allgemeinen Wortschatz eingewandert sind und vorrangig in ihren metaphorischen Verwendungen zum Einsatz kommen, stammt auch der psychiatrische Fachterminus Stereotypie ursprünglich aus dem Bereich des Buchdrucks. Das 1838 in Braunschweig veröffentlichte *Handbuch der Stereotypie* definiert Stereotypie (von griech. *stereos* = „fest" und griech. *typos* = „Zeichen, Buchstabe, Druckletter") als die „Kunst, solide Platten aus Matrizen zu giessen, welche von aus beweglichen Lettern componirtem Schriftsatz entnommen wurden", und datiert deren Anfänge auf das Frankreich des späten siebzehnten Jahrhunderts.[27] Zweck und Ziel stereotypischer Verfahren liegen darin, aus beweglichen Lettern gesetzte Druckvorlagen herzustellen, die sich speichern lassen, um bei Bedarf weitere Abzüge herstellen zu können.

Es handelt sich bei der Stereotypie im psychiatrischen Sinn also um eine mediale, medientechnische Metapher. Der Begriff, auf den die Psychiatrie die wahnhafte, weil sinnlose Wiederholung gebracht hat, ist Resultat der Übertragung eines Begriffs aus der Drucktechnik. Von Belang ist hierbei nicht nur, dass man es im Herzen der psychiatrischen Nosologie mit bildlichem Sprechen zu tun hat. Die Herkunft der Metapher macht überdies deutlich, wie sehr die Psychiatrie um 1900 die krankhafte Wiederholung als automatisierte und technische gedacht hat. Die Stereotypie führt damit ins Zentrum dessen, was man das mediale Unbewusste des psychiatrischen Diskurses nennen könnte.[28]

---

26 S. Wieser: Stereotypien. In: Christian Müller (Hg.): Lexikon der Psychiatrie. Berlin 1986, S. 642–643.
27 Heinrich Meyer: Handbuch der Stereotypie. Braunschweig 1838, S. 2. Vgl. auch Carl Kempe: Die Papierstereotypie. Ein Wegweiser durch die Flach- und Rundstereotypie. Illustriertes Handbuch für Stereotypeure und Buchdrucker. Nürnberg 1904.
28 Zum Begriff des medialen Unbewussten siehe Joseph Vogl: Technologien des Unbewußten. Zur Einführung. In: Claus Pias, Joseph Vogl, Lorenz Engell, Oliver Fahle und Britta Neitzel (Hg.): Kursbuch Medienkultur. Die maßgeblichen Theorien von Brecht bis Baudrillard. München 1999, S. 373–376, hier S. 374.

Dass dieses auch in psychiatrischen bzw. psychoanalytischen Diskursen zur Paranoia noch Wirksamkeit entfaltet, zeigen Lacans Arbeiten aus den 1930er Jahren, in denen eine Engführung von (druck- und reproduktions-)technischen Sachverhalten auf der einen und psychiatrischen auf der anderen sich ebenfalls nachweisen lässt. Seine Dissertationsschrift *Über die paranoische Psychose* von 1932 besteht, nach einer Zusammenfassung bisheriger psychiatrischer Paranoiaforschung, aus einer Einzelfalldarstellung mit dem Titel „Der Fall ‚Aimée' oder Die Selbstbestrafungsparanoia".[29] Es geht darin um eine junge Frau, die nach dem Messerangriff auf eine bekannte Pariser Theaterschauspielerin in die psychiatrische Anstalt Sainte-Anne eingeliefert wird. Sie gibt an, von der Schauspielerin verhöhnt und verfolgt worden zu sein. Lacan betont, dass es sich bei der attackierten Schauspielerin um nur eine aus einer ganzen Reihe von Verfolgerinnen handelt, von denen die Patientin sich gedemütigt fühlt, und schreibt: „Sie sind [...] die Dubletten, Tripletten und sukzessiven ‚Nachauflagen' eines *Prototyps*."[30] So tauchen, wenn es um die paranoische Psychose geht, auch bei Lacan das Druckwesen und die drucktechnische Reproduktion wieder auf. Die Paranoia kopiert, reproduziert und vervielfältigt, sie erscheint als eine Pathologie der Wiederholung: „Der Wahn erweist seine große Fruchtbarkeit in Phantasien zyklischer Wiederholung, allgegenwärtiger Vervielfältigung und endloser periodischer Wiederkehren derselben Ereignisse, in Doubletten und Tripletten derselben Personen", schreibt Lacan an anderer Stelle und beschreibt die Paranoia damit als Reproduktionsmechanismus und Vervielfältigungsmaschine.[31]

Autotypie

Lacans Beobachtung trifft sicherlich auch auf die Erzähl- und Schreibweisen der *Imperjalja* zu, denen an vielen Stellen stereotype Wiederholungen, endlose Vervielfältigungen von Figuren und floskelhafte Wendungen nachgewiesen werden könnten – geschenkt. Viel entscheidender ist, dass die *Imperjalja* darüber hinaus die Wiederholung explizit zum Thema machen, und zwar die Wiederholung als Reproduktion, die Wiederholung als Effekt technischer Medien. Im Gegensatz

---

[29] Zum komplizierten Verhältnis zwischen Lacan und Aimée, deren wirklicher Name Marguerite Anzieu gewesen ist und deren Sohn Didier später selbst eine Analyse bei Lacan begonnen hat, vgl. Tuschling: Deutungswahn und Wahnanalyse sowie Anna Tuschling: Aimée. Paranoide Tat und dokumentarische Geste. In: Timm Ebner, Rupert Gaderer, Lars Koch und Elena Meilicke (Hg.): Paranoia. Lektüren und Ausschreitungen des Verdachts. Wien 2016, S. 88–105.
[30] Lacan: Über die paranoische Psychose, S. 251, kursiv im Original.
[31] Lacan: Das Problem des Stils, S. 382.

also zum psychiatrischen und psychoanalytischen Wissen, das die medientechnologische Herkunft von Begriffen wie Stereotypie nicht thematisiert und nicht thematisieren kann, weil es sich ihrer nicht bewusst ist, strengt Panizzas paranoische Ermittlung einen Diskurs über die Wiederholung an, der diese streng an medientechnologische Bedingungen rückbindet, und setzt sich mit den medialen und technischen Bedingungen von Reproduktion um 1900 auseinander. Anders als bei Schreber geht es dabei nicht um jene Wiederholungen, denen Sprache und Stimme ausgesetzt werden, sondern um die Reproduktion von Bildern: Was Schreber das Ritornell, ist Panizza das Klischee. Ausgehend vom fotografischen Klischee, so die These, entwickeln die *Imperjalja* eine Auseinandersetzung mit technischen Bildern, die deren Materialität und Medialität sowie die Bedingungen ihrer Reproduzierbarkeit und Übertragung zu denken versuchen.

Angesichts von Bildern, die Schirm geworden sind, und befeuert vom paranoischen Verdacht entwickeln die *Imperjalja* eine Bildkritik, die bei Fragen bildlicher Repräsentation und Semantik nicht Halt macht, sondern auf der Ebene der Medialität und Materialität fotografischer Abbildungen ansetzt, diese Bilder als dezidiert technische denkt und konkrete Verfahren und Technologien drucktechnischer Reproduktion thematisiert. Explizit nämlich (wenn auch beiläufig und in Klammern gesetzt) benennt Panizzas Verdacht, der sich ans Klischee geheftet hat, das drucktechnische Verfahren zu dessen Herstellung: Es ist die „(Zinkätzung)", wie Panizza schreibt; man spricht auch von Zinkautotypie.

Mit diesem Verweis auf die Zinkätzung bzw. Zinkautotypie offenbaren die *Imperjalja* ein genaues Wissen um zeitgenössische Techniken und Praktiken fotografischer Reproduktion.[32] Wie man von der Fotografie zum gedruckten Bild in der Zeitung gelangt, das ist um 1900 eine alles andere als lapidare Frage, nämlich eine erst vor Kurzem gelöste technische Herausforderung.[33] Das Problem liegt darin, Fotografien in Druckvorlagen zu übertragen, die mit den gängigen Verfahren des Zeitungsdrucks kompatibel sind. Als eine französische Zeitschrift im Jahr 1848 zum ersten Mal eine nach der Vorlage einer Daguerreotypie gefertigte Abbildung veröffentlicht (sie zeigt eine Barrikade der Juni-Revolution 1848), da liegt die Herstellung des Druckstocks noch in der Hand eines Graveurs, der die

---

32 Panizza: Imperjalja, S. 142. Panizzas Wissen um die Feinheiten fotografischer Reproduktion dürfte auch mit seinen eigenen Herausgebertätigkeiten in Verbindung stehen. Seit 1897 gibt er die Zeitschrift *Zürcher Diskußjonen* heraus. Vgl. Düsterberg: „Die gedruckte Freiheit".
33 Die folgende Darstellung zur Autotypie beruht auf Gilles Feyel: Les transformations technologiques de la presse au XIXe siècle. In: Dominique Kalifa, Philippe Régnier, Marie-Eve Thérenty und Alain Vaillant (Hg.): La civilisation du journal. Histoire culturelle et littéraire de la presse française au XIXe siècle. Paris 2011, S. 97–139 sowie Weise: Pressefotografie I und Weise: Pressefotografie II.

Daguerreotypie zeichnerisch und per Hand in eine Druckvorlage überträgt. Weil dieses Verfahren umständlich und zeitraubend ist, wird die gesamte zweite Hälfte des neunzehnten Jahrhunderts über nach einer „praktikable[n] Verbindung von Photographie und Druckerpresse"[34] gesucht, also nach einem fotomechanischen Verfahren der Druckstockherstellung.

Die Zinkätzung bildet dann die Grundlage eines Verfahrens, das der Münchener Graveurmeister Georg Meisenbach 1881 entwickelt und das sich etwa ab Mitte der 1880er Jahre allmählich durchsetzt. Meisenbachs Zinkautotypie kombiniert fotografische, chemische und mechanische Vorgänge, um eine fotografische Vorlage ohne Intervention durch die Hand eines Zeichners in eine Druckvorlage zu übertragen – daher der Name „Autotypie", was sich als „Selbstdruck" ins Deutsche übersetzen lässt. Dabei wird die fotografische Vorlage mittels eines Rasters auf eine chemisch präparierte Zinkplatte belichtet, die sich durch anschließende Ätzung in einen hochdruckkompatiblen Druckstock verwandelt; dieser kann sodann problemlos in die Druckvorlage einer Zeitungsseite integriert werden.

Es dauert einige Zeit, bis das neue Bilddruckverfahren allgemeine Verbreitung findet. Zeitschriften – die erst als reich illustrierte zu Illustrierten werden – wenden es zuerst an, Tageszeitungen ziehen dagegen oft erst viel später nach. Die Zeitung *Le Journal*, deren treuer Leser Panizza ist und aus der mehrere jener Abbildungen stammen, die Wilhelm II. beim Besuch des Gordon-Bennett-Rennens zeigen, publiziert im Frühjahr 1903 erstmals die Reproduktion einer Fotografie – also nur wenige Monate, bevor Panizza mit der Arbeit an den *Imperjalja* beginnt.[35] Die Abbildungen vom Autorennen – Autotypien von Automobilen –, die Panizza in sein Album geklebt hat, gehören damit zu den ersten fotografischen Reproduktionen, die im *Journal* überhaupt publiziert worden sind. Anders gesagt: Die *Imperjalja* koinzidieren mit einem Umbruch im Bereich drucktechnischer Reproduktion; sie vollführen ihn mit und führen ihn an sich vor.

Während also der psychiatrische Diskurs um 1900 – und später auch die Psychoanalyse – die mechanische, technische Wiederholung als wahnhafte begreifen und für deren Beschreibung auf Begriffe wie Stereotypie zurückgreifen, deren Herkunft aus dem Bereich der Medien- und Drucktechnologie implizit und unbewusst bleibt, rückt die paranoische Ermittlung die materiellen Bedingungen drucktechnischer Reproduktion in den Mittelpunkt der Auseinandersetzung und diskursiviert sie: Autotypie statt Stereotypie. Die paranoische Bildbefragung, die

---

34 Dorothea Peters: Die Welt im Raster. Georg Meisenbach und der lange Weg zur gedruckten Photographie. In: Alexander Gall (Hg.): Konstruieren, Kommunizieren, Präsentieren. Bilder von Wissenschaft und Technik. Göttingen 2007, S. 179–244, hier S. 190.
35 Vgl. Feyel: Les transformations technologiques, S. 136.

am Ende der *Imperjalja* steht, macht dabei nicht Halt bei der Frage nach dem Inhalt oder der Bedeutung von Bildern, sondern nimmt deren konkrete materielle Verfasstheit, ihre spezifische Medialität in den Blick: Deshalb spricht Panizza nicht von Bildern oder Fotografien, sondern ganz spezifisch und präzise von Klischees und Zinkätzung. Die paranoische Bildbefragung und Ermittlung zielt also auf den Bereich jenseits der Repräsentation, indem die medialen Bedingungen der Repräsentation in den Blick rücken. Die paranoische Bildkritik – das macht Panizzas Auseinandersetzung mit Klischee und Autotypie deutlich – setzt unterhalb der Ebene der Repräsentation an, auf der Ebene von Technik, Materialität und Medium.

Voraussetzung dafür ist, Bilder vor und jenseits jeder synthetisierenden Gestalterkennung des Imaginären zu denken und wahrzunehmen, eine Disposition, die Panizzas paranoische Ermittlung, mit ihrem unverblümten Interesse an Materialitäten, ohne Schwierigkeiten einzunehmen versteht. Bezeichnenderweise ist es ein genau solcher Zugang zum Bild, ein solches Bildverständnis, dem sich auch die Technologie der Zinkautotypie selbst verdankt und das sich in das Reproduktionsverfahren eingeschrieben hat. Der Clou des Verfahrens besteht schließlich darin, das zu reproduzierende Bild nicht als Gestalt zu behandeln, sondern es in Bildpunkte aufzulösen. Es handelt sich bei den mit Hilfe der Autotypie hergestellten Klischees um gerasterte Bilder: Die fotografische Vorlage wird mittels eines Rasters auf eine chemisch präparierte Zinkplatte belichtet, die sich durch anschließende Ätzung in einen hochdruckkompatiblen Druckstock verwandelt. Das Raster ist von entscheidender Bedeutung, denn nur als aufgerasterte lassen sich Fotografien im Hochdruck wiedergeben. Die Halbtöne der Fotografie lassen sich nämlich im Hochdruck

> nicht direkt erzeugen: Da sich die Farbe auf der aus erhabenen, hochstehenden Druckelementen bestehenden Druckplatte nicht dosieren ließ – sie druckte oder druckte nicht –, konnte die Abstufung der Grauwerte, konnten fließende Übergänge zwischen Schwarz und Weiß nur durch den Abstand der druckenden Flächen voneinander reguliert werden.[36]

Das bei der Belichtung der fotografischen Vorlage verwandte Raster fungiert also als Instrument einer „optischen Bildzerlegung",[37] das die Halbtöne der Fotogra-

---

36 Peters: Welt im Raster, S. 194.
37 Peters: Welt im Raster, S. 201. Siehe auch Weise: Pressefotografie II, S. 32: „Mit der Zinkautotypie stand ein Bild-Reproduktionsverfahren zur Verfügung, das eine Fotografie in Punkte unterschiedlicher Flächenausdehnung zerlegte, die der Betrachter bei normalem Leseabstand als fließende Grautöne, entsprechend dem Original wahrnimmt. Auf diese Weise ist es gelungen, mit einer Farbe (der schwarzen Druckerfarbe) Halbtöne herzustellen."

fie in feine, mehr oder weniger eng beieinanderstehende Bildpunkte auflöst und „von den unendlich vielen Helligkeitsabstufungen eines photographischen Licht-Bilds nur noch Schwarz oder Weiß übrig lässt".[38] Das per Autotypie hergestellte fotografische Klischee ist also ein aus „Punkten bestehendes Bild, das sich das Auge, wie beim Holzstich oder bei einem pointillistischen Gemälde, in summierender, synthetisierender Wahrnehmung in allen Tonabstufungen und räumlicher Tiefe selbst zusammensetzen musste".[39] Summierend und synthetisierend setzt das Auge des Betrachters zusammen, was das Raster zuvor zerlegt und zersetzt oder auch – diskret gemacht hat:

> Diskretisierung bedeutet [...] im Falle des Bildes die Aufrasterung einer homogenen, analogen Bildgestalt in einzelne Bildpunkte, die in einer regelmäßigen Gitterstruktur von Zeilen und Spalten angeordnet werden können. In fließende Farbübergänge werden harte Schnitte eingefügt, ein Gesamtzusammenhang in einzelne Teile fragmentiert.[40]

Zwei Folgerungen ergeben sich hieraus. Erstens stellt die Autotypie eine wichtige Station in der „Geschichte von Punkten, Zeilen, Spalten als Bildern" dar, eine Geschichte, an deren Anfang die Weberei und an deren vorläufigem Ende die elektronischen Bilder und digitalen Rastergrafiken von Computer-Bildschirmen stehen.[41] Als Verfahren, das auf der Zersetzung und Fragmentierung der homogenen, analogen, intakten Bildgestalt basiert, ist Meisenbachs Autotypie zweitens eine Technik, die – so könnte man in Anspielung auf den Namen ihres Erfinders sagen – quasi eine Meise hat. Woraufhin das Interesse der paranoischen Ermittlung an der Autotypie wiederum konsequent ist. Im Verhältnis zur Bildgestalt – irgendwo zwischen Desinteresse und Destruktion – treffen sich psychotische Verwerfung und die Drucktechnologie der Autotypie.

Übertragung

Angesichts der Schirm gewordenen Bilder vom Gordon-Bennett-Rennen lautet die Frage, die Panizzas paranoische Ermittlung stellt, nicht in erster Linie, was

---

38 Birgit Schneider und Peter Berz: Bildtexturen. Punkte, Zeilen, Spalten. In: Sabine Flach und Georg Christoph Tholen (Hg.): Mimetische Differenzen. Der Spielraum der Medien zwischen Abbildung und Nachbildung. Kassel 2002, S. 181–219, hier S. 209.
39 Peters: Welt im Raster, S. 200. Dort steht auch der Hinweis darauf, wie diese Gesetze der Wahrnehmung seit den 1850er Jahren von der Psychophysik erforscht wurden.
40 Schneider und Berz: Bildtexturen, S. 185.
41 Schneider und Berz: Bildtexturen, S. 216.

diese Bilder zeigen, sondern vor allem, was sie nicht zeigen. Was ein Bild nicht zeigt, was sich an ihm in der Regel nicht ablesen lässt, das sind die Schritte und Operationen, die Techniken und Apparate, die ihm vorausgehen und zu seiner Herstellung notwendig sind. Die paranoische Ermittlung begreift die in der Zeitung publizierten Bilder als Blackbox, die es zu öffnen gilt. Diese Blackbox zu öffnen, das sichtbar zu machen, was die Bilder nicht zeigen – das meint auch, die Operationen sichtbar zu machen, die an ihrer Herstellung beteiligt sind.

Deshalb zerlegt Panizzas Beschreibung das in der Zeitung publizierte Bild vom Kaiserpaar in eine Reihe von Handlungsschritten, in eine Abfolge von Operationen: fotografieren, entwickeln, Klischee herstellen, nach Paris schicken, drucken. Damit handelt es sich bei Panizzas Unterscheidung zwischen Fotografie und Klischee nicht um eine ontologische Differenz, die etwa der Fotografie den Status eines Originals und dem Klischee den einer Kopie zuweisen würde, eine Differenz also, die mit unterschiedlichen Wahrheitswerten belegte Seinszustände des Bildes einrichten wollen würde. Man könnte vielmehr sagen, dass Panizzas Differenzierung eine operative Ontologie in Gang setzt, die nicht mehr das Bild an sich zu denken versucht, sondern es als Resultat und Effekt von Operationsketten begreift.

Als entscheidender Schritt, als entscheidende Operation drängt sich dabei jene der Übertragung in den Vordergrund. Gemeint ist die Übertragung der Fotografie ins druckfähige Klischee. Diese wird von Panizza zugleich als Übertragung in Raum und Zeit, als geradezu postalisch gedachte Sendung begriffen; Voraussetzung für den Abdruck und die Veröffentlichung einer Druckvorlage in *Le Journal* ist schließlich, wie Panizza bemerkt, „das Klischee [...] nach Paris zu schiken". Die Bildtelegrafie, die genau diesen Prozess der Übertragung und Verteilung von Bildern beschleunigen und dem Tempo der Nachrichtentelegrafie angleichen wird, ist zum Zeitpunkt der Niederschrift der *Imperjalja* zwischen 1903 und 1904 ihren Grundprinzipien nach zwar schon entworfen, harrt aber noch ihrer praktischen Umsetzung. Erst 1907 stellt der Berliner Ingenieur Arthur Korn seine Erfindung als einsatzbereite in Paris vor.[42] Die *Imperjalja* sind somit ein Text, der an der Schwelle zur Bildtelegrafie steht. Sie wird nicht explizit genannt, während das Problem, dessen Lösung die Bildtelegrafie gewesen sein

---

42 Vgl. Christian Kassung und Franz Pichler: Die Übertragung von Bildern in die Ferne. In: Albert Kümmel-Schnur und Christian Kassung (Hg.): Bildtelegraphie. Eine Mediengeschichte in Patenten (1840–1930). Bielefeld 2012, S. 101–121, hier S. 111. Zur Funktionsweise früher bildtelegrafischer Verfahren vgl. Arthur Korn und Bruno Glatzel: Handbuch der Phototelegraphie und Teleautographie. Leipzig 1911. Den Einband dieses Buches ziert übrigens eine bildtelegrafierte Abbildung des deutschen Kaiserpaars.

wird, in den *Imperjalja* bereits präzise beschrieben, ihr künftiger Einsatzbereich bereits genau umrissen ist.

So aber beschreibt Panizza die Übertragung als einen dezidiert mittelbaren Prozess, der eine bestimmte Wegstrecke und eine bestimmte Zeitspanne in Anspruch nimmt. Im Hintergrund des großen Autorennens sieht Panizza ein paralleles Rennen gegen die Zeit stattfinden, ein Rennen der Journalisten und Berichterstatter, eines, das „der unglükliche Preßeaparat" nicht gewonnen haben kann: „Es ist in der Zwischenzeit unmöglich eine Fotografie zu entwikeln und das Klischee (Zinkäzung) davon zu fertigen, und nach Paris zu schiken."[43] Als problematisch erweist sich also das Dazwischen, das „von hier nach dort" und „zwischen dann bis dann". In der Übertragung – von der Fotografie ins Klischee, von Paris nach Saalburg – ist der Wurm drin. Sie besetzt bei Panizza eine prekäre Zwischenzeit, einen prekären Zwischenraum, in dem alles Mögliche schieflaufen und für nichts – Echtheit, Wahrheit, das Leben des Souveräns – garantiert werden kann.

Doch gerade indem Panizza die Übertragung anzweifelt, sie als unmögliche und gescheiterte thematisiert, werden Übertragungsverhältnisse überhaupt sichtbar: „Systeme laufen, weil sie nicht laufen. Das Nicht-Funktionieren bleibt für das Funktionieren wesentlich. [...] Wenn die Beziehung glückt, perfekt, optimal, unmittelbar, dann hebt sie sich als Beziehung auf. Wenn sie da ist, existiert, so weil sie misslungen ist. Sie ist nur Vermittlung. [...] Wo Kanäle sind, ist auch Rauschen", schreibt Serres.[44] Übertragung, so kann man im Anschluss an Serres sagen, ist nur als scheiternde zu haben, und als solche taucht sie in den *Imperjalja* auf. Indem der paranoische Verdacht sich an die Übertragung heftet und sie als fragwürdige denkt, wird diese in den *Imperjalja* zum Ereignis. Die paranoische Ermittlung räumt der Übertragung ihre Zeit, ihren Raum, kurz: ihr Recht ein. Indem sie Übertragung als räumlich und zeitlich extensiven Prozess denkt, entsagt sie jeder Unmittelbarkeitsfantasie und rückt stattdessen die unhintergehbare Mittelbarkeit und Medialität der Übertragung in den Vordergrund. Gerade im paranoischen Zweifel, in der Sorge, im Misstrauen gegenüber der Übertragung artikuliert sich in Panizzas paranoischer Ermittlung das, was man ein spezifisch paranoisches Medien- und Übertragungswissen nennen könnte; sie nimmt eine quasi (proto-)medientheoretische Perspektive ein.

Mit den Abbildungen vom Kaiser beim Autorennen und den Ausführungen zu Übertragung, Klischee und Zinkätzung, die auf Juni 1904 zu datieren sind, enden die *Imperjalja*, oder vielmehr: sie brechen ab. Was danach passiert ist, darüber gibt eine *Selbstbiographie* Aufschluss, die Panizza fünf Monate später,

---

[43] Panizza: Imperjalja, S. 144.
[44] Serres: Der Parasit, S. 120.

im November 1904, in der Oberbayrischen Kreisirrenanstalt München auf Anweisung seiner Ärzte verfasst hat – ein Text, den Panizzas einstiger Kollege Kraepelin eine „in Form und Inhalt, abgesehen von den Wahnideen, tadellose Lebensschilderung" genannt hat.[45] Ebenso detailgenau und buchstäblich, wie in *Imperjalja* die Übertragung von Fotografien in Klischees verhandelt wird, zeichnet Panizza hier eine weitere, eine andere Übertragung nach, den Eintritt in die Anstalt als Weg, als Reise von Paris nach München. So beschreibt Panizza, wie er sich, von „Pfeifereien, Molestirungen" zerrüttet, „ziemlich plötzlich zur Abreise" entschließt und „am 23. Juni mit dem Abend-Schnellzug vom Lyoner Bahnhof aus Paris" verlässt.[46] Über die Schweiz reist er nach München, wie er, von sich selbst in der dritten Person sprechend, schildert: „Da hier ebenfalls die Molestirungen begannen, so präsentierte sich derselbe in der Kreisirrenanstalt München mit der Bitte um Aufnahme [...], wurde aber angeblich wegen Überfüllung abgewiesen."[47] Panizza lebt daraufhin drei Monate lang zurückgezogen in München, bis er seine Einweisung in eine Anstalt provoziert, indem er nackt über die Straße läuft:

> Der Coup gelang. Ergriffen und in ein nächstes Haus geführt, gab er dem herbeieilenden Polizisten einen falschen Namen, Ludwig Fromman, Stenograph aus Würzburg, an. Es wurde ein Sanitätswagen requirirt und Pazjent auf die Polizei gebracht, wo derselbe nach kurzem Examen durch den Herrn Bezirksarzt auf die Irrenstation des städtischen Krankenhauses I/J überführt wurde.[48]

Im März 1905 wird Panizza vom Amtsgericht München entmündigt und stirbt 17 Jahre später, im Jahr 1921, in einem Bayreuther Sanatorium. Ob er dort weiter Fotografien gesammelt und über die Bedingungen ihrer Reproduktion nachgedacht hat, weiß man nicht. Überliefert ist lediglich eine Sammlung von Bleistiftzeichnungen.[49]

---

45 Kraepelin: Einführung in die Psychiatrische Klinik, S. 222.
46 Oskar Panizza: Selbstbiographie. In: Friedrich Lippert (Hg.): In Memoriam Oskar Panizza. München 1926, S. 9–25, hier S. 22.
47 Panizza: Selbstbiographie, S. 23.
48 Panizza: Selbstbiographie, S. 25.
49 Vgl. Oskar Panizza: Pour Gambetta. Sämtliche in der Prinzhorn-Sammlung in der Psychiatrischen Landesklinik Heidelberg und im Landeskirchlichen Archiv Nürnberg aufbewahrte Zeichnungen, hg. von Armin Abmeier, Michael Farin und Roland Hepp. München 1989.

Teil II: **Paranoia und technisches Bild um 1990:
Zu den Polaroids von Horst Ademeit**

1 Polaroid Paranoid

Im September 1990 erwirbt Horst Ademeit, Langzeitarbeitsloser aus Düsseldorf-Flingern, eine *Polaroid Spirit 600 Supercolor* Sofortbildkamera und macht noch im Fotogeschäft ein erstes Bild, eine Probeaufnahme, die er aufbewahren wird (vgl. Abb. 15). Man erkennt darauf in der rechten Ecke einen Werbebanner für die neueste Spiegelreflexkamera von Nikon. Am linken Bildrand reihen und stapeln sich schön regelmäßig Filmboxen, und der weiße Verkaufstresen zeichnet eine schräg durchs Bild laufende Diagonale. Neben den klaren Linien und rechten Winkeln durchwabern Lichterscheinungen das Bild: ein hellgelb-orangenes Leuchten, hinter dem sich nur schemenhaft die Gestalt eines Verkäufers erahnen lässt, der Kopf des Mannes wird durch die Lichtschlieren überstrahlt. „27. Sept. 90 / Polaroid Probeaufnahme bei Kauf im Hako Geschäft", ist mit blauer Tinte unter der Aufnahme auf dem weißen Rahmen des Polaroids notiert.

Abb. 15: Horst Ademeit: Polaroid vom 27. September 1990. Nachlass Horst Ademeit, Copyright Delmes & Zander, Köln.

Mit dieser *Polaroid Spirit 600 Supercolor* entstehen in den nächsten Jahren Tausende von Sofortbildern, aufbewahrt in Kisten, gestapelt zu Häufchen und kleinen Packen (auch diese Aufbewahrung hat Ademeit in Sofortbildern dokumentiert). Dabei weist bereits das erste Bild aus dem Fotoladen eine Reihe ästhetischer Eigenheiten und Setzungen auf, die Ademeits gesamte Sofortbilderproduktion kennzeichnen werden. Hierzu zählen eine Vorliebe für Kompositionen, die das prägnante quadratische Bildfeld des Polaroid Sofortbilds mit starken Linien und dynamischen Diagonalen beleben; ein Interesse am Alltäglichen und Banalen auf der einen Seite, ein Desinteresse am menschlichen Gesicht und an der menschlichen Gestalt auf der anderen Seite; die exakte Datierung und Verortung der Bildinhalte durch extensive Anmerkungen am Bildrand; und schließlich: die Treue zum ‚verpfuschten' Bild, das etwa durch Lichtreflexe oder chemische Artefakte beeinträchtigt ist und dennoch nicht entsorgt wird – weggeschmissen wird nichts.

So häufen sich die Bilder im Laufe der Jahre. Als Ademeit im März 2008 aus gesundheitlichen Gründen seine Wohnung auflösen muss, um in ein Altersheim umzusiedeln, hat er an die Zehntausend Polaroids gemacht, allesamt aufbewahrt in durchsichtigen Plastiktütchen: „im Grunde war es mir ein Jammer fast den gesamten Wohnungs Inhalt dem Sperrmüll übergeben zu müssen und dachte auch daran noch die ca. 10 000 Polaroid Bilder ebenfalls dahin gehen zu lassen", schreibt er in einem 2011 veröffentlichten Lebensrückblick.[1] Eine Sozialarbeiterin und ein Psychiater stellen schließlich den Kontakt zu einer auf *Outsider Art* spezialisierten Kölner Galerie her, die den umfangreichen Bilderbestand übernimmt. Daraufhin nimmt Ademeits Karriere als Künstler ihren Lauf. Während er selbst im Jahr 2010 verstirbt, werden seine Fotografien 2011 im Hamburger Bahnhof in Berlin ausgestellt und 2012 auf der Biennale von São Paulo.

Zwei monografisch ausgerichtete Ausstellungskataloge präsentieren einen Teil von Ademeits umfangreichen Polaroid-Arbeiten,[2] darüber hinaus gibt es zu Ademeits Polaroids so gut wie keine im engeren Sinne kunsthistorische oder kulturwissenschaftliche Forschung.[3] Das folgende Kapitel unternimmt eine erste Annäherung an Ademeits privates Sofortbildarchiv und will die Regeln und Funk-

---

1 Horst Ademeit: Lebenslauf. In: ders.: Wohnen in der Strahlenkälte, hg. von Nicole Delmes und Susanne Zander. Köln 2011, S. 85–96, hier S. 96. Bei allen Zitaten wurden Ademeits Orthografie und Syntax unverändert übernommen.
2 Vgl. Udo Kittelmann und Claudia Dichter (Hg.): secret universe 1 – Horst Ademeit. Köln 2011 sowie Horst Ademeit: Wohnen in der Strahlenkälte, hg. von Nicole Delmes und Susanne Zander. Köln 2011.
3 Eine am Kunsthistorischen Institut der Universität Köln entstandene Dissertation widmet Ademeit einige Seiten. Vgl. Denise Wiedner: Korrelationen des Polaroids: Über das mediale Dispositiv der Sofortbildfotografie. Dissertation. Universität Köln 2016. Online unter: https://kups.ub.uni-koeln.de/7676/, letzter Zugriff 5. August 2020.

tionsweisen seiner exzessiven fotografischen Dokumentationspraxis beleuchten. Von besonderem Interesse ist dabei die Frage, inwiefern sich behaupten lässt, dass Ademeits Sofortbildpraxis paranoischen Gebrauch von der Sofortbildkamera macht.

Messen und zählen

Ademeits Polaroids lassen sich lose in zwei große Gruppen einteilen. Die erste besteht aus den von Ademeit selbst sogenannten „Tagesbildern", die zweite ist unter dem Oberbegriff „dokumentarische Observationsbilder"[4] verhandelt worden. Die beiden Bildtypen funktionieren unterschiedlich, lassen sich aber beide einer weit ausgreifenden paranoischen Ermittlung zuordnen. Sie operieren im Zeichen eines umfassenden Verdachts, der die tägliche und ausufernde fotografische Aufzeichnung am Laufen hält.

Die Tagesbilder sind formalisierte und konzeptionell angelegte Stillleben, von denen Ademeit ab Herbst 1990 jeden Tag genau eines gemacht hat. Über 6.000 dieser fortlaufend nummerierten Tagesbilder gibt es. „Die täglichen Meßgeräteanzeigen mittels aktueller Fernsehzeitschrift daneben ein Kompaß angeordnet, der ca. ‚150'° Südost anzeigt", steht mit blauer Tinte unter dem allerersten Tagesbild vom 9. Oktober 1990 geschrieben. Wie dieses zeigen auch alle weiteren Tagesbilder in annähernd vertikaler Aufsicht verschiedene technische Instrumente, Uhren und Messgeräte, meist arrangiert auf einer Fernsehzeitung oder der aufgeschlagenen Doppelseite einer tagesaktuellen Bild-Zeitung. Die Messwerte und zusätzliche Bemerkungen sind auf den Rand des Polaroids geschrieben, der in manchen Fällen vollkommen mit schriftlichen Anmerkungen ausgefüllt ist (vgl. Abb. 16 und 17).

Anlass für die Tagesbilder ist Ademeits Sorge wegen der Existenz schädlicher Kältestrahlen. Diese Strahlen verursachen, so Ademeit, nicht nur „Wohnungs und Körper Kälte", sondern führen auch dazu, dass „alle meine elektrischen Haushalts Geräte plus Radio und TV hier nicht mehr funktionierten oder weit mehr in Über-Funktion reagierten". Wie Briefe aus dem Nachlass zeigen, hat er sich deswegen bereits vor Beginn der sofortbildfotografischen Dokumentation bei verschiedenen städtischen Behörden um Strahlenuntersuchungen bemüht. Ein Brief vom Juli 1988 wendet sich an die Beschwerdestelle im Rathaus Düsseldorf

---

4 Vgl. Claudia Dichter: Von Strahlengeräten, Baustellen und angespannten Spinnen – das fotografische Werk von Horst Ademeit. In: Udo Kittelmann und Claudia Dichter (Hg.): secret universe 1 – Horst Ademeit. Köln 2011, S. 13–35, hier S. 19.

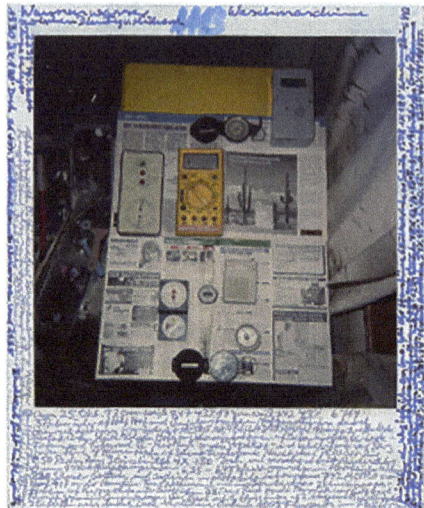 

Abb. 16: Horst Ademeit: Tagesbild Nr. 1113 vom 25. Oktober 1993. Nachlass Horst Ademeit, Copyright Delmes & Zander, Köln.

Abb. 17: Horst Ademeit: Tagesbild Nr. 5779 vom 29. August 2003. Nachlass Horst Ademeit, Copyright Delmes & Zander, Köln.

betreffs „zugesagter Strahlungsuntersuchung", ein anderer vom Oktober 1988 adressiert die Beschwerdestelle mit dem Betreff: „Gesundheitsschädigung hinsichtlich meiner Sozialwohnung".

Erfolg haben diese Hilfsgesuche nicht: „Wohnungsamt Gesundheitsamt Rathaus immer nur Schulterzucken [...] also stand ich alleine vor dem Problem."[5] Ademeit experimentiert daher selbst mit verschiedenen Verfahren zur Abwehr der Kältestrahlen, „sämtliche Metalle habe ich ausprobiert", und unternimmt „biologische[ ] Versuche": „die Holz Kügelchen aus Buche [...] mit 8 mm Ø Durchmesser entsprechend der Größe der Augenlinse die ich drechselte und am Körper trug brachten den größten Erfolg gegen die Strahlenkälte."[6] Ein Zweck der Tagesbilder besteht darin, die Ergebnisse der Messungen, die Ademeit Tag für Tag anstellt, festzuhalten und zu dokumentieren. Er hat sein Fotografieren deshalb auch als „meine ‚Strategie' mit Hilfe einfacher Technik"[7] bezeichnet und als

---

5 Ademeit: Lebenslauf, S. 89.
6 Ademeit: Lebenslauf, S. 89.
7 Horst Ademeit: Handschriftliche Notiz, undatiert. Nachlass Horst Ademeit, Copyright Delmes &

quasi therapeutische Maßnahme beschrieben: „im Ursprung war alles eigentlich nur ein registrieren fotografieren Tatsachen anerkennen zum eigenen Schutz."[8]

Für die Tagesbilder arrangiert Ademeit die unterschiedlichen Instrumente und Messgeräte, indem er sie hinlegt, und stellt auf diese Weise flächige Kompositionen her, die durch ihre Ausdehnungen in die Horizontale und Vertikale bestimmt sind, die Dimension der Tiefe aber eliminieren. Das flächige Arrangement antizipiert die fotografische Verwandlung von Drei- in Zweidimensionalität und erweist sich als eine Form von *mapping*, das jedoch kaum Komplexitätsreduktion bewirkt.[9] Der vorrangige Eindruck, den viele Tagesbilder erwecken – und es scheint, als habe Ademeit diesen Effekt über die Jahre eskalativ vorangetrieben –, ist der von Wimmelbildern, auf denen zu viel stattfindet, als dass sie vollständig erfasst, überblickt und prozessiert werden könnten (vgl. Abb. 16 und 17).

Das hat seinen Grund im komplexen Zusammenspiel unterschiedlicher Bildelemente und semiotischer Register. Denn zu den abfotografierten Messgeräten und vollgeschriebenen Bildrändern kommt die Zeitung als unruhiger Bildhintergrund bzw. Bildunterlage hinzu, die Satzfragmente und Wortfetzen zu lesen gibt. Einzelne Überschriften springen ins Auge: „Er hat mich zutiefst betrogen und verletzt", „Helmut Schmidt verliert Gehör", „Staat zahlt Segelkurse für Straftäter" – das alltägliche, anonyme „es spricht" der Tageszeitungen. Daneben treten Ademeits handschriftliche Notizen vom Bildrand: „übler Kanal Gestank vom Klotopf her / Hausflur Allgäuer Latschenkiefer Gestank / Kompostkübel = Giftmischung", etc. Über ein solches Nebeneinander stellen die Tagesbilder lockere, prekäre Zusammenhänge her, ohne dass die Art und Beschaffenheit dieser Zusammenhänge je genau bestimmt oder erklärt würde.

Dank der Konsequenz, mit der Ademeit über Jahre hinweg täglich ein Tagesbild aufgenommen hat, bilden diese einen ausgedehnten Zeitraum ab und sind deshalb auch als „gigantisches visuelles Kalendarium" und „Chronik der Zeit"[10] bezeichnet worden – Umschreibungen, die deutlich machen, dass Ademeit der Sofortbildfotografie, deren Temporalität oft auf Momenthaftigkeit und Augenblicklichkeit festgelegt wird,[11] durchaus neue Gebrauchsweisen abgewinnt.

Zander, Köln. Ich danke der Galerie Delmes & Zander für die Möglichkeit, den Nachlass zu sichten.
8 Ademeit: Lebenslauf, S. 96.
9 Zu *mapping* als einer „Betriebweise der paranoischen Vernunft, die drei- oder mehrdimensionale Räume auf eine zweidimensionale Fläche projiziert", siehe Schneider: Das Attentat, S. 591–631.
10 Dichter: Von Strahlengeräten, Baustellen und angespannten Spinnen, S. 14.
11 Vgl. Sandro Zanetti: Tragbarkeit, Momentaufnahmen, Mediensprünge. Unterwegs mit der Polaroid-Kamera. In: Martin Stingelin und Matthias Thiele (Hg.): Portable Media. München 2010, S. 179–191, hier S. 183.

Falsch wäre es allerdings, Ademeits sofortbildfotografisches Kalendarium als eine Art Tagebuch misszuverstehen. Auch wenn die tägliche Aufnahme eines neuen Tagesbildes, das über seinen Zeitungshintergrund zudem datiert ist, eine Nähe zu Tagebucheintragungen herzustellen scheint, geht es hier nicht um Introspektion, das Festhalten subjektiver Erfahrungen oder persönlicher Erinnerungen:

> Für mich galt das Fotografieren, also das Tagesfoto und die Fotos, die ich im Viertel gemacht habe – die galten für mich nur als Dokument für den Tag. Es war nicht so gedacht, geplant, dass ich darauf zurückgreife, mir irgendwelche Gedanken darüber machen sollte [...]. Es war immer so, dass es eine Addition war, von einem Tag auf den anderen und was zurück war, blieb zurück.[12]

Ademeits Tagesbilder stellen also kein visuell verfasstes Tagebuch dar. Es geht ihnen nicht um die subjektive und intime Aufzeichnung eines persönlich Erlebten zwecks späterer Rückbesinnung, sondern um die tägliche wiederholte Erfassung und Dokumentation von Messdaten. Und vielleicht geht es nicht einmal wirklich um diese: Denn Ademeit hat die Tagesbilder mit den auf ihnen dokumentierten Messergebnissen zwar allesamt aufbewahrt und insofern eine Art Archiv angelegt, allerdings ohne ein Ordnungs- oder Indexierungssystem – jenseits der bloßen Nummerierung der Tagesbilder – einzurichten, was die gezielte Suche und den Zugriff auf bestimmte Bilder möglich gemacht hätte. Der Akt des Bildermachens, die alltäglich wiederholte, festen Regeln gehorchende und damit ritualisierte Praxis des Fotografierens, erscheint mindestens ebenso wichtig wie das fertige Bild selbst.

Spuren sichern

Die zweite große Gruppe unter Ademeits Polaroids ist, wie schon erwähnt, mit dem Namen „Observationsbilder" belegt worden, ein Begriff, der die Sache nicht schlecht trifft. Denn tatsächlich handelt es sich bei der Mehrzahl von Ademeits Sofortbildern um Produkte einer Observation, die Tag für Tag den Stadtraum durchleuchtet und dokumentiert, das Geringste und Banalste in den Blick nimmt und penibel jede Veränderung registriert. „Der Deutungswahn ist ein Wahn des Treppenabsatzes, der Straße, des öffentlichen Raumes",[13] schreibt Lacan, und auch Ademeits Sofortbildfotografie hat den Weg nach draußen gesucht. Seine

---

12 So äußert sich Ademeit in einem Dokumentarfilm von 2010. Vgl. ADEMEIT. Deutschland, Regie: Michael Bauer und Marcus Werner Hed. 2010, 25 Min. Online unter: https://vimeo.com/62431284, letzter Zugriff 5. August 2020.
13 Lacan: Über die paranoische Psychose, S. 212.

Abb. 18: Horst Ademeit: Polaroid vom 5. April 1994. Nachlass Horst Ademeit, Copyright Delmes & Zander, Köln.

Abb. 19: Horst Ademeit: Polaroid vom 16. August 1993. Nachlass Horst Ademeit, Copyright Delmes & Zander, Köln.

Abb. 20: Horst Ademeit: Polaroid vom 21. Oktober 1994. Nachlass Horst Ademeit, Copyright Delmes & Zander, Köln.

paranoische Ermittlung ist, wie Panizzas, eine mobile und perambulierende, Ausdruck eines Verdachtsdenkens, das sich im Herumstreifen durch die Stadt entfaltet. Die Sofortbildkamera kommt dabei als „Medientechnik in Bewegung" zum Einsatz, als portables Medium, welches „ambulantes Aufzeichnen" ermöglicht.[14]

Eine umfassende Beschreibung der Observationsbilder fällt weniger leicht als die Beschreibung der Tagesbilder, auch weil die Observationsbilder, anders als die Tagesbilder, keinem klar umrissenen Konzept, keiner eindeutig formulierten Regel folgen. Die zeitliche Vorgabe – jeden Tag ein Bild – fällt weg, und auch die Bildmotive sind vielfältiger und disparater. Fotografiert wird schlicht alles, was Ademeits Aufmerksamkeit und Misstrauen erregt, zum Beispiel Spülbecken, Geschirrablagen, Matratzen, Fahrräder, Weizenmischbrote, Steine, Tannenbäume, Erdnusstüten, Rotweinflaschen, Spinnen, Autos, Seifenlaugen, Teerkrümel, Werbeplakate, Häuserfassaden, Hausflure und immer wieder: Baustellen, Baugerüste, Bauabsperrungen, Baumaterialien, Baugruben (vgl. Abb. 18 bis 27). Die Prominenz letzterer (vgl. Abb. 18 bis 20) erklärt sich durch die Tatsache, dass Ademeit „Baustellen Fahrräder Schmutz Neubauten Ruinen Schutt etc." verdächtigt, „Auslöser bzw. Verstärker" der Kältestrahlen zu sein.[15]

Die weißen Ränder der Observationsbilder sind, wie die der Tagesbilder, mit handgeschriebenen Kommentaren und Anmerkungen versehen, die jedem Bild ein Datum geben, es verorten und erläutern und sich dabei um größtmögliche Präzision bemühen. Minutiös werden zum Beispiel Verfärbungen beschrieben: „unerklärliche Schwarz/rosa rötliche Verfärbung der Nylonbürsten Enden", „Geschirrabtropftuch, grau grünliche Flecken!" und „vor 3–4 Wochen wieder mal die rötliche Färbung im Küchenbecken sowie schwarzer Schlamm an der Wasserhahn-Mündung anhängend"[16] (vgl. Abb. 21 und 22). Ein weiteres Thema

---

14 Stingelin, Martin und Matthias Thiele: Portable Media. Von der Schreibszene zur mobilen Aufzeichnungsszene. In: Martin Stingelin und Matthias Thiele (Hg.): Portable Media. München 2010, S. 7–28, hier S. 8 und 14. Speziell zu Polaroid vgl. im selben Band den schon erwähnten Beitrag von Zanetti: Tragbarkeit, Momentaufnahmen, Mediensprünge.
15 Horst Ademeit: Handschriftliche Notiz, undatiert. Nachlass Horst Ademeit, Copyright Delmes & Zander, Köln.
16 Ademeit: Wohnen in der Strahlenkälte, S. 26 und 14. Über den schwarzen Schlamm am Wasserhahn hat Ademeit sich bei den Stadtwerken Düsseldorf beschwert, deren Antwortbrief konstatiert: „Bei den säureunlöslichen rosa/lila und grau/grünen Flecken in Ihrem Waschbecken handelt es sich um Pilz- und Bakterienrasen. Der schwarze schleimige Schlamm am Auslauf des Zapfhahnes am Handwaschbecken in Ihrem Bad besteht aus Algen und Bakterien. Abhilfe ist hier möglich, wenn die Armaturen und Becken regelmäßig einer gründlichen Reinigung unterzogen werden. Bewährt hat sich hier u.a. eine Behandlung der Perlatoren mit Essig." Siehe Stadtwerke Düsseldorf: Brief vom 12. November 1990 an Horst Ademeit. Nachlass Horst Ademeit, Copyright Delmes & Zander, Köln.

Polaroid Paranoid —— 135

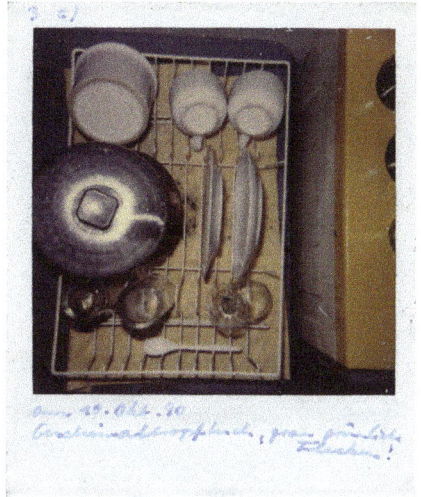

Abb. 21: Horst Ademeit: Polaroid vom 18. November 1992. Nachlass Horst Ademeit, Copyright Delmes & Zander, Köln.

Abb. 22: Horst Ademeit: Polaroid vom 10. Oktober 1990. Nachlass Horst Ademeit, Copyright Delmes & Zander, Köln.

sind verdorbene Lebensmittel – „am 6.9.91 dieses Schnittbrot eingekauft, das am 10.9.91 wie unerklärlich schlecht war"[17] (vgl. Abb. 23) –, ebenso vorzeitig verschleißende Haushaltsgegenstände (vgl. Abb. 24): „mein Bett bzw. die Matratze am 7.3.99 gekauft diese ehemals weiße Polyester Matratze wird als Krankenhaustauglich eingestuft und soll demnach 10 Jahre halten jedoch war diese Matratze schon nach 4–5 Monaten gelbbräunlich verfärbt und bereits durchgelegen und die Oberfläche vom Kopfende löst sich schon ab: wie ist das möglich?!"[18] Auch Verschmutzungen werden festgehalten und präzise erfasst (vgl. Abb. 25): „18. Sept. großer Teersplitballen auf Mülltonnenschacht" sowie „„Hundekot"" und „anderes Material im oberen Drittel der Müllschacht-Einfaßung".[19]

Thema wird auch immer wieder die unsachgemäße Handhabung und Installation von elektrischen Leitungen, an Baustellen oder im eigenen Keller (vgl. Abb. 26). Ein Vorbild für die sofortbildfotografische Erfassung solcher Pfusche-

---

17 Ademeit: Wohnen in der Strahlenkälte, S. 2.
18 Ademeit: Wohnen in der Strahlenkälte, S. 18.
19 Ademeit: Wohnen in der Strahlenkälte, S. 38.

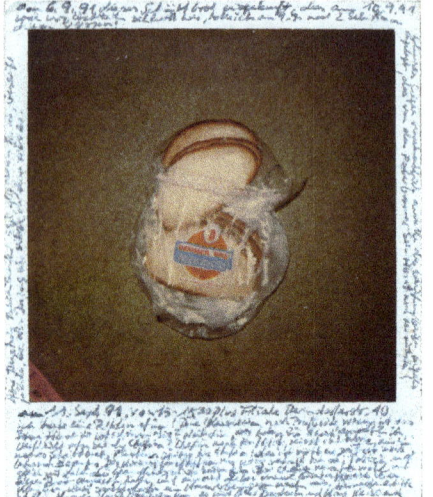 

Abb. 23: Horst Ademeit: Polaroid vom 6. September 1991. Nachlass Horst Ademeit, Copyright Delmes & Zander, Köln.

Abb. 24: Horst Ademeit: Polaroid vom 31. Dezember 1999. Nachlass Horst Ademeit, Copyright Delmes & Zander, Köln.

reien mag ein Buch gewesen sein, das sich in Ademeits Nachlass findet und eine ganze Reihe fotografischer Illustrationen aufweist, die nicht nur in der Auswahl ihrer Gegenstände, sondern auch in Bildsprache und -komposition Ähnlichkeiten zu Ademeits Observationsbildern aufweisen und ihnen Vorbild gewesen sein mögen. Es handelt sich um eine *Bilderfibel zur Elektroinstallation*, erschienen im Richard Pflaum Verlag, München 1973, ein Buch, das die Grundzüge der Elektroinstallation verständlich erklärt und reich mit Schwarz-Weiß-Abbildungen illustriert ist, die in Bildunterschriften erläutert werden: „Die bedauernswerte bewegliche Leitung wird auf Bild 231 eingeklemmt, auf Bild 232 eingeschnitten, auf Bild 233 überfahren und auf Bild 234 in eine Öl- und Jauchepfütze gelegt."[20]

Versucht man, den kleinsten gemeinsamen Nenner von Ademeits unzähligen Observationsbildern mit ihren heterogenen Motiven zu benennen, dann könnte man sagen, dass sie ein Archiv alltäglicher Ärgernisse darstellen. In seinem Lebensrückblick spricht Ademeit von üblen „Vorfällen [und] miesen Zeugnissen – alle fotografiert", zu denen er sich aber „gleichmütig verhalten" gelernt habe.[21]

---

20 Alfred Hösl: Bilderfibel zur Elektroinstallation. München 1973.
21 Ademeit: Lebenslauf, S. 95.

Abb. 25: Horst Ademeit: Polaroid vom 21. September 1993. Nachlass Horst Ademeit, Copyright Delmes & Zander, Köln.

Abb. 26: Horst Ademeit: Polaroid vom 10. Dezember 1990. Nachlass Horst Ademeit, Copyright Delmes & Zander, Köln.

Ademeits Polaroids zeichnen Phänomene des Verfärbens und Verderbens, des Verschleißens und Verschmutzens auf und sind damit einem Parasitären auf der Spur, das zwar unterschiedlichste Erscheinungsformen annimmt, letztlich aber als zusammengehörig wahrgenommen wird.

Paranoide Züge nimmt die fotografische Protokollierung eines phobisch besetzten Parasitären dort an, wo hinter den vielgestaltigen Schadszenarien spezifische Ursachen und Verursacher vermutet werden. Das Verfärben und Verderben, das Verschleißen und Verschmutzen erscheinen – das ist der teils implizite, teils explizite Vorwurf, den die Polaroids in den Raum stellen – als das Resultat einer Verschwörung und das Werk geheimer Machenschaften verborgener Täter. In diesem Sinne hat Ademeit auf dem Rand eines Polaroids vom 9. Oktober 1990 notiert: „die täglich feuchte präparierte Bettmatratze! die schwarz verfärbten Haussandalen! Der 8 Wolt Mono Cassetten-Recorder ohne Empfang! Eine Aufforderung!"[22]

---

22 Ademeit: Wohnen in der Strahlenkälte, S. 18.

Diese Bildunterschrift macht deutlich, dass die Dinge, die Ademeit fotografiert – Menschen sind auf seinen Bildern so gut wie nie zu sehen –, dass also diese Dinge den Status bloßer Dinghaftigkeit hinter sich gelassen haben und im Rahmen der paranoischen Ermittlung zu Zeichen, Spuren und Indizien mutiert sind. Der paranoische Verdacht setzt eine Hypersemiose in Gang, in deren Verlauf ganz beliebige Dinge zu Zeichen werden, bis hin zu dem Punkt, wo die „Grenzenlosigkeit der Signifikanz [...] das Zeichen deterritorialisiert" und die Zeichen „ein endloses Netz bilden, das sich in alle Richtungen ausbreitet und selber umbildet".[23] Ademeit beschreibt ein solches Wuchern der An- und Vorzeichen, die sich über die gesamte Wirklichkeit legen und ein Netz von Verweisen und Zusammenhängen ausbilden, in seinem Lebenslauf:

> Es war vorgekommen das eine leere Bierflasche direkt beim Stromschrank gestanden hatte und die Zeitung von einem Brauerei Feuer in Düsseldorf berichtete am folgenden Tag oder ein Bäckerei Feuer im Münsterland war ausgebrochen heißt es als zuvor ein Brötchen auf dem Hof Betonweg gelegen hatte.[24]

Das Fotografieren mit der Polaroid Kamera erweist sich vor diesem Hintergrund als groß angelegte Spurensicherung und weit ausgreifende Indiziensammlung.[25]

Was ist ein Indiz, wann, wo, wie und warum werden Spuren gesammelt und gesichert? Praktiken der Indiziensammlung und Spurensicherung verweisen zunächst auf ein Problematisches oder Krisenhaftes: „Spurenlesen wird nötig unter Bedingungen von Ungewissheit, Unsicherheit und vielleicht auch von Angst [...]. Ein Problemdruck – praktischer oder theoretischer Art – steht am Anfang der Spurenlese", schreibt die Philosophin Sybille Krämer.[26] Spurensicherung und Indiziensammlung sind darüber hinaus territorialisierende Praktiken, die auf einen bestimmten Raum bezogen sind und innerhalb eines gewohnten und vertrauten Territoriums – im Falle von Ademeit ist dies die Stadt Düsseldorf, genauer die engere Umgebung seiner Wohnung im Stadtteil Flingern – nach Störungen und Abweichungen fahnden: „Auffällig können Spuren nur

---

23 Deleuze und Guattari: Tausend Plateaus, S. 163 und 178.
24 Ademeit: Lebenslauf, S. 93.
25 Für weitere Hinweise zum Paradigma der Spurensicherung in der bildenden Kunst vgl. Mirjam Schaub: Die Kunst des Spurenlegens und -verfolgens. Sophie Calles, Francis Alÿs' und Janet Cardiffs Beitrag zu einem philosophischen Spurenbegriff. In: Sybille Krämer, Werner Kogge und Gernot Grube (Hg.): Spur. Spurenlesen als Orientierungstechnik und Wissenskunst. Frankfurt a. M. 2007, S. 121–141.
26 Sybille Krämer: Was also ist eine Spur? Und worin besteht ihre epistemische Rolle? Eine Bestandsaufnahme. In: Sybille Krämer, Werner Kogge und Gernot Grube (Hg.): Spur. Spurenlesen als Orientierungstechnik und Wissenskunst. Frankfurt a. M. 2007, S. 11–33, hier S. 15.

werden, wenn eine Ordnung gestört ist, wenn im gewohnten Terrain das Unvertraute auffällt oder das Erwartete ausbleibt. Erst Abweichungen lassen Spuren sinnfällig werden."[27]

Das Spurenlesen ist dabei ein Akt, der eine „Involviertheit" des Spurenlesers voraussetzt: „Spurenlesen ist [...] stets unablöslich in die Materie verwickelt, mit der es – gerade aufgrund dieser Verwickeltheit – Erfahrung macht."[28] Ademeits Polaroids, die immer wieder Teerkrümel, Öllachen, Sandhaufen oder Seifenlaugen in den Blick nehmen und präzise zu beschreiben suchen – einige Male nimmt er gar Materialproben, von Sand und Kies, welche in kleinen Plastiktütchen an der Rückseite von Polaroids befestigt werden –, sind Zeugnisse einer solchen Verwicklung in die Materie, ins Materielle.

Die unterschiedslos immense Aufmerksamkeit, mit der Ademeits Bilder Materialproben und alles Mögliche zu registrieren und dokumentieren suchen, hat ihren Grund darüber hinaus in der potenziellen Vielgestaltigkeit von Spuren: „Prinzipiell kann alles, was [...] wahrgenommen werden kann, auch zu einer Spur werden: Großes und Kleines, Lebendiges und Totes."[29] Wenn aber in der Natur des Spur liegt, dass prinzipiell alles Spur sein kann, dann stellt sich das Problem der „Selektion zwischen Spur und Nicht-Spur": „Spuren zu identifizieren heißt, in einem Terrain die Unterscheidung zwischen Spur und Nicht-Spur treffen zu können."[30] Ademeits Polaroids, Produkte eines semiotisch übererregten, paranoischen Gefahrensinns, der sich durch dauernde Dingsemiose und permanente Umbildung des Realen ins Symbolische auszeichnet,[31] treffen diese Unterscheidung äußerst großzügig und schlagen Dinge im Zweifel lieber der Spuren-Seite

---

27 Krämer: Was also ist eine Spur?, S. 15.
28 Werner Kogge: Spurenlesen als epistemologischer Grundbegriff: Das Beispiel der Molekularbiologie. In: Sybille Krämer, Werner Kogge und Gernot Grube (Hg.): Spur. Spurenlesen als Orientierungstechnik und Wissenskunst. Frankfurt a. M. 2007, S. 182–221, hier S. 183. Kogge stellt diesem spurenlesenden, ins Material verwickelten Modell der Wissensgenerierung ein anderes entgegen, das er mit den Stichworten „Konstruktion" und „Tableau" verbindet: „Diese epistemologischen Begriffe bezeichnen Techniken, die sich dadurch kennzeichnen lassen, dass sie ihren Gegenstand auf einem eigens eingerichteten Tableau oder Spielfeld verhandeln, wo sie sich nach Regeln ausrichten, die für diese ‚Räume' willkürlich aufgestellt und vollständig durchsetzbar sind." Kogges Gegenüberstellung zweier unterschiedlicher epistemologischer Modi ließe sich auch auf Ademeits Bildtypen anwenden: Den spurenlesenden und materialverwickelten Observationsbildern stünden die arrangierten und tableauartigen Tagesbilder gegenüber.
29 Jo Reichertz: Die Spur des Fahnders oder: Wie Polizisten Spuren finden. In: Sybille Krämer, Werner Kogge und Gernot Grube (Hg.): Spur. Spurenlesen als Orientierungstechnik und Wissenskunst. Frankfurt a. M. 2007, S. 309–332, hier S. 315.
30 Krämer: Was also ist eine Spur?, S. 19.
31 Vgl. Schneider: Gefahrenübersinn.

zu. Deshalb wächst das sofortbildfotografische Spurenarchiv, bis es mehrere Tausend Bilder umfasst. Auch hier gilt: Das paranoische Zeichenregime der Signifikanz ist eines, das ins „Unendliche geht [...]. In einem solchen Regime wird man mit nichts fertig."[32]

Den territorialisierenden Praktiken der Spurensicherung wohnt damit ein Moment der Deterritorialisierung inne, das seinen Grund nicht nur im Wuchern der gesammelten Spuren hat, sondern auch darin, dass die Selbstverständlichkeit des Alltäglichen und Gewohnten sich im Verlauf der Spurensammlung verflüchtigt. Vom Verdacht unter Spannung gesetzt, erscheint das Alltägliche und Banale in Ademeits Sofortbildern unheimlich verfremdet. Von seinen Fotografien geht die Atmosphäre eines beständig drohenden Unheils aus, das sich aber an keiner Stelle manifestiert oder konkretisiert. Zu tun hat diese Unheilsatmosphäre auch mit der Abwesenheit von Menschen auf Ademeits Bildern, eine Eigenschaft, die Walter Benjamin als typisch für die Tatortfotografie beschrieben hat.[33] Ademeits spurensichernde Sofortbilder, auf denen nie Menschen zu sehen sind, machen die Stadt zum Tatort, zum Ort eines unbestimmten Verbrechens, von dem nicht klar ist, ob es bereits stattgefunden hat, stattfinden wird oder gerade stattfindet. Die Stadt wird zum Schauplatz von Taten, deren Details diffus sind und ungeklärt bleiben. Anders gesagt: Ademeits Polaroids sind Tatortfotografien ohne Tat. Wenn trotz der Banalität ihrer Bildgegenstände von diesen Aufnahmen etwas Unheimliches und Bedrohliches ausgeht, eine latente Gewalt, so liegt das an dieser Nähe zu Tatortfotografien.

Rahmen, Paratext und Parergon

Ademeits Sofortbilder sind eingebettet in die Prozesse einer paranoisch übererregten Semiose, der es um die fortlaufende Sammlung und Protokollierung, aber auch Lektüre und Ausdeutung von Spuren und Indizien geht. Denn Spuren werden nicht einfach vorgefunden, „sondern durch Interpretation hervorgebracht. [...] Die Semantik der Spur entfaltet sich nur innerhalb einer ‚Logik' der Narration, in der die Spur ihren ‚erzählten Ort' bekommt."[34] Ademeits narrative

---

32 Deleuze und Guattari: Tausend Plateaus, S. 159 und 157.
33 So schreibt Benjamin anlässlich der Paris-Fotografien von Eugène Atget: „Merkwürdigerweise aber sind fast alle diese Bilder leer. [...] Sie sind nicht einsam, sondern stimmungslos; die Stadt auf diesen Bildern ist ausgeräumt wie eine Wohnung, die noch keinen neuen Mieter gefunden hat. [...] Nicht umsonst hat man die Aufnahmen von Atget mit denen eines Tatorts verglichen." Siehe Benjamin: Kleine Geschichte der Fotografie, S. 312 und 315.
34 Krämer: Was also ist eine Spur?, S. 17.

Einbettung der von ihm fotografisch festgehaltenen Spuren ist lückenhaft und fragmentarisch, ihr Zusammenhang bleibt nebulös. Dennoch kann man sagen, dass seine Polaroids darauf aus sind, den fotografisch festgehaltenen Spuren ihren „erzählten Ort" bereitzustellen, an dem ihre Semantik entfaltet werden kann. Der Ort, an dem dies geschieht, ist der Rahmen des Polaroids.

Polaroids sind immer schon gerahmte Bilder, und der weiße, an der unteren Bildkante verbreiterte Rahmen ist sogar zum Erkennungsmerkmal von Polaroid geworden.[35] Was zunächst schlicht produktionstechnische Gründe hat (im unteren Bildrand sind die Chemikalien untergebracht, die für die Entwicklung des Sofortbilds nötig sind), hat einerseits ästhetische Konsequenzen und verleiht dem Sofortbild, so schreibt ein Kritiker, automatisch „Kunstwerkcharakter": „Der Rahmen scheint autoritative Endgültigkeit zu verbürgen und signalisiert ein geschlossenes, abgeschlossenes Werk: hier läßt sich nichts mehr ändern. Wie durch Zauberhand ist aus einem simplen Bild Kunst geworden."[36] Der Rahmen des Sofortbilds hat andererseits aber auch gebrauchspraktische Konsequenzen. Er erlaubt, der fotografischen Abbildung Text zur Seite zu stellen, und zwar ohne umständliches Drehen und Wenden des Fotos, direkt neben dem Bild. Er erlaubt also, Paratext im wahrsten Sinne des Wortes zu produzieren und zu platzieren.[37] Auf dem Rahmen findet die Deutungsarbeit statt, die die von der Sofortbildkamera aufgezeichneten stummen Spuren für die paranoische Ermittlung aufschlüsseln und zum Sprechen bringen soll. Dabei tragen die Rahmen von Ademeits Sofortbildern nicht nur vereinzelte Datums- und Ortsangaben, sondern sind oft restlos ausgefüllt mit zusätzlichen Erläuterungen in winziger Kugelschreiberschrift. Ademeits Polaroids lassen sich somit als veritables Aufschreibesystem bezeichnen, als hypertrophe Registratur in Form von nicht nur Bildern, sondern auch Texten.

Um zu beschreiben, wie Ademeit den Rahmen der Polaroids nutzt und in Szene setzt, sind die Überlegungen zum Bilderrahmen hilfreich, die Jacques Derrida in seinem Buch *Die Wahrheit der Malerei* entwickelt, wo er den Bilderrahmen unter

---

35 Vgl. Nadine Olonetzky: Polaroid – eine Maschine zum Lebensgefühl. In: du. Zeitschrift der Kultur (2002), H. 727, S. 40–43, hier S. 41.
36 Klaus Modick und Jan Rieckhoff: Mehr als Augenblicke. Polaroids im Kontext. Marburg 1983, S. 14. Modick verbindet diese Beobachtung übrigens mit einer gewissen Missbilligung: „Dem Amateur [...] verspricht das Sofort-Bild nicht nur Einmaligkeit, sondern darüber hinaus insofern Kunstwerkcharakter, als es sogleich gerahmt erscheint und vorliegt. Der weiße Normenrahmen zwingt in seiner stereotypen Quadratur die Zufälligkeit des abgelichteten Moments in eine vorgebliche Zwangläufigkeit, die mit konzentrierter Komposition verwechselt wird."
37 Zum Begriff Paratext vgl. Gérard Genette: Paratexte. Das Buch vom Beiwerk des Buches. Frankfurt a. M. 1989.

dem Überbegriff des „Parergon" diskutiert.³⁸ Parergon (von griech. *para* = „an, neben, bei" sowie griech. *ergon* = „das Werk, das Gemachte") bedeutet Beiwerk oder auch, in einem übertragenen Sinn, Anmerkung. Die Gegenüberstellung von Ergon und Parergon, von Werk und Beiwerk also, impliziert Unterscheidungen und Hierarchisierungen zwischen Wesentlichem und Unwesentlichem, zwischen Eigentlichem und Uneigentlichem, zwischen Wertvollem und Wertlosem – Unterscheidungen, die Derrida im Laufe seiner Auseinandersetzung zu verkomplizieren und aufzuheben sucht.

Derrida hebt hervor, dass der Rahmen, der bei einem Gemälde die „Grenze zwischen dem Innen und dem Außen" darstellt, selbst „weder innen noch außen" ist; vielmehr ist der Rahmen, das Parergon, eine Nebensache und ein Beiwerk, „das sich dennoch nicht einfach aus dem Werk heraushält, sondern vielmehr neben, ganz dicht am Werk wirkt": „Ein *Parergon* tritt dem *ergon*, der gemachten Arbeit, der Tatsache, dem Werk entgegen, zur Seite und zu ihm hinzu, aber es fällt nicht beiseite, es berührt und wirkt, von einem bestimmten außen her, im Inneren des Verfahrens mit; weder einfach außen noch einfach innen."³⁹ Weit davon entfernt, „nur äußerlich als Zutat, als Überschuß, als Zusatz" präsent zu sein, beschreibt Derrida das Parergon als etwas, das wirksam wird und etwas tut.

Als Parergon verstanden stellt der Rahmen, mit dem Polaroid Sofortbilder immer schon ausgestattet sind, einen Raum dar, der weder innen noch außen ist; er ist etwas Nebensächliches und Uneigentliches, das aber berührt und wirkt. Ademeits exzessive Anmerkungen machen intensiven Gebrauch von diesem Raum, sie bespielen und dramatisieren ihn. „[D]as Parergon ist eine Form, deren traditionelle Bestimmung es ist, sich nicht abzuheben, sondern zu verschwinden, zu versinken, zu verblassen", schreibt Derrida.⁴⁰ Ademeits Gebrauch des Rahmens hingegen, seine im und auf dem Bildrand platzierten Anmerkungen rücken das Parergon in den Vordergrund. Das Beschriften des Rahmens lässt diesen sichtbar werden und in Erscheinung treten. Ademeits paranoische Spurensammlung und Ermittlung erweisen sich also, in dem Maße, wie sie sich auch und vor allem auf dem Rahmen und Rand von Sofortbildern abspielen, als parergonale Unternehmung – und es ließe sich im Anschluss hieran die Frage aufwerfen, inwiefern die exzessive Beschriftung der Bildränder mit verantwortlich

---

38 Jacques Derrida: Das Parergon. In: ders.: Die Wahrheit in der Malerei. Wien 1992, S. 56–104. Der Bilderrahmen bildet nur eines der Beispiele, an denen Derrida das Parergon diskutiert; weitere Beispiele stellen etwa der Säulengang an einem Gebäude oder das Gewand einer steinernen Statue dar.
39 Derrida: Das Parergon, S. 74–75, kursiv im Original.
40 Derrida: Das Parergon, S. 82.

Abb. 27: Horst Ademeit: Polaroid vom 5. April 1994. Nachlass Horst Ademeit, Copyright Delmes & Zander, Köln.

für die Rezeption von Ademeits Polaroids als *Outsider Art* ist, inwiefern also das Außenseiterhafte dieser Kunst an eine parergonale Ästhetik geknüpft ist.

Tatsächlich lässt sich behaupten, dass Ademeits Sofortbilder eine spezifische Ästhetik des Parergonalen ausbilden, die die strikte Entgegensetzung und Hierarchisierung von Bild auf der einen Seite und Rahmen auf der anderen unterläuft, indem der Rand als Schauplatz der Bildausdeutung aufgewertet wird. Diese Bewegung der Enthierarchisierung wiederholt sich in den Bildern. Denn auch hier treten Nebensächlichkeiten und Beiwerk in den Vordergrund: Baustellen als temporäre, anonyme Arrangements im Straßenbild, Gruben und Löcher, Schmutzhäufchen im Hinterhof. Manchmal bleibt gänzlich unklar, was ein Bild zeigen will oder soll, was wichtig und was unwichtig ist, was Haupt- und was Nebensache ist. Das Polaroid von einer weißen Rose vor der Treppe zum Waschkeller (vgl. Abb. 27) ist hierfür ein Beispiel: Erst die Bildunterschrift macht deutlich, dass Anlass des Bildes keineswegs die zentral platzierte Rose, sondern ein Stück darunterliegender Alufolie ist.

Eine solche Entdifferenzierung und Nivellierung von Bildgegenständen hat auch mit den technischen Eigenheiten des Sofortbildes und der Polaroid Sofortbildkamera zu tun. Parameter wie Fokus und Tiefenschärfe, mit Hilfe derer sich gestalterische Gewichtungen und Schwerpunktsetzungen innerhalb des Bildraumes vornehmen lassen, sind bei dem Amateurmodell, das Ademeit zur Verfügung steht, automatisiert und daher kaum kontrollierbar. So strahlen auch Ademeits Observationsbilder jene für Polaroids typische diffus-sanfte und einlullende Stumpfheit aus, die wie weichgezeichnet wirkt. Sie weisen jene „lasierende Unschärfe"[41] und „verhältnismäßig undifferenzierte Wiedergabe" auf, die zur besonderen „Doppeldeutigkeit" der Sofortbildfotografie beitragen.[42] Die Grenzen sofortbildlicher Signifikation sind also eng gesteckt, und genau dieser Umstand wird von den Anmerkungen auf dem Bildrand, die immer wieder klarstellen wollen, was denn eigentlich im Bild zu sehen ist („Öl") und was wichtig ist (nicht die Rose, sondern ein Stück Alufolie), zum Thema gemacht. Der Einsatz exzessiver schriftlicher Anmerkungen supplementiert das denotative (Un-)Vermögen der Polaroid Sofortbildfotografie.

Auch darin bringen Ademeits Polaroids etwas zum Ausdruck, was Derrida als zentrale Eigenschaft des Parergons ausgemacht hat: „Das Parergon schreibt etwas ein, das äußerlich zum eigentlich Feld [...] hinzu kommt, aber dessen transzendente Äußerlichkeit die Grenze selbst nur in dem Maße umspielt, säumt, streift, reibt, bedrängt und ins Innere eindringt, wie das Innere fehlt. Es fehlt an etwas und fehlt sich selbst."[43] Das Parergon hat mit einem Fehlen zu tun, es ist „ein Zusatz in Bezug auf einen Mangel – eine gewisse ‚innere' Unbestimmtheit – an gerade dem, was er einrahmt. [...]. Dieser Mangel, der vor der Einrahmung nicht bestimmt, lokalisiert, situiert, innerhalb oder außerhalb arretiert werden kann, ist zugleich [...] Produkt und Produktion des Rahmens."[44] Weit davon entfernt also, stützend und stabilisierend zu wirken, begreift Derrida das Parergon, den Rahmen, vielmehr als etwas, das ein Fehlen, einen Mangel, ein Krisenhaftes und Problematisches ausstellt und herstellt. Ademeits vollgeschriebene Bildränder generieren ähnliche Effekte: Sie führen das Auseinanderklaffen von Wort und Bild vor, die Inkommensurabilität zwischen sprachlich festgehaltenem Bildanlass und dem Überschuss, den das Bild bereithält, die unscharfe Referenz und das Debakel der Denotation.

---

41 Leopold Rombach: Polaroid. Antithese oder Gipfel der Fotografie. In: Kunstforum (1984), H. 76, S. 130–136. Online unter: https://www.kunstforum.de/artikel/polaroid/, letzter Zugriff 5. August 2020.
42 Klaus Honnef: Zwischen Narzissmus und Kommunikation. Bemerkungen zur Sofortbildfotografie. In: Exploration of a Medium. Ausstellungskatalog. Bonn 1980, o. S.
43 Derrida: Das Parergon, S. 75. Weiter heißt es: „Was sie zu *Parerga* macht, ist nicht einfach ihre überflüssige Äußerlichkeit, es ist das interne strukturelle Band, das sie mit dem Mangel im Innern des *Ergon* zusammenschweißt. Und dieser Mangel ist damit konstitutiv für die Einheit selbst des *Ergon*. Ohne diesen Mangel bedürfte das *Ergon* nicht des *Parergon*." Siehe Derrida: Das Parergon, S. 80.
44 Derrida: Das Parergon, S. 93.

In Parenthese: Polaroid und Fotografietheorie

Ademeits sofortbildfotografische Alltagsaufzeichnungen lassen sich als Teil einer groß angelegten Ermittlung begreifen, bei der die fotografische Dokumentation ganz im Zeichen der Indiziensammlung, der Spurensicherung und Beweiserhebung steht. Ademeit nutzt die Polaroid Sofortbildkamera für eine prolongierte und paranoisch befeuerte Observation und Spurensicherung. Der Rahmen des (immer schon gerahmten) Polaroids macht sich dabei nützlich als Schreibfläche für paratextuelle Anmerkungen und Ausdeutungen der gesammelten Messwerte (im Fall der Tagesbilder) und Spuren (im Fall der Observationsbilder).

Auch jenseits des Rahmens bietet das Sofortbild eine Reihe von Vorzügen, die es für einen Einsatz im Kontext paranoischer Ermittlung unmittelbar attraktiv erscheinen lassen. So sind Sofortbilder, der Name sagt es, (nahezu) sofort nach ihrer Aufnahme verfügbar, und als Amateurtechnologie ist eine Sofortbildkamera auch billig zu haben. Das Polaroid Sofortbild zeichnet sich zudem durch seine Stabilität und Haltbarkeit aus. Es ist ein „tough little package", wie ein Sofortbildhistoriker fast liebevoll schreibt: „An ordinary snapshot will meekly surrender to crumpling or tearing, but it requires scissors or fire to vandalize the stiff and sturdy integral print. [...] Every photographic print is a material object, but a Polaroid is somehow more so."[45]

Die Selbstverfertigung des Sofortbildes erlaubt Nutzer*innen darüber hinaus, schnell und unkompliziert ein fertiges Bild in den Händen zu halten, ohne Dunkelkammerkompetenzen besitzen, aber auch ohne auf die Dienste eines externen Fotolabors zurückgreifen zu müssen. Das Polaroid Sofortbild verlässt die Blackbox der Kamera als fertig entwickeltes, unikales Positivbild; wie die Bilder der frühen fotografischen Verfahren Heliografie und Daguerreotypie entzieht es sich der technischen Reproduzierbarkeit. Retusche und Bildmanipulationen scheinen damit ausgeschlossen, so dass das Sofortbild in besonderer Weise für Authentizität, Evidenz, Objektivität und Beweiskraft zu stehen scheint, was für jede Ermittlung und Untersuchung naturgemäß bedeutsame Eigenschaften sind. Und während für Panizza die (druck-)technische Reproduktion von Fotografien genau der Punkt gewesen ist, an dem der paranoische Verdacht zu wuchern beginnt, um sich zur allumfassenden und universalen Fälschungsvermutung („Pseudizität") auszuwachsen, schließt das ausschließlich Unikate produzierende Polaroid Sofortbildverfahren die technische Reproduktion und Reproduzierbarkeit aus und verspricht derart, deren destabilisierende Wirkungen einzuhegen. Das alles,

---

[45] Peter Buse: The Camera Does the Rest. How Polaroid Changed Photography. Chicago 2016, S. 46 und 228.

möchte man meinen, prädestiniert die Polaroid Sofortbildkamera zum idealen Aufzeichnungsmedium im Rahmen paranoischer Ermittlung, Observation und Spurensammlung.

Der fotografiehistorische Diskurs zum Sofortbildverfahren erzählt hingegen eine gänzlich andere Geschichte – wenn er denn überhaupt eine Geschichte von Polaroid erzählt: „Polaroid photography has never detained theorists of visual and popular culture for very long [...], and when they do address Polaroid photography it tends to be in passing or as an afterthought, a minor irritation."[46] Tatsächlich spielt die Sofortbildfotografie in kanonischen Texten zur Fotografie entweder gar keine Rolle, oder sie taucht lediglich als Nebensache auf. Roland Barthes' *Die helle Kammer* zum Beispiel „mentions Polaroid photography only to dismiss it"[47] und handelt die Sofortbildfotografie in Klammern ab: „(Polaroid? Amüsant, doch enttäuschend, außer wenn ein großer Photograph sich damit abgibt)."[48]

Schaut man genauer hin, so ist die Rolle von Polaroid im wohl berühmtesten und meist zitierten Werk der Fotografietheorie komplexer, als Barthes' lässige Parenthese auf den ersten Blick vermuten lässt: Denn das Frontispiz der französischen Originalausgabe von *La chambre claire* aus dem Jahr 1980 ziert ausgerechnet eine Sofortbildfotografie.[49] Es handelt sich um ein schlicht *Polaroïd* betiteltes Bild des französischen Fotografen Daniel Boudinet, eine dunkle Fotografie, die monochrom zwischen Moosgrün und Türkis schillert und zwei zugezogene, nur wenig lichtdurchlässige Vorhänge vor einem Fenster zeigt; unten öffnen sie sich zu einem Spalt, das hereinfallende Licht lässt schemenhaft die Ecke eines Sofas oder Bettes erahnen.[50] Der Fotografiehistoriker Geoffrey Batchen schreibt hierzu:

> Barthes first saw the Polaroid photograph by French photographer Daniel Boudinet that he chose as the frontispiece to his book when he attended an opening reception for a Boudinet exhibition on April 25 while in the middle of writing *La chambre claire*. Dated 1979 and titled only *Polaroid*, it is the most recent and only color (printed a monochrome blue-green) image to appear in the book. Barthes gives it further emphasis by having it printed on a special

---

46 Buse: The Camera Does the Rest, S. 240.
47 Buse: The Camera Does the Rest, S. 30.
48 Roland Barthes: Die helle Kammer. Bemerkungen zur Photographie. Frankfurt a. M. 1989, S. 17.
49 Vgl. Roland Barthes: La chambre claire. Note sur la photographie. Paris 1980.
50 Für weitere Informationen über den Fotografen Daniel Boudinet, der 1990 im Alter von 45 Jahren an Aids starb, vgl. Andrew Ayers: The Art of Daniel Boudinet, or the City at Cibachrome Cruising Speed, in: Pin-Up. Magazine for Architectural Entertainment. Online unter: https://pin-upmagazine.org/articles/daniel-boudinet-le-temps-de-la-couleur-show-review-at-chateau-de-tours, letzter Zugriff 5. August 2020.

glossy paper stock and surrounding it with a line; it thus comes to us already framed, like an artwork. However, he never directly refers to it in his text.[51]

In Barthes' Tagebuch hat dieses Polaroid, das trotz seiner prominenten Platzierung im Text von *La chambre claire* keine weitere Erwähnung findet, unter der Überschrift „Futile evening" seinen Auftritt, an einem durch und durch sinnlosen Abend also: „At the (crumbling) Galerie de l'Impasse I was disappointed", notiert Barthes, vordergründig zwar „not by D.B.'s photographs (of windows and blue curtains, taken with a Polaroid camera)", dann aber irgendwie doch: „it's thin, there's not enough here".[52] Auch hier also, wie später in der Parenthese in *La chambre claire* – „(Polaroid? Amüsant, doch enttäuschend, außer wenn ein großer Photograph sich damit abgibt)." – erscheint Polaroid an ein Gefühl der Enttäuschung gekoppelt.

Zum Frontispiz hat es trotzdem gereicht. Doch trotz seiner exponierten Stellung ist durch dieses ambivalent besetzte Polaroid, das sprachlos und unkommentiert, quasi stumm, Barthes' eloquentem Buch vorangestellt ist, oft hindurch oder vielmehr über es hinweggesehen worden: Etliche nicht-französischsprachige Ausgaben von *La chambre claire* (darunter auch die deutsche, 1989 im Suhrkamp Verlag erschienen) haben das Boudinet-Polaroid einfach weggelassen – und das, obwohl Forscher*innen argumentieren, dass diesem Polaroid im Kontext von Barthes' Buch eine zentrale Funktion zukommt; als Gegenstück oder, um eine fotografische Metapher zu bemühen, als Negativ zu jener anderen berühmten Fotografie, mit der Barthes sich in *La chambre claire* ausführlich auseinandersetzt, ohne sie allerdings abzudrucken: „*Polaroid* (reproduced in color but never discussed by Barthes) is, it seems, the other to the Winter Garden Photograph, that much discussed but never reproduced *imaginaire* in which Barthes finds the essence of both his mother and photography."[53] Umso frappierender ist, dass so viele Ausgaben von *La chambre claire* dieses Polaroid unterschlagen, es also

---

51 Geoffrey Batchen: Palinode. An Introduction to Photography Degree Zero. In: ders. (Hg.): Photography Degree Zero. Reflections on Roland Barthes's Camera Lucida. Cambridge 2009, S. 3–30, hier S. 11.
52 Roland Barthes: Tagebucheintrag vom 25. April 1979, zit. nach Batchen: Palinode, S. 26, Fußnote 42.
53 Batchen: Palinode, S. 16, kursiv im Original. Vgl. dazu Diana Knight: Roland Barthes, or The Woman without a Shadow. In: Jean-Michel Rabaté (Hg.): Writing the Image after Roland Barthes. Philadelphia 1997, S. 132–143 sowie Beryl Schlossman: The Descent of Orpheus: On Reading Roland Barthes and Proust. In: Jean-Michel Rabaté (Hg.): Writing the Image after Roland Barthes. Philadelphia 1997, S. 144-159. Dennis Göttel und Katja Müller-Helle machen Boudinets Polaroid zum Ausgangspunkt einer Diskussion des Gespenstischen bei Barthes. Vgl. Dennis Göttel und Katja Müller-Helle: Barthes' Gespenster. In: Fotogeschichte. Beiträge zur Geschichte und Ästhetik der Fotografie 29 (2009), H. 114, S. 52–59.

als in der Tat überflüssigen und verzichtbaren Paratext angesehen haben und sich darin vielleicht von Barthes' Parenthese haben leiten (oder auch täuschen) lassen: „(Polaroid? Amüsant, doch enttäuschend, außer wenn ein großer Photograph sich damit abgibt)."

Auch Barthes' Kollegen, die beiden französischen Fotografietheoretiker Philippe Dubois und Régis Durand, setzen das Sofortbild in Klammern und erwähnen es nur im Modus der Abgrenzung. Beide interessieren sich in ihren Arbeiten für die Temporalität des fotografischen Bildes. Sie betonen die unhintergehbare Nachträglichkeit der Fotografie und fühlen sich darin vom Sofortbild als potenziell theoriesprengenden Gegenbeispiel herausgefordert. So schreibt Durand: „For photography is only fast in appearance. Even in its most instantaneous forms (the polaroid, for instance), it functions as a delayed action in relation to the actual present. It is a doubling, a retentive or echoing gesture which bespeaks the failure to keep time."[54] Ebenfalls in Parenthesen merkt Dubois an: „(and Polaroid photography makes no difference at all to the ineluctable delay of the photographic; on the contrary, it only exacerbates the photo's inability to catch up to time)."[55] Die Differenz von Polaroid zur herkömmlichen Fotografie wird in beiden Fällen heruntergespielt, negiert und gebannt, um die Sofortbildfotografie möglichst reibungslos der eigenen These unterordnen, dem eigenen theoretischen Entwurf eingemeinden zu können.

In jüngerer Zeit sind es vor allem Texte zur digitalen Fotografie, die die Tradition, von der Sofortbildfotografie (nur) in Klammern zu sprechen, fortsetzen. So müssen Theoretiker*innen der Digitalfotografie zwar anerkennen, dass bestimmte der Digitalfotografie zugeschriebene Eigenschaften wie etwa die sofortige Verfügbarkeit des Bildes oder auch die massenhafte Amateurisierung der Bildproduktion nicht erst mit der Digitalfotografie aufgekommen sind, sondern etwa auch schon der Sofortbildfotografie zu eigen waren; erwähnt wird diese dann in der Regel wieder nur in Einschüben, Klammern und Fußnoten.[56]

---

54 Régis Durand: How to See (Photographically). In: Patrice Petro (Hg.): Fugitive Images: From Photography to Video. Bloomington 1995, S. 141–151, hier S. 147.
55 Philippe Dubois: L'acte photographique et autres essays. Paris 1983, S. 241.
56 Vgl. etwa Susan Murray: Digital Images, Photo-Sharing, and Our Changing Notions of Everday Aesthetics. In: Journal of Visual Culture 7 (2008), H. 2, S. 147–163 sowie Richard Chalfen: „It's Only a Picture". Sexting, „Smutty" Snapshots and Felony Charges. In: Visual Studies 24 (2009), H. 3, S. 258–268. Umgekehrt mag der posthume Erfolg von Ademeits Polaroids, die eine um 2000 längst anachronistische Bildtechnologie repräsentieren, durchaus mit der Digitalisierung der Fotografie zu tun haben, als Ausdruck einer Nostalgie nach dem Analogen. Vgl. hierzu Lev Manovich: Die Paradoxien der digitalen Fotografie. In: Hubertus von Amelunxen, Stefan Igelhaut und Florian Rötzer (Hg.): Fotografie nach der Fotografie. Dresden 1995, S. 58–66, hier S. 60.

In den Texten der Fotografiegeschichte und -theorie erscheint Polaroid also allenfalls als Ergänzung und Ausnahme, als, das trifft auch auf Barthes' *La chambre claire* zu, seltsamer Sonderfall und Idiosynkrasie – als etwas, was Thesen (etwa der radikalen Neuheit des digitalen Bildes) und Theorien (etwa der prinzipiellen Nachträglichkeit des fotografischen Bildes) in die Quere zu kommen droht und deswegen eingehegt, abgeschoben und eingeklammert wird. Anders gesagt: Die Sofortbildfotografie erweist sich als Parergon von Fotografietheorie und -geschichte. Sie fristet im theoretischen Text ein marginalisiertes Dasein, abgeschoben an Textränder und -außenseiten, nebenbei und nebenher erwähnt, abgekapselt in Fußnoten und Klammern. Parerga in Parenthesen, so kann man die Erscheinungsweise von Polaroid in Fotografietheorie und -geschichte auf den Punkt bringen.

Kommunikationsmaschine

Jenseits der großen, mehr oder weniger kanonischen Autor*innen der Fotografietheorie gibt es durchaus eine vielfältige und fruchtbare Auseinandersetzung mit Polaroid. Sie findet allerdings weniger innerhalb der akademischen Fotografietheorie und -geschichte statt,[57] sondern existiert eher verstreut, ist oft praktisch und anwendungsbezogen ausgerichtet und versucht, die Sofortbildfotografie von ihren Gebrauchsweisen her zu denken. Ein paranoischer Gebrauch der Technik, wie Ademeits Praxis ihn vorführt, scheint auch hier nicht vorgesehen. Vielmehr wird Polaroid immer wieder als extrovertiertes Medium beschrieben, als gesellig und kommunikativ, neugierig, lebhaft und anregend – kurz: als „fun". Diese Charakterisierung stammt von einem Vertreter der Polaroid Company, der in einem 1981 publizierten Artikel Schulen vom Nutzen Polaroids für den Unterricht überzeugen will.[58] Er beschreibt Polaroid als „a very ‚outgoing' medium – sociable, communicative, and exploratory", gleichzeitig aber auch als „an intensely personal medium through which students can explore inner feelings and their relationship with others".[59]

---

[57] Eine Ausnahme stellt die erst nach weitgehender Abfassung des vorliegenden Buchs erschienene ausführliche und materialreiche Studie des Berliner Kunsthistorikers Dennis Jelonnek dar. Vgl. Dennis Jelonnek: Fertigbilder. Polaroid Sofortbildfotografie als historisches und ästhetisches Phänomen. München 2020.
[58] George Cope: Instant Photography in Education. In: Art Education 34 (1981), H. 4, 1981, S. 42–44, hier S. 44.
[59] Cope: Instant Photography in Education, S. 44 und 43.

Die überaus positiven Eigenschaften, die der Firmenvertreter für Polaroid ins Feld führt, finden sich so oder so ähnlich bei etlichen Fotograf*innen, Kritiker*innen und Fotografiehistoriker*innen, die sich zur Sofortbildfotografie geäußert haben. Einen wichtigen Topos stellt das Spielerische der Sofortbildfotografie dar.[60] So bezeichnet der amerikanische Künstler Richard Hamilton Polaroid als „toy" und merkt zudem über einen sofortbildfotografierenden Kollegen an: „Andy Warhol loves making Polaroids. It's a great game and he obviously gets a terrific kick being able to produce images without working."[61] Jenseits von Spiel und Spaß wird Polaroid, auch das klingt in der Anpreisung des Vertreters bereits an (der Polaroid ja als „intensely personal medium" beschrieben hat, bestens geeignet „inner feelings" zu erforschen), als Medium introspektiver Selbsterkundung ebenso gehandelt wie als Technologie des extrovertierten Austausches und der Kommunikation; Polaroid sei ja eben auch ein „very ‚outgoing' medium – sociable, communicative, and exploratory" und erlaube, „relationship with others" zu erkunden. Polaroid soll also die Erforschung von sowohl Selbst als auch Sozialem erlauben. „Das abgelichtete Individuum fühlt sich für Momente in einem Selbstbewußtsein versichert, das ihm sonst fremd bleibt", schreibt ein Kritiker und bezeichnet das Sofortbild, in Anspielung auf eine Wendung aus Lacans Aufsatz zum Spiegelstadium, als „unerschöpfliche Quadratur der Ich-Bestätigung"'.[62] Auch andernorts werden Sofortbildpraktiken beschrieben als der „Versuch, sich seiner selbst im Bild zu versichern",[63] was große Bedeutung für die „Gruppen- und Selbstkonstitution" haben könne, wird die „gemeinschaftsbildende Wirkung" des Sofortbildes betont: „Es ist Bestandteil, Beweggrund und Katalysator sozialer Prozesse."[64] Polaroid erscheint in diesen Darstellungen demnach als *social media* vor den sozialen Medien: als

---

60 Zur Sofortbildtechnik als Gadget vgl. Jelonnek: Fertigbilder, S. 78.
61 Richard Hamilton: Conversation. In: Gerhard Lischka (Hg.): Das Sofortbild Polaroid. Bern 1977, S. 13–14, hier S. 13. Zur Wahrnehmung von Polaroid als Spielzeug vgl. Buse: The Camera Does the Rest, S. 25–49. Der Firma war diese Wahrnehmung nicht nur angenehm, weshalb sie ihr mit einem ernsthaften Künstlerförderungsprogramm entgegenzuwirken versuchte, welches etablierten Fotografen wie Amsel Adams Kameras und Fotomaterial zur Verfügung stellte.
62 Modick: Mehr als Augenblicke, S. 10. Vgl. Jacques Lacan: Das Spiegelstadium als Bildner der Ich-Funktion, wie sie uns in der psychoanalytischen Erfahrung erscheint. In: ders.: Schriften I. Weinheim 1986, S. 61–70, hier S. 67.
63 Meike Kröncke und Ralf F. Nohr: Polaroids und die Ungewissheit des Augenblicks. In: Meike Kröncke, Barbara Lauterbach und Rolf F. Nohr (Hg.): Polaroid als Geste – über die Gebrauchsweisen einer fotografischen Praxis. Ostfildern-Ruit 2005, S. 6–19, hier S. 8 und 13.
64 Jan Verwoert: Kommt sofort! Über die Faszination der Sofortbildfotografie als gemeinschaftsbildende Lust am Bezeugen des allmählichen Erscheinens des Bildes auf dem Papier und die Erleichterung des sozialen Lebens durch dessen sofortige Bestätigung im Bild. In: Meike Kröncke,

kommunikativ und partizipatorisch, sozial und beziehungsstiftend, als perfekte „Kommunikationsmaschine".[65]

Ganz in diesem Sinne haben übrigens medienaffine Psychotherapeut*innen und Psychoanalytiker*innen aus den USA in den 1970er Jahren versucht, die Sofortbildkamera für therapeutische Zwecke zu nutzen und die Kommunikationsmaschine Polaroid als Medium einzusetzen, das psychische und therapeutische Prozesse in Gang setzen, erleichtern und beschleunigen soll – ein Vorhaben, das entfernt an den von den Lacan-Schülern Félix Guattari und Pierre Legendre vorgeschlagenen Einsatz unterschiedlicher technischer Medien wie Tonband, Film oder Video als Instanzen symbolischer Restrukturierung und Vermittlung erinnert.[66] So schildert eine Kinder- und Jugendtherapeutin in einem 1975 in der amerikanischen Zeitschrift *Art Psychotherapy* veröffentlichten Beitrag die Therapie eines kleinen Jungen, im Verlauf derer sie, weil der verbale Austausch sich schwierig gestaltete, nach einem Medium suchte, welches eine „connection" zwischen Therapeutin und jungem Patient herstellen helfen könnte: eine Verbindung, „through which we could exchange perceptions and begin to establish communication. I found such a meeting place in the Polaroid camera."[67] Die Therapeutin beschreibt Polaroid in der Folge als „interesting and almost magical machine" sowie als „good therapeutic tool", welches ein „communicating without words" möglich gemacht habe.[68] Die Polaroid Sofortbildfotografie übernimmt hier Funktionen, die innerhalb der Kinder- und Jugendanalyse lange Zeit der Zeichnung überantwortet wurden: ein visuelles, medienbasiertes Hilfsmittel, welches als Katalysator im therapeutischen Diskurs mit noch nicht voll verbalisierten Patienten fungieren kann.[69]

Barbara Lauterbach und Rolf F. Nohr (Hg.): Polaroid als Geste – über die Gebrauchsweisen einer fotografischen Praxis. Ostfildern-Ruit 2005, S. 20–32, hier S. 21f.
65 Olonetzky: Polaroid – eine Maschine zum Lebensgefühl, S. 41. Vgl. auch Gerhard Lischka: Das Sofortbild. In: ders. (Hg.): Das Sofortbild Polaroid. Bern 1977, S. 4–11 sowie Kröncke und Nohr: Polaroids und die Ungewissheit des Augenblicks.
66 Vgl. Félix Guattari: Monographie über R.A. In: ders.: Psychotherapie, Politik und die Aufgaben der institutionellen Analyse. Frankfurt a. M. 1976, S. 107–112 sowie Legendre: Das Verbrechen des Gefreiten Lortie. Zur Rolle der Videoaufzeichnung als symbolischer Vermittlungsinstanz in Legendres Darstellung des Falls Lortie vgl. Vismann: Verbrechen darstellen sowie Nessel: Zum Status der Videoaufzeichnungen in Pierre Legendres „Das Verbrechen des Gefreiten Lortie".
67 Ellen Nelson-Gee: Learning to Be: a Look into the Use of Therapy with Polaroid Photography as a Means of Recreating the Development of Perception and the Ego. In: Art Psychotherapy 2 (1975), H. 2, S. 159–164, hier S. 159.
68 Nelson-Gee: Learning to Be, S. 160–164.
69 Vgl. Barbara Wittmann: „Drawing Cure". Die Kinderzeichnung als Instrument der Psychoanalyse. In: dies. (Hg.): Spuren erzeugen. Zeichnen und Schreiben als Verfahren der Selbstaufzeichnung. Berlin/Zürich 2009, S. 109–144.

Ein anderer Psychotherapeut sieht in der Sofortbildkamera eine Art Königsweg zum Unbewussten auch erwachsener Patient*innen, wie er in einem 1976 ebenfalls in der Zeitschrift *Art Psychotherapy* publizierten Aufsatz schildert. Mit Polaroid könne es gelingen, selbst „resisting patients" in einen „exciting and entertaining process" zu involvieren: „We use the Polaroid print as a screen upon which the patient can project images and explore their underlying significance." Die Kamera erlaube, „[to] loosen up the patient and connect him with his natural fantasies, [...] allowing unconscious material to rise, give a concrete form to each element of unconscious conflicts, familiarize the patient with his own fantasy productions". Auf diese Weise stimuliere Polaroid „significant ‚movement' in psychotherapeutic relationships and opens the way to substantial emotional growth".[70]

Auch zwei der jüngsten Veröffentlichungen zu Polaroid machen den Aspekt der Kommunikation und Beziehungsstiftung stark. So beschreibt der Kunsthistoriker Dennis Jelonnek das Fotografieren mit der Sofortbildkamera unter anderem als eine Form des Gabentausches, die mit einer „Festigung der Gemeinschaftlichkeit innerhalb des fotografischen Handelns" einhergeht, und nennt überdies „die Party oder das Fest als [...] idealtypische Situation des Anfertigens von Sofortbildfotografien [...], in der sich die Aspekte von magischer Faszination, interaktiver Prozessualität und Wiederholung, sowie des anschließenden Austausches [...] in exzessiver und ungezwungener Weise [...] ereignen können".[71]

Der britische Medien- und Theaterwissenschaftler Peter Buse bezeichnet Polaroid unter anderem als „a kind of social lubricant, a way of meeting people, a playful party accessory" und hebt ebenfalls Polaroids soziokulturelle, gewissermaßen party-pragmatische Funktionen als „social catalyst" und „ice-breaker" hervor.[72] Polaroid erscheint bei Buse als Amateurtechnologie im wahrsten Sinne des Wortes, also als Technologie im Zeichen der Liebe und des Begehrens (der Begriff „Amateur" geht zurück auf lat. *amator* = „Liebhaber"): „*Consumer Reports* had a lot to say a while ago about the SX-70 Land Camera but never did explain what the SX stood for", zitiert Buse anspielungsreich aus John Updikes Roman *Rabbit is Rich* von 1982.[73] Buses Darstellung interessiert sich für die verruchteren, intimen bis pornografischen Gebrauchsweisen der Sofortbildfotografie und verknüpft das dann auch mit einer medienhistorischen These. Weil das Unikate

---

70 Robert Wolf: The Polaroid Technique: Spontaneous Dialogues From the Unconscious. In: Art Psychotherapy 3 (1976), H. 3, S. 197–214, hier S. 198ff.
71 Jelonnek: Fertigbilder, S. 27 und 29.
72 Buse: The Camera Does the Rest, S. 105 und 111.
73 Buse: The Camera Does the Rest, S. 65.

produzierende Sofortbildverfahren sich der Reproduzierbarkeit entzieht, die in der Regel als eine der wichtigsten Eigenschaften des Fotografischen schlechthin gehandelt wird, stelle es einen manifesten Anachronismus und Bruch, eine Aberration in der Geschichte der Fotografie dar: „Polaroid photography is technologically and photographically perverse."[74]

Das Paranoide und das Polaroide, oder: Polaronoia

Damit wäre Polaroid also als perverse Fototechnologie bestimmt – aber auch als paranoische? Der fotografiehistorische Diskurs zu Polaroid ist, bei aller Vielstimmigkeit, letztlich erstaunlich konsistent. Ob Polaroid nun als lustiges Spielzeug, als perverse Fototechnologie oder gar als Königsweg zum Unbewussten beschrieben wird: Prämisse aller hier angerissenen Positionen ist, das Sofortbild in erster Linie als etwas zu begreifen, was seinen Ort und seine wahre Bestimmung zwischen zwei (oder mehreren) Menschen findet, als etwas, was zwischen Menschen – seien es Liebende, Partygäste, Lehrer*innen und Schüler*innen oder Therapeut*innen und Patient*innen – stattfindet, um deren Austausch und Verständigung voranzutreiben und die Beziehung zwischen ihnen zu konstituieren und festigen.

Ademeits Sofortbilder, die mit Hingabe und Beharrlichkeit eine groß angelegte paranoische Spurensicherung betreiben, dabei konsequent keine Menschen, sondern immer nur Dinge fotografieren und die Sofortbildkamera insofern weniger als *soziales* denn vielmehr als *asoziales* Medium zum Einsatz bringen, fallen dabei durchs Raster. Ein ausschließlich und immer wieder nur die kommunikativen und beziehungsstiftenden Aspekte von Polaroid betonender Diskurs stellt nicht die Werkzeuge und Begrifflichkeiten zur Verfügung, um Ademeits paranoischen Gebrauch der Sofortbildkamera zu beschreiben und analysieren. Genau darum aber geht es hier, um die Frage also, wie paranoische Ermittlung und Polaroid Sofortbildfotografie bei Ademeit ineinandergreifen: Auf welche Weise verschränkt sich das Paranoische mit dem, was sich das „Polaroide" nennen ließe? Wie und wo treffen, schneiden und überkreuzen sich das Polaroide und das Paranoide?

Die schöne, aber etwas kryptische Begriffsprägung vom Polaroiden stammt aus einem Text zur Sofortbildfotografie, den zwei Kunsthistoriker*innen 2004

---

74 Buse: The Camera Does the Rest, S. 54. Für eine ausführliche Auseinandersetzung mit Buses Monografie vgl. Elena Meilicke: Sofortbilder begehren. Material für pornografische Mediengeschichtsschreibung: The Camera Does the Rest. In: Cargo. Film/Medien/Kultur (2016), H. 31, S. 75–76.

publiziert haben.⁷⁵ Sie steht dort allerdings etwas verloren herum: Denn weder erläutern die Autor*innen, was genau darunter zu verstehen sei, noch unternehmen sie den Versuch, die Resonanzen und Assoziationen, die sich durch die lautliche Ähnlichkeit zwischen dem Polaroiden und Paranoiden eröffnen, einzuholen und kritisch-theoretisch produktiv zu machen. Das soll im Folgenden nachgeholt werden. Was also wäre das Polaroide, was das Paranoische der Polaroid Sofortbildfotografie? Kann man von „Polaronoia"⁷⁶ sprechen, ist die Polaroid Sofortbildfotografie strukturell paranoisch? Wenn das so wäre, dann lägen gerade in der paranoischen Abkehr von den vermeintlich sozialen und kommunikativen Potenzialen der Sofortbildkamera eine gewisse Konsequenz und Folgerichtigkeit, dann artikulierte sich gerade im paranoischen Gebrauch der Polaroid Sofortbildkamera ein implizites Wissen über das Medium.

Um Antworten auf diese Fragen zu finden, wird sich die Auseinandersetzung in den folgenden Kapiteln verlagern und zunächst von Ademeits Polaroids wegbewegen, um sich der Geschichte des Polaroid Sofortbildverfahrens zuzuwenden. Um herauszufinden, wie das Polaroide und das Paranoide zusammenhängen, ob und inwiefern Polaroid paranoisch genannt werden könnte, gilt es im Detail zu klären, unter welchen Umständen und für welche Zwecke das Polaroid Sofortbildverfahren entwickelt worden ist, wie es technisch funktioniert und sich von herkömmlichen fotografischen Verfahren unterscheidet, welcher Bildbegriff ihm eingeschrieben ist. Die Argumentation verlagert sich demnach im Folgenden ins Feld der Mediengeschichte, um die von Ademeits paranoischem Gebrauch der Sofortbildfotografie aufgeworfenen Fragen nach der Verschlingung und Durchdringung von Paranoidem und Polaroidem zu klären.

---

75 Vgl. Kröncke und Nohr: Polaroids und die Ungewissheit des Augenblicks, S. 12. Kröncke und Nohr gebrauchen das Wort sowohl substantivisch („Modi des Polaroiden") als auch adjektivisch („polaroides Bedürfnis"). Weitere Nachforschungen haben ergeben, dass das Adjektiv ‚polaroid', gerade auch in der Wendung ‚polaroides Bedürfnis', bereits in einem Text aus den frühen 1980er Jahren nachzuweisen ist, allerdings auch hier ohne nähere Explikation oder Ausschöpfung des Assoziationsspektrums. Siehe Modick: Mehr als Augenblicke, S. 8, 15 und 37. Dieser Text ist eine überarbeitete Fassung von Klaus Modick: Polaroides Bedürfnis und Holographie. In: Merkur. Deutsche Zeitschrift für europäisches Denken 35 (1981), H. 402, S. 1263–1269. Eine dritte Belegstelle für das Adjektiv ‚polaroid' stammt ebenfalls aus den frühen 1980ern und spricht vom „polaroide[n] Blick [...], der die Zeit der Gegenwart buchstäblich fixiert" – ebenfalls ohne weitere Entfaltung des Begriffs. Siehe Michael Kröger: Nahe Verwandtschaft von Himmel und Erde. Zur utopischen Erfahrung von Zeit-Räumen im Bild der Frühromantik und in dem Fotobild des 19. Jahrhunderts. In: Kritische Berichte 11 (1983), H. 1, S. 3–23, hier S. 20.
76 So der Titel einer Ausstellung von Sofortbildern, die 1978 in Bochum stattfand, mit manipulierten Polaroids, die zur Abstraktion tendierten, aber wiederum ohne expliziten Paranoia-Bezug. Vgl. Herbert Bardenheuer: Bardenheuer's Polaronoia. Bochum 1978.

2 Genealogie der Polaroid Sofortbildfotografie

Anfänge

Die erste Polaroid Sofortbildkamera kommt 1948 auf den Markt, entwickelt und produziert von der Polaroid Company. Gegründet wurde die Polaroid Company, ursprünglich unter dem Namen Land-Wheelwright Laboratories, im Jahr 1932 von Edwin H. Land, einem 1909 in Connecticut geborenen Sohn russisch-jüdischer Einwanderer und Harvard *drop-out*, von dem kolportiert wird, er habe die Ivy-League-Universität freiwillig gegen eine öffentliche Bibliothek ausgetauscht: „He left the freshman physics class of 1926 and intensified his education at the New York Public Library."[1]

Was die Anfänge der Sofortbildfotografie angeht, so erzählen Historiografen von Polaroid diese gerne mit einem Drall ins Niedliche und platzieren ein kleines Kind im Zentrum:

> Am Anfang der Geschichte der Polaroid Fotografie steht die Frage eines kleinen amerikanischen Mädchens. Soeben hatte ihr Vater sie fotografiert. Sie hatte brav dazu gelächelt. Dann kam aber auch schon die neugierige Frage ‚Wo ist nun das Bild?', jene naive Frage, wie sie Tausende von Kindern gestellt haben und weiterhin stellen werden, wenn die Kamera hörbar geklickt hat. [...] Tausende von Vätern haben [...] auf diese naive Frage mit der Mahnung nach Geduld reagiert. Nicht so der Vater dieses kleinen Mädchens, Dr. Edwin H. Land.[2]

So oder so ähnlich, ein wenig variiert oder ausgeschmückt, geistert die Szene mit Lands kleiner Tochter und ihrer naiven Frage durch einen Großteil der Literatur, die sich mit der Erfindung der Sofortbildfotografie beschäftigt:

> Irgendwann in den vierziger Jahren des vergangenen Jahrhunderts fotografierte der amerikanische Erfinder Edwin Herbert Land (1909–1991) seine kleine Tochter. Sie sagte nach dem Fototermin zu ihrem Vater, es sei doch eigentlich schade, dass man die Aufnahmen nicht gleich sehen könne. Doktor Land machte sich in der Folge daran, eine fotografische Technik des Sofortbildes zu entwickeln.[3]

---

[1] F. W. Campbell: Edwin Herbert Land. In: Biographical Memoirs of Fellows of the Royal Society (1994), H. 40, S. 196–219, hier S. 198.
[2] Heinrich Freytag: Fotografieren mit Polaroid Land Kamera. Stuttgart 1964, S. 5.
[3] Allan Porter: Das Sofortbild von Doktor Land. Kleine Geschichte der Instant-Fotografie und eine Annäherung an deren Erfinder. In: du. Zeitschrift der Kultur (2002), H. 727, S. 34–36, hier S. 34.

Die oft wiederholte Szene, die zu einer Art Gründungsmythos der Polaroid Sofortbildfotografie geworden ist, scheint von Land selbst in Umlauf gebracht worden zu sein.[4] Auch seinen Erinnerungen nach hat die Erfindung des Sofortbildverfahrens in idyllischer Umgebung und friedvoller Urlaubsatmosphäre stattgefunden, angeregt durch die unbekümmerte und neugierige Frage seiner Tochter Jennifer:

> I recall a sunny day in Santa Fe, N.M., when my little daughter asked why she could not see at once the picture I had just taken of her. As I walked around the charming town I undertook the task of solving the puzzle she had set me. Within an hour, the film and the physical chemistry became so clear to me.[5]

Diese Anekdote, deren zeitliche Unbestimmtheit („a sunny day") ein märchenhaftes „Es war einmal..." evoziert, porträtiert Land als genialen Erfinder, aber auch als Familienmenschen und Vater.[6] Sie erzählt Technik- als Familiengeschichte, im Modus des Sentimentalischen, und situiert die Sofortbildfotografie darüber hinaus im Bereich des Kindlichen und Verspielten – durchaus passend für eine Fototechnologie, deren spätere Vermarktung immer wieder die kinderleichte Handhabung und mögliche Anwendungen in Schule und Erziehung hervorkehren wird und die, das ist im vorangegangenen Kapitel bereits angeklungen, oft eher als Spielzeug denn als ernstzunehmende Kameratechnologie wahrgenommen wurde.[7]

---

4 Zu dieser Anekdote und ihrer Verbreitung innerhalb der Geschichtsschreibung zu Polaroid vgl. auch Jelonnek: Fertigbilder, S. 99–102. Jelonnek liest die Anekdote als Lands Versuch, sich selbst und die Entwicklung des Sofortbildverfahrens in eine Traditionslinie mit dem britischen Fotografiepionier William Henry Fox Talbot zu stellen, der die Erfindung der Kalotypie im Jahr 1833 in eine ähnliche Anekdote gekleidet habe.
5 Land zit. nach Campbell: Edwin Herbert Land, S. 202.
6 Eine besondere Version des Polaroid Ursprungsmythos findet sich bei Buse, der den Mythos zwar explizit als „Legende" ausweist, diese jedoch im gleichen Zug weiterspinnt; er fasst die Sofortbildfotografie als Frucht eines illegitimen Begehrens und erzählt Mediengeschichte kurzerhand als ödipales Inzestdrama: „According to the legend, Polaroid photography started with a *childish desire*. It started with Jennifer's question. Jennifer was Edwin Land's three-year old daughter [...]. Jennifer Land may not have taken any pictures on that day, but in her *impatience*, in *her reluctance to wait*, she is the prototype of Polaroid photographers to come [...]. Before an invention can be *conceived*, a *desire* needs to exist." Siehe Buse: The Camera Does the Rest, S. 25, meine Hervorhebung, E. M. Ob diese Umschrift Absicht ist oder ihrem Autor eher unterläuft, sei dahingestellt; sie fügt sich jedenfalls nicht schlecht zu Buses bereits angesprochener Kernthese, derzufolge Polaroid „technologically and photographically perverse" sei. Vgl. Buse: The Camera Does the Rest, S. 54.
7 Zu Polaroids Vermarktungsstrategien vgl. Buse: The Camera Does the Rest, S. 30–41.

Bei genauerem Hinsehen könnte Lands vielfach nacherzählte Erinnerung sich jedoch als klassischer Fall dessen erweisen, was Freud eine Deckerinnerung genannt hat – stattgefunden hat der schöne Sommertag in Santa Fe nämlich im Sommer 1943, mitten im Zweiten Weltkrieg. Im Folgenden sollen daher die ewig gleichen Ursprungserzählungen und ihre Setzungen eines idyllischen, kindlichen und naiven Anfangs der Polaroid Sofortbildfotografie verlassen werden, um andere und verstreute Herkünfte des Sofortbildes aufzuzeigen. Es geht nicht darum, eine weitere Version der Geschichte der Polaroid Sofortbildfotografie zu schreiben, sondern vielmehr deren Genealogie zu entwerfen – Genealogie in dem Sinne, den Foucault dem Begriff gegeben hat.[8]

Im Anschluss an Nietzsche beschreibt Foucault die Genealogie als Methode für historische Untersuchungen, die zeigen wollen, dass „das, was ist, was eine sichtbare und nicht zu leugnende Tatsache ist, selbst historischer Varianz unterliegt", um auf diese Weise die „Kontingenz der Evidenz" herauszustellen und sich damit als „potentiell destabilisierende Übung" zu erweisen.[9] Ausgehend von einem Gegenwartsbezug fragt die Genealogie danach, wie etwas zu dem geworden ist, was es heute ist: „die Adresse genealogischer Untersuchungen" liegt „stets im Wissen und in den Gewissheiten der eigenen Gegenwart".[10] Dabei lehnt die Genealogie die Suche nach Ursprüngen sowie die darin implizierte Annahme unveränderlicher Identitäten ab; sie „steht im Gegensatz zur metahistorischen Entfaltung der idealen Bedeutungen und unbegrenzten Teleologien. Sie steht im Gegensatz zur Suche nach dem Ursprung."[11] Stattdessen hält sie sich „bei den Einzelheiten und Zufällen der Anfänge"[12] auf und fragt nach Herkunfts- und Entstehungszusammenhängen, die verstreut, kontingent und heterogen sein mögen und sich innerhalb bestimmter Kräfte- und Machtverhältnisse ereignet haben, wobei sie ihren eigenen perspektivisch gebundenen Blickwinkel nicht verleugnet. Hierin liegt das kritische Potenzial der genealogischen Methode. Im Gegensatz zu Erzählungen vom Ursprung, die auf „eine Theogonie" hinauslaufen, begreift die Genealogie das „historische Beginnen" als „etwas Niedriges" und „Lächerliches, das geeignet ist, alle Eingenommenheiten zu zerstören"; deshalb liefert die Erforschung von Herkünften „kein Fundament: sie beunruhigt, was man für

---

8 Vgl. Michel Foucault: Nietzsche, die Genealogie, die Historie. In: Walter Seitter (Hg.): Subversion des Wissens. Frankfurt a. M. 1987, S. 69–90.
9 Martin Saar: Nachwort. In: Michel Foucault: Die Wahrheit und die juristischen Formen. Frankfurt a. M. 2003, S. 157–187, hier S. 186.
10 Joseph Vogl: Genealogie. In: Clemens Kammler, Rolf Parr und Ulrich Schneider (Hg.): Foucault-Handbuch. Leben – Werk – Wirkung. Stuttgart 2008, S. 255–258, hier S. 255.
11 Foucault: Nietzsche, die Genealogie, die Historie, S. 69.
12 Foucault: Nietzsche, die Genealogie, die Historie, S. 72.

unbeweglich hielt; sie zerteilt, was man für eins hielt; sie zeigt die Heterogenität dessen, was man für kohärent hielt".[13]

Polarisation

So soll also hier nach anderen Anfängen, nach einem Anfang vor dem Anfang gesucht werden. Bevor Land die plötzliche Eingebung zur Sofortbildfotografie hatte und sich seine Firma ab 1943 deren Entwicklung widmete, beschäftigte sich die Polaroid Company vor allem mit der Erforschung und den praktischen Anwendungsmöglichkeiten von polarisiertem Licht; die Polaroid Company entwickelte und verkaufte sogenannte Polarisationsfolien. Hierauf geht auch der Firmenname zurück, eine Wortschöpfung, die ein Freund und Mitarbeiter von Edwin Land erfunden hat, der Kunsthistoriker Clarence Kennedy.[14] Das Kunstwort Polaroid verweist einerseits auf das synthetische Material Zelluloid, das seit den 1880er Jahren unter anderem als Trägermaterial für fotografischen Film zum Einsatz kommt, andererseits eben auf die Polarisation von Licht. Folgt man dem Medien- und Techniknistoriker Daniel Gethmann, so lässt sich aus diesem gewissermaßen ‚doppelten' Namen schon ein methodischer Hinweis ableiten, wie eine Genealogie der Polaroid Sofortbildfotografie vorzugehen habe. So argumentiert Gethmann, dass alle Auseinandersetzungen mit Polaroids Sofortbildverfahren, die „nicht auf die grundsätzlichen Forschungsarbeiten Polaroids zum Thema Polarisation des Lichts bezogen sind, [...] die Besonderheiten dieses Systems" verfehlen müssen: Denn „[a]m Anfang des Unternehmens steht die physikalische Analyse des Lichts und seiner Eigenschaften, die sich bei Polaroid mit medialen Verfahren seiner Filterung und Speicherung verbindet".[15]

Widmen wir uns also zunächst der Polarisation: Was genau ist Polarisation und was polarisiertes Licht, welchen Zweck erfüllen Polarisationsfolien? Grundlegend zum Verständnis von Polarisation ist die wellentheoretische Auffassung des Lichts; sie beschreibt Licht als elektromagnetische Welle, die transversal schwingt, das heißt senkrecht zu ihrer Ausbreitungsrichtung. Die meisten Lichtquellen emittieren natürliches, also unpolarisiertes Licht, das in alle Richtungen schwingt: „Unpolarisiertes Licht kann als statistisches Gemisch von Lichtwel-

---

13 Foucault: Nietzsche, die Genealogie, die Historie, S. 71 und 74.
14 Vgl. Daniel Gethmann: Das Prinzip Polaroid. In: Meike Kröncke, Barbara Lauterbach und Rolf F. Nohr (Hg.): Polaroid als Geste – über die Gebrauchsweisen einer fotografischen Praxis. Ostfildern-Ruit 2005, S. 44–65, hier S. 44.
15 Gethmann: Das Prinzip Polaroid, S. 44.

lenzügen mit allen möglichen Schwingungsrichtungen aufgefasst werden."[16] Ein Polarisator ist eine Art Filter, der nur eine Komponente davon, nämlich nur Licht einer bestimmten Schwingungsebene, durchlässt, und auf diese Weise natürliches, unpolarisiertes Licht in linear polarisiertes verwandelt: Man kann sich Polarisationsfilter als schmales Gitter vorstellen, das nur den Teil des Lichts hindurchlässt, der parallel zu den Gitterstäben schwingt. Polarisation ist also die Ausrichtung der elektrischen und magnetischen Feldstärke eines Lichtstrahls in ausschließlich einer Richtung.[17]

Historisch ist das Phänomen der Polarisation zunächst anhand der Doppelbrechung von Licht durch Kristalle wie Kalkspat festgestellt worden, die etwa der niederländische Physiker und Astronom Christiaan Huygens (1629–1695) beschrieben hat.[18] Aus Kalkspatkristallen wurden im siebzehnten Jahrhundert auch die ersten Polarisatoren hergestellt, wobei ein Nachteil darin lag, dass diese natürlichen Kristalle erst aufwendig zugeschnitten und bearbeitet werden mussten, bevor sie als Polarisationsfilter genutzt werden konnten.[19] Erst seit den 1930er Jahren ließen sich Polarisationsfilter synthetisch herstellen, und diese Filter aus synthetischen Materialien, „in die submikroskopische dichroitische oder nadelförmige Kristalle parallel zueinander eingelagert sind",[20] ersetzen seither die einstigen Polarisatoren aus Kristall.

---

16 Hans Joachim Eichler, Heinz-Detlef Kronfeldt und Jürgen Sahm: Das neue Physikalische Grundpraktikum. Berlin 2006, S. 425. Das Standardwerk zu Optik und Polarisation, das sich allerdings an eine physikalisch vorgebildete Leser*innenschaft richtet, ist: Eugene Hecht: Optik. Hamburg 1987.
17 Vgl. Dieter Meschede: Gerthsen Physik. Berlin 2015, S. 561.
18 Vgl. Gethmann: Das Prinzip Polaroid, S. 46. Für eine wissensgeschichtliche Perspektive auf Kalkspat als optisches Medium, das im 17. Jahrhundert die Entwicklung einer Wellentheorie des Lichts befördert hat, vgl. Ana Ofak: Lichte Wellen. Optische Medien, experimentelles Wissen und Lichtspiele um 1670. In: Christina Lechtermann und Haiko Wandhoff (Hg.): Licht, Glanz, Blendung. Beiträge zu einer Kulturgeschichte des Leuchtenden. Bern 2008, S. 209–224.
19 Vgl. Eichler, Kronfeldt und Sahm: Das neue Physikalische Grundpraktikum, S. 427. Ausführlich zum Kalkspat vgl. Meschede: Gerthsen Physik, S. 562–565.
20 Meschede: Gerthsen Physik, S. 565. Weitere Erläuterungen, in ansteigender Komplexität, lauten: „Polarisationsfilter sind Polymerschichten mit paralleler Anordnung der Polymerketten, die nur eine bestimmte Polarisationsrichtung durchlassen und alle anderen durch Absorption abschwächen (Dichroismus)." Siehe Hartmut Zabel: Kurzlehrbuch Physik. Stuttgart 2011, S. 171. „Eine sehr handliche Form von Polarisatoren sind die Polarisationsfolien. Sie bestehen [...] aus optisch anisotropem [d.h. doppelbrechendem, E. M.] Material, in dem jedoch der ordentliche und der außerordentliche Strahl unterschiedlich stark absorbiert werden [...]. Diese Erscheinung heißt auch Dichroismus. Ein preiswertes Beispiel sind Zellulosehydratfolien, die durch mechanische Streckung beim Herstellungsprozeß optisch anisotrop gemacht [...] worden sind." Siehe Eichler, Kronfeldt und Sahm: Das neue Physikalische Grundpraktikum, S. 427.

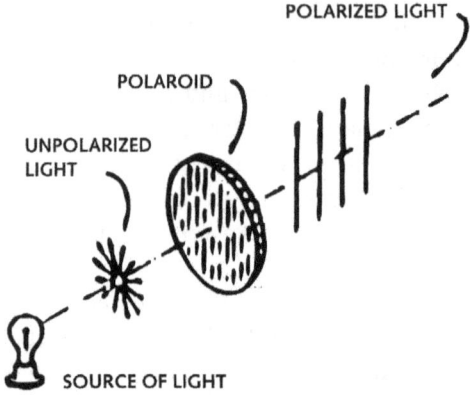

Abb. 28: Funktionsweise eines Polaroid Polarisationsfilters. Abbildung aus Land: Polarized Light in the Transportation Industries [1939], S. 11.

Die Innovation der Polaroid Company bestand in der Entwicklung und Produktion eben solcher synthetischer Polarisationsfilter (vgl. Abb. 28), deren Vorzüge und konkrete Beschaffenheit Land in einem Vortrag von 1936 mit folgenden Worten bewarb: „Here is a piece of Polaroid sheeting. It is, as you see, flexible and tough, strong, not inflammable. It is perfectly stable, because it answers the matrix question by employing cellulose acetate. The polarization is uniform over the whole area and the sheet is clear to look through [...]."[21] Eine Werbebroschüre aus den späten 1930er Jahren erläuterte die Funktionsweise der Polarisationsfilter in allgemein verständlicher Sprache:

> Polaroid is a thin, transparent film that combs-out and re-arranges the vibrations of light that passes through it. It is a flexible cellulosic sheet, unlimited in area, in which are embedded some thousand billion crystals per square inch, all lying parallel. [...] Like slightly darkened celluloid in appearance, Polaroid is unlike celluloid – and unlike any other sheet in the world – in that it combs out the light which passes through, arranging the light vibra-

---

[21] Edwin H. Land: Polaroid and the Headlight Problem [1936]. In: Edwin H. Land's Essays. Bd. 1, hg. von Mary McCann. Springfield 1993, S. 5–9, hier S. 9. Für weitere Hinweise zur Beschaffenheit und Produktion von Polaroids Polarisationsfiltern vgl. Edwin H. Land: Polarized Light [1945]. In: Edwin H. Land's Essays. Bd. 1, hg. von Mary McCann. Springfield 1993, S. 31–32 sowie Edwin H. Land: Dichroism and Dichroic Polarizers [1946]. In: Edwin H. Land's Essays. Bd. 1, hg. von Mary McCann. Springfield 1993, S. 33–52.

tions so that they all vibrate in parallel planes. In the language of science, this change is called polarization and Polaroid is called a polarizer.[22]

Lange bevor sie sich auf das Gebiet der Kameratechnologie begab und an der Entwicklung des Sofortbildverfahrens zu arbeiten begann, war die Polaroid Company also Vorreiterin in der Entwicklung synthetischer Polarisationsfilter, zu denen Land bereits im Jahr 1929 ein erstes Patent anmeldete. Auch das erste Logo der Polaroid Company, das aus zwei sich überlappenden Kreisen bestand, deren Schnittmenge schwarz war, verwies auf die Funktionsweise von Polarisationsfolien, die für sich lichtdurchlässig und transparent sind, übereinandergelegt jedoch lichtundurchlässig werden.[23]

Die praktischen Anwendungsmöglichkeiten der Polarisationsfolien lagen somit darin, dass sie die Regulierung und Kontrolle von Licht möglich machten. Dreht man den Polarisator vor einer Lichtquelle hin und her, so gelangt, je nach Ausrichtung des Polarisationsfilters, mehr oder weniger Licht durch den Filter hindurch. Die Drehung des Polarisators erlaubt also präzise Intensitätsänderungen von Licht, bis hin zu seiner völligen Ausschaltung. Hierzu werden zwei Polarisationsfilter hintereinander montiert, denn gekreuzte Polarisatoren lassen überhaupt kein Licht mehr hindurch. Synthetisch hergestellte Polarisationsfolien sind noch heute millionenfach in Gebrauch, denn sie sind Bestandteil der *liquid crystal displays*, jener allgegenwärtigen Flüssigkristallanzeigen, mit denen Laptops, Smartphones und sonstige elektronische Geräte ausgestattet sind: „In der häufigsten LCD-Bauart liegt zwischen um 90° verdrehten Polarisationsfolien eine nematische Schicht, deren Stabmoleküle nahe diesen Folien durch besondere Vorbehandlung jeweils parallel zur Polarisationsebene ausgerichtet werden [...]; das Licht geht durch beide Folien zum darunterliegenden Spiegel und wieder zurück: Die Schicht sieht hell aus, bis man ein schwaches elektrisches Feld anlegt, das die Moleküle überwiegend parallel orientiert. Dann kommt kein Licht durch die gekreuzten Polarisatoren: Der Feldbereich wird dunkel."[24] Um das Hell-Dunkel der Flüssigkristallanzeigen regulieren zu können, werden diese also mit gekreuzten Polarisationsfolien beklebt, durch die, je nach Ausrichtung der in die Folie eingelassenen Kristalle, Licht hindurchgelangt oder nicht: Die Anzeige wird hell oder bleibt dunkel.

---

22 Polaroid Preliminary Bulletin #66, 1938, zit. nach Melissa Banta: At the Intersection of Science & Art. Edwin H. Land & the Polaroid Corporation: The Formative Years. Ausstellung der Baker Library Historical Collections, Harvard Business School. Online unter: https://www.library.hbs.edu/hc/polaroid/, letzter Zugriff 5. August 2020.
23 Vgl. Jelonnek: Fertigbilder, S. 185.
24 Meschede: Gerthsen Physik, S. 573.

Autoscheinwerferprobleme

In den 1930er Jahren waren LCD-Monitore noch Zukunftsmusik. Als profitablen Absatzmarkt für ihre Polarisationsfolien machte die Polaroid Company zunächst ein anderes Gebiet aus, nämlich das der wachsenden Automobilindustrie. So diskutierte Land in zahlreichen Vorträgen und Artikeln aus den späten 1930er und den frühen 1940er Jahren, die in Publikationen der amerikanischen Automobilbranche wie dem *Society of Automotive Engineers Journal* oder *Highway Research Board Bulletin* veröffentlicht werden, das sogenannte *headlight problem* als möglichen Anwendungsbereich von Polarisationsfolien.[25] Gemeint war die Gefahr, dass einander auf der Straße oder Autobahn entgegenkommende Autos sich mit ihren Scheinwerfern gegenseitig blenden und damit einer erhöhten Unfallgefahr aussetzen.

Als Kern des Autoscheinwerferproblems identifiziert Land die sogenannte „blind driving zone", in der ein*e geblendete*r Autofahrer*in blind, und auch in blindem Vertrauen, operieren müsse:

> All of us, as we drive at night, habitually drive into this zone on faith, [...] but with a sense of hazard and insecurity. [...] This blind driving zone is a real thing. You are driving at 40 mph into a zone on the road in which you cannot see a dark obstacle at sufficient distance to permit you to make an emergency stop.[26]

Einem von Lands Aufsätzen zum *headlight problem* ist eine zweiteilige fotografische Abbildung (vgl. Abb. 29) beigefügt, die anschaulich machen soll, dass ein am Straßenrand laufender Fußgänger für ein Auto, das sich aufgrund der Blendung durch herankommende Autoscheinwerfer zeitweise in einer „blind driving zone" befindet, regelrecht unsichtbar werden kann: Im oberen Bild ist der Fußgänger am Straßenrand nicht zu sehen, weil seine Gestalt durch die Blendwirkung der

---

25 Vgl. Edwin H. Land: Polaroid [1936]. In: Edwin H. Land's Essays. Bd. 1, hg. von Mary McCann. Springfield 1993, S. 1–3; ders.: Polaroid and the Headlight Problem [1936]. In: Edwin H. Land's Essays. Bd. 1, hg. von Mary McCann. Springfield 1993, S. 5–9; ders.: Polarized Light in the Transportation Industries [1939]. In: Edwin H. Land's Essays. Bd. 1, hg. von Mary McCann. Springfield 1993, S. 11–21; ders.: A Comparative Survey of Some Possible Systems of Polarized Headlights [1948]. In: Edwin H. Land's Essays. Bd. 1, hg. von Mary McCann. Springfield 1993, S. 59–67; ders.: The Polarized Headlight System [1948]. In: Edwin H. Land's Essays. Bd. 1, hg. von Mary McCann. Springfield 1993, S. 69–81; ders.: The Use of Polarized Headlights for Safe Night Driving [1948]. In: Edwin H. Land's Essays. Bd. 1, hg. von Mary McCann. Springfield 1993, S. 85–89; ders.: Polarized Light for Auto Headlights, Part II [1950]. In: Edwin H. Land's Essays. Bd. 1, hg. von Mary McCann. Springfield 1993, S. 91–98.
26 Land: The Polarized Headlight System [1948], S. 72.

Fig. 3. Comparative visibility using Sealed Beam lower (top) and polarized headlights (bottom). Pedestrian is present in both photographs.

Abb. 29: Unsichtbarkeit eines Fußgängers bei Blendung durch Autoscheinwerfer.
Abbildung aus Land: The Use of Polarized Headlights for Safe Night Driving [1948], S. 87.

entgegenkommenden Scheinwerfer überstrahlt wird. So evozieren Lands Darstellungen zum *headlight problem* die Blendung in Bild und Text als konkrete und reale Gefahr, weil sie das Sichtfeld zu überstrahlen und dabei Konturen und Körper buchstäblich auszulöschen droht: eine Begegnung mit dem Realen, *the real thing*, nachts auf dem *highway*, da hilft nur noch Beten, Fahren *on faith* – aber Polaroid weiß Abhilfe.

Die besondere Herausforderung des Autoscheinwerferproblems lag für Land darin, dass es den grellen Lichtschein der entgegenkommenden Scheinwerfer abzuschirmen galt, ohne dabei die Strahlkraft des eigenen Scheinwerferlichts zu vermindern. Für diese spezielle Problemkonstellation, versprach Land, stellten die Polarisationsfolien der Polaroid Company eine Lösung dar:

> The only known final solution to the problem of glaring headlights is a system that uses polarized light. [...] The Polaroid headlight system rests on the fundamental fact in physics that two polarizers with their axes parallel, such as your own Polaroid viewer and your

own Polaroid headlights, pass a substantial part of the light; whereas two polarizers with crossed axes such as your viewer and oncoming Polaroid headlights, block it out.²⁷

Land schlug also vor, künftig alle Autoscheinwerfer mit Polaroidfolie zu überziehen, die das Licht der Scheinwerfer polarisiert. Stattete man jede*n Autofahrer*in zusätzlich mit einem geeigneten Visor aus, ebenfalls aus Polaroidfolie hergestellt, der für das Licht der eigenen Scheinwerfer durchlässig ist, das Licht der entgegenkommenden Scheinwerfer jedoch ausfiltert, dann, so Lands Vision, wäre die tödliche Gefahr durch Blendung auf den Straßen Amerikas für immer gebannt: „The system eliminates headlight glare; it removes the blind driving zone; and it improves open road seeing. [...] When all cars are finally equipped with the Polaroid system, headlight glare will be a thing of the past."²⁸ Weiter behauptete Land: „I didn't set out to make money but to get the polarizer used. It would have saved 400 lives a night."²⁹

Man kann das Unfallszenario auf einer nächtlichen Landstraße, das Land wieder und wieder beschwor, um seine Folien an den Mann und unter die Leute zu bringen, als Polaroids Urszene bezeichnen. Diese Urszene weist Polaroids Folien als moderne Technik der Kontingenzbeherrschung aus – wobei Kontingenz hier ganz buchstäblich und mit Blick auf die Herkunft des Wortes von dem lateinischen *contingere* zu verstehen ist, das eine Berührung, einen Kontakt impliziert. Verhindert werden soll das unglückselige Zusammentreffen beziehungsweise „meeting"³⁰ auf einer nächtlichen Landstraße – der Crash. Polaroids Polarisationsfolien erweisen sich insofern als eine Technik der Unfallprävention und des Risikomanagements, die ganz im Dienste des störungsfreien Verkehrs, der größtmöglichen (Auto-)Mobilität und des *American way of life* steht.

Interessant ist das von Land im Kontext des Autoscheinwerferproblems entworfene und beschworene Unfallszenario darüber hinaus, weil es um ein Ereignis kreist, das noch Ereignis im ursprünglichen Sinne des Wortes, nämlich Er-Äugnis ist.³¹ Es geht schließlich beim *headlight problem* um das Ereignis einer Blendung, die Autofahrer*innenaugen zu treffen und außer Gefecht zu setzen droht – es geht um ein Ereignis, das die Augen (be-)trifft. Lands Texte zum Autoscheinwer-

---

27 Land: The Polarized Headlight System [1948], S. 70.
28 Land: The Polarized Headlight System [1948], S. 76 und 79.
29 Land zit. nach Richard Kostelanetz: A Wide-Angle View and Close-Up Portrait of Edwin Land and His Polaroid Cameras. In: Lithopinion 9 (1974), H. 1, S. 48–57, hier S. 55.
30 Land zit. nach Kostelanetz: A Wide-Angle View, S. 75.
31 Zur Etymologie des Wortes „Ereignis" von ahd. *ouga* = „Auge" vgl. Etymologisches Wörterbuch der deutschen Sprache. Bearbeitet von Friedrich Kluge und Elmar Seebold. 24. Auflage. Berlin 2002, S. 253.

ferproblem versprechen, mit den Polarisationsfolien eine Technologie bereitzustellen, um einem solchen Anschlag auf die Augen, mitsamt seinen potenziell üblen Folgen, vorzubeugen. Im Zentrum von Polaroids Urszene stehen also das Problem der Blendung und die Frage nach Möglichkeiten der Abschirmung.

Blendung und Blickzähmung

Verletzliche Autofahrer*innenaugen auf der einen Seite, auf der anderen strahlendes Licht, das von außen auf eben diese Augen trifft und sie zu blenden droht: Isoliert man die einzelnen Bestandteile von Polaroids Urszene, dann wird deutlich, dass im Mittelpunkt des *headlight problem* steht, was Lacan die Funktion des Blicks genannt hat. Polaroids Urszene, das abschreckende Szenario eines durch Blendung verursachten Unfalls auf einer nächtlichen Landstraße, kreist um ein gefährliches Blickhaftes, das gebannt werden soll.

Weil die Grundzüge von Lacans Überlegungen zur Funktion des Blicks bereits im Kapitel „Blickhafte Verfolgung" vorgestellt worden sind, als es um die Bedeutung von Lichterscheinungen in Panizzas *Imperjalja* ging, soll hier auf eine erneute ausführliche Erläuterung verzichtet und nur das Wichtigste wiederholt werden, insofern es für das Verständnis von Lands Darstellungen des Autoscheinwerferproblems relevant ist. Wie bereits ausgeführt, nimmt Lacan eine Spaltung von Auge und Blick vor und wendet sich damit gegen Vorstellungen vom Subjekt als souveräner und blickmächtiger Instanz. Vielmehr entwirft er die Funktion des Blicks als etwas, was im Außen und auf Seiten der Dinge ist, und insofern das Subjekt, das den Blick nie hat, sondern von ihm ge- und betroffen wird, dezentriert, destabilisiert und verunsichert. Das in der geometralen Ordnung aktiv und souverän gedachte Subjekt des Sehens wird bei Lacan zum passiven Objekt des Blicks.

So gilt, mit Lacan gesprochen, dass „auf dem Felde des Sehens [...] der Blick draußen [ist], ich werde erblickt, das heißt ich bin im Bild/tableau. [...] Von Grund auf bestimmt mich im Sichtbaren der Blick, der im Außen ist."[32] Zwar betont Lacan mehrfach, dass die vom Sehorgan des Auges abgetrennte Funktion des Blicks auf unterschiedliche Weise realisiert sein kann, etwa als plötzliches Blätterrascheln oder als Geräusch von Schritten auf einem Gang. Gleichzeitig aber knüpft er die Funktion des Blicks eng an Erscheinungen des Lichts und situiert den Blick „auf der Ebene des Lichtpunkts, wo alles ist, was mich angeht/me regarde".[33]

---

32 Lacan: Die vier Grundbegriffe, S. 113.
33 Lacan: Die vier Grundbegriffe, S. 100.

Mit dem Licht, schreibt Lacan, „kommt etwas ins Spiel, was beim geometralen Verhältnis elidiert wird – die Feldtiefe in ihrer ganzen Doppeldeutigkeit, Variabilität, auch Unbeherrschbarkeit".[34] Was bei Lacan an dieser Stelle ein wenig umständlich als Doppeldeutigkeit und Unbeherrschbarkeit der Feldtiefe verhandelt wird, heißt bei Land schlicht und einfach: Autounfall. „Ein Blick überrascht ihn [...], wirft ihn aus dem Gleis, haut ihn um",[35] schreibt Lacan über den vom Blick Getroffenen – und drängt ihn von der Fahrbahn, könnte man mit Bezug auf Polaroid und das *headlight problem* ergänzen. Der blendende Lichtstrahl, der aus der Tiefe der Nacht auf einer dunklen Landstraße plötzlich auftaucht, um das Wahrnehmungsfeld der Angestrahlten zu desorganisieren und sie zu potentiellen Opfern eines Verkehrsunfalls zu machen, übt die Funktion eines Blickhaften aus, von dem Lacan schreibt: „Der Blick erscheint für uns allein in Form einer befremdlichen Kontingenz."[36] Im Zentrum von Polaroids Autoscheinwerferproblem steht eine solche blickhafte Kontingenz.

Analog zu der Art und Weise, wie man Lacan einen Theoretiker des Blicks nennt, ließe sich Land als ein Praktiker des Blicks bezeichnen. Denn Lands Texte zum *headlight problem* akkumulieren, indem sie über Blendungen und deren Gefahren nachdenken, ein konkretes, problemorientiertes und anwendungsbezogenes Wissen über die Funktion des Blicks. Dieses Wissen findet nicht nur in Worten, sondern auch in fotografischen Abbildungen (wie etwa der bereits angesprochenen vom Fußgänger am Straßenrand) und Zeichnungen seine Darstellung. So versammelt eine Abbildung mit dem Titel *The Glare of Ordinary Headlights* (vgl. Abb. 30), die Lands Artikel *The Polarized Headlight System* von 1948 beigefügt ist, unterschiedliche Blendungsszenarien, in Abhängigkeit von verschiedenen Parametern, die etwa die Helligkeit des Scheinwerferlichts oder den Steigungsgrad des Straßenuntergrunds betreffen, und entwickelt auf diese Weise eine regelrechte Typologie von Blendungen, ein anschauliches Blendungswissen. Eine weitere Darstellung mit der Überschrift *The Worst That Can Happen With Sealed Beams* (vgl. Abb. 31) unternimmt Risikoabwägungen und versucht zu zeigen, welche schlimmstmöglichen Blendungseffekte eintreten können, abhängig davon, ob Polarisationsfolien zum Einsatz kommen oder nicht.

Interessant ist diese Darstellung vor allem deshalb, weil die zwei ineinander verschränkten Lichtkegel, die einander entgegenkommende Scheinwerfer repräsentieren sollen, deutlich machen, dass Land den blendenden Lichtstrahl konsequent nicht subjektzentriert, sondern grundlegend reziprok fasst, also immer

---

34 Lacan: Die vier Grundbegriffe, S. 102.
35 Lacan: Die vier Grundbegriffe, S. 91.
36 Lacan: Die vier Grundbegriffe, S. 79.

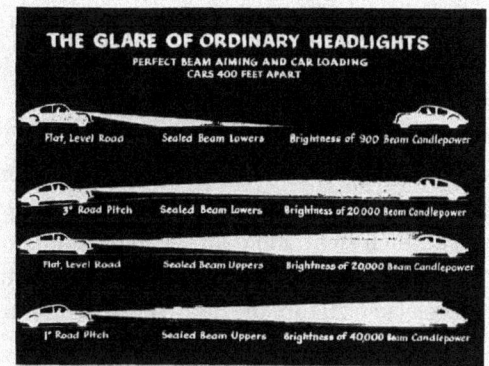

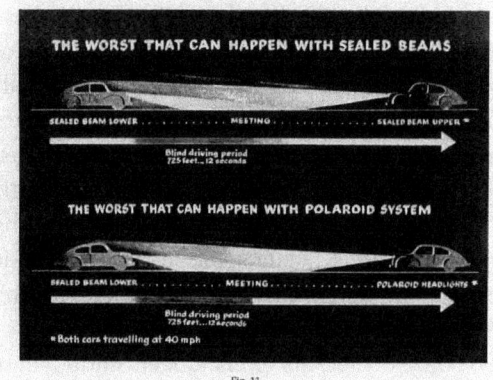

Abb. 30: The Glare of Ordinary Headlights. Abbildung aus Land: The Polarized Headlight System [1948], S. 70.

Abb. 31: The Worst That Can Happen With Sealed Beams. Abbildung aus Land: The Polarized Headlight System [1948], S. 76.

die wechselseitige Blendung und damit auch das Geblendet-Werden in den Vordergrund rückt – was an Lacans Verortung des Blicks außerhalb und jenseits des Subjekts erinnert. Lands Erläuterung der abgebildeten Darstellung unterstreicht diese Reziprozität:

> When you meet a car on the highway at night, you play two parts. Because you have to see where you are going, you have to point a beam of light down the road with your headlights.

The approaching driver has to do likewise. *You are necessarily on the receiving end of his light beam, and he is on the receiving end of your light beam.*[37]

„[O]n the receiving end" sein – das ist Lands präzise Fassung dessen, was bei Lacan als die objektivierende und passivierende Funktion des Blicks figuriert. Es wundert daher nicht, dass Lands Darstellung automobiler Blendung mit ihren ineinander verschränkten Lichtkegeln (vgl. Abb. 31) jenem Schema aus *Die vier Grundbegriffe der Psychoanalyse* verblüffend ähnlich sieht, mit dem Lacan die Funktion des Blicks anschaulich zu machen sucht (vgl. Abb. 32). In beiden Fällen hat man es mit zwei ineinander verschobenen Dreiecken zu tun, die die Spaltung von Auge und Blick, die Reziprozität von Sehen und Gesehen-Werden repräsentieren.

Die im Zentrum des Autoscheinwerferproblems stehende Blendung mit ihren potenziell destabilisierenden – sprich: tödlichen – Effekten lässt sich also als ein Blickhaftes begreifen, das *headlight problem* erweist sich als gefährliche Blickanordnung. Vor diesem Hintergrund stellt Land die synthetischen Polarisationsfolien der Polaroid Company als wirksames Mittel zur Bannung des Blicks und als effektive Technik zu seiner Unschädlichmachung vor, mit Hilfe derer das (automobile) Subjekt weiter unbeschwert und unversehrt sehen und fahren können soll. Polarisationsfolien sollen Blick und Blendung gegenüber also als Schutz und als Abschirmung fungieren – wobei sie eine besondere Art der Abschirmung darstellen, nämlich eine, die in die Struktur des Lichts selber eingreift und sie verändert, indem die Folien das Licht polarisieren und damit filterbar, kontrollierbar und das heißt letztlich beherrschbar machen.

Ein Biograf von Land kolportiert, dass dieser, als er als junger Student zum ersten Mal über den illuminierten Broadway in New York City spaziert sei, das dringende Bedürfnis verspürt habe, das Licht der Szenerie zu bändigen: „Land perceived an urgent need to control the light of the scene."[38] Verifizierbar ist diese Anekdote nicht. Tatsächlich aber hat Land später die Kontrolle von Licht als wichtigste Eigenschaft der von Polaroid produzierten Folien herausgestrichen und als bedeutsame Errungenschaft gefeiert:

> One of the great technical advantages of the polarizer is that it enables one to control the brightness of light [...]. It enables us to label light, to put a tag on it, to say that this particular light is to go here but not there; whereas this other light, polarized in a different direction, is to go there but not here.[39]

---

37 Land: The Polarized Headlight System [1948], S. 69, meine Hervorhebung, E. M.
38 Peter C. Wensberg: Land's Polaroid. A Company and the Man Who Invented It. Boston 1987, S. 28.
39 Land: Polarized Light [1945], S. 32.

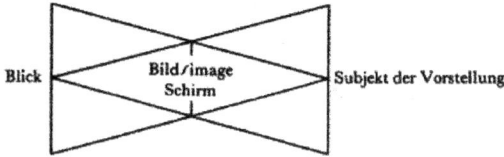

Abb. 32: Schema zur Funktion des Blicks aus Jacques Lacan: Die vier Grundbegriffe der Psychoanalyse, S. 112.

An dieser Stelle wird noch einmal deutlich, dass mit den Polarisationsfolien auf dem Spiel steht, was Lacan das „Verhältnis des Subjekts zur eigentlichen Erscheinung des Lichts" genannt hat, ein Verhältnis, das Lacan durch die grundlegende Quecksilbrigkeit, Nichtfixierbarkeit und Unbeherrschbarkeit von Licht bestimmt sieht: „Das Wesentliche an der Beziehung zwischen Schein und Sein […] ist im Lichtpunkt/dans le point lumineux – im Strahlpunkt, in dem Rieseln, dem Feuer, dem Springquell der Reflexe", schreibt er, das „Licht […] bricht sich, es diffundiert, es übergießt, es füllt".[40]

Lands Ehrgeiz ging dagegen in Richtung einer Regulierung und Kontrolle von Licht. In der bereits zitierten Polaroid-Werbebroschüre heißt es hierzu: „To the eye, light that has passed through Polaroid looks like ordinary light; nevertheless it can be made to do a thousand things that ordinary light cannot be made to do."[41] Das ultimative Ziel dieser Regulierung und Kontrolle von Licht ist die vollkommene Eindämmung und Unterbindung des von Lacan beschriebenen Strahlens, Rieselns, Springens, Brechens und Fließens. Stattdessen soll Ordnung herrschen, indem Licht teilbar, präzise adressierbar und kommandierbar gemacht wird: „to say that this particular light is to go here but not there; whereas this other light […] is to go there but not here." Dabei erscheint Land nicht nur als eine Art Dompteur, sondern auch als ein Bürokrat des Lichts, der Licht „beschriften" und ihm ein „Schildchen umhängen" will („to label light, to put a tag on it"), es also in eine Syntax übersetzen will, die der Herrschaft des Subjekts unterstellt ist. Licht in dieser Weise zu domestizieren, ihm sagen zu wollen, wo's langgeht („go here but not there, […] go there but not here"), das meint zugleich: Kontrolle über

---

40 Lacan: Die vier Grundbegriffe, S. 100 und 102.
41 Polaroid Preliminary Bulletin #66, 1938, zit. nach Melissa Banta: At the Intersection of Science & Art. Edwin H. Land & the Polaroid Corporation: The Formative Years. Ausstellung der Baker Library Historical Collections, Harvard Business School. Online unter: https://www.library.hbs.edu/hc/polaroid/, letzter Zugriff 5. August 2020.

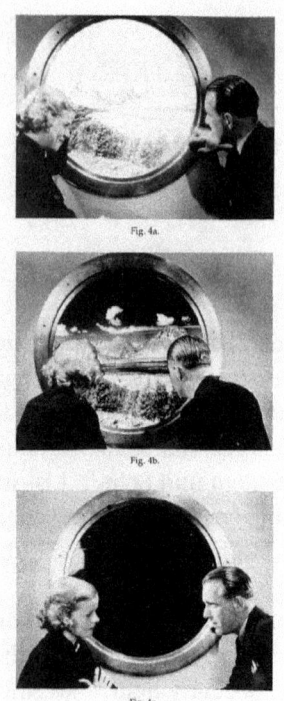

Abb. 33: Paar vor einem mit Polarisationsfolie beschichteten Fenster. Abbildung aus Land: Polarized Light in the Transportation Industries [1939], S. 12.

die Funktion des Blicks ausüben wollen.⁴² Polaroids Polarisationsfolien erweisen sich insofern als Technologie der Blickbeherrschung oder, um einen Begriff von Lacan zu verwenden, als Technologie der „Blickzähmung".⁴³

Was das in der Praxis bedeutet, macht eine dreiteilige Abbildungsreihe anschaulich, die Lands Aufsatz „Polarized Light in the Transportation Industries" von 1939 beigefügt ist und eine weitere mögliche Anwendung von Polarisationsfolien beschreibt (vgl. Abb. 33). Beschichtet man Fensterglas mit ihnen, so lässt sich regulieren, wie viel Licht von draußen durch das Fenster nach innen dringt. Die Abbildungen zeigen, in drei zeitlich aufeinanderfolgenden Momenten, jeweils

---

42 Zur Domestizierung und Einhegung von Licht passt die Analogie, mit der Land wiederholt die Funktionsweise der Polarisationsfolien erklärt hat: als eine Reihe von Lattenzäunen, die die Schwingungen eines Seils eliminieren. Vgl. Land: Polaroid and the Headlight Problem [1936], S. 5 und 6.

43 Lacan: Die vier Grundbegriffe, S. 118.

eine junge Frau und einen jungen Mann, die sich neben einem kreisrunden Zugfenster gegenübersitzen. Im oberen, ersten Bild fällt sehr viel Licht von draußen herein, die Frau ist geblendet und hält sich schützend die Hand vor die Augen; die Landschaft vor dem Fenster ist nicht gut zu sehen, weil es zu hell ist. Im zweiten Bild ist der Polarisationsfilter in der Beschichtung des Fensterglases angepasst worden (vermutlich vom Begleiter der Dame, dessen Hand sich im ersten Bild rechts am Fensterrahmen zu schaffen macht). Nun gelangt weniger Licht von draußen ins Abteil, und die zuvor überblendete Landschaft hat sich zur gut ausgeleuchteten Szenerie gewandelt, die sich komfortabel betrachten lässt. Das Paar schaut gemeinsam hinaus. Im dritten Bild wiederum ist der Filter so eingestellt, dass überhaupt kein Licht mehr durchs Fenster hereinfällt. Der Ausblick hat sich verdunkelt, keine spektakuläre Aussicht lenkt das Paar mehr von sich selbst ab, das nun einander zugewandt ins Gespräch vertieft scheint. Während das Zugfenster im ersten Bild Medium des Blicks ist, Einfallstor eines irritierenden, blendenden Lichtspiels, das Frauenaugen in Bedrängnis bringt, hat es sich im dritten Bild zum blicklosen (Bull-)Auge gewandelt – domestiziert durch Polaroid.

Wahrnehmungswaffen

Die frühen Geschäftsaktivitäten der Polaroid Company waren demnach in grundsätzlicher Weise auf Blendung und die Funktion des Blicks bezogen. Als Hersteller von Folien, die der Abschirmung und Abwehr von Blendungserscheinungen dienten, besaß Polaroid eine besondere Kompetenz und Expertise in Sachen Blickzähmung. Allerdings hatte Polaroids Blickzähmungsprogramm zunächst kaum Erfolg. Lands intensive Bemühungen um einen profitablen Absatz der Polarisationsfolien blieben vergeblich, weil die amerikanischen Automobilhersteller sich weigerten, höhere Produktionskosten auf sich zu nehmen: „Land's humanitarian concern for the safety of pedestrians failed to be implemented",[44] schreibt ein Biograf mit pathetischem Ober- und bitterem Unterton, ein anderer weist der „intransigence of Detroit car-makers" die Schuld dafür zu.[45]

Während die Automobilindustrie also nicht bereit und willens war, der Blendung ziviler Autofahrer*innen mit Hilfe von Polarisationsfolien flächendeckend entgegenzuwirken, zeigte die US-Armee während des Zweiten Weltkriegs großes Interesse daran, ihren Soldaten größtmöglichen Schutz vor Blendungen bereitzustellen und damit maximale Sicht zu ermöglichen. Dies antizipierend

---

44 Campbell: Edwin Herbert Land, S. 199.
45 Buse: The Camera Does the Rest, S. 172.

begann Land schon 1939, vom *headlight problem* abzurücken und in seinen Vorträgen auch militärische Anwendungsmöglichkeiten für Polarisationsfolien zu berücksichtigen. So könnten die Folien, in Sichtgeräte eingebaut, der „glare and brightness control in range finders and gunsights" dienen und außerdem auf dem Gebiet der stereoskopischen Kartografie zum Einsatz kommen, versprach er.[46] In einem an Laien gerichteten Vortrag, den Land im März 1945 in New York im Rahmen einer Vortragsreihe mit dem Titel *Serving through Science* hielt, sind militärische Anwendungen zum Standardbeispiel geworden, wenn es gilt, die Funktionsweise von Polarisationsfolien zu erläutern; um Autoscheinwerfer geht es längst nicht mehr:

> Consider what happens, then, if you go outside and look at the world through a piece of polarizing glass. When you look at the shiny asphalt of the street, all the shine disappears. When you look out across the ocean, the water-glare is gone. Our Army and Navy are putting this effect to good use in goggles and Naval range finders.[47]

Land betont die besondere Notwendigkeit der Kontrolle und Beherrschung von Licht in militärischen Kontexten: „In submarine periscopes, we can sort out the glare from the water while we let through the useful image of our target."[48] Auch der Feind wird in Lands Beispielen für die vielfältigen Einsatzgebiete von Polarisationsfolien beiläufig, aber eindeutig benannt: „If you wish to look at something which is too bright to look at – for example, a Japanese plane as it dives into the sun – you can do it comfortably and effectively by arranging a pair of polarizers [...] in your machine-gun sight."[49] Damit hat sich der Kontext, in dem Polaroids Polarisationsfolien zum Einsatz kommen sollen und in dem ihre Wirksamkeit veranschlagt wird, auf entscheidende Weise verschoben. Es geht nicht mehr um lediglich gefährliches Szenario (Unfall auf einer Landstraße), sondern um ein dezidiert militärisches (Krieg im Pazifik), in welchem Polaroids Folien einen entscheidenden Kampfvorteil liefern sollen.

Dabei erscheint der Krieg bei Land in erster Linie als Wahrnehmungsproblem und als Sache von Sichtverhältnissen. Es geht darum, mehr und besser zu sehen als der Gegner. Lands Ausführungen zu den kriegstechnischen Anwendungen von Polaroid setzen einen Zusammenhang „zwischen den Funktionen des Auges und der Waffe" voraus, welcher den Kern dessen ausmacht, was der französische Technik- und Kulturhistoriker Paul Virilio mit dem Begriff „Logistik der Wahrneh-

---

46 Land: Polarized Light in the Transportation Industries [1939], S. 15.
47 Land: Polarized Light [1945], S. 31.
48 Land: Polarized Light [1945], S. 32.
49 Land: Polarized Light [1945], S. 31.

mung" belegt hat.⁵⁰ Virilio zufolge geht „es im Krieg weniger darum, *materielle* – territoriale, ökonomische – Eroberungen zu machen als vielmehr darum, sich der *immateriellen* Felder der Wahrnehmung zu bemächtigen"; anhand historischer Beispiele und Quellen zeichnet Virilio die Geschichte einer „ständige[n] Ausweitung des militärischen Wahrnehmungsfeldes" nach, in deren Zuge das „Sehen mit den Augen und die direkte Sicht [...] in immer größeren Maß optischen und optisch-elektrischen Verfahren gewichen" sind.⁵¹ Land ist in Virilios Geschichte einer Logistik der Wahrnehmung kein Unbekannter, sondern findet explizite Erwähnung, allerdings mit Bezug auf Polaroids Aktivitäten nach dem Zweiten Weltkrieg, während des Kalten Krieges in den 1950er Jahren. So habe „Dr. Edwin Land", schreibt Virilio, eine „Kamera mit hoher Auflösung" entwickelt, welche „die ständige Luftaufklärung über der Sowjetunion" möglich machte.⁵²

Doch bereits für den Krieg im Pazifik gilt: Unter den Bedingungen der von Virilio beschriebenen Logistik der Wahrnehmung durfte die Polaroid Company, mit ihrer ausgewiesenen Kompetenz in Technologien der Abschirmung, Blendungsabwehr und Blickzähmung, auf große Nachfrage und gute Umsätze hoffen. Tatsächlich stieg die Firma während des Zweiten Weltkriegs in großem Stil ins Rüstungsgeschäft ein: „[I]n 1940, Land concluded that Polaroid's primary effort ought to be directed towards helping to win World War II", heißt es, ein wenig moralisch verbrämt, in einer Darstellung der Firmengeschichte.⁵³ Finanziell war der Krieg ein Glücksfall für Polaroid und bescherte der Firma enormes Wachstum. So wuchs die Zahl der Beschäftigten von 36 Mitarbeiter*innen im Jahr 1937 auf über 900 im Jahr 1945, und der Umsatz der Firma stieg auf 16 Millionen Dollar im Jahr 1945: „There is no question that Polaroid enjoyed great success during the war", urteilt ein Beobachter.⁵⁴

Während des Zweiten Weltkriegs wurde die Polaroid Company also zum regelrechten Rüstungskonzern und produzierte Ausrüstungsgegenstände, die dazu dienten, der amerikanischen Armee maximalen Durchblick und militärische Schlagkraft zu sichern. Schon Anfang 1941 lieferte Polaroid Millionen von Sonnenbrillen an die US-Armee, eine Geschäftsbeziehung, die in den folgenden Jahren, nach dem Kriegseinstieg der Vereinigten Staaten, in großem Umfang weiter ausgebaut wurde. Polaroid produzierte Sichtgeräte für Scharfschützen,

---

50 Paul Virilio: Krieg und Kino. Logistik der Wahrnehmung. München 1986, S. 154.
51 Virilio: Krieg und Kino, S. 13 und 155, kursiv im Original.
52 Virilio: Krieg und Kino, S. 177. Zu Lands Beratertätigkeiten für die US-Regierung im Kalten Krieg vgl. auch Gethmann: Das Prinzip Polaroid, S. 57.
53 Elkan Blout: Polaroid: Dreams to Reality. In: Daedalus (1996), H. 125, S. 39–54, ohne Seitenangabe.
54 Vgl. Blout: Polaroid.

Flugzeuge und Flugzeugabwehr, Entfernungsmesser für Schiffsartillerie und Flugabwehrkanonen sowie Maschinengewehr-Simulatoren zur Ausbildung von Schiffsbordschützen.[55] Sogar Schutzbrillen für Militärhunde produzierte die Firma.[56] Besonderen Erfolg hatte Polaroid darüber hinaus mit einem neuen System stereoskopischer Luftaufklärung namens *Vectography*, das auf den Polarisationsfolien beruhte und die Enttarnung japanischer Camouflage im Pazifikkrieg ermöglichte. Hinzu kamen Sichtgeräte für Panzerfahrer, die ersten optischen Linsen aus Plastik, Zielvorrichtungen für Gewehre und sogar Pläne für eine selbstlenkende Bombe.[57]

Drehten sich die von Polaroid produzierten optischen Kriegstechnologien zunächst um den Schutz und die Abschirmung des soldatischen Auges, umfasste die Produktpalette der Firma bald schon allgemeiner verschiedene „Verfahren der Sichtbarmachung, die die Grenzen der Sichtbarkeit im Dienste der Reconnaissance verschieben", wie Gethmann schreibt. Er spricht von der „vollkommenen Integration der Firma in die US-amerikanische Kriegsindustrie" und urteilt, dass Polaroid „einen nicht unerheblichen Teil zu der kompletten Neuerschaffung der militärischen Wahrnehmungstechnologien der US-Soldaten im Zweiten Weltkrieg" beigetragen hat.[58]

Nach dem Krieg: Sofortbildfotografie

Das Kriegsende bedeutete für Polaroid einen Geschäftseinbruch. Zwar konnte ein Teil von Polaroids kriegstechnologischen Erfindungen zivil umgenutzt und beispielsweise in der Unterhaltungsindustrie zum Einsatz gebracht werden: „Nach dem Krieg ließ sich die optische Kriegstechnologie [...] wieder in uns vertraute Medientechnik zurückverwandeln, aus der Luftaufklärung entstanden [...] einige Experimente mit 3-D-Unterhaltungsfilmen, die zum Verkauf von über einer Million von Polaroid-Sichtgläsern an Kinozuschauer beitrugen."[59] Den scheinbar nahtlosen Übergang von optischer Kriegstechnologie hin zum Kinovergnügen

---

55 Gethmann: Das Prinzip Polaroid, S. 55. Vgl. auch Blout: Polaroid.
56 Vgl. Wensberg: Land's Polaroid, S. 72.
57 Vgl. Gethmann: Das Prinzip Polaroid, S. 54.
58 Gethmann: Das Prinzip Polaroid, S. 58 und 53. Die ansonsten sehr sorgfältige, umfassende und materialreiche Darstellung von Dennis Jelonnek erwähnt Polaroids Rüstungsaktivitäten während des Zweiten Weltkrieges nur am Rand und stellt keine Bezüge zur Polaroid Sofortbildfotografie her. Vgl. Jelonnek: Fertigbilder, S. 184 und 185.
59 Gethmann: Das Prinzip Polaroid, S. 56.

„3-D mit Polaroid-Brillen" erwähnt auch Virilio.[60] Dennoch geriet die Firma mit dem Ende des Zweiten Weltkrieges in finanzielle Bedrängnis, weil das Militär als Hauptabnehmer ausfiel und staatliche Unterstützungen für kriegsrelevante Forschungsprojekte eingestellt wurden; die Anzahl der „Polaroid employees had dropped to about 250 [...] and the sales in 1946 were practically nothing".[61]

Polaroid brauchte also dringend ein neues Produkt und forcierte deshalb die bereits im Jahr 1943 – wir erinnern uns: an einem sonnigen Tag in Santa Fe – begonnene Entwicklung der Sofortbildfotografie. Am 21. Februar 1947 konnte das fertige Sofortbildverfahren bei einem Treffen der *Optical Society of America* der Öffentlichkeit präsentiert werden. Ab 1948 wurde es auch vermarktet und kam in den allgemeinen Verkauf. Polaroids „New One-Step Photographic Process", wie Lands erster, 1947 im *Journal of the Optical Society of America* publizierter Aufsatz zur neuen Fototechnologie titelte, produzierte ein Positivbild gleich aus der Kamera, ohne Umweg über die fotografische Dunkelkammer und demnach auch ohne bei den Nutzer*innen irgendwelche Dunkelkammerkenntnisse und -fähigkeiten vorauszusetzen.[62] Vielmehr entwickelten sich die fotografischen Aufnahmen im Polaroid Sofortbildverfahren von alleine, automatisch und vor allem zeitnah.

Knapp zusammengefasst stellt sich die Funktionsweise dieser ersten Variante des Sofortbildverfahrens folgendermaßen dar: Gleich nach seiner Belichtung wird das lichtempfindliche Filmmaterial über ein Walzensystem aus der Kamera heraustransportiert und dabei mit einem Papierstreifen verbunden, der den materiellen Träger für das zu bildende Positivbild darstellt. Die Walzen sorgen darüber hinaus dafür, dass beim Heraustransport des Negativs eine mit jedem einzelnen Negativ verbundene Kapsel zum Platzen gebracht wird. Die in der Kapsel befindliche Entwicklerpaste verteilt sich daraufhin gleichmäßig zwischen Negativstreifen und dem für das Positivbild bestimmten Papierstreifen und setzt den Entwicklungsprozess des belichteten Negativbildes in Gang. Viel Forschungsarbeit ist in die Beschaffenheit dieser in der Kapsel untergebrachten Entwicklerchemikalien geflossen, um sie zu verdicken, ihre Viskosität zu erhöhen und den gesamten Entwicklungsprozess damit quasi ‚trocken' gestalten zu können.[63] Miteinander verbunden verlassen Negativ und Positiv also das

---

60 Virilio: Krieg und Kino, S. 17. Zu Polaroids Verfahren der Produktion und Projektion stereoskopischer Filme vgl. auch Jelonnek: Fertigbilder, S. 182–186.
61 Vgl. Blout: Polaroid.
62 Vgl. Land: A New One-Step Photographic Process [1947].
63 Vgl. Land: A New One-Step Photographic Process [1947], S. 125 sowie Land: One-Step Photography [1949], S. 139.

Gehäuse der Kamera, die Entwicklerreagenzien zwischen sich und bilden, in der Dreiheit von Negativ, Reagenzien und Positiv, einen, um es mit Lands eigenen Worten zu sagen, „opaque sandwich".[64] Die Chemikalien sorgen für die Übertragung des Negativs in ein positives Bild auf dem Papierstreifen, und schon nach etwa einer Minute kann das Negativ vom Positivpapier abgezogen werden.[65] Das neue Verfahren liefert also nach kürzester Wartezeit ein fertiges Positivbild.

Es ist nicht ganz einfach, das Verhältnis zwischen Sofortbildfotografie und Polaroids erstem Produkt, den Polarisationsfilterfolien, genau zu bestimmen, denn es ist nicht so, dass Polarisationsfolien selbst in der Sofortbildfotografie zum Einsatz kämen; weder in der Kamera noch im Filmmaterial sind sie verbaut. Dennoch hatte Gethmann argumentiert, dass alle Auseinandersetzungen mit Polaroids Sofortbildverfahren, die „nicht auf die grundsätzlichen Forschungsarbeiten Polaroids zum Thema Polarisation des Lichts bezogen sind, [...] die Besonderheiten dieses Systems" verfehlen müssen: Denn „[a]m Anfang des Unternehmens steht die physikalische Analyse des Lichts und seiner Eigenschaften, die sich bei Polaroid mit medialen Verfahren seiner Filterung und Speicherung verbindet".[66] Gethmann identifiziert diese fortgesetzte Auseinandersetzung mit Licht als „Prinzip Polaroid" und subsumiert die diversen Aktivitäten der Polaroid Company, von der Entwicklung von Filterfolien für Autoscheinwerfer über Antiblendvorrichtungen in Sichtgeräten bis hin zur Sofortbildfotografie, auf diese Weise unter ein einheitliches Ziel und Zweck.

Land selbst hat sich ähnlich geäußert und ebenfalls die direkte Verbindung zwischen Sofortbildverfahren und Polarisationsfolien betont: „The transfer from the field of polarized light to the field of photography was for us all a miraculous experience, as if we had entered a new country with a different language and different customs, only to find that we could speak the language at once and master the customs."[67] Land beschreibt die Sofortbildfotografie als logische und konsequente Weiterentwicklung der frühen Firmenaktivitäten und hebt hervor,

---

64 Land: A New One-Step Photographic Process [1947], S. 125.
65 Die technischen und vor allem chemikalischen Feinheiten dieses Prozesses können hier nicht ausführlich erläutert werden. Vgl. hierfür Land: A New One-Step Photographic Process [1947], S. 123. sowie Land: One-Step Photography [1949], S. 139. Vgl. darüber hinaus Jelonnek: Fertigbilder, S. 43–45.
66 Gethmann: Das Prinzip Polaroid, S. 44 und 45.
67 Edwin H. Land: On Some Conditions for Scientific Profundity in Industrial Research. Vortrag vom 17. Juni 1965, zit. nach Melissa Banta: At the Intersection of Science & Art. Edwin H. Land & the Polaroid Corporation: The Formative Years. Ausstellung der Baker Library Historical Collections, Harvard Business School. Online unter: https://www.library.hbs.edu/hc/polaroid/, letzter Zugriff 5. August 2020.

wie viel die Entwicklung des Sofortbildverfahrens Polaroids Expertise im Bereich synthetischer Polarisationsfolien zu verdanken habe:

> It was as if all that we had done in learning to make polarizers, the knowledge of plastics, and the properties of viscous liquids, the preparation of microscopic crystals smaller than the wavelength of light, the laminating of plastic sheets, living on the world of colloids in supersaturated solutions, had been a school both for the first day in which I suddenly knew how to make a one-step dry photographic process and for the following three years in which we made the very vivid dream a solid reality.[68]

Land stellt die verschiedenen, im Umfeld der Polarisationsfolien unternommenen Forschungen als eine Art Propädeutikum („a school") für die Entwicklung des Sofortbildverfahrens dar und entwirft das Verhältnis zwischen Folien und Fotografie damit als enges und unmittelbares. Lands aus der Nachträglichkeit heraus verfasste teleologische Fortschrittserzählung, vorgetragen mit dem Gestus des genialen Erfinders („I suddenly knew how to make a one-step dry photographic process") setzt das Sofortbildverfahren als Höhepunkt und Ziel aller Aktivitäten von Polaroid und lässt dabei die Entwicklung und Produktion optischer Kriegstechnologien diskret unter den Tisch fallen.

Dass Land selbst das neue fotografische Verfahren gerne und immer wieder als Erfüllung eines kindlichen Wunsches, als raffinierte Antwort auf eine arglose Frage darstellte, ist zu Beginn dieses Kapitels ausgeführt worden. Wie sehr dagegen auch die vermeintlich zivile und kinderleicht zu gebrauchende Nachkriegstechnologie der Sofortbildfotografie in der Tradition jener optischen Kriegstechnologien und Wahrnehmungswaffen stand, die Polaroid während des Zweiten Weltkrieges hergestellt hatte, hat Gethmann hervorgehoben. Für ihn bewegt sich die „Entwicklung des Systems Polaroid [...] grundsätzlich innerhalb der Parameter militärischer Forschung und Technologie".[69] Die grundlegende Innovation von Polaroids Sofortbildverfahren bestand im Kern darin, das Bild selbst als kleines Fotolabor zu gestalten, bei dem die für die Entwicklung nötigen Chemikalien in einer Papierfalte des Bildträgers (dem bereits diskutierten Bildrand bzw. -rahmen) untergebracht waren; nur so konnten der Prozess der Entwicklung des Negativs und das anschließende Umkopieren vom Negativ- in ein Positivbild automatisch und vor Ort stattfinden, eben auf dem Bild, das sein eigenes Entwicklungslabor war. Damit repräsentiert das Sofortbildverfahren einen manifesten Bruch mit „tradierten Verfahren der fotografischen Bildspeicherung", der seinen Ausdruck vor allem darin findet, dass Polaroid, im Gegensatz zu anderen fotografischen

---

68 Land zit. nach Campbell: Edwin Herbert Land, S. 202.
69 Gethmann: Das Prinzip Polaroid, S. 58.

Anwendungen und Verfahren, „das Kriterium der Unmittelbarkeit" über das von Bildqualität und Bildähnlichkeit stellt.[70]

Sowohl diese Priorisierung von Unmittelbarkeit und Schnelligkeit in der Bildentwicklung, die die Zeitdifferenz zwischen Bilderfassung und Bildauswertung extrem verringert, als auch die rigoros vereinfachte Handhabung der Sofortbildkamera – die Nutzer*innen drücken nur auf den Auslöser, den Rest erledigt die Kamera – orientieren sich, so Gethmann, an den Prinzipien und Zielsetzungen militärischer Technologieentwicklung und an den Erfordernissen militärischer Luftaufklärung, insbesondere am Ideal eines Handelns in Echtzeit: Das Streben nach „Schnelligkeit in der Produktion eines fertigen Bildes" erweise sich „als ein spezifisch kriegstechnologisches Kriterium insbesondere der Luftaufklärung".[71] Die einfache Handhabung der Sofortbildkamera löse das Versprechen ein, „ein möglichst schnelles und zuverlässiges Verfahren der Bilderfassung und Speicherung" zu sein, „das keine künstlerische oder fotografische Ausbildung benötigte, um benutzt zu werden", und ist damit Folge der „Verinnerlichung der so simpel wie kompliziert zu lösenden Grundbedingung für die technische Entwicklung von Militärtechnologie im Zeitalter der Massenheere, dass nämlich nicht oder schlecht ausgebildete Rekruten mit modernster Technik umgehen müssen".[72] Auch Polaroids Nachkriegstechnologie der Sofortbildfotografie erweise sich damit als ein „Verfahren der Sichtbarmachung", welches „die Grenzen der Sichtbarkeit im Dienste der Reconnaissance" verschiebe: „Das Prinzip Polaroid besteht [...] aus einem eigenständigen Verfahren der Sichtbarmachung, das eine möglichst zeitnahe Verbindung von visueller Erfassung, Belichtung und ihrer Kontrolle realisiert."[73]

Gethmann zufolge sind es also die einfache Handhabung und die spezifische Temporalität des Sofortbildverfahrens, welche dieses in Kontinuität zu Polaroids während des Zweiten Weltkriegs produzierten optischen Kriegstechnologien setzen. Seine Auseinandersetzung mit der Sofortbildfotografie, die diese mit ihren kriegstechnologischen Voraussetzungen in Verbindung bringt, ist an den mediengeschichtlichen Untersuchungen Kittlers geschult, die Medientechnologien immer wieder auf Kriegstechnologien zurückgeführt haben.[74] Der kanadische Medienwissenschaftler Geoffrey Winthrop-Young hat Kittlers Arbeiten daher als Analysen eines „martialischen Apriori" beschrieben, die von einer „fortlau-

---

70 Gethmann: Das Prinzip Polaroid, S. 58 und 59.
71 Gethmann: Das Prinzip Polaroid, S. 61 und 59.
72 Gethmann: Das Prinzip Polaroid, S. 60 und 61.
73 Gethmann: Das Prinzip Polaroid, S. 58 und 61.
74 Vgl. etwa Kittler: Grammophon Film Typewriter.

fenden Verschränkung von medien- und militärtechnischen Eskalationen" ausgehen und die These vertreten, „dass vor allem ab dem 19. Jahrhundert Medientechnologien ihren entscheidenden Schub durch den Krieg erhalten, ja dass der Krieg zunehmend zum Ursprung medientechnischer Entwicklungen wird".[75] Dahinter stehe die weitreichende

> Annahme, dass die nur oberflächlich friedlich-demokratischen Gesellschaften von den umwälzenden technologischen Dynamiken des Krieges auf eine derart fundamentale Weise bestimmt werden, dass man sich fragen muss, ob überhaupt jemals Friede eingekehrt ist. [...] Was Krieg und Frieden miteinander verbindet (und den Unterschied zwischen ihnen verwischt), ist eine fortschreitende Mobilisierung.[76]

Kritisiert worden ist, dass Kittler damit eine „Differenzierung zwischen eigentlichem, substantiell-kriegerischem und uneigentlichem, akzidentiell-zivilem Mediengebrauch"[77] vornehme, die das Wesen von Medientechnologien – in provozierender Absicht – als martialisches bestimme: Kittlers berüchtigtes Diktum von Rockmusik als „Mißbrauch von Heeresgerät"[78] gilt Kritiker*innen als Inbegriff eines solchen Determinismus.

Auch Gethmann gegenüber, der mit Bezug auf die Polaroid Sofortbildfotografie oft martialische Metaphern gebraucht und zum Beispiel die im unteren Bildrand untergebrachten Entwicklerchemikalien als *„Survival Kit* des Bildes"[79] bezeichnet, lässt sich der Einwand vorbringen, dass seine Rekonstruktion von Polaroids kriegsgeschichtlichen Verwicklungen Gefahr läuft, einem deterministischen Medienbegriff zu verfallen, und die wiederholte Rede von einem übergreifenden „Prinzip Polaroid", das allen Unternehmungen und Produkten der Firma gleichermaßen unterliegt und – als Prinzip – auf ein unveränderliches Wesen zu verweisen scheint, deutet in diese Richtung.[80] Andererseits sind Gethmanns Ausführungen unverzichtbar, wenn es darum geht, die Leerstellen und blinden Flecken der Fotografiegeschichte im Hinblick auf das Polaroid Sofortbildverfahren zu füllen: Ganz im Gegensatz zu Polaroids Gründungsmythos, der die Sofort-

---

75 Winthrop-Young: Friedrich Kittler zur Einführung, S. 130 und 117.
76 Winthrop-Young: Friedrich Kittler zur Einführung, S. 130 und 123, kursiv im Original.
77 Winthrop-Young: Friedrich Kittler zur Einführung, S. 122.
78 Friedrich A. Kittler: Rock Musik – ein Mißbrauch von Heeresgerät. In: ders.: Die Wahrheit der technischen Welt. Essays zur Genealogie der Gegenwart, hg. von Hans Ulrich Gumbrecht. Frankfurt a. M. 2013, S. 198–213.
79 Gethmann: Das Prinzip Polaroid, S. 60, kursiv im Original.
80 Vgl. Gethmann: Das Prinzip Polaroid. Gethmanns Aufsatz zur Sofortbildfotografie trägt das Prinzip Polaroid nicht nur im Titel, sondern kommt auch im Text mehrfach auf die Wendung zurück.

bildfotografie als kindlich-verspielte und unschuldige Erfindung darstellt, ist das Polaroid Sofortbildverfahren in einer Herkunftslinie mit Technologien militärischer Abschirmung und Reconnaissance anzusiedeln und muss als Derivat optischer Kriegstechnologien angesehen werden.

Ademeits Reconnaissance des Alltags

In welchem Licht erscheinen die Polaroids von Horst Ademeit vor dem Hintergrund der zusammengetragenen Befunde zum Polaroid Sofortbildverfahren und zu Polaroids weiteren Unternehmensaktivitäten? Was trägt die hier entworfene Genealogie der Polaroid Sofortbildfotografie zum Verständnis von Ademeits paranoischem Gebrauch der Sofortbildkamera bei? Im Zuge seiner Ermittlung macht Ademeit die Sofortbildkamera zum Medium einer Aufzeichnungsszene, die man nicht nur mobil, sondern geradezu mobilisiert nennen kann. Schließlich geht es der paranoischen Ermittlung um die fotografische Bestandsaufnahme und Auskundschaftung eines (Stadt-)Raums unter den Bedingungen gefühlter Bedrohung und latenter Gefährlichkeit. Ganz alltägliche, banale und unscheinbare Dinge – wie etwa Baustellen, Materialhaufen, Löcher, Gruben, Plastikmüll, Lebensmittel und Fahrräder – werden dabei zum Gegenstand einer Aufzeichnung, die sich präzise als Reconnaissance des Alltags beschreiben lässt.

So hält Ademeits Kamera typische Ansichten westdeutscher Nachkriegsurbanität fest, in denen das Alltägliche, Normale und Vertraute der westdeutschen Stadt allerdings eine Verfremdung erfährt. Die Polaroids zeigen geregelte Verkehrsinfrastrukturen und rege Bautätigkeit, sie zeigen Fußgängerzonen mit Blumenkübeln und Betonpollern; sie zeigen Mietshäuser, erbaut in den 1950er Jahren, mit engen Treppenhäusern, kleinen Balkonen und grauen Fassaden, mit weißen Stores und Spitzengardinen hinter den Fenstern; sie zeigen gepflasterte Gehwege, asphaltierte Straßen und viel Beton – und das alles unter konsequenter Aussparung von Menschen. Die Auslassung und Abwesenheit von Menschen verleiht Ademeits Stadtansichten, bei aller scheinbaren Normalität, eine postkatastrophische, postapokalyptische Anmutung. Trotz ihrer Aufgeräumtheit erscheint die Stadt in diesen Bildern trist, verwahrlost und unbehaust, hinter ihren ordentlichen Oberflächen machen Ademeits Polaroids eine unbestimmte Bedrohung und unterschwellige Gewalt aus. Es ist, als traue der paranoische Argwohn der ausgestellten Friedfertigkeit und Normalität der westdeutschen Nachkriegsstadt nicht und fahnde im Stadtbild nach Spuren latenter Gewalt, die diesen Frieden als nur scheinbaren, oberflächlichen und unvollständigen entlarven könnten. In diesem Sinne erweist sich Ademeits Sofortbildpraxis als Reconnaissance des Alltags.

Einige ästhetische und gestalterische Besonderheiten von Ademeits Sofortbildfotografie lassen sich unter dieser Perspektive in noch einmal anderer Weise plausibel machen. Dazu zählt etwa die Tatsache, dass Ademeit beim Fotografieren immer wieder die Kamera nach unten richtet, also den Erdboden zum Bildgegenstand macht (vgl. Abb. 34 und 35). Ademeits Polaroids wählen somit oft eine Perspektive, die die vertikale Aufsicht von Luftaufnahmen im Kontext militärischer Reconnaissance evoziert, sie betreiben quasi Luftaufklärung aus 1,70 Meter Höhe. In diesen Bodenbildern radikalisiert sich, was in vielen Aufnahmen von Ademeit angelegt ist, nämlich eine unklare und unscharfe Differenz zwischen Motiv und Hintergrund. In den Bodenbildern kehrt die herkömmliche Hierarchie zwischen Figur und Grund sich vollends um. Der Grund selbst wird zum Gegenstand einer Aufnahme, die nach den Gesetzen des Luftbilds, der Aufklärungsfotografie und Reconnaissance funktioniert: „Im Gegensatz zu einer Photographie, die als ‚Bild' wirken soll und deren Hauptgewicht um die Bildmitte zu liegen pflegt, ist das Luftbild im eigentlichen Sinne kein ‚Bild', sondern eine mosaikartige Ansammlung von Einzelheiten", schreibt ein deutscher Luftwaffenoffizier während des Zweiten Weltkrieges und fasst Aufnahmen fotografischer Reconnaissance damit als Bildtypus, der nicht nach Gesetzen künstlerischer Bildkomposition und ästhetischer Gestaltung funktioniert.[81] Ähnliches gilt für Ademeits im Rahmen einer Reconnaissance des Alltags entstandene Bodenbilder. Aufgenommen in der Absicht, Verschmutzungen und Kontaminationen festzuhalten, funktionieren die Sofortbilder von Flecken, Pfützen und Schmutzlachen tatsächlich weniger als Bild denn als „mosaikartige Ansammlung von Einzelheiten", es geht in ihnen weniger um Funktionen des Imaginären wie Figur oder Gestalt als vielmehr um Form- und Konturlosigkeiten, um die Verteilung und Beschaffenheit von Substanzen und Materialien auf einer abgegrenzten Fläche: „Öl-Moos-Flecke", die „feucht bis nass" sind, „Ruß-Kohlenstaub", der „dunkelbraun/rötlich" schimmert, und „Aquarium Grün auf Beton".

Feststellen lässt sich darüber hinaus, dass Ademeits im Kontext einer Reconnaissance des Alltags entstandene Bilder in grundlegender Weise auf die Funktion des Blicks bezogen sind. Das lässt sich an einer Auffälligkeit festmachen, die die Ebene fotografischer Motive betrifft, genauer: das Insistieren einer geometrischen Form. Immer wieder nehmen Ademeits Bilder kreisförmige Dinge und

---

81 H. Wohlrab: Entwicklungsprobleme der Luftbild-Aufnahmegeräte, in: Zeitschrift für angewandte Photographie in Wissenschaft und Technik 5 (1943), H. 1, zit. nach Bernhard Siegert: L'Ombra della macchina alata. Gabriele D'Annunzios renovatio imperii im Licht der Luftkriegsgeschichte 1909–1940. In: Hans Ulrich Gumbrecht, Friedrich A. Kittler und Bernhard Siegert (Hg.): Der Dichter als Kommandant. D'Annunzio erobert Fiume. München 1996, S. 261–306, hier S. 276.

Abb. 34: Horst Ademeit: Polaroid vom 16. April 1993. Nachlass Horst Ademeit, Copyright Delmes & Zander, Köln.

Abb. 35: Horst Ademeit: Polaroid vom 12. März 1995. Nachlass Horst Ademeit, Copyright Delmes & Zander, Köln.

Objekte ins Visier, wie etwa die Öffnungen der vielen Rohre und Leitungen, die in den Polaroids von Baustellen auftauchen (vgl. Abb. 19 und 20 in Kapitel „Polaroid Paranoid"). Auch die Anzeigen und Reglerknöpfe von Strahlenmessgeräten und Kompassen sowie die Ziffernblätter von Armbanduhren und Weckern, die Ademeit tagtäglich für seine Tagesbilder arrangiert, sind rund (vgl. Abb. 16 und 17). Diese vielen kreisrunden Objekte, die Ademeits Sofortbilder bevölkern, rufen Caillois' Definition von Ozellen als Träger eines Blickhaften in Erinnerung (vgl. Kapitel „Blickhafte Verfolgung"). Ozellen, schreibt Caillois, sind „ein glänzendes, ungewöhnliches, unbewegliches, kreisrundes Etwas [...], ein Etwas, das in der Tat, ohne Auge zu sein, zu beobachten scheint".[82] Indem Ademeits Polaroids wieder und wieder kreisrunde, ozellenartige Gegenstände wie Rohröffnungen, Anzeigen, Reglerknöpfe und Ziffernblätter ins Bild setzen, beobachten und dokumentieren, arrangieren und inszenieren sie Träger, Medien und Geräte des Blicks.

Auf ein Blickhaftes bezogen scheinen daneben auch jene Polaroids, mit denen Ademeit seine ausdauernde, sich teilweise über viele Monate hinziehende Observationen von Fenstern dokumentiert (vgl. Abb. 36). Auf dem eng beschrie-

---

[82] Caillois: Méduse & Cie, S. 108.

Abb. 36: Horst Ademeit: Polaroid vom 18. November 1993. Nachlass Horst Ademeit, Copyright Delmes & Zander, Köln.

benen Rahmen steht minutiös vermerkt, ob und zu welchem Zeitpunkt bestimmte Fenster eines Mietshauses geöffnet oder geschlossen sind. Fenster sind geradezu paradigmatische Medien des Blicks, also typische Orte, an denen und durch welche sich ein Blickhaftes manifestiert – man denke an die Rolle von Fenstern, erleuchtet von blinkenden „Signallichtern", in Panizzas *Imperjalja*, aber beispielsweise auch an Alfred Hitchcocks Hinterhofpsychothriller REAR WINDOW (1954).[83] Wenn Ademeit seine Sofortbildkamera immer wieder auf Fenster richtet, dann ist auch dabei die Funktion des Blicks im Spiel.

Die Häufung von Fenstern sowie das Insistieren von kreisrunden Objekten und Ozellen in Ademeits Polaroids deuten darauf hin, dass diese Bilder grundlegend auf die Funktion des Blicks bezogen sind, dass sie ein Blickhaftes umkreisen, das im Außen, im Stadtraum verortet wird. Indirekt zeugen Ademeits Polaroids vom Auftauchen des Blicks im Realen: Paranoia, so ist mit Bezug auf Panizza ausgeführt worden, setzt dann und dort ein, wo der Blick im Realen auftaucht. Ebenso wie Panizzas Bildersammlungen und Beschreibungen flackernder Lichter an den Fassaden von Pariser Häusern in den *Imperjalja* lassen sich Ademeits Polaroids

---

[83] Vgl. REAR WINDOW. USA, Regie: Alfred Hitchcock. 1954, 112 Min. Dazu, wie REAR WINDOW die Spaltung von Auge und Blick dramatisiert, vgl. Siegert: Der Blick als Bild-Störung.

beziehen auf „ein Verfolgtwerden, das im Blickhaften steckt",[84] auf eine blickhafte Verfolgung, die einerseits schlicht dokumentiert und festgehalten, andererseits aber auch abgewehrt werden soll. Ademeits Sofortbilder vom Stadtraum trachten ein gefährliches Blickhaftes einzukreisen, sie stellen den Versuch dar, die blickhafte Verfolgung mit Hilfe der Sofortbildkamera und im Sofortbild dingfest zu machen, sie zu neutralisieren und zu bändigen. Es geht darum, dem Auftauchen des Blicks im Realen und dem Befremden, das dieses provoziert – Kern der paranoischen Erfahrung –, durch sofortbildfotografische Aufzeichnung zu begegnen.

Ademeits paranoischer Gebrauch der Sofortbildkamera lässt sich insofern als fotografische Strategie der Blickzähmung begreifen, der es um die fotografische Bannung eines im Außen verorteten gefährlichen Blickhaften zu tun ist. Ademeits selbst hat seine Sofortbildfotografie, die tägliche und ausdauernde Dokumentation seines näheren Umfelds in Sofortbildern, als „meine ‚Strategie' mit Hilfe einfacher Technik" bezeichnet, eingesetzt mit dem Ziel, „mein Überleben in Kälte Strahlen durchzustehen".[85] Näher bestimmen lässt sich diese Strategie nun als eine der Blickzähmung: Ademeits paranoischer Gebrauch der Sofortbildkamera ist ein umfassendes Blickzähmungsprogramm, mit dem Ziel, den Fotografen als souveränes Subjekt des Sehens zu restituieren und zu restaurieren, seinen Status als Geometral- und Perspektivpunkt zurückzuerobern, dem sich das Sichtbare als zu überblickende, auf Distanz zu haltende Szenerie darbietet. In der Hinsicht weist der paranoische Gebrauch der Sofortbildkamera Überschneidungen und Gemeinsamkeiten mit den Zwecken und Funktionen von Polaroids Filterfolien und Wahrnehmungswaffen auf: Dass Ademeits paranoid-polaroides Blickzähmungsprogramm auf eine Kamera zurückgreift, deren Hersteller sich durch besondere Expertise in der Produktion von Technologien auszeichnet, welche ganz dem unversehrten Sehen gewidmet sind und die, in zivilen wie militärischen Kontexten, zu allen Tages- und Nachtzeiten, Durch- und Übersicht ermöglichen sollen, erscheint triftig und folgerichtig.

Ademeits paranoische Alltagsaufzeichnungen nutzen die Polaroid Kamera also als portables Medium einer mobilen Aufzeichnungsszene und setzen sie im Sinne einer Reconnaissance des Alltags ein. Damit erkennen sie in den pazifizierten, zivilen Gebrauchsweisen der Sofortbildtechnologie eskalatorisches Potenzial. Als Reconnaissance des Alltags kehren Ademeits Sofortbilder Polaroids Wandlung vom Kriegsgerät zum Spaßspielzeug um und machen sie in gewisser

---

84 Vogl: Lovebirds, S. 59.
85 Ademeit: Handschriftliche Notiz, undatiert. Nachlass Horst Ademeit, Copyright Delmes & Zander, Köln.

Weise rückgängig. So schlägt der paranoische Gebrauch der Sofortbildkamera im Kontext ausgedehnter Observation und Spurensicherung eine Brücke zu den militärischen Herkünften der Polaroid Sofortbildfotografie, die von der Mehrheit fotografiehistorischer Auseinandersetzungen mit dem Sofortbild verdrängt wird zugunsten einer einseitigen Beschreibung von Polaroid als Medium rein spielerischer Selbsterkundung und kreativer Interaktion. Ademeits paranoischer Gebrauch der Sofortbildfotografie eröffnet hingegen seinerseits eine genealogische Perspektive auf das Medium und artikuliert damit ein implizites, praktisches und paranoisches Wissen zur Sofortbildfotografie.

3 Das Sofortbild als Schirm

Ademeits paranoischer Gebrauch der Polaroid Sofortbildkamera hat sich als Blickzähmungsprojekt erwiesen. In extenso nimmt er Techniken, Medien und Geräte des Blicks ins Visier und sucht auf diese Weise ein Blickhaftes einzukreisen und zu fixieren. Es erscheint in letzter Instanz jedoch fraglich, inwieweit die fotografischen Strategien der Blickzähmung dazu beitragen können, den paranoischen Verdacht nachhaltig zu befrieden. Zwei Beobachtungen sprechen dagegen. Die erste betrifft einen konkreten Bildbefund: Auffällig an Ademeits Polaroids ist nämlich die Schrägstellung vieler Bildausschnitte (vgl. Abb. 37 und 38). Anstelle stabiler Horizontalen dominieren oft dynamische Diagonalen seine Bildkompositionen. Stets durchziehen diese Diagonalen das Bild von links oben nach rechts unten und erwecken damit, in westlicher Leserichtung, den Eindruck fallender Linien. Die Schrägstellung vieler Bildausschnitte und die stürzenden Diagonalen erwecken den Eindruck einer Welt, die ins Kippen und Wanken geraten ist. Sie evozieren einen Sehraum, der nicht von einem Subjekt als Perspektivpunkt überblickt und auf Distanz gehalten werden kann, einen Sehraum, in dem die geometrale Ordnung gerade nicht gefestigt, sondern vielmehr aus den Fugen geraten und kollabiert zu sein scheint.

Abb. 37: Horst Ademeit: Polaroid vom 13. Mai 1997. Nachlass Horst Ademeit, Copyright Delmes & Zander, Köln.

Abb. 38: Horst Ademeit: Polaroid vom 2. Oktober 2002. Nachlass Horst Ademeit, Copyright Delmes & Zander, Köln.

Die zweite Beobachtung ist weniger qualitativ-ästhetischer denn quantitativer Natur und betrifft die schiere Menge von Ademeits Polaroids. An die Zehntausend Sofortbilder hat Ademeit gemacht, über den Zeitraum von fast 20 Jahren – noch ein Foto und noch ein Foto und noch eins. Ademeits Sofortbildfotografie sprengt jedes Maß und setzt keinen Schlusspunkt, die Bilderserien wuchern, die fotografische Produktion ufert ins Endlose aus. Beides zusammengenommen – das Wuchern der Bilder sowie die Schrägstellung vieler Bildausschnitte samt ihrer stürzenden Linien und kollabierenden Bildräume – spricht dafür, dass Ademeits „‚Strategie' mit Hilfe einfacher Technik",[1] wie er selbst einmal seine Sofortbildfotografie umschrieben hat, nur bis zu einem gewissen Punkt Wirkung zeitigt. Es spricht dafür, dass die fotografische Blickzähmung mit Hilfe der Polaroid Sofortbildkamera den paranoischen Verdacht nicht nachhaltig stillen und befrieden kann. Wo könnten die Gründe hierfür liegen? Kann es sein, dass etwas an der Sofortbildfotografie den paranoischen Verdacht am Laufen hält und ihn stetig weiter befeuert? Dass etwas an der Sofortbildfotografie die fotografischen Strategien der Blickzähmung aushöhlt und hintertreibt? Wäre nicht an dieser Stelle das Polaroide des Sofortbildverfahrens, also die eigentlich paranoische Struktur der Sofortbildfotografie zu verorten? Um Antworten auf diese Fragen zu finden, wird die im vorangegangenen Kapitel entworfene genealogische Makro-Perspektive auf das Sofortbildverfahren im Folgenden um eine medien- und technikhistorische Mikro-Perspektive ergänzt, welche die Sofortbildfotografie in ihrer konkreten technischen Beschaffenheit fokussiert und detailorientiert ihre technische Funktionsweise untersucht.

Blackbox(-ing) als Spektakel

Werfen wir zunächst einen Blick auf die Art und Weise, wie das Sofortbildverfahren in die Welt kommt. Die Polaroid Company präsentiert die Sofortbildfotografie, die zu diesem Zeitpunkt noch unter dem Namen *One-step photography* firmiert, am 21. Februar 1947 vor Vertretern der *American Optical Society* sowie der Presse in einem Saal des New Yorker Hotels Pennsylvania.[2] Die Präsentation erfolgt im

---

1 Ademeit: Handschriftliche Notiz, undatiert. Nachlass Horst Ademeit, Copyright Delmes & Zander, Köln.
2 Vgl. zu dieser ersten Präsentation Wensberg: Land's Polaroid sowie Dennis Jelonnek: Die Inszenierung von Erscheinung. Edwin Land und Michael Faraday als Vorführer. In: Thomas Etzemüller (Hg.): Der Auftritt. Performanz in der Wissenschaft. Bielefeld 2019, S. 407–424.

Rahmen einer sorgfältig geplanten Inszenierung, die dem professionellen Publikum die neue Bildtechnologie mit größtmöglichem Effekt vor Augen führen soll.

Gut sichtbar für alle nimmt Edwin Land, der Firmenchef, Platz auf einer kleinen Bühne, gegenüber einer Deardorff-Großformat-Balgenkamera, die für die Demonstration der *One-step photography* mit einer speziellen Mechanik und besonderem Fotomaterial umgerüstet worden ist. Per Fernauslöser macht er ein Foto von sich, wartet knapp eine Minute, lässt sich dann die noch unter einem weiß-papiernen Abziehnegativ verborgene Fotografie reichen und bringt sich in Stellung. Das Bild vor sich auf Brusthöhe haltend, zieht er mit rascher und entschlossener Geste das Negativ ab und enthüllt dem Publikum die fertig entwickelte Fotografie. Das soeben erst geschossene, nach nur knapp einer Minute schon automatisch und fertig entwickelte Porträt seiner selbst in den Händen haltend posiert Land für die Kameras der anwesenden Pressefotografen.

Überwältigung, Faszination und Verzauberung sind Teil des Kalküls: Als sorgsam und auf maximalen Überraschungseffekt hin durchgeplante Inszenierung zielt Lands Demonstration der neuartigen Technik auf die Verführung seines aus Branchen- und Pressevertretern bestehenden Publikums, im Wissen darum, dass auf diese Weise weitere, größere Publika und Konsumentenkreise zu erreichen sind. Im Sinne der Verzauberung betreibt die ausgeklügelte Produktdemonstration die „Inszenierung von Erscheinung" und versucht, die Technik der Sofortbildfotografie als ein quasi natürliches „Phänomen", als „ein sich Zeigendes, ein Erscheinendes sich vorführen zu lassen"; Lands Vorführung ist darauf angelegt, den fotografischen Akt als einen „Vorgang von größtmöglicher visueller und buchstäblicher Selbst-Verständlichkeit" darzustellen und so den „Eindruck einer spektakulären Selbstausstellung der Technik" zu schaffen.[3]

Neben geschickter Affektmodulation geht es dabei auch um Traditionsbildung. So zitiert Lands anwendungsorientierte, praktische und überaus anschauliche Präsentation des Sofortbildverfahrens das Format des Schauexperiments, jene seit dem sechzehnten Jahrhundert etablierte Praxis zwischen wissenschaftlichem Experiment und popularisierender Darbietung.[4] Der Kunsthistoriker Dennis Jelonnek spricht von einer „geschickte[n] Appropriation der historisch etablierten Vorführungsform" und beschreibt Polaroids Produktvorführung als strategisches, wissenschafts- und fotografiehistorisch informiertes Format, mit dem Ziel,

---

3 Jelonnek: Die Inszenierung von Erscheinung, S. 422. Vgl. auch Jelonnek: Fertigbilder, S. 22.

4 Zum Schauexperiment vgl. Sabine Krifka: Schauexperiment – Wissenschaft als belehrendes Spektakel. In: Hans Holländer (Hg.): Erkenntnis Erfindung Konstruktion. Studien zur Bildgeschichte von Naturwissenschaften und Technik vom 16. bis zum 19. Jahrhundert. Berlin 2000, S. 773–788.

die Polaroid Corporation in die ehrwürdige Traditionslinie der Fotografie- und Wissenschaftsgeschichte vergangener Jahrhunderte zu stellen, etwa Bezüge zu den Entdeckungen und Erfindungen des berühmten englischen Experimentalphysikers Michael Faraday (1791–1867) herzustellen.[5] Die sorgfältig geplante und performte erste öffentliche Präsentation des Sofortbildverfahrens – der in den folgenden Jahren viele weitere, ähnlich aufwendige Produktpräsentationen folgen sollen – macht auf jeden Fall deutlich, dass die Polaroid Company Marketing und Öffentlichkeitsarbeit schon früh ebenso viel Aufmerksamkeit widmet wie den Bereichen technische Innovation, Forschung und Entwicklung. Man kann dieses Modell durchaus Avantgarde oder prophetisch nennen, denn es wirkt bis in die Gegenwart: Steve Jobs, Gründer von Apple und selbsterklärter Fan von Edwin Land, soll sich Polaroids Technikdemonstrationen zum Vorbild für die nicht minder spektakulären Produktpräsentationen von Apple genommen haben.[6]

Die Fotos der im Februar 1947 im Hotel Pennsylvania versammelten Pressefotografen können den Überraschungseffekt von Lands präziser Darbietung zwar nur ungenügend wiedergeben, haben jedoch trotzdem eine wichtige Funktion:

> Von den uneinholbaren Geschehnissen der einmaligen Aufführung am späten Nachmittag des 27. Februar 1947 spaltete sich eine fotografische Momentaufnahme ab, die einen raumzeitlichen Schnitt aus der Kontinuität der Vorgänge löste und diese sowohl auf Dauer stellte, als auch in Verbindung mit deren Beschreibung über die gesamte westliche Welt verbreitete; eine Streuung, die das abgebildete Sofortbild selbst ironischerweise nur schwerlich hätte leisten können, bedingte die Spezifik des Polaroid-Verfahrens doch von Beginn an einen Verzicht auf die quantitative Vervielfältigung seiner Erzeugnisse [...].[7]

Es sind also gerade nicht Sofortbilder, sondern konventionelle Fotografien, die ob ihrer Reproduzierbarkeit in der Lage sind, die Kunde von der neuen Fototechnologie in die Welt zu tragen. Die Fotografien von Land neben dem Sofortbild seiner selbst zieren in den folgenden Tagen und Wochen die Titelseiten großer Zeitschriften wie beispielsweise *LIFE* und machen das neue fotografische Verfahren einem breiteren Publikum bekannt. Das Presse-Echo ist groß, die neue Fototechnologie macht Schlagzeilen: „Single Step Completes All Processing While Photographer Remains at the Scene", titelt eine Zeitung, „Snap Shutter, Wait One Minute – Presto! Camera Turns Out Finished Photo" eine andere. Und eine dritte

---

5 Jelonnek: Die Inszenierung von Erscheinung, S. 409. Vgl. auch Jelonnek: Fertigbilder, S. 110–128.
6 Vgl. Christopher Bonanos: The Man Who Inspired Jobs. In: The New York Times, 7. Oktober 2011. Vgl. auch Buse: The Camera Does the Rest, S. 257, Fußnote 193.
7 Jelonnek: Fertigbilder, S. 29.

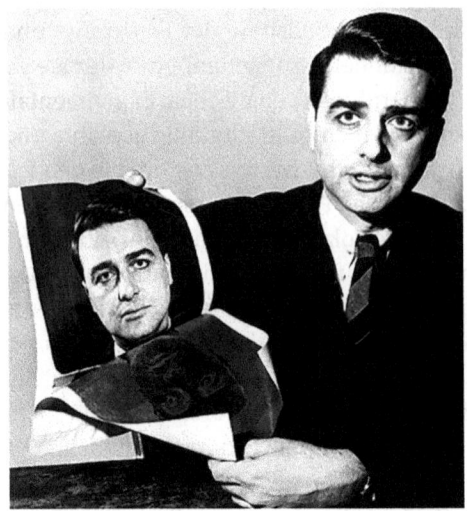

Abb. 39: Land bei der Demonstration des Polaroid Sofortbildverfahrens im Februar 1947.

ruft gar den Beginn einer neuen Ära aus: „Camera with One-Minute Print Heralds New Photography Era".[8]

Die dazugehörigen Pressefotos, die Land mit seinem Abbild zeigten, bestechen durch ihre raffinierte Komposition (vgl. Abb. 39 und 40). Sie folgen dem Kalkül der Land'schen Inszenierung und führen das Sofortbild im Moment seines Erscheinens vor, der als Moment einer Entbergung gezeigt wird: Während Land mit der rechten Hand die obere Kante des Sofortbildes festhält, scheint seine linke Hand gerade im Begriff zu sein, das Negativ- vom Positivbild abzuziehen. Auf diese Weise ist Land gleich zwei-, nein dreimal im Bild zu sehen: Sein Antlitz wird nicht nur vom sofortbildfotografischen (Positiv-)Abbild flankiert, sondern auch vom schwärzlichen Sofortbild-Negativ. Die Pressefotos lassen sich demnach als komplexe Bild-im-Bild-Konstellation beschreiben; es handelt sich um Bilder von Land, der Bilder von Land in den Händen hält. Die Aufnahmen inszenieren damit eine Rahmungs- und Staffelungsstruktur, eine Art *mise-en-abyme*.

---

8 Zit. nach Melissa Banta: At the Intersection of Science & Art. Edwin H. Land & the Polaroid Corporation: The Formative Years. Ausstellung der Baker Library Historical Collections, Harvard Business School. Online unter: https://www.library.hbs.edu/hc/polaroid/, letzter Zugriff 5. August 2020.

Abb. 40: Land bei der Demonstration des Polaroid Sofortbildverfahrens im Februar 1947.

Mit dieser verschachtelten Anordnung oszillieren diese Pressefotos zwischen Didaktik und Spektakel; sie eröffnen einen weiten Resonanzraum, der unterschiedlich gelagerten Assoziationen stattgibt. Zunächst einmal demonstrieren die Fotos schlicht das, was man als Polaroids *unique selling point* bezeichnen könnte, und veranschaulichen diesen auf visuell eindrückliche Weise: Indem sie Land mit und neben seinem sofortbildfotografischen Abbild zeigen, rücken die Pressebilder das unmittelbare Nebeneinander von Sofortbild und Sofortbildgegenstand in den Vordergrund, ein Nebeneinander, das die mimetischen, abbildenden Kompetenzen des Sofortbilds anschaulich macht und zugleich mit werbewirksamem Effekt die Instantaneität herausstreicht, die die Polaroid Company mutmaßlich als Innovation und Alleinstellungsmerkmal des neuen fotografischen Verfahrens identifiziert haben möchte.

Darüber hinaus – dies scheint profanen ökonomisch und marketingtechnisch motivierten Entscheidungen zunächst entgegengesetzt, trägt aber unter Umständen doch auch zu ihrer Bekräftigung bei – zitieren die Pressefotos einen Bildtopos der christlichen Überlieferung: Die Abbildung von Lands Gesicht neben seinen (positiven wie negativen) Abbildern evoziert, wie Jelonnek bemerkt, die in der westlichen Kunst konventionalisierte Darstellung der Präsentation des Schweißtuchs Christi durch die Heilige Veronika. Das Sofortbild rückt damit in die Nähe von Acheiropoietoi; so heißen Bilder, die in der Auffassung antiker bzw.

orthodoxer Bildtheologie nicht von Menschenhand gemacht, sondern direkt von Gott geschenkt sind, wie etwa Ikonen.[9] Lands Präsentation, die den genauen Herstellungsprozess der Sofortbilder im Ungewissen lässt und stattdessen deren „augenscheinlich spontane[s] In-die-Welt-Kommen"[10] in den Vordergrund rückt, knüpft an eine solche religiös fundierte Bildauffassung an und arbeitet damit einer Sakralisierung und Überhöhung der Polaroid Sofortbildtechnik zu.

Dann wiederum strahlt die ganze Präsentation auch etwas aus, das sich weniger mit Kirche denn mit Kirmes verbindet: Die stolze und demonstrative Geste, mit der Land den Pressefotografen sein Sofortbild entgegenhält, als handele es sich um ein aus dem Hut gezogenes Kaninchen, erinnert an einen Zauber- oder Taschenspielertrick. Es entsteht der Eindruck, als sei beim Sofortbild Magie und Zauberei im Spiel anstelle schnöder Technik; tatsächlich hat sich Land in den folgenden Jahren immer wieder als Magier stilisiert und Polaroid als spektakuläre „photography of attractions"[11] präsentiert. Dabei kommt nicht zufällig auch die Geisterbahn in den Sinn. Denn die Rahmungs- und Staffelungsstruktur der Pressfotos, ihre Bild-im-Bild-Anordnung, produziert Tautologien und Verdopplungen, sie produziert Doppelgänger: im Bild ein, zwei, drei Edwin Lands. Durch das Nebeneinander, die Ähnlichkeit und Gleichzeitigkeit von Sofortbild und Sofortbildgegenstand mobilisieren die Pressefotos nicht zuletzt ein Unheimliches, das jedem Doppelgängertum stets anhaftet.[12] Leer, ja unlebendig blickt der kleine Land aus dem Sofortbild, das der große Land den Kameras der Pressefotografen fast triumphal, wie ein abgeschlagenes Medusenhaupt, entgegenhält. Auch an eine Marionette oder Bauchrednerpuppe lässt der im Sofortbild abgebildete Land neben seinem großen Doppelgänger denken, an menschenähnliche Figuren also, die auf unheimliche Weise jene Grenze zwischen Lebendigem und Nicht-Lebendigem umspielen, welche technische Medien immer zur Disposition stellen. Medien mortifizieren, lassen umgekehrt aber auch Lebloses lebendig erscheinen – Einfallstor des Unheimlichen.

„Der Doppelgänger entheimlicht das technisch Teilbare am Individuum", schreibt die Medienwissenschaftlerin Ute Holl und sieht die Unheimlichkeit von Doppelgängern im Film – und das gilt, so ließe sich hinzufügen, auch für die Fotografie – darin begründet, dass sie zeigen, „dass das Abbild eine höchst

---

9 Vgl. Jelonnek: Fertigbilder, S. 31.
10 Jelonnek: Fertigbilder, S. 21.
11 Vgl. Buse: The Camera Does the Rest, S. 128–135.
12 Vgl. Sigmund Freud: Das Unheimliche (1919). In: ders.: Studienausgabe. Bd. IV: Psychologische Schriften, hg. von Alexander Mitscherlich, James Strachey und Angela Richards. Frankfurt a. M. 1997, S. 241–274.

autonome Existenz führt"; Doppelgänger sind insofern immer „Versuche über mediale Verwandlungen".[13] Das Unheimliche an Doppelgängern ist also mit einem medienreflexiven Potenzial verwoben, und tatsächlich setzt auch die Doppelgänger hervorbringende Bild-im-Bild-Anordnung der Pressefotos eine medienreflexive Schlaufe in Gang. Es geht diesen Pressefotos schließlich darum, ein fotografisches Verfahren in den Blick zu nehmen und ins Bild zu setzen, es geht darum, das zu sehen, was zu sehen gibt, und das abzubilden, was abbildet. Sichtbar und anschaulich gemacht werden soll das, wodurch gemeinhin hindurchgeschaut wird, weil es Medium ist. Es geht darum, ein Bild vom Medium der Sofortbildfotografie zu machen. Über die Doppelgängerkonstellation in dem frühen deutschen Stummfilm DER STUDENT VON PRAG (1913) hat Kittler apodiktisch verfügt, dass sie „Verfilmung selber verfilmt".[14] Von den Pressefotos lässt sich analog sagen, dass sie Fotografie selber fotografieren – Sofortbildfotografie.

Bei aller spektakulären Zurschaustellung von Technologie und Medium produzieren die Pressefotos zugleich blinde Flecken. So komplex, vielschichtig, evokativ und anspielungsreich die Aufnahmen auch sein mögen, so gehen sie doch auch mit Auslassungen einher. Das Gleiche gilt für die Live-Technikdemonstration an besagtem Februarnachmittag im Hotel Pennsylvania. Wie jedes Spektakel, wie jede Darbietung von Bühnenmagie arbeitet Lands Präsentation des Sofortbildverfahrens mit der Lenkung der Aufmerksamkeit seines Publikums: Schauen Sie hierhin (aber nicht dorthin), sehen Sie sich das an (nicht jenes). In den Vordergrund rückt das vermeintlich wundersame, sekundenschnelle und selbsttätige Erscheinen des Sofortbildes, während die technischen Voraussetzungen dieses scheinbar einfachen, tatsächlich jedoch hochkomplexen Vorgangs nicht expliziert, sondern tendenziell verschleiert werden. Die spektakuläre Zurschaustellung der Technik arbeitet ihrer Naturalisierung zu und nimmt Abstriche in Sachen Verständnis und Erläuterung eben dieser Technik in Kauf, Polaroids Inszenierung und Sichtbarmachung von Erscheinung geht also mit einer Invisibilisierung einher. Mit einem Begriff, der in den jüngeren *Science and Technology Studies* Karriere gemacht hat, lässt sich sagen, dass Polaroids Präsentation des Sofortbildverfahrens Blackboxing betreibt. Die *One-Step photography* firmiert in Polaroids Technikdemonstration als Blackbox, deren genaue Beschaffenheit, Konstruktion und Funktionsweise im Dunkeln verbleiben: „Eine Black Box enthält, was nicht länger beachtet werden muss – jene Dinge, deren Inhalte zum

---

13 Ute Holl: Kino, Trance und Kybernetik. Berlin 2002, S. 103 und 104.
14 Friedrich A. Kittler: Romantik – Psychoanalyse – Film: Eine Doppelgängergeschichte. In: ders.: Die Wahrheit der technischen Welt. Essays zur Genealogie der Gegenwart, hg. von Hans Ulrich Gumbrecht. Frankfurt a. M. 2013, S. 93–112, hier S. 107.

Gegenstand der Indifferenz geworden sind."¹⁵ Im Folgenden wird der Versuch unternommen, Einblick in das Innere der schwarzen Kiste zu bekommen und die Blackbox des Polaroid Sofortbildverfahrens ein wenig zu öffnen.

Elimination des Diaphanen

Ein möglicher Zugang zum Verständnis der Blackbox Polaroid besteht darin, zunächst nach dem Status des fotografischen Negativs im Sofortbildverfahren zu fragen – es fehlt. Das Sofortbildverfahren kann zeitnah und automatisch Positivbilder produzieren, bei denen es sich um Unikate handelt, denn es gibt kein Negativ, das die Herstellung weiterer Abzüge erlauben würde. In der Literatur zu Polaroid wird dieser Punkt, das fehlende Negativ, stets als eine der bedeutendsten Eigenschaften des Sofortbildverfahrens hervorgehoben,¹⁶ denn in der Abkehr von der Reproduzierbarkeit des fotografischen Bildes scheint sich der Bruch Polaroids mit herkömmlichen fotografischen Verfahren am deutlichsten zu offenbaren. Der britische Sofortbildhistoriker Buse konstatierte dem Verfahren an diesem Punkt gar eine technisch-fotografische Perversität: „Polaroid photography is technologically and photographically perverse."¹⁷ Weitaus weniger Aufmerksamkeit erfährt hingegen die Tatsache, dass das fehlende Negativ des Sofortbildverfahrens nicht nur eine Abkehr von der Fotografie als Reproduktionstechnik bedeutet, sondern darüber hinaus, und das ist für den hier verhandelten Zusammenhang von besonderem Interesse, auch den Ausschluss des Transparenten, Durchsichtigen und Durchscheinenden aus dem fotografischen Prozess vollzieht: Polaroids Verwerfung des Negativs kassiert das Diaphane.

Allerdings bedarf die Aussage, dass Polaroid das Negativ verwirft, einer Präzisierung. Denn im Prinzip beruht das 1947 der Öffentlichkeit vorgestellte Sofortbildverfahren, die Abbildungen 39 und 40 von der ersten Präsentation zeigen

---

15 Michael Callon und Bruno Latour: Die Demontage des großen Leviathans: Wie Akteure die Makrostruktur der Realität bestimmen und Soziologen ihnen dabei helfen. In: Andréa Belliger und David J. Krieger (Hg.): ANThology. Ein einführendes Handbuch zur Akteur-Netzwerk-Theorie. Bielefeld 2006, S. 75–101, hier S. 83. Zur Blackbox vgl. weiter Bruno Latour: Die Hoffnung der Pandora. Untersuchungen zur Wirklichkeit der Wissenschaft. Frankfurt a. M. 2002 [1999], S. 373 sowie Hartmut Winkler: Black Box und Blackboxing – Zur Einführung. Vortrag an der Universität Paderborn, 14. Oktober 2014. Online unter: http://homepages.uni-paderborn.de/winkler/gk-black.pdf, letzter Zugriff 5. August 2020.
16 Vgl. beispielsweise Böckelmann und Zischler: Gegenwart in Serie, S. 50 und Honnef: Zwischen Narzissmus und Kommunikation, o. S.
17 Buse: The Camera Does the Rest, S. 54.

das deutlich, durchaus auf dem in der Fotografie seit ihren Anfängen gängigen Negativ-Positiv-Verfahren, bei dem ein Negativ als latentes Bild auf Silbersalzbasis erzeugt wird, um anschließend auf ein Positiv übertragen zu werden: „Auch wenn es aufgrund seines kondensierten, faktisch trockenen Vollzugs innerhalb der Kamera von dem Unternehmen zur vorbildlosen Sensation stilisiert wurde, ging das der Technik zugrundeliegende silberbasierte fotografische Prinzip weiterhin auf dasjenige William Fox Talbots zurück"; die Sofortbildfotografie blieb insofern „dem grundlegenden Negativ-Prinzip der konventionellen Photographie verhaftet, das sich seit dem zweiten Drittel des 19. Jahrhunderts etabliert hatte".[18]

Von Anfang an aber handelt es sich beim Negativ der Sofortbildfotografie um eine Schwundform des herkömmlichen Fotonegativs. Das sich auf einem Papierträger bildende Sofortbildnegativ ist nicht nur undurchsichtig (vgl. Abb. 39 und 40), sondern auch, wie Land in einem Aufsatz von 1949 stolz hervorhebt, „many times thinner than is ordinarily required for a negative".[19] Anstelle eines formstabilen und für Reproduktionszwecke wiederverwertbaren Negativs arbeitet das Sofortbildverfahren lediglich mit einer „negative layer, which is stripped away", mit einer bloßen Negativschicht also, die vom Positiv abgezogen und anschließend entsorgt wird.[20] Für fotografische Reproduktionen ist das in diesem Trennbildverfahren verwendete hauchdünne und nicht-transparente Abziehnegativ unbrauchbar. Zwar behauptet Land, dass „a superb negative exists in the sheet that is now disgarded", muss dann aber im gleichen Atemzug zugeben, dass „some new techniques must be employed for utilizing it to make positives" – worin genau diese neuen Techniken bestehen sollen, die aus den hauchdünnen Abziehnegativen des Trennbildverfahrens Positivbilder herstellen können sollen, wird nicht näher erläutert oder weiter verfolgt.[21]

Es ist insofern konsequent, dass Polaroids Ingenieur*innen auf die völlige Abschaffung des rudimentären Negativs hingearbeitet haben, welches im Trennbildverfahren noch existierte – ein Vorhaben, das nach viel Forschungs- und Entwicklungsarbeit in den 1970er Jahren schließlich in die Wirklichkeit umgesetzt werden kann: 1972 bringt Polaroid das Kameramodell SX-70 auf den Markt, eine klappbare Spiegelreflexkamera, für die ein ebenfalls neuartiger sogenannter Integralfilm entwickelt worden ist, der das bis dahin im Trennbildverfahren genutzte Filmmaterial ablöst. Das Attribut ‚integral' bezeichnet in diesem Zusammenhang

---

18 Jelonnek: Fertigbilder, S. 43. Für eine ausführliche Darstellung der Funktionsweise des ersten Sofortbildverfahrens vgl. Jelonnek: Fertigbilder, S. 41–52.
19 Land: One-Step Photography [1949], S. 144.
20 Land: A New One-Step Photographic Process [1947], S. 128.
21 Land: One-Step Photography [1949], S. 146.

den Umstand, dass in dem neuen Filmmaterial Positiv- und Negativbild nicht länger getrennt voneinander, sondern vielmehr in „enger chemische[r] Verbindung in einer physischen Bildeinheit"[22] existieren: „die traditionelle Zerfällung des Materials in Positiv und Negativ",[23] die nicht nur in Polaroids Trennbildverfahren, sondern in allen fotografischen Verfahren schlechthin gebräuchlich war, entfällt. Während bei Polaroids Trennbildverfahren Positiv und Negativ sich, wie bereits beschrieben, auf zwei getrennten Papierstreifen bildeten, die nach Ablauf des Entwicklungsprozesses voneinander abgezogen wurden, vereint das neue Integralbild Negativ und Positiv als übereinanderliegende und miteinander verbundene Bildschichten in sich, die nicht mehr voneinander abgezogen und getrennt werden müssen. Der „Atavismus des faktisch nutzlosen, weil zur Reproduktion ungeeigneten Einwegpapiernegativs"[24] ist auf diese Weise zum Ding der Vergangenheit geworden und die Elimination des Negativs aus dem fotografischen Prozess vollzogen; und damit auch der Bruch mit der herkömmlichen Fotografie: „Mit der neuartigen Konzeption des Integralbildes und der Eliminierung des Abzieh-Negativs emanzipierte sich das SX-70-Verfahren ab 1972 endgültig von der konkurrierenden konventionellen Fotografie."[25]

Die SX-70 und das zugehörige Integralbild ohne Abziehnegativ stellen den Höhepunkt sofortbildfotografischer Technologieentwicklungen dar, sowohl was die Bauweise der Kamera als auch die Beschaffenheit des Filmmaterials angeht. Danach folgen keine größeren Veränderungen mehr, und das prägnante quadratische Format und der weiße Bildrahmen des Integralfilms von 1972 sind zum Inbegriff für Polaroids Sofortbilder geworden. Zugleich hält mit dem SX-70-Verfahren eine neue und fundamentale Nicht-Sichtbarkeit Einzug in die Sofortbildfotografie. Denn für das Integralbild gilt, dass das, was belichtet wird, konsequent nicht sichtbar wird. Als im Inneren des Bildträgers verborgene Negativschicht bleibt das belichtete Bild den Augen der Fotograf*innen grundsätzlich entzogen.

Opakes Sandwich

Polaroids Integralfilm von 1972 verwirft also endgültig das Negativ und kassiert das Diaphane. An seine Stelle treten, auf mehreren und unterschiedlichen Ebenen, bewusst hergestellte Undurchsichtigkeiten: Polaroid operationalisiert

---

22 Jelonnek: Fertigbilder, S. 57.
23 Modick: Mehr als Augenblicke, S. 10.
24 Jelonnek: Fertigbilder, S. 42.
25 Jelonnek: Sofort Bild Entwicklung, S. 32.

Opazität. So setzt Polaroids Integralbild dem Element des Diaphanen in der herkömmlichen Fotografie ein anderes Funktionsprinzip entgegen, das Prinzip der Schichtung. Das Integralbild lässt sich als vielfach geschichtete Verbindung begreifen, deren untere Schichten das Negativ bilden, während zuoberst am Ende des Entwicklungsprozesses das Positivbild entsteht. Land nennt das Integralbild deshalb ein „multilayer system"[26] und beschreibt es darüber hinaus als „an integral structure of about seventeen layers", deren diverse Bestandteile und unterschiedliche Schichten er in erschöpfender Reihung auflistet:

> On its inner surface, in a typical one of our new structures, would be a layer of a polymeric acid, then a layer of what we call a timing polymer, then a layer of mordant, then a layer of polymer, then a layer of gelatin, then a layer of blue sensitive silver halide, then a layer of our new metalized yellow dye developer, then the subsequent series of layers with appropriate emulsions and magenta and cyan metalized developers. [...] Finally, there is the heavy opaque supporting layer to complete the integral structure.[27]

Als mehrfach geschichtetes radikalisiert und vervollkommnet das Integralbild von 1972 ein Prinzip, das die Sofortbildfotografie von Anfang an verfolgt hat. Schon 1947 hat Land dieses Prinzip mit der kuriosen, aber treffenden Metapher vom Sofortbild als „opaque sandwich"[28] auf den Punkt gebracht, einer Metapher, die die spezielle Beschaffenheit des Sofortbildes als dreiteilige Verbindung aus Negativbild, Entwicklerreagenzien und Positivbild beschreiben sollte. Allerdings kann man feststellen, dass sich die Anzahl der Schichten in gut 20 Jahren Entwicklungsgeschichte vervielfältigt hat: Das opake Sandwich des ursprünglichen Trennbildverfahrens hat sich mit dem Integralbild zum opaken Super Whopper gemausert. Das aus vielfachen Schichten unterschiedlicher Chemikalien zusammengesetzte Integralbild macht deutlich, dass das Prinzip der Schichtung, welche das Diaphane durch Opazität ersetzt, von Polaroid konsequent weiterverfolgt und zu Ende gedacht worden ist.

Beispielhaft für die systematische Art und Weise, in der der Integralfilm Opazität operationalisiert, ist jedoch nicht nur sein geschichteter Aufbau, sondern auch die Tatsache, dass er mit einem regelrechten Opazifizierungssystem ausgestattet ist. Das, was im letzten Zitat, in dem das Integralbild als „multilayer system" beschrieben wird, als finale „heavy opaque supporting layer" figuriert, wird von Land an anderer Stelle explizit als „opacification system",[29] also als

---

26 Land: One-Step Photography [1976], S. 205.
27 Land: Absolute One-Step Photography [1972], S. 179 und 180.
28 Land: A New One-Step Photographic Process [1947], S. 125.
29 Land: One-Step Photography [1976], S. 214.

Opazifizierungssytem bezeichnet. Gemeint ist die spezielle milchig-weiße, opake Oberfläche des Integralfilms, eine „lichtdichte Schmiere",[30] die de facto eine aus lichtundurchlässigen Substanzen bestehende Lichtschutzschicht ist. Ihre Aufgabe besteht darin, die lichtempfindliche Negativschicht des Integralfilms direkt nach ihrer Belichtung gegen weiteren Lichteinfall abzuschirmen: „Lichtundurchlässige Indikatorfarben und Pigmente in der Entwicklersubstanz [...] bilden eine ‚chemische Dunkelkammer', um das Negativ vor weiterer Lichteinwirkung zu schützen. Gleichzeitig kann daher die fast zauberhaft anmutende Bildentstehung direkt vom Fotografen und weiteren Neugierigen beobachtet werden."[31]

Möglich wird das faszinierende Spektakel der sichtbaren Bildwerdung nur durch das Opazifizierungssystem, mit dessen Hilfe Polaroid das, was bei herkömmlichen fotografischen Verfahren in der Dunkelkammer stattfindet und nur vom Profi miterlebt werden kann, der allgemeinen Beobachtung zugänglich macht. Gleich nach seiner Belichtung wird der Bildträger aus dem Gehäuse der SX-70-Kamera ausgestoßen; zu diesem Zeitpunkt ist das Positivbild noch nicht zu sehen, „[t]he picture is hard, dry, shiny, flat – and invisible",[32] schreibt Land. Es entwickelt sich erst außerhalb der Kamera, innerhalb weniger Minuten, und zwar selbst bei voller Tageslichteinstrahlung ohne jegliche Abdeckung. Jede*r kann sehen, wie sich erst schemenhaft, dann immer deutlicher das fotografische Bild auf dem Bildträger abzeichnet, und wird auf diese Weise Zeug*in und Zuschauer*in des fast magisch anmutenden Prozesses, als welcher das „chemische Drama der SX-70 Bildentstehung"[33] in Erscheinung tritt.

Die Beobachtbarkeit des Sofortbilds „in seinem offen-sichtlichen Entwicklungsprozess",[34] wie es in einem Text zu Polaroid aus den 1980er Jahren wortspielerisch heißt, die Tatsache also, dass die Bildentstehung in der Sofortbildfotografie live mitverfolgt werden kann, ist neben der Unikalität des Sofortbildes und seiner Entwicklung in Echtzeit immer wieder als weitere herausragende Eigenschaft beschrieben worden:

> Das Faszinosum der Sofortbild-Fotografie liegt weder nur im Moment der Aufnahme noch nur im fertigen Foto, sondern besonders in jener knappen Minute, in der das Bild aus der grünlich-weiß schimmernden Matrix des Polaroids erwächst, sich formt und bildet, in den

---

30 Rombach: Polaroid. Antithese oder Gipfel der Fotografie. Zur genauen Funktionsweise der Lichtschutzschicht vgl. auch Jelonnek: Fertigbilder, S. 59.
31 Victor McElheny: Die SX-70 Technologie. In: Ralph Gibson (Hg.): SX-70 Art. New York 1979, S. 120–127, hier S. 122.
32 Land: Absolute One-Step Photography [1972], S. 179.
33 McElheny: Die SX-70 Technologie, S. 127.
34 Modick: Mehr als Augenblicke, S. 26.

Händen und unter den Augen des Fotografierenden. Das Gefühl wird provoziert, als bilde sich nicht das Bild, sondern als bilde der Betrachtende, als ob er den Gegenstand aufs Papier sehen könnte oder es heraussaugen aus der leeren Fläche im Rahmen.[35]

Die sichtbar in der Zeit stattfindende Entwicklung des Sofortbilds hält nicht nur potenzielle Allmachtgefühle für Nutzer*innen bereit, sondern stiftet überdies auch eine Nähe zum Medium des Films mit seinen bewegten Bildern: „Die sichtbar dynamische Entwicklungsspanne des Sofort-Bilds ist, bevor es erstarrt, ein fließendes Geschehen, ein bewegtes Bild, ein kleiner, kurzer Film", schreibt der Autor Klaus Modick und verweist auf die besondere „Faszination dieses polaroiden Minifilms".[36]

Das Versprechen, den Prozess der fotografischen Bildwerdung einsichtig und transparent zu gestalten, gehört also mit zu den aufsehenerregendsten Eigenschaften von SX-70. Voraussetzung für diesen immer wieder als Wunder, Zauberei oder Magie apostrophierten Vorgang mit seiner ausgestellten Transparenzemphase ist allerdings ein „eigenwillige[r] Entzug",[37] eine grundlegende Abdeckung oder strukturelle Intransparenz, nämlich die Abschirmung durch das Opazifizierungssystem. Die im Offenen, bei Tageslicht stattfindende Bildwerdung ist ein Spektakel, das unter den Augen der Nutzer*innen und in voller Sichtbarkeit stattfindet; die Bedingung der Möglichkeit dieser spektakulären Sichtbarkeit aber ist eine grundlegende Nicht-Sichtbarkeit, die durch das Opazifizierungssystem vorgenommene Abschirmung der Negativschicht. Zudem hat Land die Sofortbildkamera von Anfang an und dezidiert als Blackbox entworfen, als Kasten, der fotografische Prozesse nicht ausstellt, sondern verdeckt, ja zum Verschwinden bringt, wie Land unmissverständlich darlegt: „the process must be concealed from – non-existent for – the photographer, who [...] need think of the art in the *taking* and not in *making* photographs."[38] Hier findet das Blackboxing, das die erste Vorführung des Polaroid Sofortbildverfahrens im New Yorker Hotel Pennsylvania ausgezeichnet hat, seine konzeptuelle Fundierung, seine Artikulation als Aufforderung und Grundsatz: „the process must be concealed". Bildwerdung

---

35 Modick: Mehr als Augenblicke, S. 25 und 26.
36 Modick: Mehr als Augenblicke, S. 25 und 26. Zum Verhältnis von Kino und Polaroid vgl. auch Elena Meilicke: Polaroid. In: Marius Böttcher, Dennis Göttel, Friederike Horstmann, Jan Philip Müller, Volker Pantenburg, Linda Waack und Regina Wuzella (Hg.): Wörterbuch kinematografischer Objekte. Berlin 2014, S. 118–119 sowie Winfried Pauleit: Im Medium Polaroid: Christopher Nolans Film Memento als Fragment eines post-kinematografischen Möglichkeitsraums. In: Meike Kröncke, Barbara Lauterbach und Rolf F. Nohr (Hg.): Polaroid als Geste – über die Gebrauchsweisen einer fotografischen Praxis. Ostfildern-Ruit 2005, S. 66–73.
37 Jelonnek: Fertigbilder, S. 60.
38 Land: One-Step Photography [1949], S. 139, kursiv im Original.

ist bei Polaroid eine Funktion von Opazifizierung und Entzug, Sichtbarkeit eine von Nicht-Sichtbarkeit.

Kein Fenster

Resümieren wir das bis hierhin Zusammengetragene im Sinne eines Zwischenfazits, so lässt sich festhalten, dass das Polaroid Sofortbild sich erstens als vielfach geschichtetes Bild erwiesen hat, das zweitens mit einem Opazifizierungssystem ausgestattet ist, sich drittens vom Negativ herkömmlicher fotografischer Verfahren verabschiedet und, viertens, auf diese Weise das Diaphane aus dem fotografischen Prozess eliminiert. Zusammengenommen legen diese Befunde die These nahe, dass die Polaroid Sofortbildfotografie eine bestimmte Bildauffassung ins Werk setzt, für die hier, in Anlehnung an Lacan, der Begriff des Schirms vorgeschlagen wird. Die oben angeführten Eigenschaften von Opazität und Undurchsichtigkeit sind in dem Begriff gebündelt. Das Polaroid Sofortbildverfahren begreift also das fotografische Bild als Schirm, anders gesagt: Der Sofortbildfotografie ist ein Bildbegriff eingeschrieben, oder besser: eingebaut, der das fotografische Bild als Schirm fasst.

Was dies in der Konsequenz für den Status des Sofortbildes bedeutet, hat Land selbst klar und deutlich formuliert. In einem 1972 in der Zeitschrift *Photographic Science and Engineering* publizierten Aufsatz, in dem Land den Aufbau des Integralfilms erläutert, schreibt er: „Keep in mind that there are no air spaces from front to back, either before or after processing, so it would be misleading to call the front sheet a *window*."[39] Es sei, schreibt Land, also irreführend, die Vorderseite – gemeint ist die Vorderseite des Integralfilms, also jene Seite, die belichtet wird und auf der später das Positivbild erscheint – als Fenster zu bezeichnen. Lands Aussage trifft den Nagel auf den Kopf: Als Schirm ist das Polaroid Sofortbild tatsächlich alles andere als ein Fenster. Damit aber vollzieht das Polaroid Sofortbild zugleich einen manifesten Bruch mit einer in der westlichen Tradition seit der Frühen Neuzeit dominanten Bildkonzeption und wirkmächtigen Metapher.

Denn die frühneuzeitliche Erfindung der Zentralperspektive ist eng verknüpft mit einer Bildkonzeption, die das (Tafel-)Bild als Fenster fasst. In seinem Traktat *De pictura* von 1435 beschreibt der italienische Renaissance-Gelehrte, Kunst- und Architekturtheoretiker Leon Battista Alberti das Bild als Schnitt durch die Sehpyramide und vergleicht die so definierte Bildebene mit einem offenen Fenster: „Zuerst zeichne ich auf der Fläche, die das Gemälde tragen soll, ein vierwinkli-

---

39 Land: Absolute One-Step Photography [1972], S. 180, meine Hervorhebung, E. M.

ges Rechteck beliebiger Größe: es dient mir gewissermaßen als offenstehendes Fenster, durch welches der ‚Vorgang' betrachtet wird."⁴⁰ Die Wirkmächtigkeit der frühneuzeitlichen Auffassung vom Bild als Fenster lässt sich daran ablesen, dass Reste und Spuren davon sich auch Jahrhunderte später und im Kontext anderer Künste, Medien und Technologien ausfindig machen lassen. Auch bei der Erfindung der Fotografie in der ersten Hälfte des neunzehnten Jahrhunderts bleibt das Fenster die entscheidende Metapher für Ort und Art der Bildentstehung; es ist kein Zufall, dass etliche jener Bilder, die der Fotografiegeschichte als Ursprünge und Anfangspunkte der Fotografie gelten, ausgerechnet Fenster und Fensterausblicke zeigen. Beispiele sind etwa Joseph Nicéphore Niépces *View from the Window at Le Gras* aus dem Jahr 1826 oder William Henry Fox Talbots *The Oriel Windows, South Gallery, Leacock Abbey* von 1835.⁴¹

Mit dem Fenster als Leitmetapher für das (gemalte, aber auch fotografische, technische) Bild sind eine Reihe von Setzungen verbunden, die dem frühneuzeitlichen, zentralperspektivisch geprägten Bildbegriff zu eigen sind: die Negation des materiellen Bildträgers etwa, indem dieser als fenstergleiche, durchsichtige Fläche gedacht wird, sowie die Trennung, Gegenüberstellung und Hierarchisierung von betrachtendem Subjekt auf der einen Seite und betrachtetem Objekt der Darstellung auf der anderen Seite, die sich als zu überblickende Szene darbietet. Die Vorstellung vom Bild als Fenster lässt sich dem zuschlagen, was Lacan die geometrale Dimension oder auch den geometralen Raum des Sehens genannt hat – eine Ordnung, in der die Funktion des Blicks elidiert wird, um ein als zentralen Perspektivpunkt imaginiertes Subjekt des Sehens in den Mittelpunkt zu setzen.⁴²

Das Bild als Schirm hingegen, welches das Polaroid Sofortbildverfahren ins Werk setzt, gehorcht einer anderen Logik, ist Teil einer anderen Ordnung des Sichtbaren. Welche Effekte zeitigt das Bild als Schirm im Hinblick auf die Ordnung des Sichtbaren und die Funktion des Blicks? Lacan hatte argumentiert, dass das, was auf einem Schirm – opak, undurchdringlich – sichtbar wird, stets als kalkuliert „Zu-sehen-Gegebenes (un donné-à-voir)"⁴³ erscheint und als solches unweigerlich die Frage danach provoziert, was *nicht* sichtbar wird: „Auf ihm [dem Schirm, E. M.] entfaltet sich ein Spiel des Zu-Sehen-Gebens, das zugleich auch ein Spiel

---

40 Leon Battista Alberti: De Pictura/Die Malkunst. In: ders.: Das Standbild. Die Malkunst. Grundlagen der Malerei, hg. von Oskar Bätschmann und Christoph Schäublin. Darmstadt 2011, S. 193–333, hier S. 225.
41 Vgl. Anne Friedberg: The Virtual Window. From Alberti to Microsoft. Cambridge 2006, S. 72.
42 Vgl. Lacan: Die vier Grundbegriffe, S. 93. Vgl. auch Hubert Damisch: Der Ursprung der Perspektive. Berlin/Zürich 2010 [1987].
43 Lacan: Die vier Grundbegriffe, S. 80.

des Verbergens und der Bedrohung ist."⁴⁴ Das Bild als Schirm ist in Lacans Darstellung untrennbar mit der Funktion des Blicks verknüpft: Der Schirm impliziert ein Dahinter und die Existenz eines Blicks, den das Subjekt nicht hat, sondern der im Außen ist und sich verbirgt. Deshalb hat das Bild als Schirm potenziell paranoisierende Effekte. Es steht für eine Verschiebung im Feld des Sichtbaren, die auf eine Paranoisierung dieses Feldes und des Sehens hinausläuft. Insofern lässt sich beim Sofortbild als geschichtetem und opakem Bild, beim Sofortbild als Schirm, das Polaroide der Sofortbildfotografie, ihre strukturell paranoische Verfasstheit verorten.

Damit kann eine entscheidende Differenz zwischen dem Sofortbildverfahren auf der einen Seite und den optischen Kriegstechnologien auf der anderen Seite benannt werden, welche die Polaroid Company vor Entwicklung der Sofortbildfotografie während des Zweiten Weltkrieges produzierte – also jenen Sonnenbrillen, Sichtgeräten und Zielvorrichtungen, die Polaroid an das amerikanische Militär verkaufte und deren Funktionsweise auf den Anti-Blendungs-Eigenschaften von Polarisationsfiltern beruhte. Zwar hat Land immer wieder die Kontinuitäten zwischen Filterfolien und Sofortbildfotografie betont und beide Produktlinien einem Prozess konsequent fortschreitender Entwicklung, einer Teleologie zugeordnet; vergleicht man jedoch beide Technologien in ihrer konkreten Funktionsweise und fragt nach dem Ort und der Funktion des Schirms in beiden Technologien, so ergibt sich eine andere Einschätzung.

Die Polarisationsfolien lassen sich als Technologien der Abschirmung beschreiben, die Diaphanität und Transparenz garantieren, Durchsicht und Weitblick ermöglichen. Sie dienen der umfassenden Kontrolle und Einhegung von Blendungserscheinungen und sind hier daher als Blickzähmungstechnologie bestimmt worden. Als solche, als Technologie der Blendungsabwehr und Abschirmung, befriedigen sie die Bedürfnisse eines, um es in Anlehnung an Lacan zu sagen, sich selbst genügenden Sehens und stabilisieren die geometrale Ordnung des Sichtbaren. Anders das Polaroid Sofortbild, das eine gegenteilige Position besetzt: Die Funktion des Schirms kommt hier nicht, wie bei den Filterfolien, als Abschirmung eines sehenden Subjekts zwecks maximierter Sicht und optimiertem Durchblick (auf nächtlichen *highways* oder im Kriegstheater) zum Tragen. Vielmehr löscht das Opake im Polaroid Sofortbildverfahren Dimensionen von gerahmter Durchsicht und Transparenz; das Sofortbildverfahren setzt den Schirm insofern dort, wo es dem sehenden Subjekt Sichtbarkeiten im Blickfeld entzieht – eben dies ist hier als das Polaroide, als paranoische Struktur der Polaroid Sofortbildfotografie bestimmt worden.

---

44 Siegert: Der Blick als Bild-Störung, S. 108.

Filterfolien und Sofortbildverfahren organisieren also unterschiedliche, ja gegensätzlich strukturierte Verhältnisse des Sehens und der Sichtbarkeit. Die These, derzufolge die gesamte Firmengeschichte der Polaroid Company mit ihren unterschiedlichen Technologieentwicklungen einem einzigen umfassenden und übergeordneten Prinzip Polaroid unterstellt werden kann, lässt sich so gesehen nicht halten. Auch wenn die Firmen- und Technikgeschichte von Polaroid dadurch weniger stringent erzählbar wird, ist festzuhalten, dass die Polaroid Company und ihre Erfindungen rund um Licht und Blendung, Schirm und Abschirmung weniger von einem kohärenten Prinzip, sondern vielmehr auch von Gegensätzen und Kontingenzen geprägt sind: nicht Prinzip Polaroid, sondern eher Polaroid Paradox.

Kein Index

Im fotografiehistorischen Diskurs wird das Polaroid Sofortbild in der Regel als Spaßspielzeug, soziales Medium und Beziehungsstifter konzeptualisiert, während die Dimension des Polaroiden weitgehend verdrängt bleibt. Dennoch hat das Polaroide hier und dort Spuren hinterlassen, lässt sich an bestimmten Stellen im Diskurs ein Wissen um das Polaroide und die paranoische Struktur der Sofortbildfotografie ablesen – dort nämlich, wo dem Sofortbild mimetische, wirklichkeitsabbildende Kompetenzen immer wieder abgesprochen werden; es liegt nahe, die Gründe hierfür in Polaroids Abkehr vom Bild als Fenster, im Status des Sofortbildes als Schirm zu suchen.

So bemerkt ein Kritiker, das Sofortbildverfahren liefere „fast mysteriös anmutende Bilder", deren Bezug zur Wirklichkeit prekär sei:

> Wir können feststellen, daß dieses Kunstprodukt [die Sofortbildfotografie, E. M.] eine losere Verbindung zur Realität hat, als wir das normalerweise von einer Fotografie erwarten. Es ist zwar eine Abbildung unserer Welt, jedoch weder allumfassend noch eindeutig. [...] Man kann sich unschwer vorstellen, daß tausende von SX-70 Aufnahmen nur deshalb gemacht werden, weil der Fotograf sehen will, wie die eingefangene Realität vom System ‚behandelt' wird.[45]

Ein anderer Kritiker schreibt, dass das Sofortbild „die Wirklichkeit automatisch verfremdet",[46] ein dritter betont ebenfalls das zwiespältige Verhältnis der Sofort-

---

[45] Max Kozloff: Einführung. In: Ralph Gibson (Hg.): SX-70 Art. New York 1979, S. 10–13, hier S. 10 und 11.
[46] Modick: Mehr als Augenblicke, S. 31.

bildfotografie zur Wirklichkeit und ihr mangelndes Vermögen der Abbildung: „Obwohl sie [die Sofortbildfotografie, E. M.] als eine fotografische Methode der visuellen Vergegenständlichung an die realen Objekte der Wirklichkeit gebunden bleibt, stiftet sie, insbesondere wenn sie farbig ist, eine spürbare Distanz zwischen Realität und Rezipienten."[47] Ein vierter argumentiert schließlich, das Sofortbildverfahren habe die Fotografie „aus ihrer Affinität zur Dingwelt gelöst", weil die „pastose Beschaffenheit des Materials" und „eigenartige Brillanz der Farben [...] zwingend jede bildliche Aussage" bestimmten: „Dieses ganz un-neutrale, eigensinnige Material kann gar nicht zum bloßen Träger bildlicher Informationen reduziert werden", „,Dokumentationen'" seien daher „unmöglich".[48]

Was diese Aussagen eint, ist die Annahme, dass das Sofortbild, zeichentheoretisch gesprochen, kein Index ist, kein Index sein kann – womit der Sofortbildfotografie genau das abgesprochen wird, was einem Großteil der Fotografietheorie zufolge gerade das ureigene Wesen der Fotografie ausmacht. Der Begriff des Index geht auf den Philosophen und Zeichentheoretiker Charles Sanders Peirce zurück, der zwischen ikonischen, symbolischen und indexikalischen Zeichen unterscheidet: Während ikonische Zeichen ihrem Referenten ähnlich sehen und symbolische Zeichen auf Konvention beruhen, werden als indexikalische solche Zeichen benannt, die in einem direkten, physischen Zusammenhang zu ihrem Referenten stehen.[49] Dass die Fotografie ein Index ist, ein Zeichen also, das seinem Referenten nicht notwendigerweise ähnlich sieht, aber in einem direkten, physischen Verhältnis zu ihm steht und insofern auf ein real existierendes Objekt verweist, ist für so unterschiedliche Fotografietheoretiker*innen wie Roland Barthes, Philippe Dubois, Rosalind Krauss und Georges Didi-Huberman unhintergehbares Axiom.[50] Indextheorien begreifen das fotografische Bild als Einschreibung des Realen, sie werten die photochemische Spur als Garant für die unbestreitbare Wirklichkeitstreue des fotografischen Bildes und halten am unhintergehbaren Weltbezug der Fotografie fest.[51]

---

47 Honnef: Zwischen Narzissmus und Kommunikation, o. S.
48 Fritz André Kracht: Die andere Foto-Kunst. In: Gerhard Lischka (Hg.): Das Sofortbild Polaroid. Bern 1977, S. 70–71, hier S. 71.
49 Vgl. Charles S. Peirce: Semiotische Schriften. Frankfurt a. M. 2000.
50 Vgl. Barthes: Die helle Kammer; Dubois: Der fotografische Akt; Georges Didi-Huberman: Bilder trotz allem. München/Paderborn 2007; Rosalind Krauss: Anmerkungen zum Index: Teil 1 und 2. In: dies.: Die Originalität der Avantgarde und andere Mythen der Moderne. Amsterdam/Dresden 2000, S. 249–276.
51 Vgl. Peter Geimer: Theorien der Fotografie zur Einführung. Hamburg 2009, S. 52, 30, 24. Eine besondere Herausforderung haben Indextheorien durch das Aufkommen der digitalen Fotografie erfahren. Vgl. William J. Mitchell: The Reconfigured Eye. Visual Truth in the Post-Photogra-

Für das Sofortbild hingegen wird, das machen die angeführten Einschätzungen deutlich, die so grundlegende Kategorie des Index in Zweifel gezogen, werden damit auch Weltbezug und Wirklichkeitstreue in Abrede gestellt. Die Materialität und Medialität des Sofortbildes – sein eigensinniges und unneutrales Material – werden als in besonderer Weise insistierend beschrieben; dies scheint in den Augen der Kritiker die referenzielle Bindung des Sofortbildes an die vorfotografische Wirklichkeit zu unterminieren und in der Konsequenz die Ursache für eine schwache, brüchige, lockere und lose Referenzialität, für eine Entkoppelung von der Wirklichkeit zu sein. In diesem Sinne urteilen auch die Autoren Böckelmann und Zischler, wenn sie schreiben, das Sofortbild sei „nicht mehr auf ein Reales oder ein Realsubstrat reduzierbar, sondern allenfalls mit anderen Bildern vergleichbar". Sie schlussfolgern: „Das Sofortbild ist weniger eine Form der Dokumentation als ein Fall von Duplizität."[52]

Der Begriff der Duplizität, auf den Böckelmann und Zischler mit Bezug auf das Sofortbild verfallen, ist aufschlussreich. Denn er begreift die sofortbildfotografische Abbildung als eine Verdopplung, die ins Doppelbödige, ins Hinterhältige und Trügerische ausgreift. Ohne explizit artikuliert zu werden, scheint in der Rede von der Duplizität des Sofortbildes ein Wissen um seinen Status als Schirm mitzuschwingen. Das Sofortbild wird damit – eben in seiner Eigenschaft als Schirm und mit seinem Bezug auf die Funktion des Blicks – weniger in Verhältnissen der Mimesis, denn in solchen der Mimikry verortet und als in paranoisch strukturierte Blick- und Sichtbarkeitsverhältnisse eingelassen angesehen. Denn im Feld der Mimikry sind Sehen und Sichtbarkeit mit Gefahr verbunden: Es geht ums Fangen, Jagen, Beute machen, ums Verbergen, Camouflieren und Täuschen. Die „Logik der Mimikry" ist „Kriegslogik"[53] – oder auch: Logik der Paranoia.

Wiederkehr des Blickhaften bei Ademeit

Schwenken wir an dieser Stelle zurück zur Sofortbildfotografie von Horst Ademeit. Welche Konsequenzen hat das Polaroide – also die Tatsache, dass das Sofortbild Schirm ist, eingelassen in Verhältnisse der Mimikry und von prekärer Indexikalität – für Ademeits Programm einer fotografischen Blickzähmung mit

---

phic Era. Cambridge 1992 sowie Lev Manovich: Die Paradoxien der digitalen Fotografie. In: Hubertus von Amelunxen, Stefan Igelhaut und Florian Rötzer (Hg.): Fotografie nach der Fotografie. Dresden 1995, S. 58–66.
52 Böckelmann und Zischler: Gegenwart in Serie, S. 51 und 54.
53 Siegert: Der Blick als Bild-Störung, S. 107.

Hilfe der Sofortbildkamera? Inwieweit lässt sich das ‚Scheitern' bzw., neutraler und präziser formuliert, die Eskalation seines fotografischen Projekts, die etwa im Ausufern der Bildproduktion oder in der Schrägstellung vieler Bildausschnitte ihren Ausdruck findet, mit dem Polaroiden der Polaroid Sofortbildfotografie in Zusammenhang bringen?

Feststellen lässt sich zunächst, dass die Frage der Mimikry konstitutiv für Ademeits fotografische Praxis ist. Operativ wird das Sofortbild als Schirm innerhalb eines Sichtbarkeitsdispositivs, das – gerade weil der paranoische Verdacht beständig Latenzen und Nicht-Sichtbarkeiten postuliert – den Logiken der Mimikry gehorcht und zu Praktiken der Tarnung, Camouflage und Einschüchterung herausfordert. Dass die Umstände von Ademeits Sofortbildfotografie damit recht präzise umrissen sind, verdeutlicht ein frühes Polaroid vom November 1991 (vgl. Abb. 41). Es zeigt einen handgeschriebenen Zettel, den Ademeit an der Innenseite seiner Wohnungstür ablegt, wenn er die Wohnung verlässt: „nur noch eine Frage der Zeit. Wann ich Sie auf frischer Tat ertappen – lassen – werde!", ist darauf zu lesen. Ademeits Sofortbildfotografie lässt sich als fotografisch bewehrtes Auf-der-Lauer-Liegen beschreiben, dem es darum zu tun ist, etwas oder jemanden zu erwischen und zu enttarnen, aus der Deckung zu locken und zu überführen – ohne freilich selbst die Deckung zu verlassen. „Einen Gegenstand unter photographischer Rücksicht wahrzunehmen, heißt ihn auf frischer

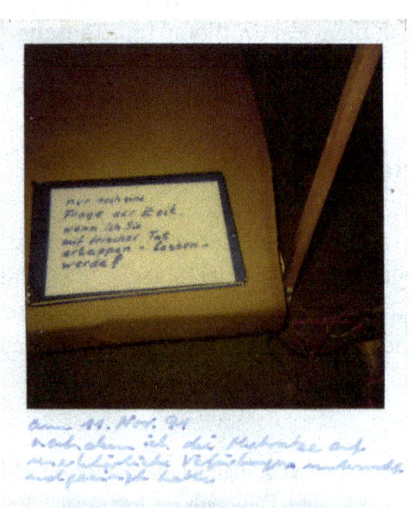

Abb. 41: Horst Ademeit: Polaroid vom 11. November 1991. Nachlass Horst Ademeit, Copyright Delmes & Zander, Köln.

Tat zu ertappen",[54] schreibt die Kulturwissenschaftlerin Iris Därmann, und für die Sofortbildfotografie gilt das in verschärfter Weise. Wenn das Sofortbild als Schirm weniger den Gesetzen der Mimesis denn denen der Mimikry gehorcht, wenn das Sofortbild als Schirm insofern potenziell schon immer in paranoisch strukturierte Blick- und Sichtbarkeitsverhältnisse eingelassen ist und das Polaroide mit dem Paranoiden in enger und ursächlicher Beziehung steht – dann ist Ademeits paranoischer Gebrauch der Polaroid Sofortbildfotografie konsequent. Ademeits paranoische Polaroids kehren ihre Einbindung in Verhältnisse des Fangens, Jagens und Beute-Machens hervor und rücken damit Mimikry, nicht Mimesis als bestimmendes Paradigma der Sofortbildfotografie in den Vordergrund.

Feststellen lässt sich darüber hinaus, dass das Sofortbild in seiner Eigenschaft als Schirm in Ademeits Sofortbildfotografie in weiterer Hinsicht zum Tragen kommt. So lässt sich auf die vielen ‚verpfuschten' Fotos in Ademeits Archiv verweisen, Polaroids, bei denen Belichtungs- oder Entwicklungsfehler zu einer vollständigen Schwärzung der Bildfläche geführt haben (vgl. Abb. 42 bis 44); das vollautomatische und komplexe chemikalische Verfahren ist hierfür schließlich anfällig. Das un-neutrale und eigensinnige Material schlägt in diesen Polaroids durch und zurück; es macht sich bemerkbar und durchkreuzt jede definitive bildliche Aussage oder Information. Bemerkenswert ist die Tatsache, dass Ademeit diese Bilder trotz ihres ‚Misslingens' aufbewahrt und in seine Serie fortlaufend nummerierter Tagesbilder aufgenommen hat; unter den Tagesbildern finden sich viele schwarze Quadrate, die nichts zeigen. Wobei es präziser wäre zu sagen: Es handelt sich um schwarze Quadrate, die nicht *nichts* zeigen, sondern die vielmehr *zeigen*, dass sie nichts zeigen. Denn die Funktion dieser geschwärzten Polaroids innerhalb von Ademeits Bildarchiv scheint gerade darin zu bestehen, dass sie ihren Status als Schirm ausstellen. Die Annahme, die sofortbildfotografische Repräsentation könne eine getreue Abbildung des Wirklichen liefern und als Fenster zur Welt dienen, wird hier kategorisch verneint: Mimesis adé. Stattdessen stellen diese von Ademeit aufbewahrten und nummerierten schwarzen Polaroids ihren Status als Schirm aus und stehen als stumme Zeugen für etwas ein, was der Paranoiker immer schon weiß, was Prämisse der paranoischen Ermittlung ist: dass es etwas gibt, das nicht sichtbar wird und verborgen bleibt.

Schließlich scheint es so zu sein, dass die optisch-technische Funktionsweise von Polaroid dem Projekt einer Blickzähmung mit Hilfe der Sofortbildkamera entgegensteht und das Sofortbild als Schirm die fotografischen Strategien der Blickzähmung konterkariert. Die Eskalation der Bildproduktion, ihre Fortführung ins Endlose, sowie der Kollaps geometraler Ordnung deuten darauf hin, dass das

---

54 Därmann: Das Klicken des Apparates, S. 25.

Abb. 42: Horst Ademeit: Tagesbild Nr. 2177 vom 16. Juli 1994. Nachlass Horst Ademeit, Copyright Delmes & Zander, Köln.

Abb. 43: Horst Ademeit: Tagesbild Nr. 3140 vom 10. Oktober 1997. Nachlass Horst Ademeit, Copyright Delmes & Zander, Köln.

Abb. 44: Horst Ademeit: Tagesbild Nr. 3944 vom 2. Januar 2000. Nachlass Horst Ademeit, Copyright Delmes & Zander, Köln.

Sofortbild als Schirm mit der Wiederkehr eben jenes Blickhaften einhergeht, welches die fotografische Blickzähmung zu bannen suchte: Die Interventionen des un-neutralen Fotomaterials, welches zu ‚verpfuschten', pechschwarzen Bildflächen führt, aber auch das Insistieren von Flecken, Unschärfen und Konturlosigkeiten sowie die vielen Manifestationen von Ozellen – von kreisrunden Zifferblättern, Kompassanzeigen, Röhröffnungen, Fenstern – lassen sich als solche Momente der Wiederkehr des Blickhaften begreifen. Mit der Verfolgung durch das Blickhafte im Bild provoziert das Sofortbild als Schirm insofern die endlos wuchernden Bildserien. Die angestrebte fotografische Bannung des Blicks – Ademeits Reconnaissance des Alltags – führt zur Wiederkehr des Blickhaften und zur Wiederkehr von Bildflächen, in denen das Sichtbare zur Mimikry seiner selbst geworden ist und auf latente Gefährlichkeit verweist: Das ist die polaroide, paranoide Struktur sofortbildfotografischer Technologie. Anstatt den paranoischen Verdacht zu befrieden, wird dieser vom Sofortbild als Schirm befeuert und verstärkt. Auf diese Weise perpetuiert das Polaroide die paranoische Ermittlung und verlängert sie ins Uferlose, zeugt immer weitere Bilder und Bilderserien fort.

4 Paranoia und Kontrollgesellschaft

BRD Noir

Mit einem jüngst geprägten Begriff lassen sich Ademeits Stadtansichten eines menschenleeren und postapokalyptisch anmutenden Düsseldorf, hinter dessen ordentlichen westdeutschen Fassaden und aufgeräumten Oberflächen eine latente Gewalt zu dräuen scheint, als „BRD Noir"[1] bezeichnen.[2] Erfunden haben diesen Begriff der Kulturwissenschaftler Philip Felsch und der Schriftsteller Frank Witzel, und sie meinen damit eine bestimmte Art und Weise, die alte Bundesrepublik zu verhandeln. BRD Noir ist ein Erzähl- und Darstellungsmodus, der nicht „mehr das Fade, sondern das Abgründige" der Bonner Republik in den Mittelpunkt stellt, der sie „ästhetisiert, verfremdet und verzaubert", sich für ihre Abgründe und Perversionen interessiert und auf diese Weise eine „schwarze Romantik der Bundesrepublik" entwirft.[3] Das Idyllische liegt diesen Darstellungen „vollkommen fern. Hinter dem Gewöhnlichen spüren sie das Bizarre, hinter dem Alltag den Abgrund und in der Provinz das Unheil auf."[4]

Ob es sich bei BRD Noir um ein Genre handelt, das während und innerhalb der BRD seine Ausformung gefunden hat und für das etwa die Texte von Autoren wie Rolf Dieter Brinkmann und Jörg Fauser, die Filme von Rainer Werner Fassbinder oder die Fernsehserie *Derrick* paradigmatische Beispiele wären – oder ob es sich vielmehr um ein historiografisches Genre handelt, also um eine bestimmte Art und Weise, von der Gegenwart aus auf die BRD zurückzublicken und sie zu historisieren, ist eine offene Frage.[5] Dass die BRD mittlerweile ins Stadium ihrer Historisierung eingetreten ist, steht für Felsch und Witzel hingegen fest. Sie schreiben, dass „die BRD eine Aura der Historizität annimmt [...], dass dieses Land uns inzwischen fremd geworden ist und wir es historisieren können. Und zwar nicht mehr nur als ‚Ankunft im Westen' oder ‚geglückte Demokratie', in

---

[1] Philipp Felsch und Frank Witzel: BRD Noir. Berlin 2016.
[2] Das vorliegende Kapitel stellt eine Erweiterung und Vertiefung von Überlegungen dar, die bereits als Aufsatz erschienen sind. Vgl. Elena Meilicke: Horst Ademeit. Polaroid Paranoid, oder: Paranoia in Zeiten der Kontrollgesellschaft. In: Timm Ebner, Rupert Gaderer, Lars Koch und Elena Meilicke (Hg.): Paranoia. Lektüren und Ausschreitungen des Verdachts. Wien 2016, S. 248–266.
[3] Felsch und Witzel: BRD Noir, S. 105.
[4] Philipp Felsch: Die schwarze Romantik der Bundesrepublik. In: ders. und Frank Witzel: BRD Noir. Berlin 2016, S. 7–18, hier S. 9.
[5] Vgl. Felsch und Witzel: BRD Noir, S. 45.

diesen staatstragenden Narrativen der Historiker. Vielleicht ist der Weg frei für einen anderen Blick [...]."⁶

Dieser andere Blick, der mit BRD Noir auf den Begriff gebracht werden soll, interessiert sich für die Abgründe im „Psychohaushalt der Bundesrepublik",⁷ und das Genre des Noir – ursprünglich eine Bezeichnung des französischen Filmkritikers Nino Frank für die düsteren Filme, die Hollywood (genauer: oft deutsche und österreichische Emigranten, die vor den Nazis geflohen waren) in den 1930er und 40er Jahren produziert hat – erscheint als passende Schablone, diese zu erforschen. Schließlich biete die Geschichte der BRD eine Reihe von Elementen, die sie als äußerst Noir-affin erscheinen ließen: „ein ursprüngliches Verbrechen, in das nicht nur wenige, sondern alle verwickelt sind, ein Klima der Verdrängung sowie ein Wirtschaftswunder, dessen Abebben in den Siebzigerjahren einen schmerzhaften Kater hinterlässt".⁸

Ademeits Polaroids, die Bilder des Stillstands, der verwahrlosten Tristesse und latenten Gewalt einfangen und die westdeutsche Nachkriegsstadt damit als postapokalyptischen Schauplatz entwerfen, sind BRD Noir insofern, als sie ein Grauen inszenieren, das nur negativ, als „mangelnde Bestätigung des Grauens" artikuliert werden kann und somit „nur als Stimmung erahnbar" wird.⁹ Ademeits Polaroids als eine Spielart von BRD Noir zu begreifen, bedeutet darüber hinaus, sie in einen zeitgeschichtlichen und politischen Horizont einzuordnen, ihre historische und politische Dimension ernst zu nehmen und stark zu machen. „Jedes Delirium besitzt einen welthistorischen, politischen, rassischen Inhalt; Rassen, Kulturen, Kontinente, Königreiche reißt es mit sich und wirbelt sie durcheinander [...]. Es gibt keinen paranoischen Wahn, der solche historischen, geographischen und rassischen Massen nicht zusammenrührte",¹⁰ behaupten Deleuze und Guattari im *Anti-Ödipus* anlässlich der Paranoia von Daniel Paul Schreber, durch dessen *Denkwürdigkeiten eines Nervenkranken* unter anderem arische und katholische Skorpione, Mongolenfürsten sowie Burschenschafter geistern und der sich selbst wahlweise als „Hyperboräerin" und „Jesuitenzögling in Ossegg" imaginiert oder auch als „Elsässer Mädchen[ ], das ihre Geschlechtsehre gegen einen siegreichen frz. Offizier zu verteidigen hat".¹¹ Schrebers Paranoia zeichnet sich also durch eine politisch-historische Vielfalt und unbedingte Weltzugewandtheit aus,

---

6 Felsch und Witzel: BRD Noir, S. 104.
7 Felsch und Witzel: BRD Noir, S. 73.
8 Felsch: Die schwarze Romantik der Bundesrepublik, S. 12.
9 Frank Witzel: BRD Chamois. In: Philipp Felsch und ders.: BRD Noir. Berlin 2016, S. 155–169, hier S. 156.
10 Deleuze und Guattari: Anti-Ödipus, S. 72 und 114.
11 Schreber: Denkwürdigkeiten eines Nervenkranken, S. 62 und 63.

welcher der psychoanalytische Zugriff von Freuds Schreber-Lektüre bei weitem nicht gerecht werde, wie Deleuze und Guattari meinen:

> Es gilt festzuhalten, dass Präsident Schreber das Schicksal ereilte, nicht nur zu Lebzeiten von den Himmelsstrahlen sodomisiert, sondern posthum noch von Freud ödipalisiert worden zu sein. Vom enormen politischen, gesellschaftlichen und historischen Gehalt des Schreberschen Wahns bleibt kein Wort mehr übrig. [...] [K]eine Spur mehr davon: alles ist niedergedrückt, zermahlen, in Ödipus trianguliert, alles ist auf den Vater zugeschnitten.[12]

Dem „Ungenügen der ödipalen Psychoanalyse" setzen Deleuze und Guattari das Modell einer Schizo-Analyse entgegen, die eine „politische, gesellschaftliche Psychoanalyse, eine militante Analyse" sein will und sich für den „historischen und politischen Gehalt des Wahns" interessiert.[13] Ihre Fragestellungen lassen sich auch an Ademeits paranoische Ermittlung im Medium der Sofortbildfotografie herantragen.

Ademeit beginnt seine Sofortbilderserien im Herbst 1990, also im Jahr der deutschen Wiedervereinigung und damit zu einem Zeitpunkt, der das Ende der Bonner Republik markiert. Er stirbt 2010 und damit wiederum in dem Jahr, das – Stichwort *Agenda 2010* – zum Inbegriff für die Sozialstaatsreformen im wiedervereinigten Deutschland unter dem SPD-Bundeskanzler Gerhard Schröder geworden ist. Das Jahr 2010 steht damit zugleich für eine Zäsur, die den Beginn einer Historisierung der BRD darstellt, ihre Verwandlung in einen historischen Gegenstand und in ein Objekt der Zeitgeschichte, wie Felsch und Witzel schreiben: „Erst im Licht von Hartz IV nahm auch die Alltäglichkeit des alten Westens nostalgische Züge an."[14]

Entstanden in diesem Zeitraum zwischen 1990 und 2010 dokumentieren Ademeits Polaroids also genau jene Zeitspanne, die das Ende der alten BRD und den Beginn ihrer Historisierung bedeutet. Obwohl oder gerade weil die Polaroids sich im Windschatten der Zeitgeschichte bewegen, keine Menschen und erst recht keine staatstragenden Ereignisse aufzeichnen, sondern vielmehr das Alltägliche, Banale und Unscheinbare in paranoischer Verfremdung darstellen, lassen sie sich als eine visuelle Historiografie der BRD betrachten – als polaroide Chronik eines Landes, das zum Zeitpunkt seiner Dokumentation bereits im Verschwinden begriffen ist.

Oft wird der Sofortbildfotografie eine nur mangelhafte Eignung als Medium der Geschichtsschreibung attestiert. Zur Zeitlichkeit des Sofortbildes schreiben

---

12 Deleuze und Guattari: Anti-Ödipus, S. 72, 114 und 116.
13 Deleuze und Guattari: Anti-Ödipus, S. 127 und 116.
14 Felsch: Die schwarze Romantik der Bundesrepublik, S. 8.

Böckelmann und Zischler: „Es schiebt sich *neben* den Augenblick der Aufnahme, *neben* das augenblickliche Motiv, *neben* den Augenblick, wird zum *Nebenbuhler* des Augenblicks."[15] Das Sofortbild erscheint hier zwar ganz schön *para* – lateinisch für „neben, an, bei" –, aber eben auch augenblicks- und gegenwartsverhaftet und ohne jedes historiografische Potenzial. Denn die Sofortbildfotografie, so schreiben Böckelmann und Zischler weiter, produziere zwar „Gegenwart in Serie" und partizipiere „am Ereignis", könne aber dafür „keine Vergangenheitsfragmente und keine Biographeme" konservieren.[16] Ganz im Gegensatz zu solchen Festschreibungen figuriert die Polaroid Sofortbildkamera bei Ademeit als Medium der Zeitgeschichte und als Instrument historisch-politischer Reflexion.

Krankheit der Macht

Ademeits Karriere als Künstler beginnt, als eine Sozialarbeiterin und ein Psychiater seine Polaroids einer Kölner Galerie übergeben. Während er selbst 2010 stirbt, werden seine Fotografien 2011 im Hamburger Bahnhof in Berlin ausgestellt und 2012 auf der Biennale von São Paulo. Die Sofortbilder in Serie firmieren dabei unter dem Label *Outsider Art*, was sich übersetzen und paraphrasieren lässt als „Kunst der Außenseiter", „autodidaktische Kunst" oder „Kunst, die abseits der etablierten Kunstszene geschaffen wird".[17] Bis zu einem gewissen Grad sind Ademeits paranoische Polaroids damit treffend umschrieben – wirklich interessant wird es jedoch erst da, wo auch die erfolgreiche Kategorisierung des Außen und Abseits an ihre Grenzen gerät.

Denn Ademeit ist kein astreiner Außenseiter und Autodidakt gewesen; für kurze Zeit zumindest hat er sich vielmehr in einem der Zentren bundesrepublikanischen Kunstschaffens bewegt. Nach einer Malerlehre und einem Diplom in Textildesign in Krefeld schreibt Ademeit sich im Wintersemester 1970/71 für ein Kunststudium an der Düsseldorfer Kunstakademie ein und wird Student in der Klasse von Joseph Beuys. Er besucht die Kunsthochschule jedoch nur für kurze Zeit:

> nach dem Semester Rundgang 1970 habe ich mich bereits exmatrikulieren laßen denn Beuys hatte zuvor eine Grün-Rote Pappe Klebe Arbeit von mir als Nichtkunst bzw. als Kunst-

---

15 Böckelmann und Zischler: Gegenwart in Serie, S. 51, meine Hervorhebung, E. M.
16 Böckelmann und Zischler: Gegenwart in Serie, S. 55 und 51.
17 Catrin Lorch: Weg von der Freakshow. In: Süddeutsche Zeitung, 21. Februar 2009, S. 20 sowie dies.: Auf Augenhöhe. Wie soll Outsider Art heute im Museum gezeigt werden – ein Gespräch mit Udo Kittelmann und Matthew Higgs. In: Süddeutsche Zeitung, 30. August 2011, S. 12.

gewerbe bezeichnet und einer seiner Studenten der gerade dabei stand fragte ihn warum es denn keine ‚Kunst' wäre und Beuys reagierte mit einer abfälligen Handbewegung.[18]

Für Beuys hat Ademeit in der Folge nicht mehr viel übrig:

> gegen Ende der 70er Jahre sah ich Prof. Beuys bei zwei seiner Aktionen wie rein zufällig weil ich zum Arbeitsamt musste das unmittelbar bei der Kunstakademie gelegen war und was sich mir bot [war, E. M.] peinlich genug das es mir nicht geeignet erscheint davon hier zu berichten.[19]

Jenseits der Beuys-Polemik frappiert die Art und Weise, wie Ademeit hier zwei scheinbar gegensätzliche Institutionen miteinander kurzschließt, das Arbeitsamt und die Kunstakademie. De facto befinden sich beide in Düsseldorf für eine Zeitlang in engster Nachbarschaft; der historistische Prunkbau der Kunstakademie steht neben dem Phoenix-Haus, einem Gebäude aus den 1920er Jahren im Stil des Backsteinexpressionismus, das von 1928 bis 1995 als Arbeitsamt diente.[20] Ausgehend von Ademeits Engführung beider Institutionen ließe sich eine individuelle Verfallsgeschichte schreiben: der Weg nach unten, von der Akademie zum Arbeitsamt, vom Studium zur Stütze. Um eine solche Verfallsgeschichte soll es im Folgenden jedoch nicht gehen. Stattdessen wird danach gefragt, in welchem Licht Ademeits polaroid-paranoide Praktiken erscheinen, wenn man sie ausgehend von diesen beiden staatlichen Institutionen betrachtet.

Dabei lassen sich Akademie wie Arbeitsamt gleichermaßen als Instrumente und Verkörperungen gouvernementaler Regierungskünste begreifen: Hier wie dort geht es um die Lenkung und Leitung von Menschen, um die Produktion von Subjekten, um Verfahren der Subjektivierung.[21] Dabei ist zugleich davon auszugehen, dass eben diese Regierungs- und Subjektivierungsweisen in der zweiten Hälfte des zwanzigsten Jahrhunderts eine Transformation erfahren, die so tiefgreifend ist, dass keine Akademie und kein Amt unberührt davon bleiben: Stichwort „Krise der Institution". „Wir befinden uns in einer allgemeinen Krise aller Einschließungsmilieus", schreibt Deleuze im *Postskriptum über die Kontrollgesellschaften* und präzisiert sogleich, „was unter Krise der Institutionen zu verstehen ist, nämlich der fortschreitende und gestreute Aufbau einer neuen Herrschaftsform". An die Stelle der alten Disziplinarinstitutionen treten dabei

---

18 Ademeit: Lebenslauf, S. 87.
19 Ademeit: Lebenslauf, S. 87.
20 Das denkmalgeschützte Gebäude ist seit 2002 Sitz der Staatsanwaltschaft Düsseldorf.
21 Zum Begriff der Gouvernementalität vgl. Michel Foucault: Sicherheit, Territorium, Bevölkerung. Geschichte der Gouvernementalität I. Frankfurt a. M. 2006.

neue „Kontrollformen mit freiheitlichem Aussehen".²² Die Frage, die sich hieran anschließend stellt und im Folgenden diskutiert werden soll, ist, ob und inwiefern Ademeits Polaroid-Paranoia den kontrollgesellschaftlichen Um- und Abbau von Akademien und Ämtern registriert und auf die damit einhergehenden veränderten Subjektivierungsweisen reagiert.

Dahinter steht die Frage nach dem Status der Paranoia als „Krankheit der Macht".²³ Die Wendung stammt von Elias Canetti und steht, wieder einmal, im Kontext einer Lektüre von Schrebers *Denkwürdigkeiten eines Nervenkranken*: „Alles kann Anlass einer Paranoia werden; wesentlich aber ist die Struktur und die Bevölkerung des Wahns. Machtvorgänge haben darin immer eine entscheidende Bedeutung."²⁴ Canetti verbindet mit dem Diktum von der Paranoia als Krankheit der Macht die letztlich polemische Absicht, einen Zusammenhang zwischen Paranoia und totalitärer Führerschaft zu stiften: „Die Begierde nach Macht ist von allem der Kern."²⁵ Die im Folgenden entfaltete Diskussion schließt an Canettis Engführung von Paranoia und Macht an, verschiebt aber das Gewicht der Fragestellung: Inwiefern lässt sich die Paranoia nicht nur als Krankheit *der* Macht, sondern auch als eine *an* der Macht verstehen? Es geht darum, die paranoische Ermittlung als eine zu begreifen, die in ihren Texten und Bildern Aufschluss gibt über jeweils spezifische historische Machtverhältnisse und deren Brüche und Verschiebungen in besonderer Weise registriert. Es geht also darum zu fragen, inwiefern Ademeits paranoische Ermittlung als „Analytik der Macht"²⁶ gelesen werden kann, die den Blick auf die politischen Infrastrukturen lenkt und auf diese Weise eine paranoische „Mikrophysik der Macht"²⁷ entwickelt.

Akademie in der Krise

In einem Lebenslauf, den Ademeit 2009 auf Bitte seiner Galerie verfasst hat, erinnert er sich zurück an die Düsseldorfer Kunstakademie, deren Student er 1970 für kurze Zeit gewesen ist, und beschreibt in knappen Sätzen den Ausbildungszusammenhang, den er anschließend so plötzlich verlassen hat:

---

22 Gilles Deleuze: Postskriptum über die Kontrollgesellschaften. In: ders.: Unterhandlungen 1972–1990. Frankfurt a. M. 1993, S. 254–262, hier S. 255, 261 und 255.
23 Canetti: Masse und Macht, S. 532.
24 Canetti: Masse und Macht, S. 534.
25 Canetti: Masse und Macht, S. 532.
26 Vgl. Foucault: Überwachen und Strafen sowie ders.: Der Wille zum Wissen.
27 Vgl. Foucault: Mikrophysik der Macht.

den 1. Tag in der Kunstakademie wollte ich ans Werk gehen in diesem riesigen Gebäude aber die wenigen Ideen Gedanken waren wie weggeblasen Konzentration dahin und mir war nicht mehr was ich hier an diesem Ort noch sollte 3 Tage war es so und habe es dann ganz aufgegeben meiner Einschätzung nach ging ein schlechtes Fluidum von den monströsen Gips Plastiken Gebirgen längs des Langen Flurgang zu beiden Seiten aus im Erdgeschoß die der Beuys Klasse angehörten [...].[28]

Ob schlechtes Fluidum oder nicht – tatsächlich geht in jenen Tagen von der Beuys-Klasse etwas aus: ein Hauch von Revolte und Umsturz. Ademeits Kunststudium in Düsseldorf koinzidiert mit einer Krise der Akademie, deren Inbegriff und Verkörperung eben Joseph Beuys ist: „Die Akademie ist in der Krise", titelt ein zeitgenössischer Zeitungsartikel aus der FAZ über die Geschehnisse, die sich an der Düsseldorfer Kunstakademie rund um Beuys ereignen.[29]

Im Protest gegen den durch Numerus clausus beschränkten Zugang zum Kunststudium nimmt Beuys, der seit 1961 Professor in Düsseldorf war, im Sommer 1971 ausnahmslos alle Studienbewerber*innen in seine Klasse auf, die daraufhin aus allen Nähten platzt. In den folgenden Auseinandersetzungen mit der Hochschulleitung besetzt Beuys gemeinsam mit Studierenden das Sekretariat der Akademie, woraufhin Nordrhein-Westfalens Wissenschaftsminister Johannes Rau im Oktober 1972 Beuys' Kündigung verfügt. Dagegen formiert sich eine breite internationale Solidaritätsbewegung, die Beuys' Widerstand gegen den – wie Beuys es nennt – „staatszentralistischen Schulverwaltungsgedanken der SPD-Regierung"[30] unterstützt. Erst 1978 kommt es zu einem Vergleich, wonach Beuys weiterhin den Professorentitel führen und sein Atelier in der Kunstakademie behalten darf.

Parallel zu diesen Auseinandersetzungen mit der Institution der Düsseldorfer Kunstakademie bemüht Beuys sich intensiv um die Gründung neuer und neuartiger Institutionen. Freie, staatsunabhängige Institutionen sollen das sein, die in „Selbstverwaltung" arbeiten: „das ist überhaupt das Stichwort für die Neuorganisation der Gesellschaft".[31] So plant Beuys seit 1971 eine Freie Akademie und gründet schließlich im Februar 1974 gemeinsam mit Heinrich Böll die *Freie Internationale Hochschule für Kreativität und interdisziplinäre Forschung* (FIU).

---

28 Ademeit: Lebenslauf, S. 85.
29 Georg Jappe: Die Akademie ist in der Krise. Der Streit um Joseph Beuys nach Beuys' Entlassung. In: Frankfurter Allgemeine Zeitung, 13. Oktober 1972, S. 2.
30 Joseph Beuys: Kunst = Kapital – Achberger Vorträge. Wangen 1992, S. 47.
31 Beuys zit. nach Rainer Rappmann: Der soziale Organismus – ein Kunstwerk. In: Volker Harlan, Rainer Rappmann und Peter Schata (Hg.): Soziale Plastik. Materialien zu Joseph Beuys. Achberg 1980, S. 9–69, hier S. 11.

Hauptanliegen dieser Hochschule ist die „Ausbildung zur eigenen Kreativität", basierend auf der Überzeugung, dass Kreativität

> nicht auf jene beschränkt [ist, E. M.], die eine der herkömmlichen Künste ausüben [...]. Es gibt bei allen ein Kreativitätspotential, das durch Konkurrenz- und Erfolgsaggression verdeckt wird. Dieses Potential zu entdecken, zu erforschen und zu entwickeln, soll Aufgabe der Schule sein.[32]

Ein interdisziplinäres „Kreativikum" soll Grundlage der Ausbildung sein und den Studierenden vor allem „Beweglichkeit" vermitteln; Erziehungsziel ist der Mensch, der „Vertrauen in die eigenen Lösungen hat und sich nicht bloß zum funktionellen Rädchen eines allgemeingültigen Systems machen lässt".[33]

Die Ausbildung zur Kreativität, wie Beuys sie für die *Freie Internationale Hochschule für Kreativität und interdisziplinäre Forschung* projektiert, will mit autoritär und hierarchisch strukturierten Abhängigkeitsverhältnissen zwischen Lehrer*innen und Schüler*innen Schluss machen. Stattdessen soll der Schulungsvorgang

> oszillierend zwischen den Menschen stattfinden, das heißt, ein universelles Lehrer- und Schülerverhältnis sein. Zwischenmenschlich. Im Grunde so universell, dass man sagen kann: Die Sprache selbst ist der Lehrer. Das heißt, in dem Augenblick, wo ich spreche, bin ich mal im Moment der Lehrer. Und wo ich zuhöre, bin ich der Student – nicht? [...] So universell müsste man das auffassen. Und das wollen wir regelrecht hervorrufen.[34]

Letztlich müsse, schreibt Beuys, „das Lehr-Lern-Verhältnis ganz offen und ständig umkehrbar sein, d.h. im Grunde Aufhebung zwischen Lehren und Lernen als institutionalisierten Verhaltensweisen".[35] In einem Analogieschluss mobilisiert Beuys ein informationstheoretisches Modell als Vorbild für sein „oszillierendes Lernprinzip": „Das ist nichts anderes als das Sender- und Empfängerprinzip. Das ist ganz generalisiert, weil es das einzig richtige Modell ist."[36]

Zu dem hier skizzierten Ideal flexibler Lehrverhältnisse passt die Aussage zweier ehemaliger Beuys-Schüler, Beuys sei „als Lehrer kein Vater"[37] gewesen.

---

32 Beuys zit. nach Rappmann: Der soziale Organismus, S. 39.
33 Beuys zit. nach Rappmann: Der soziale Organismus, S. 39.
34 Beuys zit. nach Rappmann: Der soziale Organismus, S. 39.
35 Beuys zit. nach Rappmann: Der soziale Organismus, S. 39.
36 Rappmann: Der soziale Organismus, S. 25.
37 Peter Moritz Pickshaus und Jonas Hafner: Über die Arbeit am Menschen – Joseph Beuys als Lehrer. In: Stephan von Wiese (Hg.): Brennpunkt Düsseldorf. Joseph Beuys – Die Akademie – Der allgemeine Aufbruch. Düsseldorf 1987, S. 107–109, hier S. 107.

Dass Beuys' Lehre in der Praxis allerdings tatsächlich immer gänzlich oszillierend, offen und umkehrbar gewesen ist, darf bezweifelt werden. So erinnert eine weitere Studentin, Beuys habe seine Klasse „eines Tages plötzlich mit einem Gottesbeweis [überrascht], dessen Begründung er aus der damaligen Kommunikationswissenschaft herleitete: Er erklärte sich einfach als Gott und ‚Sender' und sagte zu uns: ‚Ihr seid die Empfänger'."[38] An anderer Stelle wird Beuys mit der Aussage zitiert: „Ich bin ein Sender, ich strahle aus!"[39]

Nicht wenige der Beuys-Biografien, die in den letzten Jahren erschienen sind, haben sich kritisch mit dem Künstler auseinandergesetzt und Beuys als Vertreter eines mythisch-völkischen Antirationalismus beschrieben.[40] Hier wird argumentiert, dass eine solche Lesart – bei aller berechtigten Kritik – Beuys' Praxis als Künstler und Lehrender kaum zu fassen bekommt. Vielmehr finden sich inmitten von Beuys' Mystizismus Anleihen bei Kybernetik und Informationstheorie, artikuliert sich gerade dort die Logik der Kontrollgesellschaft. So produziert das von Beuys in Aussicht gestellte oszillierende, prinzipiell offene und umkehrbare Ausbildungsverhältnis genau jene „Verhältnisse[ ] permanenter Metastabilität", die Deleuze als charakteristisch für die Kontrollgesellschaft bezeichnet.[41] Aus einer solchen Perspektive heraus korrespondiert der avisierte Abbau starrer, hierarchischer und autoritärer Strukturen in der *Freien Internationalen Hochschule für Kreativität und interdisziplinäre Forschung* mit der Installation neuer, subtiler Mechanismen von Kontrolle und Subjektivierung.

Und in der Tat ist es nicht schwer, in den Zielvorgaben und Erziehungsidealen der *Freien Internationalen Hochschule für Kreativität und interdisziplinäre Forschung* – die nie vollends in die Realität umgesetzt worden ist, sondern Programm und Utopie geblieben ist – die Umrisse dessen zu erkennen, was heute als Subjektivierungsform des „unternehmerische[n] Selbst" gehandelt wird. Kreativität, so urteilt der Soziologe Ulrich Bröckling, „ist ein gouvernementales Programm, ein Modus der Fremd- und Selbstführung", der das innovative, flexible und eigenverantwortliche Individuum zum Fluchtpunkt hat.[42] Es ist in diesem

---

38 Gislind Nabakowski: Erinnerungen an die Jahre 1966 bis 1971 mit und um Beuys. In: Stephan von Wiese (Hg.): Brennpunkt Düsseldorf. Joseph Beuys – Die Akademie – Der allgemeine Aufbruch. Düsseldorf 1987, S. 101–105, hier S. 105.
39 Petra Richter: „To be a teacher is my greatest work of art". In: Eugen Blume und Catherine Nichols (Hg.): Beuys. Die Revolution sind wir. Göttingen 2008, S. 352–354, hier S. 354.
40 Vgl. Frank Gieseke und Albert Markert: Flieger, Filz und Vaterland. Berlin 1996 sowie Hans-Peter Riegel: Beuys. Die Biographie. Berlin 2013.
41 Deleuze: Postskriptum, S. 256.
42 Ulrich Bröckling: Das unternehmerische Selbst. Soziologie einer Subjektivierungsform. Frankfurt a. M. 2007, S. 153.

Zusammenhang bezeichnend, dass Beuys das Konzept der *Freien Internationalen Hochschule für Kreativität und interdisziplinäre Forschung* an Ralf Dahrendorf – FDP-Politiker, Kommissar der Europäischen Wirtschaftsgemeinschaft und, seit 1974, Direktor der London School of Economics – herangetragen hat, der sich „in äußerster Weise an diesen Dingen interessiert" gezeigt habe: „Ich bin auch eingeladen zu dieser London School of Economics zu einem Vortrag über diese Dinge", berichtet Beuys 1974.[43] Es ist darüber hinaus konsequent, dass Beuys als Kreativitätsexperte auch späten Eingang in die Managementliteratur gefunden hat. Beuys, so heißt es im Sommer 2009 in einer Ausgabe des Londoner *Business Strategy Review*, könne lehren, „how managers can unleash bold new ideas": „Beuys's approach to creativity can offer practical insights on boosting creativity for individuals and organizations."[44]

E-dukation statt Edukation

Beuys' Bildungsmodell interessiert hier insofern, als es Bestandteil des macht- und institutionsgeschichtlichen Panoramas ist, vor dessen Hintergrund Ademeits paranoische Ermittlung und Sofortbildfotografie sich abspielen. Dass Ademeit von Beuys' Projekt der *Freien Internationalen Hochschule für Kreativität und interdisziplinäre Forschung* zumindest Kenntnis gehabt haben muss, beweist ein an den NRW-Wissenschaftsminister Rolf Krumsiek adressierter Brief auf FIU-Briefpapier, der sich in seinem Nachlass findet. Fest steht, dass Ademeit im Jahr 1970 abbricht und aufbricht. Er steigt aus der Düsseldorfer Kunstakademie aus und entzieht sich damit allen weiteren (Beuys'schen) Ausbildungs-, Erziehungs- und das heißt auch Subjektivierungsmaßnahmen. Mit Worten von Bröckling könnte man sagen: Ademeit macht E-dukation statt Edukation. Bröckling schreibt:

> Während Subjektivierung auf edukative (von *educare*, erziehen) Verfahren des Zu-, Ab- und Aufrichtens stützt, ist Ent-Subjektivierung eine e-dukative (von *educere*, herausführen) Aktivität, welche die Zwänge des Selbst-sein-Müssens zu überwinden versucht, ohne sich in Selbstauflösung oder -auslöschung zu verlieren.[45]

Ademeits paranoische Projekte lassen sich als in diesem Sinne e-dukative Praktiken begreifen, die den Versuch darstellen, sich kontrollgesellschaftlichen Sub-

---
43 Beuys: Kunst = Kapital, S. 20.
44 Jörg Reckhenrich, Martin Kupp und Jamie Anderson: Understanding creativity: The Manager as Artist. In: Business Strategy Review 20 (2009), H. 2, S. 68–73, hier S. 68.
45 Bröckling: Das unternehmerische Selbst, S. 286.

jektivierungsmechanismen zu entziehen und dabei auf unterschiedliche Weisen in Formen der Ent-Subjektivierung resultieren.[46]

Dies betrifft nicht nur Ademeits Sofortbildproduktion. Daneben hat Ademeit über viele Jahre hinweg Auseinandersetzungen mit diversen Ämtern und Behörden geführt, die ihn zu intensiver Textproduktion und der Abfassung endloser Nachfragen, Eingaben, Beschwerden und Widersprüche angeregt haben. Exzessives Schreiben und intensiver Schriftverkehr mit Justiz und Bürokratie sind wesentlicher Bestandteil dessen, was die Psychiatrie unter den Diagnosen „Querulantenwahnsinn" oder „Rechtsparanoiker" verhandelt hat.[47] Hier soll dagegen vorgeschlagen werden, auch Ademeits Auseinandersetzungen mit Ämtern und Behörden als e-dukative Praktiken und Ent-Subjektivierungsmaßnahmen zu begreifen. Ein Beispiel ist der zehn Jahre andauernde Zwist mit der Gebühreneinzugszentrale GEZ: Vor dem Hintergrund eines Bildungsprogramms, das so hemmungslos informationstheoretische Modelle und Metaphern mobilisiert wie das von Beuys, erscheint das Ringen mit der GEZ als e-dukativer Prozess, der auf Empfangsboykott als Selbstentzug setzt.

Beuys schreibt:

> Weil man sich die Schule [die FIU, E. M.] wie ein Dach vorstellen muss, steht natürlich oben auf dem Dach der Sender, der ausstrahlt, und zwar global. Das Ziel muss sein, [...] weltweite Kommunikationsmittel zu haben. Da habe ich gleich das Modernste genommen, was es gibt: Das ist das Satellitenfernsehen.[48]

Dass die Setzung „Beuys = Fernsehen" Ademeit ein Begriff gewesen sein muss, darauf deutet sein Lebensrückblick hin, in dem er angibt, sich „an eine Beuys Aktion ich glaube im Sommer 1970 mit großem TV Übertragungs LKW" zu erinnern.[49] Gegenüber einer globalen Schule, die sich als Fernsehsender begreift, hilft konsequenterweise nur der „totale[ ] Nicht Empfang": „am 9.5.90 schreibe ich meine Kündigung an die GEZ/WDR Köln weil ein Sender Empfang nicht mehr gegeben ist", erinnert Ademeit in seinem Lebenslauf.[50] Während die GEZ sich weigert, Ademeit aus der Gemeinschaft der Rundfunkteilnehmer zu entlassen und seine Kündigung nicht anerkennt, beharrt dieser auf dem „totalen Nicht Empfang TV sowie Hörfunk hier vor Ort" und darauf, dass er keineswegs bereit ist, „für

---

46 Zum Begriff der Ent-Subjektivierung vgl. auch Michel Foucault: Der Mensch ist ein Erfahrungstier. Gespräch mit Ducio Trombadori. Frankfurt a. M. 1996, S. 27.
47 Vgl. Rupert Gaderer: Querulanz. Skizze eines exzessiven Rechtsgefühls. Hamburg 2012.
48 Beuys zit. nach Rappmann: Der soziale Organismus, S. 40.
49 Ademeit: Lebenslauf, S. 85.
50 Ademeit: Lebenslauf, S. 95.

eine Ware zu zahlen die ich nicht erhalten habe (gemeint der nicht Empfang)".⁵¹
So entspinnt sich ein jahrelanger, zunehmend undurchsichtiger Streit:

> ich sehe mich hier wieder konfrontiert mit Verschleppung und Mist Schriftsätzen von allen Seiten und gebe entsprechende Mist Schreiben in Antwort zurück [...] danach geraten die Stellen [...] untereinander aneinander und werfen sich Phantom Bälle zu die keiner mehr auffangen will.⁵²

Die „Monster Prozedur Geschichte"⁵³ mit der GEZ, so lässt sich zusammenfassen, probt Ent-Subjektivierung als Empfangsboykott.

Jenseits dieser schriftlich, in Form von Beschwerden geführten Auseinandersetzungen manifestiert sich auch in Ademeits Polaroidpraxis ein ent-subjektivierender Entzug. Dieser findet seinen Ausdruck in der Verweigerung nicht nur der eigenen, sondern ganz generell jeder menschlichen Gestalt. Bis auf wenige Ausnahmen sind Ademeits Sofortbilder menschenleer, und in der auffälligen und konsequenten Auslassung von Menschen unterscheiden sie sich stark von herkömmlichen Festschreibungen der Polaroid Sofortbildfotografie als Medium spielerischer Selbsterkundung und sozialer Interaktion. Ademeits Sofortbilder kennen weder Subjekte noch Selbsterkundung. Sie sind inhuman und asozial, was nicht denunziativ gemeint ist, sondern den Versuch darstellt, das grundlegend Nicht-Anthropozentrische und Nicht-Anthropomorphe von Ademeits Fotografie zu erfassen, die Tatsache also, dass diese an der menschlichen Gestalt so wenig interessiert ist.

Lieber widmet sich Ademeits Sofortbildpraxis amorphen, form- und konturlosen Mannigfaltigkeiten, erkundet Löcher und Gruben, Flecken und Schmutzhaufen (vgl. Abb. 25, 34 und 35). Wenn Ademeit die Kamera auf den asphaltierten Boden seines Hinterhofes richtet, um die Verteilung unterschiedlicher Substanzen darauf zu erfassen, dann geht es, das ist bereits ausgeführt worden, nicht mehr um die Erkundung von Figuralem oder Gestalthaftem. Ademeits Polaroids sind weniger Auseinandersetzung mit Funktionen des Imaginären als vielmehr Versuche einer sofortbildfotografischen Fixierung des Form- und Konturlosen, die sich als eine Arbeit am Realen begreifen lassen, das weder Syntax noch Gestalt hat und nur durch technische Medien aufgezeichnet werden kann.⁵⁴

Weil Ademeits Bilder die ordnungsstiftenden und bildstrukturierenden Instanzen von Figur und Gestalt oft vorenthalten und auf diese Weise die Hierarchie

---

51 Ademeit: Lebenslauf, S. 95.
52 Ademeit: Lebenslauf, S. 95.
53 Ademeit: Lebenslauf, S. 95.
54 Vgl. Friedrich A. Kittler: Optische Medien. Berliner Vorlesung 1999. Berlin 2002, S. 37.

und Differenz zwischen Motiv und Beiwerk, zwischen Figur und Grund – im Sinne einer parergonalen Ästhetik – radikal verunsichern, entsteht oft der Eindruck, dass Ademeits Polaroids im Grunde nichts zu sehen geben. Es gibt in den Bildern eine spezifische Leere, eine Hingabe ans Nicht-Ereignis, die man – im Rückgriff auf einen Begriff des Fotografietheoretikers James Elkins, der vom „themaphagic (subject-eating)"[55] Vermögen der Fotografie spricht – als themaphagisch bezeichnen kann.

Es ist vor allem auch der Blick auf die eigene Gestalt, den die Polaroids verweigern und der als ent-subjektivierender Selbstentzug wirksam wird. Nur sehr selten nimmt Ademeit den eigenen Körper in den Blick, und wenn, dann fokussiert er Hautausschläge und wunde Stellen, Quaddeln und Rötungen. Keineswegs ergeben die fragmentierten Körperteile ein repräsentatives Bild der eigenen Person, keineswegs fungiert die Kamera in Ademeits fotografischer Praxis als Spiegel, der der Ausbildung irgendeiner Ich-Funktion assistieren würde – womit Ademeits Sofortbildpraxis diametral jenen Entwürfen entgegensteht, die vor allem und immer wieder die „Spiegel-Funktion" der Sofortbildkamera betonen.[56] Ademeits paranoische Alltagsaufzeichnungen sind insofern keine *écriture de soi*,[57] keine nach außen gewendete Innerlichkeit, sondern eher eine Ausstülpung – oder eben: E-dukation.

Post-Paranoia und Phantomologie des Arbeitsamtes

Nicht nur der Entzug des Selbst bestimmt Ademeits paranoische Ermittlung im Medium der Sofortbildfotografie, auch an anderen Stellen spielen Entzug und Schwinden eine besondere Rolle. So habe er, schreibt Ademeit, „üble Erfahrungen [...] machen müssen was das Verschwinden von Unterlagen oder auch

---

55 James Elkins: What Photography Is. New York 2011, S. 130.
56 Honnef: Zwischen Narzissmus und Kommunikation, o. S. Auch Lischka betont die „spiegel- und gedächtnisfunktion" des Sofortbildes: „Das sofortbild ist sogar ein intimer spiegel." Siehe Gerhard Lischka: kleine polaroid-philosophie. In: ders. (Hg.): Das Sofortbild Polaroid. Bern 1977, S. 123–126, hier S. 126. Modick nennt das Sofortbild im Rückgriff auf eine Wendung aus Lacans Spiegelstadium-Aufsatz die „‚unerschöpfliche Quadratur der Ich-Bestätigung'". Siehe Modick: Mehr als Augenblicke, S. 10. Böckelmann und Zischler schreiben: „Für das fotografierte, bzw. sich selbst fotografierende Objekt ist das ‚sofort' entgegengehaltene Bild ein Spiegelbild." Siehe Böckelmann und Zischler: Gegenwart in Serie, S. 55.
57 Vgl. Michel Foucault: Über sich selbst schreiben. In: ders.: Schriften in vier Bänden. Dits et Ecrits. Bd. IV: 1980–1988, hg. von Daniel Defert und François Ewald. Frankfurt a. M. 2005, S. 503–521.

Amtspersonen angeht".[58] Tatsächlich stehen Ademeits rege Auseinandersetzungen mit unterschiedlichen Ämtern und Behörden, von denen bereits die Rede gewesen ist, ganz grundlegend unter den Vorzeichen von Schwund und Verlust und es stellt sich die Frage, in welchem Verhältnis eine solche Setzung zu kontrollgesellschaftlichen Deinstitutionalisierungsprozessen steht.

Im Mittelpunkt von Ademeits institutionellen Verlustgeschichten stehen die Post und das Arbeitsamt. Im August 1987, vermerkt Ademeit, „ist mein langjähriger Postzusteller verstorben und fortan sind alle paar Wochen andere Postzusteller festzustellen".[59] So beklagt er für das Jahr 1993 „dauernd wechselnde Post Brief Zusteller", für 1996 „6 Postzusteller jedesmal ein anderer" und für 1998 immerhin noch „5 verschiedene Zusteller".[60] Dies führt zu „umfassende[n] Verfehlungen der Postzustellung"[61] und einer „Reihe von Post-Verluste[n]", die Ademeit in sorgfältig aufbereiteter Listenform aufzählt:

> seit über 20 Jahren habe ich ständig Brief – aber auch Geld-Post zu beklagen, die entweder a) schon auf dem Postweg verschwinden b) die durch Postzusteller wieder an den Absender zurückbeordert werden [...] d) durch sonstige persönliche Manipulationen im Hause jeglichen Brief- und Post AlHi Geld Empfang an mich unmöglich machte [...] j) andererseits ist die Briefpostzustellung seit Jahren mit fortwährend wechselnden Zustellern katastrophal.[62]

Über Jahre hinweg stellt Ademeit immer wieder Nachforschungsanträge und Beschwerden wegen vermisster Sendungen und verschwundener Briefe, auf die die Post stets höflich, aber abschlägig reagiert: „Der Beamte versicherte uns, alle hier eingehenden Sendungen ordnungsgemäß zuzustellen",[63] schreibt die Post auf eine Nachfrage, und auf eine weitere antwortet sie: „Die Beamtin sagte uns dazu, daß sie die an Sie gerichteten Anweisungen mit Zahlungen der Arbeitslosenhilfe und des Wohngeldes stets ordnungsgemäß bearbeitet hat."[64]

---

58 Horst Ademeit: Brief vom 10. August 1999 an das Sozialgericht Düsseldorf. Nachlass Horst Ademeit, Copyright Delmes & Zander, Köln.
59 Horst Ademeit: Arbeitsamt/Ademeit. Die wichtigsten Schreiben und Vorgänge. Handschriftliche Auflistung, Juli 2000. Nachlass Horst Ademeit, Copyright Delmes & Zander, Köln.
60 Horst Ademeit: Arbeitsamt/Ademeit. Die wichtigsten Schreiben und Vorgänge. Handschriftliche Auflistung, Juli 2000. Nachlass Horst Ademeit, Copyright Delmes & Zander, Köln.
61 Horst Ademeit: Brief vom 31. Januar 2000 an das Sozialgericht Düsseldorf. Nachlass Horst Ademeit, Copyright Delmes & Zander, Köln.
62 Horst Ademeit: Brief vom 10. August 1999 an das Sozialgericht Düsseldorf. Nachlass Horst Ademeit, Copyright Delmes & Zander, Köln.
63 Deutsche Bundespost: Brief vom 15. September 1977 an Horst Ademeit. Nachlass Horst Ademeit, Copyright Delmes & Zander, Köln.
64 Deutsche Bundespost: Brief vom 9. Oktober 1987 an Horst Ademeit. Nachlass Horst Ademeit, Copyright Delmes & Zander, Köln. Zu einer ähnlichen Verknüpfung von verschwundenen

Ademeits Auseinandersetzungen mit der Post kreisen um das Problem der scheiternden Zustellung und gestörten Übertragung. Die Briefzustellung erweist sich dem Paranoiker als parasitär besetzte: „Die Tätigkeit des Parasiten besteht darin, sich an die Beziehungen heranzumachen. Er macht sich instinktiv an die Vermittlungen heran und besetzt alles", schreibt Michel Serres.[65] Gleichzeitig argumentiert Serres, dass Vermittlungs- und Übertragungsverhältnisse stets nur als gestörte und unterbrochene überhaupt sichtbar werden und insofern nur als problematische in Erscheinung treten können: „Wenn die Beziehung glückt, perfekt, optimal, unmittelbar, dann hebt sie sich als Beziehung auf. Wenn sie da ist, existiert, so weil sie misslungen ist. Sie ist nur Vermittlung."[66] Auf Ademeits unterschiedlichen Konfliktschauplätzen mit der Post, dem Arbeitsamt, aber auch der GEZ geht es immer um die eine oder andere Form dessen, was Ademeit „totale[n] Nicht Empfang" nennt. Was sich in diesen Auseinandersetzungen um gestörte Übertragungen und Nicht-Empfang herstellt, ist ein endloser Strom phatischer Kommunikation über die (mangelhafte) Beschaffenheit von Kommunikationskanälen, eine Diskursivierung von Medien und Vermittlungsverhältnissen, die in spezifisch paranoischer Weise deren Scheitern in den Blick nimmt.

Nicht nur Ademeits Auseinandersetzungen mit der Post, sondern auch jene mit dem Arbeitsamt drehen sich um Phänomene der mangelhaften Vermittlung, des Schwindens und der Abwesenheit. Es geht um Phänomene, die Ademeit schließlich im Bild des Phantoms zusammenführt und verdichtet. So berichtet er von „Phantom Angestellte[n]"[67] und „Arbeitsamt-Phantom Wesen",[68] die den Umgang mit dem Amt komplizieren bis unmöglich machen und zu Sperrzeiten und Kürzungen der Arbeitslosenhilfe führen: „12 Tage[ ] AlHI Verlust wegen einer Arbeitsamt ‚Phantom' Frau die mir den falschen Antragsbogen nach Krankheit ausgehändigt hat."[69] Ademeits Briefe und Notizen entwerfen auf diese Weise eine Phantomologie des Arbeitsamtes, die das Bild einer entleerten und entwirklichten Institution zeichnet.

Einen Höhepunkt findet Ademeits Phantomisierung des Amtes in einer Passage aus seinem Lebensrückblick, die von lyrischer Qualität, fast ein Gedicht ist:

Briefen, Post und Paranoia bei Kafka vgl. Bernhard Siegert: Relais. Geschicke der Literatur als Epoche der Post 1751–1913. Berlin 1993, S. 267.

65 Serres: Der Parasit, S. 317.
66 Serres: Der Parasit, S. 120.
67 Ademeit: Lebenslauf, S. 91.
68 Horst Ademeit: Brief vom 31. Januar 2000 an das Sozialgericht Düsseldorf. Nachlass Horst Ademeit, Copyright Delmes & Zander, Köln.
69 Horst Ademeit: Arbeitsamt/Ademeit. Die wichtigsten Schreiben und Vorgänge. Handschriftliche Auflistung, Juli 2000. Nachlass Horst Ademeit, Copyright Delmes & Zander, Köln.

> Arbeitsvermittlungs Verschleppung seitens des Arbeitsamtes durch Auskunfts Verweigerung
> einige Male vor Ort abwesende Sachbearbeiter
> einige Male Arbeitsamt Akte unauffindbar [...]
> in dem riesigen Arbeitsamt Neubau der zur Hälfte leersteht muß ich immer andere Zimmer auffinden mit immer anderen Sachbearbeitern
> strickte Arbeits Verweigerungs Haltung der Arbeitsamt Vermittlungsstelle[70]

Das kurze Klagelied über Verschleppung, Verweigerung und allgemeine Abwesenheit erzeugt eine Spannung, die sich aus dem Zusammenspiel von präzise-referenziellem Sprachgebrauch auf der einen Seite und poetischer Sprachformung auf der anderen Seite ergibt. Präzise und referenziell ist Ademeits Sprache hier, weil sie ohne Metaphern, Vergleiche oder Metonymien auskommt und dominiert wird vom nüchternen Vokabular der Institution: das Amt, die Akte, der Neubau, die Sachbearbeiter. Zur poetischen Formung und Gestaltung des sprachlichen Materials gehört hingegen die parataktische, rhythmische Reihung von Substantiven in Zeilenform und unter Auslassung prädikativer Verben. Nur in einer Zeile wird das Verb genannt, passenderweise um einen Zwang zu bezeichnen: „muß ich". Rhythmisierend wirkt darüber hinaus die Wiederholung bestimmter Wendungen („einige Male" und „immer andere"), während die wiederholte, regelmäßig alternierende Verwendung der Anfangsbuchstaben A und V als besonders auffälliges, weil von der Regelsprache stark abweichendes und artifizielles poetisches Verfahren ins Auge sticht. Da trifft die „Arbeitsvermittlungs Verschleppung" auf „Auskunfts Verweigerung", um schließlich in der „Arbeits Verweigerungs Haltung der Arbeitsamt Vermittlungsstelle" zu kulminieren.

Derart sorgfältig komponiert weist die Stelle darauf hin, dass in Ademeits leidenschaftlichen Amtsauseinandersetzungen etwas Wichtiges verhandelt wird. In den Auseinandersetzungen mit der Post und dem Arbeitsamt gewinnt, so die hier vertretene These, Ademeits paranoische Ermittlung ihr spezifisches Profil als Machtanalytik. Post-Paranoia und Phantomologie des Arbeitsamtes rücken in den Vordergrund, was sich mit einer Begriffsfügung von Foucault als das „verwaltungsmäßig Groteske" bezeichnen lässt. Foucault hebt hervor, dass

> die Groteske durchaus der Bürokratie, wie sie praktiziert wird, inhärent ist. Daß die Verwaltungsmaschine mit ihren unumgänglichen Machteffekten durch die Hände eines mittelmäßigen, untauglichen, dummen, schuppigen, lächerlichen, abgearbeiteten, armen und ohnmächtigen Beamten läuft, all das gehörte zu den wesentlichen Zügen der großen westlichen Bürokratien seit dem 19. Jahrhundert.[71]

---

70 Ademeit: Lebenslauf, S. 91.
71 Foucault: Die Anormalen, S. 29.

Die groteske Bürokratie stellt mithin eine der Spielarten dessen dar, was Foucault ubueske oder unwürdige Macht nennt (vgl. Kapitel „Bildpolitik"). Diese unwürdige Macht als schwach, als bloßes Kuriosum oder Aberration zu begreifen, wäre falsch. Vielmehr beschreibt Foucault das Ubueske als

> eines der Räderwerke [...], die innerer Bestandteil der Machtmechanismen sind. Die politische Macht zumindest bestimmter Gesellschaften und in jedem Fall der unsrigen kann es sich wirklich erlauben und hat es ja auch getan, ihre Machteffekte zu übertragen und darüber hinaus den Ursprung dieser Effekte in Winkeln aufzustöbern, die explizit und aus sich heraus durch Hassenswertes, Gemeines und Lächerliches disqualifiziert sind.[72]

Während Panizzas *Imperjalja* in endloser Reihung Anekdoten und Bilder zusammentragen, in denen der deutsche Kaiser als verkleideter und hanswurstiger Tyrann auftritt, und auf diese Weise ubueske Macht und infame Souveränität innerhalb einer Monarchie kurz vor ihrem Ende untersuchen, umkreisen Ademeits Auseinandersetzungen mit der Post und dem Arbeitsamt Erscheinungsformen ubuesker Macht in zeitgenössischen Verwaltungsstrukturen und aktualisieren damit Panizzas paranoische Machtanalytik für die Gegenwart bzw. jüngere Vergangenheit. So scheint an dieser Stelle, beim Problem unwürdiger, infamer und ubuesker Macht, der besondere Einsatzpunkt paranoischer Ermittlung als Analytik der Macht zu liegen.

Die Tatsache, dass Ademeit, anders als Panizza, ubueske Macht und Bürokratie vor allem unter den Vorzeichen von Schwund und Verlust verhandelt, mag damit zu tun haben, dass ubueske Macht und infame Souveränität in einem demokratischen Machtgefüge, das nicht um die zentrale Figur eines Herrschers herum organisiert ist, diffuser und schwerer zu lokalisieren sind: In der Demokratie, schreibt der französische Politologe Lefort, wird der Ort der Macht zu einer Leerstelle und erweist sich als nicht direkt darstellbar.[73]

Feststellen lässt sich auf jeden Fall, dass das Vorherrschen von Schwund und Verlust Ademeits Amtsauseinandersetzungen ihr spezifisch zeitgeschichtliches Gepräge verleiht und sie als eine Analytik der Macht kontrollgesellschaftlicher Verhältnisse ausweist. Denn Ademeits Post-Paranoia und Phantomologie des Arbeitsamtes, die von toten Briefträgern und Phantom-Angestellten erzählen und auf diese Weise das Bild dysfunktionaler und gespenstischer, siechender und schwindender Institutionen zeichnen, haben symptomatischen Charakter – symptomatisch im historisch-politischen Sinne. In letzter Konsequenz beschreiben sie wirkliche Verhältnisse, nämlich den tatsächlichen, allmählichen Um-

---

72 Foucault: Die Anormalen, S. 28.
73 Vgl. Lefort: Die Frage der Demokratie.

und Abbau der beiden Kolosse Deutsche Post und Bundesanstalt für Arbeit im Rahmen der Liberalisierungs- und Privatisierungsprozesse im wiedervereinigten Deutschland seit den 1990er Jahren.

So ist das von Ademeit wiederholt beklagte „Verschwinden von [...] Amtspersonen"[74] im Zuge der zweiten Postreform im Jahr 1994 durchaus Wirklichkeit geworden, bei der die Deutsche Bundespost aufgelöst bzw. privatisiert wird. Aus der einstigen Behörde gehen die Aktiengesellschaften Deutsche Post, Deutsche Telekom und Deutsche Postbank hervor, die in der Folge eben nicht mehr „Amtspersonen", sondern lediglich Angestellte beschäftigen. Ademeits „Arbeitsamt-Phantom Wesen" wiederum werden plausibel als Vertreter eines Amtes, das insofern phantomhaft zu nennen wäre, als es ab Mitte der 1990er Jahre unter einem immensen Reformdruck steht, der zwar nicht direkt auf seine Abschaffung, aber doch auf umfassende Transformation drängt. 1996 versucht ein erstes Reformprogramm unter dem Titel *Arbeitsamt 2000*, mehr Effizienz und Dezentralisierung durch die Reorganisation der Vermittlungstätigkeit mit Hilfe von Mitarbeiterteams durchzusetzen.[75] Im Jahr 2004 – kurz nach Ademeits Renteneintritt, der für ihn den Austritt aus dem System der Arbeitslosenhilfe bedeutet – folgt der Radikalumbau. Im Rahmen der Hartz-Reformen unter Bundeskanzler Gerhard Schröder wird die Bundesanstalt für Arbeit zur Bundesagentur umgestaltet. Die einstigen Arbeitsämter wandeln sich zu Jobcentern, in denen Arbeitssuchende fortan als Kunden adressiert werden, deren unternehmerisches Selbst mit Hilfe neuartiger *tools* und Konzepte wie „Ich-AG", „Quick-Vermittlung" und „Neue Zumutbarkeit" hervorgekitzelt und auf Trab gebracht werden soll.[76]

---

74 Horst Ademeit: Brief vom 10. August 1999 an das Sozialgericht Düsseldorf. Nachlass Horst Ademeit, Copyright Delmes & Zander, Köln.
75 Vgl. Wolfgang Breunig: Die Modernisierung der Arbeitslosenverwaltung: von der „Stempelbehörde" zum „Arbeitsamt 2000". In: Karl-Heinz Boeßenecker, Achim Trube und Norbert Wohlfahrt (Hg.): Verwaltungsreform von unten? Lokaler Sozialstaat im Umbruch aus verschiedenen Perspektiven. Münster 2001, S. 93–107.
76 Vgl. Kommission für Moderne Dienstleistungen am Arbeitsmarkt (Hartz-Kommission): Vorschläge der Kommission zum Abbau der Arbeitslosigkeit und zur Umstrukturierung der Bundesanstalt für Arbeit, 16. August 2002. Online unter: http://www.portal-sozialpolitik.de/uploads/sopo/pdf/2002/2002-08-16-Hartz-Kommission-gesamt.pdf, letzter Zugriff 5. August 2020.

Formular und Parapraxis

Ademeits Post-Paranoia und Phantomologie des Arbeitsamtes haben also symptomatischen Charakter und erzählen von einer grotesken und ubuesken Bürokratie vor dem Hintergrund der Transformation amtlicher und bürokratischer Strukturen im Zuge kontrollgesellschaftlicher Flexibilisierungsprozesse. Sie werden unterfüttert von einer akribischen Aufmerksamkeit, mit der Ademeit die spezifischen Eigenheiten amtlicher Prosa, Papiere und Praktiken registriert.

So findet sich in einer handschriftlich verfassten Überblicksdarstellung zu „sämtliche[m] Schriftverkehr" im GEZ-Vorgang beispielsweise folgende ausführliche Beschreibung von automatisch generierten Vordrucken und Formularen:

> im Schnitt alle 10 Tage erhalte ich diese Automaten-Maschinellen Z-Auff. zur Zeit, diese haben nahezu Pappestärke und haben zudem 2,1 cm Überlänge und auf der Rückseite eingeklappt die 3 Überweisungsschein-Arten [...] die GEZ maschinellen Automaten Ausdrucke haben Format Überlänge u. sind dicke Bögen und haben verschiedene Farben als optische Kennzeichen. Gelbe Farbe = Gebühren-Leistungsbescheid mit Widerspruchs Rechtsbelehrung. Rosa Farbe = Mahnung mit Androhung auf Gerichtsvollziehung. Blaue Farbe = Zahlungserinnerung ohne Widerspruchs Rechtsbelehrung. Grüne Farbe = keine Besonderheit und ohne Widerspruchs Rechtsbelehrung. Die Datum Angabe ist bei den Zahlungserinnerungen und bei keinen Besonderheiten nicht angegeben oder erscheint vielmehr unter Kontoauszug wenn überhaupt.[77]

Mit Hilfe solcher Metatexte, die die Materialität und Medialität, die formale und gewissermaßen ästhetische Qualität amtlicher Korrespondenzen in den Blick nehmen, akkumuliert und produziert Ademeit ein Wissen über die Behörde, das gleichermaßen pedantisch wie parasitär zu nennen wäre – pedantisch, weil millimetergenau, und parasitär in dem spezifischen Sinne, den Serres dem Wort gegeben hat: Ademeits kleine Farbenlehre der GEZ-Korrespondenz ist interessiert am Dazwischen und an der Vermittlung und widmet der Materialität der Kommunikation – Farbe und Format, Länge und Stärke des Papiers – genauso viel Aufmerksamkeit wie ihren Inhalten.

Ademeits Notiz liest sich darüber hinaus wie die Erfüllung eines Programms, das Bruno Latour den *Science and Technology Studies* ans Herz gelegt hat, als er für eine „meticulous inquiry about files" plädiert, für eine sorgfältige Auseinandersetzung mit Akten also, und zwar in ihrer Materialität: „grey, beige or yellow, thin or

---

[77] Horst Ademeit: WDR/GEZ-Forderungen. Auflistung des gesamten Vorgangs = sämtlicher Schriftverkehr. Handschriftliche Auflistung, Juni 2001. Nachlass Horst Ademeit, Copyright Delmes & Zander, Köln.

thick, easy or complex; old or new – and to see where they lead."[78] Wohin also führt die aufmerksame paranoische Buchführung zur Beschaffenheit von Formularen?

Die unterschiedliche Farbgebung der von Ademeit beschriebenen GEZ-Vordrucke weist diese als Produkt verwaltungstechnischer Reformbemühungen aus, die auf die 1970er Jahre zu datieren sind. Damals setzte, wie der Historiker Peter Becker darlegt, ein verstärktes Nachdenken über die Sprache, das Layout und die Benutzerführung von Formularen und Vordrucken ein – beispielsweise wurde eben der Einsatz von farbigen Vordrucken empfohlen, weil diese Vorteile in der Organisation von Arbeitsabläufen, aber auch für die *corporate identity* von Behörden mit sich brächten.[79] Ganz grundsätzlich lassen sich Formulare als „materialisierte Bürokratie" begreifen: Die „standardisierte und asymmetrische Kommunikation" per Vordruck stelle die Schnittstelle zwischen Behörde und Bürger dar und bestimme dergestalt deren Beziehung. Becker beschreibt Formulare als eine „Technologie zur Produktion von standardisierten, dekontextualisierten Inskriptionen und zur Koordination von arbeitsteiligen Verfahren" – und damit als Inbegriff jener „rationell gestaltete[n] Kommunikation", auf die die moderne Verwaltung seit dem achtzehnten Jahrhundert abziele, indem sie die „Einheitlichkeit, Regelmäßigkeit, Zuverlässigkeit der Programmanwendung und Entpersonalisierung von Verfahren" durchzusetzen trachte.[80]

Ademeits Auseinandersetzungen mit Behördenpost, inklusive ihrer Formulare und Vordrucke, weisen die rationell gestaltete Kommunikation, die der Historiker zum Telos moderner Verwaltung erklärt, dagegen als bloßes Phantasma aus – weit davon entfernt, je Realität geworden zu sein. Ademeits sorgfältige Erfassung und Protokollierung amtlicher Korrespondenzen entwirft die ausufernde, standardisierte Behördenkommunikation vielmehr als Irrsinn, ja Gewalt, gegen die es sich energisch zu verwahren gilt. So fordert Ademeit die „GEZ Aktenstelle [...] mit Nachdruck" auf, „das sie die Verschickung von Gebührenbescheiden, Mahnungen, Erinnerungen, Kontoauszügen mal endlich einstellen möchte", und plant, „wegen Realitäts- und Wirklichkeitsferne [...] vorsorglich erneute Klage gegen GEZ/WDR" zu stellen.[81]

---

[78] Bruno Latour: The Making of Law – An Ethnography of the Conseil d'Etat. Cambridge 2009, S. 71.
[79] Vgl. Peter Becker: Formulare als „Fließband" der Verwaltung? Zur Rationalisierung und Standardisierung von Kommunikationsbeziehungen. In: Peter Collin und Klaus-Gert Lutterbeck (Hg.): Eine intelligente Maschine? Handlungsorientierungen moderner Verwaltung (19./20. Jh.). Baden-Baden 2009, S. 281–298.
[80] Becker: Formulare als „Fließband" der Verwaltung?, S. 281ff.
[81] Horst Ademeit: WDR/GEZ-Forderungen. Auflistung des gesamten Vorgangs = sämtlicher Schriftverkehr. Handschriftliche Auflistung, Juni 2001. Nachlass Horst Ademeit, Copyright Delmes & Zander, Köln.

Darüber hinaus setzt Ademeit sich zur Wehr, indem er Amtsschreiben in skrupulösen Analysen auseinandernimmt und ihnen Formfehler vorwirft – etwa jenem „Normal Arbeitsamt Brief", der „folgende schwerwiegende Mängel" aufweise: Er trage „kein Arbeitsamt Ausstellungs Datum", zudem lasse „die Sachbearbeiter Unterschrift [...] keine Namens Entzifferung zu insofern bleibt der Sachbearbeiter anonym, es hätte eines zusätzlichen leserlichen Namenszuges bedurft".[82] Anstatt sich der vermeintlichen Rationalität von Amtsschreiben zu unterwerfen, praktizieren diese Analysen behördlicher Kommunikation einen Lektüremodus, der nach Fehlern, Mängeln und Schnitzern fahndet.

Sie weisen Ademeit damit als Vertreter einer, um es mit einem Begriff des amerikanischen Literatur- und Medienwissenschaftlers Ben Kafka zu sagen, „parapractical theory of paperwork" aus. Deren Ziele umschreibt Kafka so: „Not only does paperwork require a theory of praxis, a theory that takes its materiality as a point of departure, it also requires a theory of parapraxis, a theory that recognizes that paperwork, like any form of communication, is subject to unconscious forces."[83] Kafka zufolge lohnt es sich, Momenten bürokratischer Parapraxis – „a name misspelled, a sum miscalculated, a date misrecorded"[84] – nachzugehen, weil sie Perspektiven auf bürokratische Schreibpraktiken nahelegen, die nicht normativ und idealisierend sind – rationell gestaltete Kommunikation, wie der Bürokratie-Historiker meint –, sondern das erratische Funktionieren bzw. Nicht-Funktionieren bürokratischer Kommunikation offenlegen. Genau das geschieht in Ademeits Auseinandersetzungen mit Behördenpost.

Welche Blüten das Nicht-Funktionieren bürokratischer Kommunikation und Korrespondenz treibt, wird deutlich, wenn man die unzähligen amtlichen Schreiben und Schriftstücke in Ademeits Nachlass durchgeht. Durchblättert man diese mit einem (an Kafka, an Ademeit selbst) parapraktisch geschulten Blick, dann bemerkt man nach einer Weile die vielen stillen Akte fehlgehender Adressierung und fortlaufender Ent-Identifizierung, die in ihnen enthalten sind. Gerichtet sind diese Schreiben wahlweise an: Adoneit, Adomeit, Ademait, Ademeid, Ad'emeid, Adameit, Ademarkt.

---

[82] Horst Ademeit: Brief vom 31. Januar 2000 an das Sozialgericht Düsseldorf. Nachlass Horst Ademeit, Copyright Delmes & Zander, Köln.
[83] Ben Kafka: The Demon of Writing. Powers and Failures of Paperwork. New York 2012, S. 123 und 111.
[84] Kafka: The Demon of Writing, S. 122.

Amt-Werden

Man mag diese schrittweise Aushöhlung des Eigennamens, die sich im Verlauf von Ademeits Amtskorrespondenzen vollzieht, als paradigmatisch für die spezifisch groteske Spielart von Gewalt begreifen, mit der eine ubueske Bürokratie – und eine Bürokratie, die sich ständig verschreibt, ist ubuesk – ihre Subjekte unterwirft. Dass derartigen Namensverwirrungen als Resultat bürokratischer Schreibpraktiken auch eine befreiende Dimension innewohnen kann, zeigt eine Geschichte vom anderen Kafka. Franz Kafkas Romanfragment *Der Verschollene* endet mit einem bürokratischen Schreibakt, der den Protagonisten Karl Rossmann, nachdem dieser eine endlose Reihe von Institutionen durchlaufen und Autoritäten passiert hat, in „Negro" umbenennt.[85] Mit diesem „Name[n] der Namenslosigkeit selbst" wandelt ein Ritual bürokratischer Identifizierung sich in einen Akt der Ent-Identifizierung und endgültigen Deterritorialisierung.[86]

Vielleicht haben die fehlgehenden bürokratischen Adressierungen bei Ademeit ähnliche Effekte. Sie fügen sich letztlich ganz gut zu der Beobachtung, dass Ademeits mannigfaltige Amtsauseinandersetzungen darauf hinauslaufen, selbst institutionelle Funktion zu übernehmen und an die Stelle des Amtes zu treten – zum Beispiel Postamt zu werden: „ich habe es mir angewöhnen müssen und sehr lange schon das zumindest meine Post-Ausgänge ich persönlich soweit es möglich ist an den Erfüllungsort bringe und natürlich nur gegen eine ordentliche Empfangs-Bestätigung."[87] Was sich in Ademeits amtlichen Auseinandersetzungen und angesichts tatsächlich auf dem Rückzug befindlicher staatlicher Amtlichkeiten vollzieht, ist letztlich das Amt-Werden von Ademeit selbst, mit allem was dazugehört.

So beginnen seine Schreiben, die Prosa der Behörden zu emulieren und sich zumindest stellenweise dem offiziösen Sprachduktus von Behördenschriftsätzen anzuschmiegen.[88] Indem alle ein- und ausgehenden Schriftstücke ordentlich in farbigen Plastikordnern abgeheftet und aufbewahrt werden, entsteht auch eine Ablage, ein Archiv. Als eine Art Posteingang und interne Eingangsbestätigung

---

85 Vgl. Franz Kafka: Der Verschollene. Frankfurt a. M. 1994.
86 Bernhard Siegert: „Negro". Passagiere und Papiere. In: Christoph Hoffmann und Caroline Welsh (Hg.): Umwege des Lesens. Aus dem Labor philologischer Neugierde. Berlin 2006, S. 259–273, hier S. 273.
87 Horst Ademeit: Brief vom 10. August 1999 an das Sozialgericht Düsseldorf. Nachlass Horst Ademeit, Copyright Delmes & Zander, Köln.
88 Für eine medientheoretische Betrachtung solcher mimetischer paranoischer Schreibverfahren um 1900 vgl. Rupert Gaderer: Querulatorisches Schreiben. Paranoia, Aktenberge und mimetischer Parasitismus um 1900. In: Zeitschrift für Medien und Kulturforschung (2013), H. 4/2, S. 37–51.

Abb. 45: Horst Ademeit: Tagesbild Nr. 5775 vom 25. August 2003. Nachlass Horst Ademeit, Copyright Delmes & Zander, Köln.

für die Schreiben dienen wiederum Polaroids. Gemeint sind an dieser Stelle die Tagesbilder, die Ademeit neben den Observationsaufnahmen angefertigt hat, jene streng formalisierten und konzeptionell angelegten Stillleben, von denen er seit 1990 jeden Tag genau eines in fortlaufender Nummerierung gemacht hat (vgl. Kapitel „Polaroid Paranoid"). Diese Tagesbilder, von denen etwa 6.000 Stück existieren, zeigen nicht nur, wie bereits diskutiert, verschiedene Instrumente und Messgeräte, angeordnet auf der aufgeschlagenen Doppelseite einer tagesaktuellen Bild-Zeitung, sondern immer wieder auch sorgfältige Arrangements eingegangener Behördenbriefe (vgl. Abb. 45). Genau wie Ademeits Überblicksdarstellungen zu Korrespondenzen mit Behörden und wie seine Beschreibungen amtlicher Formulare funktionieren also auch die Tagesbilder als Metatexte, und zwar nicht nur als Metatexte zum Text der Tagespresse, sondern auch als Metatexte zu den Texten vom Amt.

Nicht nur Ademeits Tagesbilder, sondern auch seine in der Stadt und in der Nachbarschaft aufgenommenen Observationsbilder werden noch einmal anders lesbar, wenn man sie in Zusammenhang mit einem paranoischen Amt-Werden betrachtet. Denn auch Ademeits Observationsbilder, die in erster Linie einer Sorge um strahlenbedingte Kontamination entspringen, folgen in ihren Dokumentationsbemühungen und in der Auswahl ihrer Bildgegenstände letztlich einer Logik des Amt-Werdens – des Ordnungsamt-Werdens, um genau zu sein. Das Ordnungsamt ist zuständig für Ordnung und Sauberkeit im öffentlichen

Raum, konkret etwa: Abfall auf Straßenland und Freiflächen, Haus- und Nachbarschaftslärm, Räum- und Streupflicht, Parkraumbewirtschaftung.[89] Das sind genau die Themen und Probleme, die Ademeits sofortbildfotografische Observation immer wieder vorrangig beschäftigen: „Albertstr. 24 Graffiti-Schmierereien auf Kirchenmauer" und „am 12. Juni 95 Manipulationen mit Brühe Schläuchen und Gully und Dieselgenerator", notieren Bildunterschriften.[90]

So setzt Ademeits paranoische Ermittlung den um sie herum stetig schwindenden, ab- und umgebauten Amtlichkeiten auf verschiedenen Ebenen ihr eigenes Amt-Werden entgegen: in der sofortbildfotografischen Erfassung und Aufzeichnung, aber auch in Auseinandersetzungen mit der Post, dem Arbeitsamt und der GEZ. Sichtbar werden die Konturen eines polaroiden und paranoiden Amt-Werdens, das vor dem Hintergrund kontrollgesellschaftlicher Tendenzen zum Abbau von Institutionen disziplinären Typs zugunsten neuer und flexiblerer Kontrollmechanismen als Intervention lesbar wird.

---

89 Zum Aufgabengebiet des Ordnungsamtes vgl. Landeshauptstadt Düsseldorf: Ordnungsamt. Online unter: www.duesseldorf.de/ordnungsamt, letzter Zugriff 5. August 2020.
90 Ademeit: Wohnen in der Strahlenkälte, S. 49 und 70.

Schluss

Fazit

Paranoia und technisches Bild, das bedeutete für die vorliegende Studie zunächst die Frage nach einem paranoischen Gebrauch technischer Bilder. Die Aufzeichnungen von Panizza und Ademeit unterstellen systematische Verschwörung und Verfolgung, sie sammeln hierfür Indizien und Beweise, Tag für Tag, ausführlich, erschöpfend – zwei paranoische Aufschreibesysteme oder vielmehr Gegenaufschreibesysteme, die nicht nur schreiben, sondern was mit Fotos machen: Ademeit durchstreift die Stadt mit der Polaroid Sofortbildkamera, observiert, dokumentiert, sichert Spuren, und Panizza sammelt Kaiserporträts, die redundant und harmlos anmuten, deren Funktion sich aber nicht im Illustrativen erschöpft.

Deutlich wurde vielmehr, dass mit dem Einsatz von Fotografien im Rahmen der paranoischen Ermittlungen von sowohl Panizza als auch Ademeit eine Bildpolitik, eine Politik der Bilder einhergeht, die sich mit Erscheinungsformen infamer Souveränität und ubuesker Machtausübung befasst. Hierin zeigt sich die machtanalytische Dimension der beiden paranoischen Ermittlungen. Bei Panizza konzentriert sich diese auf die Figur Wilhelm II., der in den *Imperjalja* – wenige Jahre bevor das Kaiserreich mit dem Ende des Ersten Weltkriegs tatsächlich seinen Niedergang findet – seinen Auftritt als lächerlicher Popanz hat. Knapp hundert Jahre später nimmt Ademeit das Groteske der Bürokratie in den Blick und registriert, unter den Vorzeichen von Schwund und Verlust, die Transformationsprozesse staatlicher Institutionen im Zuge kontrollgesellschaftlicher Flexibilisierungsprozesse, denen er sein eigenes, paranoisches Amt-Werden entgegensetzt. Damit werden die paranoischen Ermittlungen von Panizza und Ademeit als Symptome wie Analysen politischer Schwellenzeiten und historischer gouvernementaler Formationen lesbar, die zwei zur Kenntlichkeit entstellte erodierte Souveränitätsfiguren ins Licht rücken.

Die Erweiterung der paranoischen Ermittlung über das Schreiben hinaus, ihre wesentliche Verlagerung hin zu Bildern, hat darüber hinaus mit einer Paranoisierung des Sehens zu tun, die in den *Imperjalja* präzise beschrieben wird: Das paranoische Gefühl der Verfolgung ist an Erscheinungen im Feld des Sichtbaren geknüpft. Die von Panizza registrierten Lichter im Pariser Stadtbild stehen, mit Lacan, für das Auftauchen des Blicks im Realen und markieren den Eintritt in eine Ordnung des Sichtbaren, die paranoisch strukturiert ist: Das Sichtbare wird zum Schirm und erscheint als kalkuliert Zu-sehen-Gegebenes, das anderes in der Latenz belässt – lauernd, bedrohlich – und dazu auffordert, alles, was sichtbar wird, auf ein Nicht-Sichtbares hin zu befragen. Auch Ademeits Ermittlung, die sich fotografisch bewehrt auf die Pirsch begibt – „nur noch eine Frage der Zeit. Wann ich Sie auf frischer Tat ertappen – lassen – werde!" – und eine Reconnaissance des Alltags unternimmt, verweist auf das Auftauchen eines Blickhaften und operiert innerhalb eines paranoisch strukturierten Sichtbarkeitsregimes.

Die paranoische Verfolgung ist also eine blickhafte, Paranoia ist Paranoisierung des Sehens und die paranoische Ermittlung operiert inmitten paranoisch strukturierter Sichtbarkeitsverhältnisse. Die Bilder der paranoischen Ermittlungen von sowohl Panizza als auch Ademeit müssen vor diesem Hintergrund betrachtet werden und sind darauf zu beziehen. Panizza nimmt die fotografischen Abbildungen, die er aus Zeitschriften ausschneidet, am Ende nur noch als Schirm und Zu-sehen-Gegebenes wahr, das die vermeintlich dahinterliegende Wirklichkeit des Komplotts – der Kaiser ist längst tot – verbirgt und verschleiert. Das bringt Panizzas Unterstellung einer umfassenden „Pseudizität" mit sich, die nichts unberührt lässt und zum Abbruch der Aufzeichnung führt: Mit den Fotografien vom Gordon-Bennett-Rennen enden die *Imperjalja*. Panizza selbst bezieht diese Pseudizität auf die drucktechnische Reproduktion von Fotografien: Er strengt Bildbefragungen an, die die Materialität und Medialität der fotografischen Klischees und deren Übertragung in den Vordergrund rücken, und nimmt insofern eine (proto-)medientheoretische Perspektive ein. Dabei rückt das Rasterverfahren der Zinkautypie ins Zentrum der Aufmerksamkeit, dessen Verwerfung der Bildgestalt mit Panizzas paranoischem Medienmaterialismus resoniert. Panizzas Paranoia erweist sich somit als Medienpathologie, die in der obsessiven und phobischen Auseinandersetzung mit den drucktechnischen Bedingungen der Reproduktion fotografischer Bilder eben diese medialen Bedingungen diskursiviert und derart ein Medien-Wissen artikuliert.

Ademeits fotografisches Projekt ist ebenfalls auf das Problem einer blickhaften Verfolgung zu beziehen und lässt sich zunächst als Strategie der Blickzähmung bestimmen. Seine Polaroids, die immer wieder Fenster und kreisrunde Objekte fokussieren, Medien des Blicks, sind Versuche, der flüchtigen blickhaften Verfolgung etwas entgegenzusetzen und sie im Bild festzuhalten. Damit entfaltet Ademeits paranoischer Gebrauch der Sofortbildkamera eine Gebrauchsweise, die im Medium angelegt ist, vom fotografiehistorischen Diskurs aber verdrängt wird, in welchem Polaroid, wenn überhaupt, als lustiges Spielzeug und ideale Kommunikationsmaschine auftaucht. Eine genealogische Untersuchung legt hingegen weniger unterhaltsame und unschuldige Herkünfte offen. Polaroids Produktpalette umfasst in den Anfangsjahren des Unternehmens vor allem Abschirmungstechnologien für zivile wie militärische Zwecke, die auf das Problem der Blendung bezogen sind. Polaroid erweist sich als Hersteller von Blickzähmungstechnologien, die innerhalb gefährlicher, paranoisch strukturierter Sichtbarkeitsordnungen – ein entgegenkommendes Auto auf nächtlicher Landstraße, der Krieg im Pazifik – intervenieren sollen: Sehen als Sache von Leben und Tod. Die nach dem Krieg entwickelte Sofortbildfotografie ist in ihrer einfachen Handhabung und mit der automatischen Bildentwicklung in nahezu Echtzeit Derivat der optischen Kriegstechnologien. Ademeits paranoischer Gebrauch der Sofortbildkamera im Rahmen einer Reconnaissance des Alltags, sein Einsatz der Kamera als Werkzeug strategischer Blickzähmung knüpft an diese verdrängten Herkünfte der Sofortbildfotografie an und artikuliert auf diese Weise ein implizites Medien-Wissen.

Die Eskalation von Ademeits Sofortbildpraxis, ihr Ausufern ins Endlose, deutet darüber hinaus darauf hin, dass dem Sofortbildverfahren selbst eine paranoische, eine polaroide Struktur zu eigen ist: Im Sofortbildverfahren, welches das fotografische Negativ kassiert, das Diaphane verwirft und stattdessen Prinzipien der Schichtung und systematischer Opazifizierung wirksam werden lässt, wird ein Bildverständnis operativ, welches das fotografische Bild als Schirm fasst. Der Schirm, nicht das Fenster, Mimikry, nicht Mimesis sind die bestimmenden Paradigmen der Polaroid Sofortbildfotografie. Polaroids polaroide Struktur hintertreibt Ademeits fotografische Strategien der Blickzähmung insofern, als mit dem Sofortbild als Schirm eine Wiederkehr des Blickhaften einhergeht, eine Verfolgung durch das Blickhafte im Bild; ablesen lässt sich das am Kollaps geometraler Ordnung in Ademeits Polaroids und am Ausufern der Bildproduktion. Das Sofortbild als Schirm führt also zur Wiederkehr des Blickhaften und damit zu Bildflächen, in denen das Sichtbare zur Mimikry seiner selbst geworden ist und auf latente Gefährlichkeit verweist: Das ist das Polaroide, die paranoische Struktur sofortbildfotografischer Technologie.

Damit hat die Frage nach dem Verhältnis von Paranoia und technischem Bild eine Verschiebung erfahren; die Ausgangsfrage der Studie nach einem paranoischen Gebrauch technischer Bilder hat sich hin zu der Feststellung verlagert, dass Bildmedien und -technologien – wie die Zinkautotypie, wie das Polaroid Sofortbildverfahren – in sich paranoisch strukturiert sein können, in ihrer Funktionsweise und Beschaffenheit also auf die eine oder andere Weise Verhältnisse der Latenz, Verwerfung, Opazität und Mimikry ins Spiel bringen. Paranoia kann und muss insofern auch als Eigenschaft und Effekt technischer Bilder verstanden werden, als Beschreibung von Verhältnissen im Feld des Sehens und der Sichtbarkeit, die von Bildmedien und -technologien mit hervorgebracht werden, anders gesagt: als Medienpathologie.

Ausblick aufs Kino: Paranoia-Thriller

Das Nachdenken über den Zusammenhang von Paranoia und technischem Bild, dessen Ergebnis die vorliegende Studie ist, hat ursprünglich einmal in der Auseinandersetzung mit Kinobildern und -narrativen seinen Ausgang genommen. Es hat dann, *para*, andere Wege und Umwege eingeschlagen, seinen Kurs geändert und sich (fort-)treiben lassen, hin zu den Ermittlungen von Panizza und Ademeit und ihren Bildern, hin zu den konkreten fotografischen Bildtechnologien, die diese ins Spiel gebracht haben. Und es ließe sich weitertreiben und stärker auf die Gegenwart beziehen, indem etwa nach dem Verhältnis (oder den Verhältnissen) von Paranoia und technischem Bild unter den Bedingungen des Digitalen und der Sozialen Medien gefragt wird. Dieses Buch soll nun aber bei den bewegten Bildern des analogen Kinos seinen Abschluss finden – einen Abschluss, der Ausblick ist und Anknüpfungspunkte für weitere Untersuchungen markieren möchte, indem er noch einmal die Methodik, das analytische Verfahren expliziert, nach dem die Studie vorgegangen ist.

So führen die hier vorgelegten Fallstudien zu Panizzas und Ademeits paranoischen Ermittlungen Verfahren der Beschreibung und Analyse technischer Bilder vor, die diese als offene Objekte begreifen und sich ihnen auf unterschiedlichen Ebenen nähern. Sie verbinden kleinteilige Beschreibungen medientechnischer Feinheiten mit den theoretischen Erkenntnissen der strukturalen Psychoanalyse, sie historisieren konsequent und fragen nach zeitgeschichtlichen Zusammenhängen wie politischen Einsätzen; sie hegen dabei nicht zuletzt große Aufmerksamkeit für ästhetische und poetische Darstellungs- und Repräsentationsweisen innerhalb der paranoischen Ermittlung. Diese Analyseverfahren, welche die Verknüpfungen, Bedingtheiten und Wechselwirkungen zwischen paranoischen Semantiken und Bildmedien und -technologien aufzuzeigen versuchen, lassen sich übertragen auf andere Texte, Bilder, Filme. Wie, das sei im Folgenden an einem konkreten Beispiel kurz skizziert.

Ende der 1970er, Anfang der 1980er Jahre produziert New Hollywood eine Reihe von Spielfilmen, die lose unter dem Namen „Paranoia-Thriller" zusammengefasst werden; dazu zählen etwa KLUTE (1971), THE PARALLAX VIEW (1974) und ALL THE PRESIDENT'S MEN (1976) von Alan J. Pakula, THE CONVERSATION (1974) von Francis Ford Coppola, THREE DAYS OF THE CONDOR (1975) von Sydney Pollack und BLOW OUT (1981) von Brian De Palma. Es sind Filme, deren Plots um politische Verschwörungen kreisen und die von Macht und Ohnmacht der Überwachung handeln. Realhistorische politische Traumata wie die Attentate auf John F. Kennedy und Robert Kennedy oder der Watergate-Skandal werden in ihnen wieder und wieder durchgespielt und reinszeniert. Paranoia-Thriller erzählen von paranoischen Ermittlungen, ihre (in der Regel männlichen) Protagonisten sind Journalisten oder Abhörspezialisten, Medienmenschen auf alle Fälle, die, unfreiwillig, zufällig, einem Komplott auf die Schliche kommen. Oft enden die Filme pessimistisch, die Verschwörung ist übermächtig, und der Ermittler selbst wird zur Zielscheibe der Verschwörung; er wird zum verfolgten Verfolger oder gleich für verrückt erklärt.

Darüber hinaus gilt für die filmischen Paranoia-Thriller des New Hollywood das Gleiche wie für die Fotografien sammelnden Ermittlungen von Panizza und Ademeit: Das Paranoische an ihnen lässt sich nicht nur an bestimmten Handlungssträngen, Figuren oder Motiven festmachen, sondern ist Eigenschaft und Effekt der technischen Bilder selbst und lässt sich demnach auch auf bildästhetischer und -technischer Ebene nachzeichnen.[1] Ein paar Filmstills machen das deutlich. Drei Standbilder aus Alan J. Pakulas ALL THE PRESIDENT'S MEN zeigen, vor dem Hintergrund eines von hellem Neonlicht erleuchteten *newsroom*, diverse Mensch-Medien-Verbünde: der ermittelnde Held – Robert Redford als Journalist Bob Woodward – am Telefon (vgl. Abb. 46); Präsident und Gegenspieler Nixon im Fernsehen (vgl. Abb. 47); zwei Hände an einer Schreibmaschine (vgl. Abb. 48). Das Farbschema wird dominiert von Blau, Weiß, Rot; es geht um jene US-amerikanische Affäre, die den Namen Watergate trägt.

Drei weitere Filmstills aus Brian De Palmas BLOW OUT – der Film ist ein loses Remake von Michelangelo Antonionis BLOW UP – erzählen die Filmhandlung in nuce und setzen ebenfalls technische Medien in Szene. Ein Tonmann, gespielt von John Travolta, nimmt eines Nachts Atmo für ein Filmprojekt auf (vgl. Abb. 49) und wird dabei Zeuge eines als Autounfall getarnten Attentats. Er verliebt sich in die Frau, die den Attentätern als Lockvogel gedient hat; sie gerät selbst ins Visier der Verschwörer (vgl. Abb. 50) und wird am Ende – auch sie trägt, rechts im Bild, die amerikanischen Nationalfarben, weiße Jacke, rote Hose, blaue Stiefel – so tot wie der Fisch in der Auslage sein (vgl. Abb. 51).

Diese Filmstills aus den beiden Paranoia-Thrillern BLOW OUT und ALL THE PRESIDENT'S MEN haben etwas gemeinsam: Sie sind Ergebnis einer speziellen Kameratechnologie, die man *split-field diopter* nennt.[2] Der Diopter ist eine halb-

---

[1] Die Frage ließe sich auch auf der Ebene des Akustischen bzw. Akusmatischen verhandeln, als Frage nach dem Verhältnis zwischen Bildern und Tönen. Vgl. Sulgi Lie: Die konspirative Enunziation oder der Un-Ort des Films. Zur Akusmatik der Verschwörung. In: Marcus Krause, Arno Meteling und Markus Stauff (Hg.): The Parallax View. Zur Mediologie der Verschwörung. München 2011, S. 201–216 sowie, mit Bezug auf BLOW OUT, Joseph Vogl: Über den Schrei. Wien 2013.
[2] Vgl. Paul Ramaeker: Notes on the split-field diopter. In: Film History 19 (2007), H. 2, S. 179–198 sowie Elena Meilicke: Split-field Diopter. In: Marius Böttcher, Dennis Göttel, Friederike Horstmann, Jan Philip Müller, Volker Pantenburg, Linda Waack und Regina Wuzella (Hg.): Wörterbuch kinematografischer Objekte. Berlin 2014, S. 142–143.

Abb. 46 bis 48: ALL THE PRESIDENT'S MEN. USA, Regie: Alan J. Pakula. 1976.

kreisförmige, zusätzliche Linse, die vor das eigentliche Kameraobjektiv montiert wird, um im Filmbild zwei unterschiedliche Schärfenbereiche zu installieren. Mit Hilfe des Diopters können innerhalb einer Einstellung ein nahes und ein fernes Objekt gleichzeitig fokussiert werden. Diopter-Aufnahmen sind also wie doppelt scharf gestellt und vereinen zwei Fokusse in einem Bild. Das Ergebnis sind ungewöhnliche, manchmal irritierende Bildkompositionen, in denen etwa die Hälfte des Kaders komplett von einem Gegenstand im Vordergrund (Eule, Foto, Fisch) ausgefüllt wird, während daneben, in der anderen Bildhälfte, ein Objekt im Hintergrund ebenfalls scharf umrissen erscheint (Tonmann, Rolltreppe, verfolgte Frau).

Der Diopter produziert demnach artifizielle Bilder, die keinem anthropomorphen Sehen entsprechen; er produziert Einstellungen, die synthetisieren, Verbindungen herstellen und Beziehungen im Bild stiften: zwischen Vorne und Hinten, zwischen Figur und Grund, zwischen Haupt- und Nebensachen. Die Paranoia als Beziehungswahn – alles hat mit allem zu tun – findet im *split-field diopter* ihr kameratechnisches Korrelat, einer Bildtechnologie, die paranoische Filmbilder und Intrigen produziert und paranoische Lektüren befördert: toter Fisch neben Frau, das hat was zu bedeuten.

Insbesondere BLOW OUT setzt den Diopter systematisch dann ein, wenn es gilt, Momente des Anpeilens und Anvisierens in Szene zu setzen. Diopter-Aufnahmen bilden hier stets den Auftakt für elaborierte Katz-und-Maus-Spiele und intrikate Verfolgungschoreografien. Einstellungen mit dem Diopter beschreiben in diesem Sinne Verhältnisse der Jagd – und hierzu passt die Verwendung, die der Begriff Diopter außerhalb von Film und Fotografie findet: Diopter nennt man nämlich auch jede Visiereinrichtung zum Anpeilen von Zielen mit dem Auge, etwa bei astronomischen Instrumenten oder Gewehren. Der Diopter steht für ein Sehen, das Beute macht.

Auch in weiterer Hinsicht lässt sich der *split-field diopter* als kinematografische Technik begreifen, die Filmbilder in paranoischer Weise strukturiert und paranoische Sichtbarkeitsverhältnisse schafft. Sie hat ihren Ursprung im attraktionssüchtigen Blockbuster-Kino der 1970er Jahre und stellt gleichzeitig eine Mimikry an die *deep focus cinematography* der 1940er dar. Diese Mimikry bleibt jedoch Simulation: Anstelle durchgehender Tiefenschärfe liefern Diopter-Aufnahmen lediglich zwei distinkte Schärfenbereiche und dort, wo diese aneinanderstoßen, ergeben sich verschwimmende Übergänge und Zonen der Unschärfe, erkennbar als geisterhaft transparente Schatten (vgl. etwa in Abb. 50 den Bereich, in dem Foto und Rolltreppe aneinanderstoßen). Ähnlich wie die Technik des *split screen* installiert auch der *split-field diopter* einen Spalt oder Riss mitten im Bild, der, im Unterschied zum *split screen*, allerdings nicht manifest werden darf.

Denn damit die fleckigen Unschärfen auf keinen Fall augenfällig werden, ist der Einsatz des Diopters streng reguliert. So führt das *American Cinematographer*

Abb. 49 bis 51: Blow Out. USA, Regie: Brian De Palma. 1981.

Manual, ein Handbuch für Kameraleute aus dem Jahr 1973, aus, dass Bewegungen über die Grenze zwischen den beiden Schärfebereichen hinweg vermieden werden müssen, um diese nicht hervortreten zu lassen; Einstellungen mit dem Diopter sind daher meist statisch. Darüber hinaus weist das Handbuch Kameramänner an, den *split* möglichst perfekt im Bild zu verstecken: „eliminating the edge" heißt die Losung, der „telltale blur" – der verräterische Fleck, die verräterische Unschärfe – soll dissimuliert werden.[3] „The split may [...] be ‚covered'", erläutert das Handbuch, indem er beispielsweise mit einer Linie im Bild in Einklang gebracht oder durch neutrale Hintergründe und geeignete Lichtführung verborgen wird. Letzteres geschieht in der Einstellung, die den Tonmann neben der Eule platziert, wobei die Unschärfe zwischen ihnen geschluckt wird vom Dunkel der Nacht (vgl. Abb. 49), während die anderen Diopter-Aufnahmen den *split* zu verschleiern suchen, indem sie ihn mit der Kante einer Säule (vgl. Abb. 46), dem seitlichen Rand des Fernsehgeräts (vgl. Abb. 47) oder der Oberkante der Schreibmaschine (vgl. Abb. 48, eine horizontale Diopter-Aufnahme) in eins fallen lassen.

Auf die eine oder andere Weise wird der *split* also in allen sechs Diopter-Aufnahmen kaschiert. Damit findet in diesen beiden Paranoia-Thrillern, in denen immer wieder vom *cover-up* die Rede ist – von der geheimen politischen Verschwörung, welche die Ermittler-Protagonisten um jeden Preis aufdecken wollen –, tatsächlich ein *cover-up* statt, und zwar mitten im Bild: Man kann von einer regelrechten Verwerfung des *split* sprechen. Der Diopter lässt sich damit als kinematografisches Verfahren begreifen, das im Filmbild ein Verhältnis der Latenz einschreibt und auch auf diese Weise eine paranoische Struktur installiert: Etwas wird nicht sichtbar. Das Filmbild gibt zu sehen, und es gibt gleichzeitig nicht zu sehen.

Es sind solche Verhältnisse von Sichtbarem und Nicht-Sichtbarem als Effekt und Eigenschaft bestimmter fotografischer wie kinematografischer Bildmedien und -technologien, anhand derer dieses Buch den Zusammenhang von Paranoia und technischem Bild untersucht hat.

---

[3] Charles G. Clarke und Walter Strenge: American Cinematographer Manual. Hollywood 1973, S. 348.

Literaturverzeichnis

Ademeit, Horst: Wohnen in der Strahlenkälte, hg. von Nicole Delmes und Susanne Zander. Köln 2011.
Ademeit, Horst: Lebenslauf. In: ders.: Wohnen in der Strahlenkälte, hg. von Nicole Delmes und Susanne Zander. Köln 2011, S. 85–96.
Alberti, Leon Battista: De Pictura/Die Malkunst. In: ders.: Das Standbild. Die Malkunst. Grundlagen der Malerei, hg. von Oskar Bätschmann und Christoph Schäublin. Darmstadt 2011, S. 193–333.
Ambroise-Rendu, Anne-Claude: Les faits divers. In: Dominique Kalifa, Philippe Régnier, Marie-Eve Thérenty und Alain Vaillant (Hg.): La civilisation du journal. Histoire culturelle et littéraire de la presse française au XIXe siècle. Paris 2011, S. 979–997.
Angerer, Eva: Die Literaturtheorie Julia Kristevas. Von Tel Quel zur Psychoanalyse. Wien 2007.
Ayers, Andrew: The Art of Daniel Boudinet, or the City at Cibachrome Cruising Speed. In: Pin-Up. Magazine for Architectural Entertainment. Online unter: https://pinupmagazine.org/articles/daniel-boudinet-le-temps-de-la-couleur-show-review-at-chateau-de-tours, letzter Zugriff 5. August 2020.
Baetens, Jan: Postérité littéraire des Anagrammes. In: Poétique (1986), H. 66, S. 217–233.
Banta, Melissa: At the Intersection of Science & Art. Edwin H. Land & the Polaroid Corporation: The Formative Years. Ausstellung der Baker Library Historical Collections, Harvard Business School. Online unter: https://www.library.hbs.edu/hc/polaroid/, letzter Zugriff 5. August 2020.
Bardenheuer, Herbert: Bardenheuer's Polaronoia. Bochum 1978.
Barthes, Roland: La chambre claire. Note sur la photographie. Paris 1980.
Barthes, Roland: Die helle Kammer. Bemerkungen zur Photographie. Frankfurt a. M. 1989.
Barthes, Roland: Structure du fait divers. In: ders.: Essais critiques. Paris 1991, S. 187–196.
Batchen, Geoffrey: Palinode. An Introduction to Photography Degree Zero. In: ders. (Hg.): Photography Degree Zero. Reflections on Roland Barthes's Camera Lucida. Cambridge 2009, S. 3–30.
Baudrillard, Jean: Der symbolische Tausch und der Tod. München 1991.
Bauer, Michael: Oskar Panizza. Ein literarisches Porträt. München 1984.
Beauchamp, Hélène: Ubu Roi, ou Macbeth-Guignol: un retournement fondateur de la parodie dramatique moderne. In: Catherine Dousteyssier-Khoze und Floriane Place-Verghnes (Hg.): Poétique de la parodie et du pastiche de 1850 à nos jours. Bern 2006, S. 203–213.
Becker, Peter: Formulare als „Fließband" der Verwaltung? Zur Rationalisierung und Standardisierung von Kommunikationsbeziehungen. In: Peter Collin und Klaus-Gert Lutterbeck (Hg.): Eine intelligente Maschine? Handlungsorientierungen moderner Verwaltung (19./20. Jh.). Baden-Baden 2009, S. 281–298.
Behr, Albert: Über die schriftstellerische Thätigkeit im Verlaufe der Paranoia. In: Sammlung Klinischer Vorträge (1895), H. 134, S. 370–393.
Benjamin, Walter: E.T.A. Hoffmann und Oskar Panizza. In: ders.: Gesammelte Schriften. Bd. II/2: Aufsätze, Essays, Vorträge, hg. von Rolf Tiedemann und Hermann Schweppenhäuser. Frankfurt a. M. 1977, S. 641–648.
Benjamin, Walter: Bücher von Geisteskranken. Aus meiner Sammlung. In: ders.: Gesammelte Schriften. Bd. IV/2: Kleine Prosa, hg. von Rolf Tiedemann und Hermann Schweppenhäuser. Frankfurt a. M. 1972, S. 615–619.

Benjamin, Walter: Kleine Geschichte der Photographie. In: ders.: Medienästhetische Schriften, hg. von Detlev Schöttker. Frankfurt a. M. 2002, S. 300–324.

Benjamin, Walter: Das Kunstwerk im Zeitalter seiner technischen Reproduzierbarkeit. In: ders.: Medienästhetische Schriften, hg. von Detlev Schöttker. Frankfurt a. M. 2002, S. 351–383.

Bergande, Wolfram: Denis Lortie. Die V(at)erdrehung des Politischen. In: Timm Ebner, Rupert Gaderer, Lars Koch und Elena Meilicke (Hg.): Paranoia. Lektüren und Ausschreitungen des Verdachts. Wien 2016, S. 171–196.

Bernhard, Andreas: Asoziale Netzwerke. In: Süddeutsche Zeitung, 16. Oktober 2013, S. 14.

Beuys, Joseph: Kunst = Kapital – Achberger Vorträge. Wangen 1992.

Beyer, Vera, Anselm Haverkamp und Jutta Voorhoeve (Hg.): Das Bild ist der König. Repräsentation nach Louis Marin. München 2006.

Bitsch, Annette: Das Unbewußte der Kybernetik und die Kybernetik des Unbewußten. In: Claus Pias (Hg.): Cybernetics – Kybernetik. The Macy Conferences 1946-1953. Essays und Dokumente. Berlin 2004, S. 153–168.

Blout, Elkan: Polaroid: Dreams to Reality. In: Daedalus (1996), H. 125, S. 39–54.

Blümle, Claudia und Anne von der Heiden (Hg.): Blickzähmung und Augentäuschung. Zu Jacques Lacans Bildtheorie. Berlin/Zürich 2005.

Böckelmann, Frank und Hanns Zischler: Gegenwart in Serie. Notizen zur Sofortbild-Fotografie. In: Harry Pross und Claus-Dieter Rath (Hg.): Rituale der Medienkommunikation. Gänge durch den Medienalltag. Berlin 1983, S. 50–56.

Boeser, Knut: Der Fall Oskar Panizza. Ein deutscher Dichter im Gefängnis. Eine Dokumentation. Berlin 1989.

Böhme, Hartmut: Fetischismus und Kultur. Eine andere Theorie der Moderne. Hamburg 2006.

Boltanski, Luc: Rätsel und Komplotte. Kriminalliteratur, Paranoia, moderne Gesellschaft. Frankfurt a. M. 2013.

Bonanos, Christopher: The Man Who Inspired Jobs. In: The New York Times, 7. Oktober 2011.

Boorstin, Daniel: The Image: A Guide to Pseudo-Events in America. New York 1992 [1961].

Borch-Jacobsen, Mikkel: Lacan. Der absolute Herr und Meister. München 1999.

Bose, Günter: „…with an application to the Entscheidungsproblem". In: Erich Brinkmann (Hg.): Double Intensity. 30 Jahre Brinkmann & Bose. Berlin 2011, S. 167–169.

Bose, Günter und Erich Brinkmann (Hg.): Grosz/Jung/Grosz. Berlin 1980.

Braun, Luzia und Klaus Ruch: Das Würfeln mit den Wörtern. Geschichte und Bedeutung des Anagramms. In: Merkur. Deutsche Zeitschrift für europäisches Denken 42 (1988), H. 469, S. 225–236.

Bretting, Agnes und Hartmut Bickelmann: Auswanderungsagenturen und Auswanderungsvereine im 19. und 20. Jahrhundert. Stuttgart 1991.

Breunig, Wolfgang: Die Modernisierung der Arbeitslosenverwaltung: von der „Stempelbehörde" zum „Arbeitsamt 2000". In: Karl-Heinz Boeßenecker, Achim Trube und Norbert Wohlfahrt (Hg.): Verwaltungsreform von unten? Lokaler Sozialstaat im Umbruch aus verschiedenen Perspektiven. Münster 2001, S. 93–107.

Bröckling, Ulrich: Das unternehmerische Selbst. Soziologie einer Subjektivierungsform. Frankfurt a. M. 2007.

Bruhn, Matthias: Bildwirtschaft. Verwaltung und Verwertung der Sichtbarkeit. Weimar 2003.

Bryson, Norman: The Gaze in the Expanded Field. In: Hal Foster (Hg.): Vision and Visuality. Seattle 1988, S. 86–113.

Buse, Peter: The Camera Does the Rest. How Polaroid Changed Photography. Chicago 2016.

Caillois, Roger: Méduse & Cie. Berlin 2007 [1960].

Callon, Michael und Bruno Latour: Die Demontage des großen Leviathans: Wie Akteure die Makrostruktur der Realität bestimmen und Soziologen ihnen dabei helfen. In: Andréa Belliger und David J. Krieger (Hg.): ANThology. Ein einführendes Handbuch zur Akteur-Netzwerk-Theorie. Bielefeld 2006, S. 75–101.

Campbell, F. W.: Edwin Herbert Land. In: Biographical Memoirs of Fellows of the Royal Society (1994), H. 40, S. 196–219.

Canetti, Elias: Masse und Macht. Frankfurt a. M. 1980.

Caro, Leopold: Auswanderung und Auswanderungspolitik in Österreich. Leipzig 1909.

Chalfen, Richard: „It's Only a Picture". Sexting, „Smutty" Snapshots and Felony Charges. In: Visual Studies 24 (2009), H. 3, S. 258–268.

Clarke, Charles G. und Walter Strenge: American Cinematographer Manual. Hollywood 1973.

Coale, Samuel Chase: Paradigms of Paranoia. The Culture of Conspiracy in Contemporary American Fiction. Tuscaloosa 2005.

Cope, George: Instant Photography in Education. In: Art Education 34 (1981), H. 4, 1981, S. 42–44.

Copjec, Joan: Lies mein Begehren. Lacan gegen die Historisten. München 2004.

Cremonini, Andreas: Die Nacht der Welt. Ein Versuch über den Blick bei Hegel, Sartre und Lacan. In: Hans-Dieter Gondek, Roger Hofmann und Hans-Martin Lohmann (Hg.): Jacques Lacan – Wege zu seinem Werk. Stuttgart 2001, S. 164–188.

Cremonini, Andreas: Über den Glanz. Der Blick als Triebobjekt nach Lacan. In: Claudia Blümle und Anne von der Heiden (Hg.): Blickzähmung und Augentäuschung. Zu Jacques Lacans Bildtheorie. Berlin/Zürich 2005, S. 217–248.

Damisch, Hubert: Der Ursprung der Perspektive. Berlin/Zürich 2010 [1987].

Danius, Sara und Hanns Zischler: Nase für Neuigkeiten. Vermischte Nachrichten von James Joyce. Wien 2008.

Därmann, Iris: Das Klicken des Apparates. In: Spuren (1991), H. 37, S. 25–29.

Déguy, Michel: La folie de Saussure. In: Critique (1969), H. 260, S. 20–27.

Deleuze, Gilles: Brief an einen strengen Kritiker [1973]. In: ders.: Unterhandlungen 1972–1990, Frankfurt a. M. 1993, S. 11–24.

Deleuze, Gilles: Postskriptum über die Kontrollgesellschaften. In: ders.: Unterhandlungen 1972–1990. Frankfurt a. M. 1993, S. 254–262.

Deleuze, Gilles: Louis Wolfson oder das Verfahren. In: ders.: Kritik und Klinik. Frankfurt a. M. 2000, S. 18–34.

Deleuze, Gilles: Bartleby oder die Formel. In: ders.: Kritik und Klinik. Frankfurt a. M. 2000, S. 94–123.

Deleuze, Gilles und Félix Guattari: Kafka. Für eine kleine Literatur. Frankfurt a. M. 1976.

Deleuze, Gilles und Félix Guattari: Anti-Ödipus. Kapitalismus und Schizophrenie I. Frankfurt a. M. 1977.

Deleuze, Gilles und Félix Guattari: Tausend Plateaus. Berlin 1992.

Deleuze, Gilles und Félix Guattari: Gespräch über den Anti-Ödipus. In: Gilles Deleuze: Unterhandlungen 1972–1990. Frankfurt a. M. 1993, S. 25–40.

Deleuze, Gilles und Félix Guattari: Was ist Philosophie?. Frankfurt a. M. 2000.

Demand, Carlo und Paul Simsa: Kühne Männer, tolle Wagen. Die Gordon Bennett-Rennen 1900–1905. Stuttgart 1987.

Derrida, Jacques: Verstohlene Prätexte. In: ders.: Die Postkarte. Von Sokrates bis an Freud und jenseits. 2. Lieferung. Berlin 1980, S. 185–192.

Derrida, Jacques: Das Parergon. In: ders.: Die Wahrheit in der Malerei. Wien 1992, S. 56–104.

Deutsches Haus at NYU: Ankündigungstext zur Veranstaltung „The Sirens Go Silent: A Commemorative Colloquium for Friedrich Kittler" im März 2013. Online unter: http://as.nyu.edu/deutscheshaus/cultural-program/events/spring-2013/the-sirens-go-silent-a-commemorative-colloquium-for-friedrich-ki.html, letzter Zugriff 5. August 2020.

Dichter, Claudia: Von Strahlengeräten, Baustellen und angespannten Spinnen – das fotografische Werk von Horst Ademeit. In: Udo Kittelmann und Claudia Dichter (Hg.): secret universe 1 – Horst Ademeit. Köln 2011, S. 13–35.

Didi-Huberman, Georges: Erfindung der Hysterie. Die photographische Klinik von Jean-Martin Charcot. München 1997.

Didi-Huberman, Georges: Bilder trotz allem. München/Paderborn 2007.

Dolar, Mladen: His Master's Voice. Eine Theorie der Stimme. Frankfurt a. M. 2007.

Dubois, Philippe: L'acte photographique et autres essays. Paris 1983.

Duden. Die deutsche Rechtschreibung. 24. Auflage. Mannheim 2006.

Durand, Régis: How to See (Photographically). In: Patrice Petro (Hg.): Fugitive Images: From Photography to Video. Bloomington 1995, S. 141–151.

Düsterberg, Rolf: „Die gedrukte Freiheit". Oskar Panizza und die Zürcher Diskußjonen. Frankfurt a. M. 1988.

Eichler, Hans Joachim, Heinz-Detlef Kronfeldt und Jürgen Sahm: Das neue Physikalische Grundpraktikum. Berlin 2006.

Elkins, James: What Photography Is. New York 2011.

Etymologisches Wörterbuch der deutschen Sprache. Bearbeitet von Friedrich Kluge und Elmar Seebold. 24. Auflage. Berlin 2002.

Farrell, John: Paranoia and Modernity. Cervantes to Rousseau. Ithaca 2006.

Felsch, Philipp und Frank Witzel: BRD Noir. Berlin 2016.

Felsch, Philipp: Die schwarze Romantik der Bundesrepublik. In: ders. und Frank Witzel: BRD Noir. Berlin 2016, S. 7–18.

Feyel, Gilles: Les transformations technologiques de la presse au XIXe siècle. In: Dominique Kalifa, Philippe Régnier, Marie-Eve Thérenty und Alain Vaillant (Hg.): La civilisation du journal. Histoire culturelle et littéraire de la presse française au XIXe siècle. Paris 2011, S. 97–139.

Foucault, Michel: Überwachen und Strafen. Die Geburt des Gefängnisses. Frankfurt a. M. 1977.

Foucault, Michel: Mikrophysik der Macht. Über Strafjustiz, Medizin und Psychiatrie. Berlin 1977.

Foucault, Michel: Der Wille zum Wissen. Sexualität und Wahrheit 1. Frankfurt a. M. 1983.

Foucault, Michel: Nietzsche, die Genealogie, die Historie. In: Walter Seitter (Hg.): Subversion des Wissens. Frankfurt a. M. 1987, S. 69–90.

Foucault, Michel: Raymond Roussel. Frankfurt a. M. 1989.

Foucault, Michel: Der Mensch ist ein Erfahrungstier. Gespräch mit Ducio Trombadori. Frankfurt a. M. 1996.

Foucault, Michel: Nietzsche, Marx, Freud. In: ders.: Schriften in vier Bänden. Dits et Ecrits. Bd. I: 1954–1969, hg. von Daniel Defert und François Ewald. Frankfurt a. M. 2001, S. 727–743.

Foucault, Michel: Die Wahrheit und die juristischen Formen. Frankfurt a. M. 2003.

Foucault, Michel: Über sich selbst schreiben. In: ders.: Schriften in vier Bänden. Dits et Ecrits. Bd. IV: 1980–1988, hg. von Daniel Defert und François Ewald. Frankfurt a. M. 2005, S. 503–521.

Foucault, Michel: Sicherheit, Territorium, Bevölkerung. Geschichte der Gouvernementalität I. Frankfurt a. M. 2006.

Foucault, Michel: Die Anormalen. Frankfurt a. M. 2007.

Frank, Thomas, Albrecht Koschorke und Susanne Lüdemann (Hg.): Des Kaisers neue Kleider. Über das Imaginäre politischer Herrschaft. Texte. Bilder. Lektüren. Frankfurt a. M. 2002.
Freud, Sigmund: Die Traumdeutung. In: ders.: Studienausgabe. Bd. II: Die Traumdeutung, hg. von Alexander Mitscherlich, James Strachey und Angela Richards. Frankfurt a. M. 2001.
Freud, Sigmund: Psychoanalytische Bemerkungen über einen autobiographisch beschriebenen Fall von Paranoia (Dementia paranoides) (1911). In: ders.: Studienausgabe. Bd. VII: Zwang, Paranoia und Perversion, hg. von Alexander Mitscherlich, James Strachey und Angela Richards. Frankfurt a. M. 1997, S. 133–203.
Freud, Sigmund: Ratschläge für den Arzt bei der psychoanalytischen Behandlung (1912). In: ders.: Studienausgabe. Ergänzungsband: Schriften zur Behandlungstechnik, hg. von Alexander Mitscherlich, James Strachey und Angela Richards. Frankfurt a. M. 1997, S. 170–180.
Freud, Sigmund: Das Motiv der Kästchenwahl (1913). In: ders.: Studienausgabe, hg. von Alexander Mitscherlich, James Strachey und Angela Richards. Bd. X: Bildende Kunst und Literatur. Frankfurt a. M. 2001, S. 181–193.
Freud, Sigmund: Mitteilung eines der psychoanalytischen Theorie widersprechenden Falles von Paranoia (1915). In: ders.: Studienausgabe. Bd. VII: Zwang, Paranoia und Perversion, hg. von Alexander Mitscherlich, James Strachey und Angela Richards. Frankfurt a. M. 1997, S. 205–216.
Freud, Sigmund: Das Unheimliche (1919). In: ders.: Studienausgabe. Bd. IV: Psychologische Schriften, hg. von Alexander Mitscherlich, James Strachey und Angela Richards. Frankfurt a. M. 1997, S. 241–274.
Freytag, Heinrich: Fotografieren mit Polaroid Land Kamera. Stuttgart 1964.
Friedberg, Anne: The Virtual Window. From Alberti to Microsoft. Cambridge 2006.
Gaderer, Rupert: Querulanz. Skizze eines exzessiven Rechtsgefühls. Hamburg 2012.
Gaderer, Rupert: Querulatorisches Schreiben. Paranoia, Aktenberge und mimetischer Parasitismus um 1900. In: Zeitschrift für Medien und Kulturforschung (2013), H. 4/2, S. 37–51.
Gaupp, Robert: Zur Psychologie des Massenmords. Hauptlehrer Wagner von Degerloch. Berlin 1914.
Geimer, Peter: Theorien der Fotografie zur Einführung. Hamburg 2009.
Genette, Gérard: Paratexte. Das Buch vom Beiwerk des Buches. Frankfurt a. M. 1989.
Gervais, Thierry: Les premiers magazines illustrés, de la gravure à la photographie (1898-1914). In: Dominique Kalifa, Philippe Régnier, Marie-Eve Thérenty und Alain Vaillant (Hg.): La civilisation du journal. Histoire culturelle et littéraire de la presse française au XIXe siècle. Paris 2011, S. 453–463.
Gethmann, Daniel: Das Prinzip Polaroid. In: Meike Kröncke, Barbara Lauterbach und Rolf F. Nohr (Hg.): Polaroid als Geste – über die Gebrauchsweisen einer fotografischen Praxis. Ostfildern-Ruit 2005, S. 44–65.
Gieseke, Frank und Albert Markert: Flieger, Filz und Vaterland. Berlin 1996.
Gondek, Hans-Dieter: Der Blick – zwischen Sartre und Lacan. In: RISS. Zeitschrift für Psychoanalyse (1997), H. 37/38, S. 175–196.
Göttel, Dennis und Katja Müller-Helle: Barthes' Gespenster. In: Fotogeschichte. Beiträge zur Geschichte und Ästhetik der Fotografie 29 (2009), H. 114, S. 52–59.
Grivel, Charles, André Gunthert und Bernd Stiegler (Hg.): Die Eroberung der Bilder. Photographie in Bild und Presse 1816–1914. München 2003.
Gross, Otto: Drei Aufsätze über den inneren Konflikt. Bonn 1919/20.

Grosz, Anton Wenzel: Aufzeichnungen 1913/14. In: Günter Bose und Erich Brinkmann (Hg.): Grosz/Jung/Grosz. Berlin 1980, S. 11–71.
Guattari, Félix: Monographie über R.A. In: ders.: Psychotherapie, Politik und die Aufgaben der institutionellen Analyse. Frankfurt a. M. 1976, S. 107–112.
Hagen, Wolfgang: Radio Schreber. Der „moderne Spiritismus" und die Sprache der Medien. Weimar 2001.
Hagner, Michael: Wahnsinn und Bibliophilie. Das erste Buch von Brinkmann & Bose. In: Nach Feierabend. Zürcher Jahrbuch für Wissensgeschichte (2016), H. 12: Wissen, ca. 1980, hg. von Nils Güttler, Margarete Pratschke und Max Stadler, S. 133–144.
Hahn, Thorsten, Jutta Person und Nicolas Pethes (Hg.): Grenzgänge zwischen Wahn und Wissen. Zur Koevolution von Experiment und Paranoia 1850–1910. Frankfurt a. M. 2002.
Hamilton, Richard: Conversation. In: Gerhard Lischka (Hg.): Das Sofortbild Polaroid. Bern 1977, S. 13–14.
Hassoun, Jacques: Vom Vater der psychoanalytischen Theorie (Von Freud zu Lacan). In: RISS. Zeitschrift für Psychoanalyse (2000/1), H. 47, S. 11–23.
Hebekus, Uwe und Ethel Matala de Mazza: Einleitung: Zwischen Verkörperung und Ereignis. Zum Andauern der Romantik im Denken des Politischen. In: Uwe Hebekus, Albrecht Koschorke und Ethel Matala de Mazza (Hg.): Das Politische. Figurenlehre des sozialen Körpers nach der Romantik. München 2003, S. 7–22.
Hecht, Eugene: Optik. Hamburg 1987.
Heilbronner, Karl: Über Haftenbleiben und Stereotypie. In: Monatsschrift für Psychiatrie und Neurologie 18 (1905), Ergänzungsheft, S. 293–371.
Holl, Ute: Kino, Trance und Kybernetik. Berlin 2002.
Holl, Ute: „Wohin man blickt, entsteht ein dunkler Fleck". Raum, Licht und Blick in den Filmen Josef von Sternbergs. In: Claudia Blümle und Anne von der Heiden (Hg.): Blickzähmung und Augentäuschung. Zu Jacques Lacans Bildtheorie. Berlin/Zürich 2005, S. 289–316.
Holl, Ute und Claus Pias: Aufschreibesysteme 1980/2010. In: Zeitschrift für Medienwissenschaft (2011), H. 6, S. 114–192.
Honnef, Klaus: Zwischen Narzissmus und Kommunikation. Bemerkungen zur Sofortbildfotografie. In: Exploration of a Medium. Ausstellungskatalog. Bonn 1980, o. S.
Horn, Eva: Maschine und Labyrinth. Friedrich Kittlers Aufschreibesysteme 1800/1900. In: Tumult. Schriften zur Verkehrswissenschaft (2012), H. 40: Friedrich Kittler. Technik oder Kunst?, S. 13–23.
Hösl, Alfred: Bilderfibel zur Elektroinstallation. München 1973.
Jackson, John L.: Racial Paranoia. The Unintended Consequences of Political Correctness. New York 2008.
Jahraus, Oliver: Friedrich Kittler. Paranoia und Theorie. In: Zeitschrift für Medienwissenschaft (2014), H. 10, S. 167–171.
Jappe, Georg: Die Akademie ist in der Krise. Der Streit um Joseph Beuys nach Beuys' Entlassung. In: Frankfurter Allgemeine Zeitung, 13. Oktober 1972, S. 2.
Jarry, Alfred: König Ubu, hg. von Ulrich Bossier. Stuttgart 2008.
Jay, Martin: Downcast Eye. The Denigration of Vision in Twentieth-Century French Thought. Berkeley 1993.
Jelonnek, Dennis: Sofort Bild Entwicklung. Das Polaroid Sofortbild-Verfahren als Wendepunkt der Fotografiegeschichte. Unveröffentlichte Magisterarbeit, Institut für Kunst- und Bildgeschichte der Humboldt-Universität zu Berlin. Berlin 2011.

Jelonnek, Dennis: Die Inszenierung von Erscheinung. Edwin Land und Michael Faraday als Vorführer. In: Thomas Etzemüller (Hg.): Der Auftritt. Performanz in der Wissenschaft. Bielefeld 2019, S. 407–424.
Jelonnek, Dennis: Fertigbilder. Polaroid Sofortbildfotografie als historisches und ästhetisches Phänomen. München 2020.
Jones, Ernest: Sigmund Freud, Leben und Werk. Bd. 2: Jahre der Reife, 1901–1919. München 1984.
Jopeck, Sylvie: Le fait divers dans la littérature. Paris 2009.
Jung, Christina und Thomas Anz (Hg.): Der Fall Otto Gross. Eine Pressekampagne deutscher Intellektueller im Winter 1913/14. Marburg 2002.
Jung, Franz: Die Telepathen. In: Die Aktion. Wochenschrift für Politik, Literatur, Kunst 4 (1914), S. 745–750.
Jung, Franz: Akzente II. In: Günter Bose und Erich Brinkmann (Hg.): Grosz/Jung/Grosz. Berlin 1980, S. 241–245.
Kadi, Ulrike: Bilderwahn. Arbeit am Imaginären. Wien 1999.
Kafka, Ben: The Demon of Writing. Powers and Failures of Paperwork. New York 2012.
Kafka, Franz: Der Verschollene. Frankfurt a. M. 1994.
Kassung, Christian und Franz Pichler: Die Übertragung von Bildern in die Ferne. In: Albert Kümmel-Schnur und Christian Kassung (Hg.): Bildtelegraphie. Eine Mediengeschichte in Patenten (1840–1930). Bielefeld 2012, S. 101–121.
Kempe, Carl: Die Papierstereotypie. Ein Wegweiser durch die Flach- und Rundstereotypie. Illustriertes Handbuch für Stereotypeure und Buchdrucker. Nürnberg 1904.
Kittelmann, Udo und Claudia Dichter (Hg.): secret universe 1 – Horst Ademeit. Köln 2011.
Kittler, Azzo [= Friedrich A.]: Um A.W.G. In: Günter Bose und Erich Brinkmann (Hg.): Grosz/Jung/Grosz. Berlin 1980, S. 207–215.
Kittler, Friedrich A.: Flechsig/Schreber/Freud. Ein Nachrichtennetzwerk der Jahrhundertwende. In: Der Wunderblock. Zeitschrift für Psychoanalyse (1984), H. 11/12, S. 56–69.
Kittler, Friedrich A.: Grammophon Film Typewriter. Berlin 1986.
Kittler, Friedrich A.: Der Gott der Ohren. In: ders.: Draculas Vermächtnis. Technische Schriften. Leipzig 1993, S. 130–148.
Kittler, Friedrich A.: Optische Medien. Berliner Vorlesung 1999. Berlin 2002.
Kittler, Friedrich A.: Aufschreibesysteme 1800/1900. München 2003.
Kittler, Friedrich A.: Vorwort zu Aufschreibesysteme 1800/1900. In: Zeitschrift für Medienwissenschaft (2012), H. 6, S. 117–126.
Kittler, Friedrich A.: Die Wahrheit der technischen Welt. Essays zur Genealogie der Gegenwart, hg. von Hans Ulrich Gumbrecht. Frankfurt a. M. 2013.
Kittler, Friedrich A.: Romantik – Psychoanalyse – Film: Eine Doppelgängergeschichte. In: ders.: Die Wahrheit der technischen Welt. Essays zur Genealogie der Gegenwart, hg. von Hans Ulrich Gumbrecht. Frankfurt a. M. 2013, S. 93–112.
Kittler, Friedrich A.: Medien und Drogen in Pynchons Zweitem Weltkrieg. In: ders.: Die Wahrheit der technischen Welt. Essays zur Genealogie der Gegenwart, hg. von Hans Ulrich Gumbrecht. Frankfurt a. M. 2013, S. 113–131.
Kittler, Friedrich A.: Rock Musik – ein Mißbrauch von Heeresgerät. In: ders.: Die Wahrheit der technischen Welt. Essays zur Genealogie der Gegenwart, hg. von Hans Ulrich Gumbrecht. Frankfurt a. M. 2013, S. 198–213.
Kittler, Friedrich A. und Stefan Banz: Platz der Luftbrücke. Ein Gespräch. Köln 1996.

Kittler, Friedrich A. und Christoph Weinberger: Das kalte Modell von Struktur. In: Zeitschrift für Medienwissenschaft (2009), H. 1, S. 93–102.
Kläsi, Jakob: Ueber die Bedeutung und Entstehung der Stereotypien. Berlin 1922.
Knight, Diana: Roland Barthes, or The Woman without a Shadow. In: Jean-Michel Rabaté (Hg.): Writing the Image after Roland Barthes. Philadelphia 1997, S. 132–143.
Kogge, Werner: Spurenlesen als epistemologischer Grundbegriff: Das Beispiel der Molekularbiologie. In: Sybille Krämer, Werner Kogge und Gernot Grube (Hg.): Spur. Spurenlesen als Orientierungstechnik und Wissenskunst. Frankfurt a. M. 2007, S. 182–221.
Kommission für Moderne Dienstleistungen am Arbeitsmarkt (Hartz-Kommission): Vorschläge der Kommission zum Abbau der Arbeitslosigkeit und zur Umstrukturierung der Bundesanstalt für Arbeit, 16. August 2002. Online unter: http://www.portal-sozialpolitik.de/uploads/sopo/pdf/2002/2002-08-16-Hartz-Kommission-gesamt.pdf, letzter Zugriff 5. August 2020.
Korn, Arthur und Bruno Glatzel: Handbuch der Phototelegraphie und Teleautographie. Leipzig 1911.
Koß, Gerhard: Namensforschung. Eine Einführung in die Onomastik. Tübingen 2012.
Kostelanetz, Richard: A Wide-Angle View and Close-Up Portrait of Edwin Land and His Polaroid Cameras. In: Lithopinion 9 (1974), H. 1, S. 48–57.
Kozloff, Max: Einführung. In: Ralph Gibson (Hg.): SX-70 Art. New York 1979, S. 10–13.
Kracht, Fritz André: Die andere Foto-Kunst. In: Gerhard Lischka (Hg.): Das Sofortbild Polaroid. Bern 1977, S. 70–71.
Kraepelin, Emil: Psychiatrie. Ein Lehrbuch für Studierende und Ärzte. 8. Auflage. Leipzig 1915.
Kraepelin, Emil: Einführung in die Psychiatrische Klinik. 3. Auflage. Leipzig 1916.
Krajewski, Markus und Bernhard Siegert (Hg.): Pynchon. Archiv – Verschwörung – Geschichte. Weimar 2003.
Kramer, Anke und Annegret Pelz (Hg.): Album. Organisationsform narrativer Kohärenz. Göttingen 2013.
Krämer, Sybille: Was also ist eine Spur? Und worin besteht ihre epistemische Rolle? Eine Bestandsaufnahme. In: Sybille Krämer, Werner Kogge und Gernot Grube (Hg.): Spur. Spurenlesen als Orientierungstechnik und Wissenskunst. Frankfurt a. M. 2007, S. 11–33.
Krause, Marcus, Arno Meteling und Markus Stauff (Hg.): The Parallax View. Zur Mediologie der Verschwörung. München 2011.
Krauss, Rosalind: Anmerkungen zum Index: Teil 1 und 2. In: dies.: Die Originalität der Avantgarde und andere Mythen der Moderne. Amsterdam/Dresden 2000, S. 249–276.
Krifka, Sabine: Schauexperiment – Wissenschaft als belehrendes Spektakel. In: Hans Holländer (Hg.): Erkenntnis Erfindung Konstruktion. Studien zur Bildgeschichte von Naturwissenschaften und Technik vom 16. bis zum 19. Jahrhundert. Berlin 2000, S. 773–788.
Kristeva, Julia: Zu einer Semiologie der Paragramme. In: Helga Gallas (Hg.): Strukturalismus als interpretatives Verfahren. Darmstadt 1972, S. 163–200.
Kröger, Michael: Nahe Verwandtschaft von Himmel und Erde. Zur utopischen Erfahrung von Zeit-Räumen im Bild der Frühromantik und in dem Fotobild des 19. Jahrhunderts. In: Kritische Berichte 11 (1983), H. 1, S. 3–23.
Kröncke, Meike und Rolf F. Nohr: Polaroids und die Ungewissheit des Augenblicks. In: Meike Kröncke, Barbara Lauterbach und Rolf F. Nohr (Hg.): Polaroid als Geste – über die Gebrauchsweisen einer fotografischen Praxis. Ostfildern-Ruit 2005, S. 6–19.
Lacan, Jacques: Vortrag über die psychische Kausalität. In: ders.: Schriften III. Olten 1980, S. 123–171.

Lacan, Jacques: Das Spiegelstadium als Bildner der Ich-Funktion, wie sie uns in der psychoanalytischen Erfahrung erscheint. In: ders.: Schriften I. Weinheim 1986, S. 61–70.
Lacan, Jacques: Die vier Grundbegriffe der Psychoanalyse. Das Seminar. Buch XI (1964). Weinheim 1996.
Lacan, Jacques: Die Psychosen. Das Seminar. Buch III (1955-1956). Weinheim 1997.
Lacan, Jacques: Über die paranoische Psychose in ihren Beziehungen zur Persönlichkeit [1932]. In: ders.: Über die paranoische Psychose in ihren Beziehungen zur Persönlichkeit und frühe Schriften über die Paranoia. Wien 2002, S. 13–358.
Lacan, Jacques: Das Problem des Stils und die psychiatrische Auffassung von den paranoischen Formen der Erfahrung [1933]. In: ders.: Über die paranoische Psychose in ihren Beziehungen zur Persönlichkeit und frühe Schriften über die Paranoia. Wien 2002, S. 379–383.
Lacan, Jacques: Motive des paranoischen Verbrechens: das Verbrechen der Schwestern Papin [1933]. In: ders.: Über die paranoische Psychose in ihren Beziehungen zur Persönlichkeit und Frühe Schriften über die Paranoia. Wien 2002, S. 385–394.
Land, Edwin H.: Polaroid [1936]. In: Edwin H. Land's Essays. Bd. 1, hg. von Mary McCann. Springfield 1993, S. 1–3.
Land, Edwin H.: Polaroid and the Headlight Problem [1936]. In: Edwin H. Land's Essays. Bd. 1, hg. von Mary McCann. Springfield 1993, S. 5–9.
Land, Edwin H.: Polarized Light in the Transportation Industries [1939]. In: Edwin H. Land's Essays. Bd. 1, hg. von Mary McCann. Springfield 1993, S. 11–21.
Land, Edwin H.: Polarized Light [1945]. In: Edwin H. Land's Essays. Bd. 1, hg. von Mary McCann. Springfield 1993, S. 31–32.
Land, Edwin H.: Dichroism and Dichroic Polarizers [1946]. In: Edwin H. Land's Essays. Bd. 1, hg. von Mary McCann. Springfield 1993, S. 33–52.
Land, Edwin H.: A Comparative Survey of Some Possible Systems of Polarized Headlights [1948]. In: Edwin H. Land's Essays. Bd. 1, hg. von Mary McCann. Springfield 1993, S. 59–67.
Land, Edwin H.: The Polarized Headlight System [1948]. In: Edwin H. Land's Essays. Bd. 1, hg. von Mary McCann. Springfield 1993, S. 69–81.
Land, Edwin H.: The Use of Polarized Headlights for Safe Night Driving [1948]. In: Edwin H. Land's Essays. Bd. 1, hg. von Mary McCann. Springfield 1993, S. 85–89.
Land, Edwin H.: Polarized Light for Auto Headlights, Part II [1950]. In: Edwin H. Land's Essays. Bd. 1, hg. von Mary McCann. Springfield 1993, S. 91–98.
Land, Edwin H.: Absolute One-Step Photography [1972]. In: Edwin H. Land's Essays. Bd. 1, hg. von Mary McCann. Springfield 1993, S. 179–183.
Land, Edwin H., H.G. Rogers und V.K. Walworth: One-Step Photography [1977]. In: Edwin H. Land's Essays. Bd. 1, hg. von Mary McCann. Springfield 1993, S. 205–263.
Land, Edwin H.: On Some Conditions for Scientific Profundity in Industrial Research. Vortrag vom 17. Juni 1965, zit. nach Melissa Banta: At the Intersection of Science & Art. Edwin H. Land & the Polaroid Corporation: The Formative Years. Ausstellung der Baker Library Historical Collections, Harvard Business School. Online unter: https://www.library.hbs.edu/hc/polaroid/, letzter Zugriff 5. August 2020.
Landeshauptstadt Düsseldorf: Ordnungsamt. Online unter: www.duesseldorf.de/ordnungsamt, letzter Zugriff 5. August 2020.
Latour, Bruno: Die Hoffnung der Pandora. Untersuchungen zur Wirklichkeit der Wissenschaft. Frankfurt a. M. 2002 [1999].

Latour, Bruno: The Making of Law. An Ethnography of the Conseil d'Etat. Cambridge 2009.
Lefort, Claude: Die Frage der Demokratie. In: Ulrich Rödel (Hg.): Autonome Gesellschaft und libertäre Demokratie. Frankfurt a. M. 1990, S. 281–298.
Legendre, Pierre: Das Verbrechen des Gefreiten Lortie. Abhandlung über den Vater. Freiburg 1998.
Legendre, Pierre: Die Fabrikation des abendländischen Menschen. Zwei Essays. Wien 1999.
Lie, Sulgi: Die konspirative Enunziation oder den Un-Ort des Films. Zur Akusmatik der Verschwörung. In: Marcus Krause, Arno Meteling und Markus Stauff (Hg.): The Parallax View. Zur Mediologie der Verschwörung. München 2011, S. 201–216.
Liebrand, Claudia: ‚Strong readings'. Paranoia und Kittlers Habilitationsverfahren. Prolegomena einer Fallstudie. Online unter: www.literaturkritik.de/id/17782, letzter Zugriff 5. August 2020.
Lischka, Gerhard: Das Sofortbild. In: ders. (Hg.): Das Sofortbild Polaroid. Bern 1977, S. 4–11.
Lischka, Gerhard: kleine polaroid-philosophie. In: ders. (Hg.): Das Sofortbild Polaroid. Bern 1977, S. 123–126.
Lorch, Catrin: Weg von der Freakshow. In: Süddeutsche Zeitung, 21. Februar 2009, S. 20.
Lorch, Catrin: Auf Augenhöhe. Wie soll Outsider Art heute im Museum gezeigt werden – ein Gespräch mit Udo Kittelmann und Matthew Higgs. In: Süddeutsche Zeitung, 30. August 2011, S. 12.
Lotringer, Sylvère: The Game of the Name. In: Diacritics 3 (1973), H. 2, S. 2–9.
Lutz, Helga: Schriftbilder und Bilderschriften. Zum Verhältnis von Text, Zeichnung und Schrift bei Unica Zürn. Stuttgart 2003.
Manovich, Lev: Die Paradoxien der digitalen Fotografie. In: Hubertus von Amelunxen, Stefan Igelhaut und Florian Rötzer (Hg.): Fotografie nach der Fotografie. Dresden 1995, S. 58–66.
Marin, Louis: The Portrait of the King's Glorious Body. In: ders.: Food for Thought. Baltimore 1997, S. 189–217.
Marin, Louis: Das Porträt des Königs. Berlin/Zürich 2005.
McElheny, Victor: Die SX-70 Technologie. In: Ralph Gibson (Hg.): SX-70 Art. New York 1979, S. 120–127.
Meilicke, Elena: Zur Auseinandersetzung mit der medizinischen Fallgeschichte in Oskar Panizzas Novelle „Ein scandalöser Fall". Unveröffentlichte Magisterarbeit, Institut für deutsche Literatur, Humboldt-Universität zu Berlin, Berlin 2009.
Meilicke, Elena: Polaroid. In: Marius Böttcher, Dennis Göttel, Friederike Horstmann, Jan Philip Müller, Volker Pantenburg, Linda Waack und Regina Wuzella (Hg.): Wörterbuch kinematografischer Objekte. Berlin 2014, S. 118–119.
Meilicke, Elena: Split-field Diopter. In: Marius Böttcher, Dennis Göttel, Friederike Horstmann, Jan Philip Müller, Volker Pantenburg, Linda Waack und Regina Wuzella (Hg.): Wörterbuch kinematografischer Objekte. Berlin 2014, S. 142–143.
Meilicke, Elena: Sofortbilder begehren. Material für pornografische Mediengeschichtsschreibung: The Camera Does the Rest. In: Cargo. Film/Medien/Kultur (2016), H. 31, S. 75–76.
Meilicke, Elena: Horst Ademeit. Polaroid Paranoid, oder: Paranoia in Zeiten der Kontrollgesellschaft. In: Timm Ebner, Rupert Gaderer, Lars Koch und Elena Meilicke (Hg.): Paranoia. Lektüren und Ausschreitungen des Verdachts. Wien 2016, S. 248–266.
Melley, Timothy: Empire of Conspiracy. The Culture of Paranoia in Postwar America. Ithaca 2000.
Meschede, Dieter: Gerthsen Physik. Berlin 2015.
Meyer, Heinrich: Handbuch der Stereotypie. Braunschweig 1838.

Mitchell, William J.: The Reconfigured Eye. Visual Truth in the Post-Photographic Era. Cambridge 1992.
Modick, Klaus: Polaroides Bedürfnis und Holographie. In: Merkur. Deutsche Zeitschrift für europäisches Denken 35 (1981), H. 402, S. 1263–1269.
Modick, Klaus und Jan Rieckhoff: Mehr als Augenblicke. Polaroids im Kontext. Marburg 1983.
Müller, Jürgen L.: Oskar Panizza. Versuch einer immanenten Interpretation. Diss. med. Würzburg 1991.
Müller, Jürgen L.: Die „Imperjalja" von Dr. Oskar Panizza. Zur Genese eines politischen Doppelgänger-(Capgras)-Syndroms. In: Nervenheilkunde (1998), H. 17, S. 308–317.
Müller, Jürgen L.: Dr. med. Oskar Panizza (1853–1921). Die Bedeutung des geisteskranken Arztes, Schriftstellers und Antipsychiaters Oskar Panizza für das „Paraphreniekonzept" Emil Kraepelins. In: Nervenheilkunde (2001), H. 1, S. 48–54.
Murray, Susan: Digital Images, Photo-Sharing, and Our Changing Notions of Everday Aesthetics. In: Journal of Visual Culture 7 (2008), H. 2, S. 147–163.
Nabakowski, Gislind: Erinnerungen an die Jahre 1966 bis 1971 mit und um Beuys. In: Stephan von Wiese (Hg.): Brennpunkt Düsseldorf. Joseph Beuys – Die Akademie – Der allgemeine Aufbruch. Düsseldorf 1987, S. 101–105.
Nellen, Stefan, Martin Schaffner, Martin Stingelin (Hg.): Paranoia City. Der Fall Ernst B. Selbstzeugnis und Akten aus der Psychiatrie um 1900. Basel 2007.
Nelson-Gee, Ellen: Learning to Be: a Look into the Use of Therapy with Polaroid Photography as a Means of Recreating the Development of Perception and the Ego. In: Art Psychotherapy 2 (1975), H. 2, S. 159–164.
Nessel, Sabine: Zum Status der Videoaufzeichnungen in Pierre Legendres „Das Verbrechen des Gefreiten Lortie". In: Nach dem Film (2010), H. 3. Online unter: www.nachdemfilm.de/content/zum-status-der-videoaufzeichnung-pierre-legendres, letzter Zugriff 5. August 2020.
o. V.: Faits Divers. In: L'Écho de Paris, 9. März 1903.
o. V.: Vermischtes. In: Frankfurter Zeitung, 18. Januar 1904, S. 3.
o. V.: Gordon-Bennett-Rennen. In: Frankfurter Zeitung, 17. Juni 1904, S. 4.
Ofak, Ana: Lichte Wellen. Optische Medien, experimentelles Wissen und Lichtspiele um 1670. In: Christina Lechtermann und Haiko Wandhoff (Hg.): Licht, Glanz, Blendung. Beiträge zu einer Kulturgeschichte des Leuchtenden. Bern 2008, S. 209–224.
Olonetzky, Nadine: Polaroid – eine Maschine zum Lebensgefühl. In: du. Zeitschrift der Kultur (2002), H. 727, S. 40–43.
Online-Katalog der Staatsbibliothek zu Berlin: [Zeitungsausschnitte von Oskar Panizza gesammelt]. Online unter: http://stabikat.de/DB=1/XMLPRS=N/PPN?PPN=443109001, letzter Zugriff 5. August 2020.
Panizza, Oskar: Nero. Tragödie in fünf Aufzügen. Zürich 1898.
Panizza, Oskar: Psichopatia criminalis. Anleitung um die vom Gericht für notwendig erkanten Geisteskrankheiten psichjatrisch zu eruïren und wissenschaftlich festzustellen. Für Ärzte, Laien, Juristen, Vormünder, Verwaltungsbeamte, Minister etc. In: ders.: Die kriminelle Psychose. Hilfsbuch für Ärzte, Laien, Juristen, Vormünder, Verwaltungsbeamte, Minister etc. München 1978 [1898], S. 29–82.
Panizza, Oskar: Parisjana. Deutsche Verse aus Paris. Zürich 1899.
Panizza, Oskar: Selbstbiographie. In: Friedrich Lippert (Hg.): In Memoriam Oskar Panizza. München 1926, S. 9–25.
Panizza, Oskar: Der Korsettenfritz. Gesammelte Erzählungen. München 1981.

Panizza, Oskar: Pour Gambetta. Sämtliche in der Prinzhorn-Sammlung in der Psychiatrischen Landesklinik Heidelberg und im Landeskirchlichen Archiv Nürnberg aufbewahrte Zeichnungen, hg. von Armin Abmeier, Michael Farin und Roland Hepp. München 1989.

Panizza, Oskar: Die Kleidung der Frau, ein erotisches Problem. In: ders.: Mama Venus. Texte zu Religion, Sexus und Wahn, hg. von Michael Bauer. Hamburg 1992, S. 157–172.

Panizza, Oskar: Imperjalja. In Textübertragung herausgegeben und mit Anmerkungen versehen von Jürgen Müller. Hürtgenwald 1993.

Pauleit, Winfried: Im Medium Polaroid: Christopher Nolans Film Memento als Fragment eines post-kinematografischen Möglichkeitsraums. In: Meike Kröncke, Barbara Lauterbach und Rolf F. Nohr (Hg.): Polaroid als Geste – über die Gebrauchsweisen einer fotografischen Praxis. Ostfildern-Ruit 2005, S. 66–73.

Peirce, Charles S.: Semiotische Schriften. Frankfurt a. M. 2000.

Peters, Dorothea: Die Welt im Raster. Georg Meisenbach und der lange Weg zur gedruckten Photographie. In: Alexander Gall (Hg.): Konstruieren, Kommunizieren, Präsentieren. Bilder von Wissenschaft und Technik. Göttingen 2007, S. 179–244.

Pias, Claus: Friedrich Kittler und der „Mißbrauch von Heeresgerät". Zur Situation eines Denkbildes 1964 – 1984 – 2014. In: Merkur. Deutsche Zeitschrift für europäisches Denken 69 (2015), H. 791, S. 31–44.

Pias, Claus: Was waren Medien-Wissenschaften? Stichworte zu einer Standortbestimmung. In: ders. (Hg.): Was waren Medien? Berlin/Zürich 2011, S. 7–30.

Pickshaus, Peter Moritz und Jonas Hafner: Über die Arbeit am Menschen – Joseph Beuys als Lehrer. In: Stephan von Wiese (Hg.): Brennpunkt Düsseldorf. Joseph Beuys – Die Akademie – Der allgemeine Aufbruch. Düsseldorf 1987, S. 107–109.

Pohl, Klaus-D.: Der Kaiser im Zeitalter seiner technischen Reproduzierbarkeit. Wilhelm II. in Fotografie und Film. In: Hans Wilderotter und Klaus-D. Pohl (Hg.): Der letzte Kaiser. Wilhelm II. im Exil. München 1991, S. 9–18.

Porter, Allan: Das Sofortbild von Doktor Land. Kleine Geschichte der Instant-Fotografie und eine Annäherung an deren Erfinder. In: du. Zeitschrift der Kultur (2002), H. 727, S. 34–36.

Potocnik, Mark: Zwischen Literatur und Geschichte: Die Anekdote. In: Kirsten Maar, Frank Ruda und Jan Völker (Hg.): Generische Formen. Dynamische Konstellationen zwischen den Künsten. München 2017, S. 85–101.

Pynchon, Thomas: Gravity's Rainbow. London 1973.

Quidde, Ludwig: Caligula. Eine Studie über den römischen Cäsarenwahnsinn. In: ders.: Caligula. Schriften über Militarismus und Pazifismus, hg. von Hans-Ulrich Wehler. Frankfurt a. M. 1977, S. 61–80.

Ramaeker, Paul: Notes on the split-field diopter. In: Film History 19 (2007), H. 2, S. 179–198.

Rappmann, Rainer: Der soziale Organismus – ein Kunstwerk. In: Volker Harlan, Rainer Rappmann und Peter Schata (Hg.): Soziale Plastik. Materialien zu Joseph Beuys. Achberg 1980, S. 9–69.

Reckhenrich, Jörg, Martin Kupp und Jamie Anderson: Understanding creativity: The Manager as Artist. In: Business Strategy Review 20 (2009), H. 2, S. 68–73.

Reichertz, Jo: Die Spur des Fahnders oder: Wie Polizisten Spuren finden. In: Sybille Krämer, Werner Kogge und Gernot Grube (Hg.): Spur. Spurenlesen als Orientierungstechnik und Wissenskunst. Frankfurt a. M. 2007, S. 309–332.

Richter, Petra: „To be a teacher is my greatest work of art". In: Eugen Blume und Catherine Nichols (Hg.): Beuys. Die Revolution sind wir. Göttingen 2008, S. 352–354.

Riegel, Hans-Peter: Beuys. Die Biographie. Berlin 2013.

Rombach, Leopold: Polaroid. Antithese oder Gipfel der Fotografie. In: Kunstforum (1984), H. 76, S. 130–136. Online unter: https://www.kunstforum.de/artikel/polaroid/, letzter Zugriff 5. August 2020.
Rosenfelder, Andreas: Wir haben nur uns selber, um daraus zu schöpfen. Interview mit Friedrich Kittler. In: Die Welt, 30. Januar 2011.
Ruch, Klaus: Anagramm. In: Reallexikon der deutschen Literaturwissenschaft. Bd. 1: A – H, hg. von Klaus Weimar. Berlin 1997, S. 71–73.
Saar, Martin: Nachwort. In: Michel Foucault: Die Wahrheit und die juristischen Formen. Frankfurt a. M. 2003, S. 157–187.
Santner, Eric L.: My Own Private Germany. Daniel Paul Schreber's Secret History of Modernity. Princeton 1996.
de Saussure, Ferdinand: Cours de linguistique générale, hg. von Charles Bally und Albert Sechehaye. Paris 1995.
de Saussure, Ferdinand: Aus den „Anagramm-Studien". In: ders.: Linguistik und Semiologie. Notizen aus dem Nachlass. Texte, Briefe und Dokumente. Frankfurt a. M. 2003, S. 436–477.
Schäffner, Wolfgang: Die Ordnung des Wahns. München 1995.
Schäffner, Wolfgang: Interpretationsdelirien und Aufschreibesysteme. In: Frank Degler und Christian Kohlroß (Hg.): Epochen/Krankheiten. Konstellationen von Literatur und Pathologie. St. Ingbert 2006, S. 131–144.
Schatzman, Morton: Die Angst vor dem Vater. Langzeitwirkung einer Erziehungsmethode. Eine Analyse am Fall Schreber. Hamburg 1974.
Schaub, Mirjam: Die Kunst des Spurenlegens und -verfolgens. Sophie Calles, Francis Alÿs' und Janet Cardiffs Beitrag zu einem philosophischen Spurenbegriff. In: Sybille Krämer, Werner Kogge und Gernot Grube (Hg.): Spur. Spurenlesen als Orientierungstechnik und Wissenskunst. Frankfurt a. M. 2007, S. 121–141.
Schivelbusch, Wolfgang: Lichtblicke. Zur Geschichte der künstlichen Helligkeit im 19. Jahrhundert. München 1983.
Schivelbusch, Wolfgang: Licht Schein und Wahn. Auftritte der elektrischen Beleuchtung im 20. Jahrhundert. Berlin 1992.
Schlossman, Beryl: The Descent of Orpheus: On Reading Roland Barthes and Proust. In: Jean-Michel Rabaté (Hg.): Writing the Image after Roland Barthes. Philadelphia 1997, S. 144–159.
Schmidgen, Henning: Eine originale Syntax. Psychoanalyse, Diskursanalyse und Wissenschaftsgeschichte. In: Archiv für Mediengeschichte 13 (2013): Mediengeschichte „nach" Friedrich Kittler, S. 27–43.
Schneider, Birgit und Peter Berz: Bildtexturen. Punkte, Zeilen, Spalten. In: Sabine Flach und Georg Christoph Tholen (Hg.): Mimetische Differenzen. Der Spielraum der Medien zwischen Abbildung und Nachbildung. Kassel 2002, S. 181–219.
Schneider, Manfred: Gefahrenübersinn: Das paranoische Ding. In: Archiv für Mediengeschichte 9 (2009): Gefahrensinn, S. 161–176.
Schneider, Manfred: Das Attentat. Kritik der paranoischen Vernunft. Berlin 2010.
Schreber, Daniel Paul: Denkwürdigkeiten eines Nervenkranken. Berlin 2003 [1903].
Schulte, Heinrich: Versuch einer Theorie der paranoischen Eigenbeziehung und Wahnbildung. In: Psychologische Forschung. Zeitschrift für Psychologie und ihre Grenzwissenschaften 5 (1924), H. 1, S. 1–23.

Seminar für Ästhetik an der Humboldt-Universität zu Berlin: Mitarbeiterseite Friedrich A. Kittler. Online unter: https://www.aesthetik.hu-berlin.de/archive/mitarbeiter/kittler/biblio.html, letzter Zugriff 5. August 2020.
Sérieux, Paul und Jean Capgras: Les folies raisonnantes. Le délire d'interprétation. Paris 1909.
Serres, Michel: Der Parasit. Frankfurt a. M. 1987 [1980].
Serres, Michel: Aufklärungen. Fünf Gespräche mit Bruno Latour. Berlin 2008.
Siegert, Bernhard: Relais. Geschicke der Literatur als Epoche der Post 1751–1913. Berlin 1993.
Siegert, Bernhard: L'Ombra della macchina alata. Gabriele D'Annunzios renovatio imperii im Licht der Luftkriegsgeschichte 1909–1940. In: Hans Ulrich Gumbrecht, Friedrich A. Kittler und Bernhard Siegert (Hg.): Der Dichter als Kommandant. D'Annunzio erobert Fiume. München 1996, S. 261–306.
Siegert, Bernhard: [...] Auslassungspunkte. Vortrag an der Hochschule für Grafik und Buchkunst Leipzig. Leipzig 2003.
Siegert, Bernhard: Der Blick als Bild-Störung. Zwischen Mimesis und Mimikry. In: Claudia Blümle und Anne von der Heiden (Hg.): Blickzähmung und Augentäuschung. Zu Jacques Lacans Bildtheorie. Berlin/Zürich 2005, S. 103–126.
Siegert, Bernhard: „Negro". Passagiere und Papiere. In: Christoph Hoffmann und Caroline Welsh (Hg.): Umwege des Lesens. Aus dem Labor philologischer Neugierde. Berlin 2006, S. 259–273.
Spörl, Uwe: Die Entmündigung eines Autors. Oskar Panizza als unzurechnungsfähiges ‚Genie'. In: Michael Niehaus und Hans-Walter Schmidt-Hannisa (Hg.): Unzurechnungsfähigkeiten. Diskursivierungen unfreier Bewusstseinszustände seit dem 18. Jahrhundert. Frankfurt a. M. 1998, S. 237–263.
Starobinski, Jean: Wörter unter Wörtern. Die Anagramme von Ferdinand de Saussure. Frankfurt a. M. 1980.
Stingelin, Martin: „Heeh Mäneka: Ab = phottographieren." Adolf Wölfli inszeniert die Fotografie. In: Fotogeschichte 8 (1989), H. 31, S. 61–68.
Stingelin, Martin: Gehirntelegraphie. Die Rede der Paranoia von der Macht der Medien 1900. Falldarstellungen. In: Friedrich A. Kittler und Georg C. Tholen (Hg.): Arsenale der Seele: Literatur- und Medienanalyse seit 1870. München 1989, S. 51–69.
Stingelin, Martin: Paul Emil Flechsig. Die Berechnung der menschlichen Seele. In: Wunderblock. Eine Geschichte der modernen Seele, hg. von Jean Clair. Wien 1989, S. 297–308.
Stingelin, Martin: Psychiatrisches Wissen, juristische Macht und literarisches Selbstverhältnis. Daniel Paul Schrebers „Denkwürdigkeiten eines Nervenkranken" im Licht von Michel Foucaults „Geschichte des Wahnsinns". In: Scientia Poetica. Jahrbuch für Geschichte der Literatur und der Wissenschaften 4 (2000), S. 131–164.
Stingelin, Martin: Aufschreibesysteme. Zur Denkwürdigkeit eines Titels. In: Peter Berz, Annette Bitsch und Bernhard Siegert (Hg.): FAKtisch. München 2003, S. 301–309.
Stingelin, Martin (Hg.): „Mir ekelt vor diesem tintenklecksenden Säkulum". Schreibszenen im Zeitalter der Manuskripte. München 2004.
Stingelin, Martin und Matthias Thiele: Portable Media. Von der Schreibszene zur mobilen Aufzeichnungsszene. In: Martin Stingelin und Matthias Thiele (Hg.): Portable Media. München 2010, S. 7–28.
Stöber, Rudolf: Deutsche Pressegeschichte. Einführung, Systematik, Glossar. Konstanz 2000.
te Heesen, Anke (Hg.): Cut & Paste um 1900. Der Zeitungsausschnitt in den Wissenschaften. Berlin 2002.

te Heesen, Anke: Cut & Paste um 1900. In: dies. (Hg.): Cut & Paste um 1900. Der Zeitungsausschnitt in den Wissenschaften. Berlin 2002, S. 20–37.
te Heesen, Anke: Der Zeitungsausschnitt. Ein Papierobjekt der Moderne. Frankfurt a. M. 2006.
Theweleit, Klaus: Tätowierte Bücher. In: Erich Brinkmann (Hg.): Double Intensity. 30 Jahre Brinkmann & Bose. Berlin 2011, S. 15–21.
Tuschling, Anna: Deutungswahn und Wahnanalyse. Die Paranoia ein Medienapriori? In: Marcus Krause, Arno Meteling und Markus Stauff (Hg.): The Parallax View. Zur Mediologie der Verschwörung. München 2011, S. 89–104.
Tuschling, Anna: Aimée. Paranoide Tat und dokumentarische Geste. In: Timm Ebner, Rupert Gaderer, Lars Koch und Elena Meilicke (Hg.): Paranoia. Lektüren und Ausschreitungen des Verdachts. Wien 2016, S. 88–105.
Verwoert, Jan: Kommt sofort! Über die Faszination der Sofortbildfotografie als gemeinschaftsbildende Lust am Bezeugen des allmählichen Erscheinens des Bildes auf dem Papier und die Erleichterung des sozialen Lebens durch dessen sofortige Bestätigung im Bild. In: Meike Kröncke, Barbara Lauterbach und Rolf F. Nohr (Hg.): Polaroid als Geste – über die Gebrauchsweisen einer fotografischen Praxis. Ostfildern-Ruit 2005, S. 20–32.
Virilio, Paul: Krieg und Kino. Logistik der Wahrnehmung. München 1986.
Vismann, Cornelia: Verbrechen darstellen. In: Tumult. Zeitschrift für Verkehrsforschung (2001), H. 26: Pierre Legendre. Historiker, Psychoanalytiker, Jurist, S. 91–101.
Vismann, Cornelia: Zur Zeitung in zehn Schnitten. In: Anke te Heesen (Hg.): Papieroperationen. Der Schnitt in die Zeitung. Stuttgart 2004, S. 104–111.
Vogl, Joseph (Hg.): Poetologien des Wissens um 1800. München 1999.
Vogl, Joseph: Technologien des Unbewußten. Zur Einführung. In: Claus Pias, Joseph Vogl, Lorenz Engell, Oliver Fahle und Britta Neitzel (Hg.): Kursbuch Medienkultur. Die maßgeblichen Theorien von Brecht bis Baudrillard. München 1999, S. 373–376.
Vogl, Joseph: Asyl des Politischen. In: Uwe Hebekus, Albrecht Koschorke und Ethel Matala de Mazza (Hg.): Das Politische. Figurenlehre des sozialen Körpers nach der Romantik. München 2003, S. 23–38.
Vogl, Joseph: Lovebirds. In: Claudia Blümle und Anne von der Heiden (Hg.): Blickzähmung und Augentäuschung. Zu Jacques Lacans Bildtheorie. Berlin/Zürich 2005, S. 51–63.
Vogl, Joseph: Genealogie. In: Clemens Kammler, Rolf Parr und Ulrich Schneider (Hg.): Foucault-Handbuch. Leben – Werk – Wirkung. Stuttgart 2008, S. 255–258.
Vogl, Joseph: Über den Schrei. Wien 2013.
Walker, David H.: Outrage and Insight. Modern French Writers and the ‚Fait divers'. Oxford 1995.
Weber, Samuel M.: Fellowship. In: Günter Bose und Erich Brinkmann (Hg.): Grosz/Jung/Grosz. Berlin 1980, S. 159–172.
Weise, Bernd: Pressefotografie I. Die Anfänge in Deutschland, ausgehend von einer Kritik bisheriger Ansätze. In: Fotogeschichte 8 (1989), H. 31, S. 15–68.
Weise, Bernd: Pressefotografie II. Fortschritte der Fotografie- und Drucktechnik und Veränderungen des Pressemarktes im Deutschen Kaiserreich. In: Fotogeschichte 9 (1989), H. 33, S. 26–62.
Wensberg, Peter C.: Land's Polaroid. A Company and the Man Who Invented It. Boston 1987.
Werner, Renate: Geschnürte Welt. Zu einer Fallgeschichte von Oskar Panizza. In: Bettina Gruber und Gerhard Plumpe (Hg.): Romantik und Ästhetizismus: Festschrift für Paul Gerhard Klussmann. Würzburg 1999, S. 213–233.
West, Harry und Todd Sanders (Hg.): Transparency and Conspiracy. Ethnographies of Suspicion in the New World Order. Durham 2003.

Wiedemeyer, Nina: Friedrich Kittlers Bücher. Die Montage stammt nicht vom Autor. In: Archiv für Mediengeschichte 13 (2013): Mediengeschichte „nach" Friedrich Kittler, S. 105–115.
Wiedner, Denise: Korrelationen des Polaroids: Über das mediale Dispositv der Sofortbildfotografie. Dissertation. Universität Köln 2016. Online unter: https://kups.ub.uni-koeln.de/7676/, letzter Zugriff 5. August 2020.
Wieser, S.: Stereotypien. In: Christian Müller (Hg.): Lexikon der Psychiatrie. Berlin 1986, S. 642–643.
Windt, Franziska: Majestätische Bilderflut. Die Kaiser in der Photographie. In: Generaldirektion der Stiftung Preußische Schlösser und Gärten Berlin-Brandenburg (Hg.): Die Kaiser und die Macht der Medien. Berlin 2005, S. 67–97.
Winkler, Hartmut: Black Box und Blackboxing – Zur Einführung. Vortrag an der Universität Paderborn, 14. Oktober 2014. Online unter: http://homepages.uni-paderborn.de/winkler/gk-black.pdf, letzter Zugriff 5. August 2020.
Winthrop-Young, Geoffrey: Friedrich Kittler zur Einführung. Hamburg 2005.
Wittmann, Barbara: „Drawing Cure". Die Kinderzeichnung als Instrument der Psychoanalyse. In: dies. (Hg.): Spuren erzeugen. Zeichnen und Schreiben als Verfahren der Selbstaufzeichnung. Berlin/Zürich 2009, S. 109–144.
Witzel, Frank: BRD Chamois. In: Philipp Felsch und ders.: BRD Noir. Berlin 2016, S. 155–169.
Wolf, Robert: The Polaroid Technique: Spontaneous Dialogues From the Unconscious. In: Art Psychotherapy 3 (1976), H. 3, S. 197–214.
Wübben, Yvonne: Verrückte Sprache. Psychiater und Dichter in der Anstalt des 19. Jahrhunderts. Konstanz 2012.
Wunderli, Peter: Ferdinand de Saussure und die Anagramme. Linguistik und Literatur. Tübingen 1972.
Zanetti, Sandro: Tragbarkeit, Momentaufnahmen, Mediensprünge. Unterwegs mit der Polaroid-Kamera. In: Martin Stingelin und Matthias Thiele (Hg.): Portable Media. München 2010, S. 179–191.

Archivalien

Ademeit, Horst: Brief vom 10. August 1999 an das Sozialgericht Düsseldorf. Nachlass Horst Ademeit, Copyright Delmes & Zander, Köln.
Ademeit, Horst: Brief vom 31. Januar 2000 an das Sozialgericht Düsseldorf. Nachlass Horst Ademeit, Copyright Delmes & Zander, Köln.
Ademeit, Horst: Arbeitsamt/Ademeit. Die wichtigsten Schreiben und Vorgänge. Handschriftliche Auflistung, Juli 2000. Nachlass Horst Ademeit, Copyright Delmes & Zander, Köln.
Ademeit, Horst: WDR/GEZ-Forderungen. Auflistung des gesamten Vorgangs = sämtlicher Schriftverkehr. Handschriftliche Auflistung, Juni 2001. Nachlass Horst Ademeit, Copyright Delmes & Zander, Köln.
Ademeit, Horst: Handschriftliche Notiz, undatiert. Nachlass Horst Ademeit, Copyright Delmes & Zander, Köln.
Deutsche Bundespost: Brief vom 15. September 1977 an Horst Ademeit. Nachlass Horst Ademeit, Copyright Delmes & Zander, Köln.
Deutsche Bundespost: Brief vom 9. Oktober 1987 an Horst Ademeit. Nachlass Horst Ademeit, Copyright Delmes & Zander, Köln.

Panizza, Oskar: Imperjalja. Manuskript Ms. germ. qu. 1838 der Handschriftenabteilung der Staatsbibliothek zu Berlin / Stiftung Preußischer Kulturbesitz.
Stadtwerke Düsseldorf: Brief vom 12. November 1990 an Horst Ademeit. Nachlass Horst Ademeit, Copyright Delmes & Zander, Köln.

Filme

ADEMEIT. Deutschland, Regie: Michael Bauer und Marcus Werner Hed. 2010, 25 Min. Online unter: https://vimeo.com/62431284, letzter Zugriff 5. August 2020.
ALL THE PRESIDENT'S MEN. USA, Regie: Alan J. Pakula. 1976, 138 Min.
BLOW OUT. USA, Regie: Brian De Palma. 1981, 107 Min.
THE CONVERSATION. USA, Regie: Francis Ford Coppola. 1974, 113 Min.
THREE DAYS OF THE CONDOR. USA, Regie: Sydney Pollack. 1975, 117 Min.
KLUTE. USA, Regie: Alan J. Pakula. 1971, 114 Min.
THE PARALLAX VIEW. USA, Regie: Alan J. Pakula. 1974, 102 Min.
REAR WINDOW. USA, Regie: Alfred Hitchcock. 1954, 112 Min.
DER STUDENT VON PRAG. Deutschland, Regie: Hanns Heinz Ewers. 1913, 85 Min.

Abbildungsnachweise

Abb. 1 bis 5: Oskar Panizza: Imperjalja. Manuskript Ms. germ. qu. 1838 der Handschriftenabteilung der Staatsbibliothek zu Berlin / Stiftung Preußischer Kulturbesitz. Abdruck mit freundlicher Genehmigung der Staatsbibliothek zu Berlin.

Abb. 6: Titelkarte (Microfiche) zu Panizzas Zeitungsausschnittsammlung aus dem Alphabetischen Katalog (Erwerbungen der Zeit 1909 bis 1974) der Staatsbibliothek zu Berlin / Stiftung Preußischer Kulturbesitz. Abdruck mit freundlicher Genehmigung der Staatsbibliothek zu Berlin.

Abb. 7 bis 14: Oskar Panizza: Imperjalja. Manuskript Ms. germ. qu. 1838 der Handschriftenabteilung der Staatsbibliothek zu Berlin / Stiftung Preußischer Kulturbesitz. Abdruck mit freundlicher Genehmigung der Staatsbibliothek zu Berlin.

Abb. 15 bis 27: Horst Ademeit: Polaroids. Nachlass Horst Ademeit, Copyright Delmes & Zander, Köln. Abdruck mit freundlicher Genehmigung der Galerie Delmes & Zander, Köln.

Abb. 28: Abbildung aus: Edwin H. Land: Polarized Light in the Transportation Industries [1939]. In: Edwin H. Land's Essays. Bd. 1, hg. von Mary McCann. Springfield 1993, S. 11–21, hier S. 11. Bildzitat nach ebd.

Abb. 29: Abbildung aus: Edwin H. Land: The Use of Polarized Headlights for Safe Night Driving [1948]. In: Edwin H. Land's Essays. Bd. 1, hg. von Mary McCann. Springfield 1993, S. 85–89, hier S. 87. Bildzitat nach ebd.

Abb. 30: Abbildung aus: Edwin H. Land: The Polarized Headlight System [1948]. In: Edwin H. Land's Essays. Bd. 1, hg. von Mary McCann. Springfield 1993, S. 69–81, hier S. 70. Bildzitat nach ebd.

Abb. 31: Abbildung aus: Edwin H. Land: The Polarized Headlight System [1948]. In: Edwin H. Land's Essays. Bd. 1, hg. von Mary McCann. Springfield 1993, S. 69–81, hier S. 76. Bildzitat nach ebd.

Abb. 32: Schema aus: Jacques Lacan: Die vier Grundbegriffe der Psychoanalyse. Das Seminar. Buch XI (1964). Weinheim 1996, S. 112. Bildzitat nach ebd.

Abb. 33: Abbildung aus: Edwin H. Land: Polarized Light in the Transportation Industries [1939]. In: Edwin H. Land's Essays. Bd. 1, hg. von Mary McCann. Springfield 1993, S. 11–21, hier S. 12. Bildzitat nach ebd.

Abb. 34 bis 38: Horst Ademeit: Polaroids. Nachlass Horst Ademeit, Copyright Delmes & Zander, Köln. Abdruck mit freundlicher Genehmigung der Galerie Delmes & Zander, Köln.

Abb. 39: Anonymer Fotograf: Land bei der Demonstration des Sofortbildverfahrens im Februar 1947. Copyright Harvard Business School, Baker Library Historical Collections, Polaroid Corporation Records. Online unter: https://www.library.hbs.edu/hc/polaroid/instant-photography/introducing-one-step-photography/, letzter Zugriff 5. August 2020. Bildzitat nach ebd.

Abb. 40: Anonymer Fotograf: Land bei der Demonstration des Sofortbildverfahrens im Februar 1947. Abbildung aus: Edwin

H. Land, H.G. Rogers und V.K. Walworth: One-Step Photography [1977]. In: Edwin H. Land's Essays. Bd. 1, hg. von Mary McCann. Springfield 1993, S. 205–263, hier S. 233. Bildzitat nach ebd.

Abb. 41 bis 45: Horst Ademeit: Polaroids. Nachlass Horst Ademeit, Copyright Delmes & Zander, Köln. Abdruck mit freundlicher Genehmigung der Galerie Delmes & Zander, Köln.

Abb. 46 bis 48: Screenshots aus ALL THE PRESIDENT'S MEN. USA, Regie: Alan J. Pakula. 1976. Bildzitat nach ebd.

Abb. 49 bis 51: Screenshots aus BLOW OUT. USA, Regie: Brian De Palma. 1981. Bildzitat nach ebd.

Sachregister

Abschirmung 21, 165, 168, 171, 173, 174, 180, 199, 202, 203
Adressierung 12, 18, 90, 230, 231
Agenda 2010 212
Amt 214, 222–227, 231–233, 236
Analytik der Macht, Machtanalytik 3, 65, 68, 103, 215, 225, 226
Anekdote 45, 67, 68–70, 103, 156, 168, 226
Aufschreibesystem 8, 13, 14, 111, 113, 141
Auge 70, 92–97, 101, 102, 104, 120, 164, 165, 168, 171, 173, 182, 183, 188, 196, 199, 205, 241
Autotypie, Zinkautotypie 4, 21, 166–120, 236, 237

Bildbefragung, Bildkritik 4, 21, 104, 104–123, 117, 119, 236
Bildbegriff, Bildverständnis 61, 119, 154, 200, 201, 237
Bildmedien, Bildtechnologien 3, 4, 6, 148, 188, 237, 238, 241, 243
Bildpolitik 20, 50, 60, 103, 226, 235
Bildtelegrafie 121
Bildzerlegung 119
Blackbox 121, 145, 187, 193, 194, 199
Blendung 21, 162–165, 167, 168, 171, 202, 203, 236
Blick s. Funktion des Blicks
Blickhaftes, blickhaft 93, 97–99, 102–104, 165, 166, 168, 182–184, 186, 205, 209, 236, 237
Blicktheorie, Theorie des Blicks 4, 21, 92, 100, 103
Blickzähmung 21, 22, 165, 170, 171, 173, 184, 186, 187, 202, 205, 207, 209, 236, 237
BRD 210–212
Bürokratie 18, 220, 225, 226, 228–231, 235

Deterritorialisierung, deterritorialisiert 82, 88, 138, 140
Deutung 2, 3, 10, 21, 49, 57, 58, 74, 79–81, 83, 84, 87, 89, 140, 141, 143, 145
Deutungswahn 71, 73, 83, 89, 132

Diaphanes, Diaphanität 194, 196, 197, 200, 202, 237
Diopter, *split-field diopter* 239, 241, 243
Doppelgänger 192, 193

fait divers 42–49, 65, 66, 68, 76, 79, 80, 83, 103
Fenster 89, 90, 93, 99, 100, 103, 146, 170, 171, 180, 182, 183, 200, 201, 203, 207, 209, 236, 237
Fetischismus 61
Film 151, 192, 199, 210, 211, 238, 239, 241, 243
Formular 228, 229, 232
Fotografie 2–4, 20, 35, 55–60, 62, 64, 103, 105, 108, 109, 117–119, 121–123, 128, 140, 145–148, 153, 177, 188, 189, 192–197, 201, 203, 204, 213, 221, 222, 235, 236, 239, 241
Fotografiegeschichte 21, 149, 179, 189, 201
Fotografietheorie 21, 145, 146, 149, 204
Funktion des Blicks 21, 92–96, 98–103, 165, 166, 168–171, 181, 183, 201, 202, 205

gouvernemental 214, 218, 235

Hermeneutik, hermeneutisch 17, 21, 33, 73, 74, 78, 79, 83, 84

Imaginäres, imaginär 2, 51, 60, 119, 181, 221
Index 203–205
Institution, institutionell 3, 10, 12, 13, 22, 50, 51, 69, 214, 216, 219, 223–226, 231, 233, 235
Interpretation 14, 17, 54, 73, 74, 79, 81, 83, 84, 87, 140
Interpretationsdelirium 73

Kausalität 46–48
Kausalitätssucht 2, 20, 47, 48
Kino 238, 241
Klischee 21, 108–111, 115, 117, 119–123, 236
Kommunikation 150, 152, 224, 228–230
Kommunikationsmaschine 21, 149, 151, 236

Kontingenz, kontingent 20, 46–48, 59, 78, 84, 157, 164, 166, 203
Kontingenzleugnung, Kontingenzverwerfung 2, 20, 47, 48, 81
Kontrollgesellschaft, kontrollgesellschaftlich 22, 211, 214, 215, 218, 219, 223, 226, 228, 233, 235
Kostüm 52, 53, 59, 61, 64
Kreativität, kreativ 185, 216–219
Krieg 54, 172–174, 179, 237
Kriegstechnologie 21, 174, 177, 178, 180, 202, 237
Kritisch-paranoische Methode 9, 93

Latenz, latent 21, 78–81, 111, 140, 180, 209–211, 235, 237, 243
Licht 21, 89, 90, 95–100, 102, 103, 127, 146, 158, 159, 161, 164–166, 168–172, 176, 183, 203, 235

Machtanalytik s. Analytik der Macht
Materialität 4, 20, 21, 33, 38, 55, 112, 113, 117, 119, 205, 228, 236
Medialität 4, 55, 117, 119, 122, 205, 228, 236
Medium, Medien 21, 22, 40, 44, 59, 113, 114, 116, 118, 119, 134, 149–154, 171, 180, 182–184, 185, 187, 192, 193, 199, 201, 203, 212, 213, 221, 222, 224, 236, 238, 239
Medien-Denken 5
Medien-Wissen 5, 122, 236, 237
Medienarchäologie 7, 9, 19
Medieneffekt 5, 8, 113
Medienereignis 110
Mediengeschichte, mediengeschichtlich 4, 7, 14, 154, 178
Medienpathologie 5–7, 236, 237
Medientheorie, medientheoretisch 9, 11, 12, 13, 15, 19, 22, 122, 236
Medienwissenschaft 7, 9, 12, 14, 15
Mimesis, mimetisch 22, 61, 203, 205, 207, 237
Mimikry 39, 92, 93, 100, 205–207, 209, 237, 241

Name 15, 18, 19, 55, 75–80, 123, 158, 230, 231

Name-des-Vaters 50
Negativ, Negativbild 147, 175–177, 188, 190, 191, 194–200, 237

Observation 21, 132, 145, 146, 182, 185, 233
Ödipus 50, 54, 55, 212
Opazität, Opazifizierung, opak 100, 196–202, 237
Outsider Art 128, 143, 213
Ozelle 93, 98, 182, 183, 209

para 22, 23, 142, 213, 238
Paragramm, Paragrammatik, paragrammatisch 21, 23, 71, 74, 76–88
Paranoisierung, paranoisierend 3, 4, 21, 103, 202, 235, 236
Paranoia-Thriller 238, 239, 243
paranoische Erkenntnis 10
paranoische Ermittlung 1, 3–5, 27, 35, 37, 39, 40, 47, 54, 74, 78, 81, 88, 89, 104, 117–122, 134, 141, 153, 209, 212, 215, 219, 222, 225, 233, 236
paranoische Gewissheit 84, 108
paranoische Vernunft 1, 2, 20, 48
Parapraxis 23, 228, 230
Parasit, parasitär 22, 23, 33, 137, 224, 228
Paratext, paratextuell 23, 140, 141, 145, 148
Parenthese 22, 23, 73, 77, 145–149
Parergon 23, 140, 142–144, 149, 222
Phantom, Phantomologie 221, 222, 224–228
Poetologie des Wissens 12
Polarisation, Polarisationsfilter, Polarisationsfolie 158–166, 168, 169–172, 174, 176, 177, 202
Polaroid Company 149, 155, 158, 160–163, 168, 171, 173, 176, 187, 189, 191, 202, 203
Polaroid Sofortbild, Polaroid Sofortbildfotografie, Polaroid Sofortbildverfahren 2, 4, 21, 22, 127–158, 161, 174–209, 212, 213, 215, 219–222, 232, 233, 235–237
Porträteffekt 59, 62, 63, 108
Positiv, Positivbild 145, 175–177, 190, 194–198, 200
Post 121, 222–231, 233
Präposition 22, 23

Pseudo-Ereignis 109, 110
Psychiatrie, psychiatrisch 5, 6, 10, 11, 15, 29–31, 33, 56, 73, 74, 83, 94, 111, 114–118, 220
Psychoanalyse, psychoanalytisch 2, 4, 8, 15, 18, 20, 31, 50, 55–59, 83, 102, 116–118, 212, 238
Psychose, psychotisch 2, 10, 14, 31, 50, 51, 77, 89, 101, 108, 112, 116, 120

Querulantenwahnsinn 220

Rahmen 127, 140–145, 177, 183
Reconnaissance 174, 178, 180, 181, 209, 236, 237
Reproduktion, Reproduzierbarkeit 4, 21, 35, 63, 64, 77, 109, 111, 113, 114, 116–119, 123, 145, 153, 189, 194–196, 236
Ritornell 112–114, 117

Scheinwerfer 162–166, 168, 172, 176
Schirm 22, 99, 100, 108, 109, 111, 117, 120, 186, 200–203, 205–207, 209, 235–237
Schizo-Analyse 212
Schizophrenie 5
Schreiben 18, 20, 27, 29–32, 37, 38, 87, 220, 230, 235
Sehen 94, 95, 98, 102, 168, 173, 184, 205, 237, 241
Semiose, Hypersemiose 2, 48, 49, 88, 90, 138–140
Sichtbarkeit 4, 6, 92, 97, 100, 102, 103, 174, 178, 196, 199, 200, 202, 203, 205–207, 236, 237, 241
Signifikant 50, 51, 73, 79, 88
Souverän, Souveränität 3, 20, 21, 60, 62, 65–68, 103, 122, 226, 235
Spiegel 96, 97, 161, 222
Spiegelstadium 101, 150
split-field diopter s. Diopter
Sprache 8, 13, 21, 78, 83, 85, 86, 112, 113, 117, 225, 229
Spur, Spurensicherung 1, 21, 75, 132, 138–142, 145, 146, 153, 180, 185, 204, 235
Stereotypie 114, 115, 117, 118

Subjektivierung, Ent-Subjektivierung 214, 215, 218–221
Symbolisches, symbolisch 50, 51, 88, 112, 139, 204
Symptom 20, 29, 30, 73, 92, 94, 101, 114, 226, 228, 235

Theorie des Blicks s. Blicktheorie
Therapie, therapeutisch 131, 151

Übertragung 5, 12, 117, 120–123, 176, 220, 224, 236
Ubu, ubuesk 64–69, 226, 228, 231, 235
Unbewusstes, unbewusst 9, 83, 98, 115, 118, 152, 153
Unfall 44, 65, 162, 164–166, 172, 239
Unschärfe 22, 23, 144, 181, 209, 241, 143
unternehmerisches Selbst 227
Vater, Vaterbild 10, 20, 50, 51, 54, 55, 155, 156, 212, 217
Verdacht 1, 17, 58, 83, 100, 108, 109, 111, 117, 122, 129, 134, 138, 140, 145, 186, 187, 206, 209
Verfolgung, Verfolgungswahn 2, 21, 27, 50, 56, 57, 59, 88, 91, 92, 99, 103, 104, 184, 209, 235–237, 241
Verschwörung 1, 19, 33, 35, 38, 39, 43, 47, 54, 79, 88, 137, 235, 238, 239, 243
Verwerfung 48, 50, 120, 194, 236, 237, 243

Wahn, Wahnsinn, Wahnsystem 8–11, 19, 30–32, 38, 50, 51, 55, 73, 74, 81, 89, 111, 112, 114, 116, 132, 211, 212, 215
Wiederholung 72, 111–118, 152, 225

Zeichen 32, 48, 62, 73, 76, 82, 83, 88–90, 92, 94, 115, 138, 140, 204
Zeichnung 16, 123, 151, 166
Zeitung 2, 20, 27, 35, 37–45, 49, 52, 63, 70–72, 76, 79, 80, 87, 88, 105, 109, 117, 118, 121, 129, 131, 132, 138, 232
Zeitungsausschnitt 20, 33, 35, 37–42
Zinkautotypie s. Autotypie
Zu-sehen-Gegebenes 100, 108, 109, 201, 235, 236

Dank

Dieses Buch ist die überarbeitete Fassung meiner Dissertation, die 2018 an der Humboldt-Universität zu Berlin zur Promotion angenommen wurde. Mein großer Dank gilt Joseph Vogl und Bernhard Siegert, die die Dissertation mit Expertise und Großmut betreut haben und deren eigene Forschungen für mein Denken und Schreiben sehr wichtig waren.

Ermöglicht wurde die Arbeit durch ein Stipendium des DFG-Graduiertenkollegs „Mediale Historiographien" (Weimar/Erfurt/Jena). Ich danke allen beteiligten Kollegiat*innen und Professor*innen herzlich für Feedback und Anregungen, insbesondere Yanik Avila, Friedrich Balke, Benjamin Dawson, Tobias Ebbrecht-Hartmann, Timm Ebner, Christoph Eggersglüß, Christoph Engemann, Daniel Eschkötter, Rupert Gaderer, Robert Geib, Bernard Geoghegan, Julia Heunemann, Manuela Klaut, Isabel Kranz, Karin Kröger, Jana Mangold, Bettine Menke, Tobias Nanz, Simon Roloff, Sarah Sander, Wolfgang Struck, Cecilia Valenti, Mareike Vennen und Hanna Zindel.

Darüber hinaus wurde mein Projekt durch ein Stipendium des PhD-Netzwerkes „Das Wissen der Literatur" (Humboldt-Universität zu Berlin) gefördert, und ich bedanke mich bei den Stipendiat*innen sowie den Teilnehmer*innen des Doktorand*innen-Colloquiums von Joseph Vogl für Austausch und Kritik.

Brigitte Weingart und Karin Harrasser haben mir zu Beginn des Schreibprozesses wertvolle Respondenzen gegeben. Dass daraus am Ende genau dieses Buch werden konnte, dafür gebührt mein großer Dank noch einmal Brigitte Weingart. Simon Rothöhler sowie Christian Demand und Ekkehard Knörer danke ich für Arbeits- und Schreibräume in der Zwischenzeit.

Für konkrete Hinweise in Sachen Polaroid danke ich Dennis Jelonnek. Nicole Delmes, Susanne Zander und ihren Mitarbeiterinnen von der Galerie Delmes & Zander in Köln danke ich für die Möglichkeit, den Nachlass von Horst Ademeit zu sichten, und die freundliche Bereitstellung von Abbildungsvorlagen.

Auch meiner Familie: Alma, Roman und Anke – Danke.

Schließlich danke ich Lina Grumm, Friederike Horstmann und Linda Waack für ihre Freundschaft und für die vielen großen und kleinen Akte ihrer klugen und tatkräftigen Unterstützung über die Jahre; ohne Euch gäbe es dieses Buch nicht.